江苏“十四五”普通高等教育本科规划教材
江 苏 省 高 等 学 校 重 点 教 材

高等学校教师教育系列教材

心理学基础

（第二版）

主　编　刘　文
副主编　刘　兰　刁　力　朱丽娟

Foundation of Psychology

南京大学出版社

图书在版编目(CIP)数据

心理学基础 / 刘文主编. -- 2 版. -- 南京 ：南京大学出版社，2023.7(2025.7 重印)
ISBN 978-7-305-27210-3

Ⅰ. ①心… Ⅱ. ①刘… Ⅲ. ①心理学－高等学校－教材 Ⅳ. ①B84

中国国家版本馆 CIP 数据核字(2023)第 140817 号

出版发行 南京大学出版社
社　　址 南京市汉口路 22 号　　邮　编 210093

书　　名 心理学基础
XINLIXUE JICHU
主　　编 刘　文
责任编辑 钱梦菊　　编辑热线 025-83592146

照　　排 南京南琳图文制作有限公司
印　　刷 南京鸿图印务有限公司
开　　本 787×1092 1/16 印张 19 字数 435 千
版　　次 2023 年 7 月第 2 版 2025 年 7 月第 3 次印刷
ISBN 978-7-305-27210-3
定　　价 48.00 元

网址：http://www.njupco.com
官方微博：http://weibo.com/njupco
官方微信号：NJUYUNSHU
销售咨询热线：(025) 83594756

再版前言

2019年，教育部出台的《普通高等学校教材管理办法》明确提出，加强教材建设是全面贯彻党的教育方针、落实立德树人根本任务的基础性工程。2020年，教育部和江苏省先后颁布了高校课程思政的指导纲要，要求全面推进高校课程思政建设，发挥好每门课程的育人作用。2022年，党的二十大报告中，要求“全面提高人才自主培养质量”“加快建设高质量教育体系”，明确指出要“加强教材建设和管理”。《心理学基础》是师范类专业学生心理学入门的基础教材，在强化内容基础性和科学性的同时，突出了教学适应性，特别是教师教育课程改革对师范生心理学素养的要求。本次修改在葆有首版教材的“学生中心”“实践导向”“能力为重”特色的基础上，强化国家对高校教材的育人要求，适应网络时代师范生的认知特点，建设书网一体化的新形态教材。

具体说来，主要修改了以下几个方面：

第一，挖掘中国传统文化中的心理学元素，强化教材的育人功能。从中国传统文化、近现代历史中搜索心理学的思想、内容和元素，增加中国心理学发展历史以及中国心理学家介绍，将中庸之道、黄帝内经中的养生观念等融入情绪、意志理论中，促进心理学的中国化和时代性。凸显心理学基本理论的思想价值，为辩证唯物主义和历史唯物主义提供实证依据。将近现代我国仁人志士的行为和心理事件作为典型案例融入相关内容中，弘扬人性的制高点，提高读者对中国文化的认同和自信。

第二，基于师范类专业认证的毕业要求优化教材内容，提高教材的系统性、先进性和适应性。首先，丰富基本内容。增加学习科学的内容，在第二章增加了学习心理一节，介绍了学习内涵、理论、分类和迁移等，在第六章添加了学习策略；同时删减了部分相对陈旧、松散的内容，精炼了部分内容的表述。至此，本教材包容了师范生所需的普通心理学、发展心理学、教育心理学以及健康心理的基本内容，且内容大致均衡。其次，优化拓展内容。大致对应师范生专业素养的“一践行三学会”，细分了见贤思齐(11个)、学深悟透(26个)、学海无涯(25个)、学思结合(27个)四类专栏(见下表)。其中，见贤思齐主要介绍了冯特、陈鹤琴等11位中外心理学家，为学生树立品德高尚、情怀深厚的学术榜样，潜移默化中进行了课程思政。学深悟透介绍心理学学科前沿的研究成果，尤其是脑科学、认知神经科学等最新内容，保证内容的前瞻性和先进性。学海无涯则重点介绍心理学的实验研究和横向影响，目的是开阔师范生视野。而学思结合引导学习者反思、批判自身和学校情境中师生的心理行为现象，激发学习兴趣，促进深度学习。

各章拓展专栏一览表

章节	见贤思齐	学深悟透	学海无涯	学思结合
第一章	• 走出平庸的冯特	• 心理学是超科学的科学 • 实验研究中的基本变量	• 心理学的应用领域 • 中国心理学的发展 • 获得诺贝尔奖的心理学家	• 心理学是教师必备的专业知识
第二章	• 中国儿童心理学的奠基人——陈鹤琴	• 感同身受:镜像神经元 • 类人猿学习语言的研究实践 • 学习与脑	• 大脑的发育与分工 • 机器学习及其深度学习	• 双胞胎的秘密 • 印度狼孩
第三章	• 磨难中成长起来的马斯洛	• 归因维度的后续研究	• 人际剥夺的实验	• 成就动机测验 • 莱泊尔的实验及启示
第四章	• 博学多才的詹姆斯	• 注意的理论	• 睡眠和失眠	• 你是晨鸟型还是夜猫子型? • 影响因素—心理规律—教学对策的转化 • 注意集中的测试
第五章	• 坚持真理的曹日昌	• 缪勒的神经特殊能量学说 • 阈下说服 • 为什么暗适应比明适应慢? • 眼见为实?	• 感觉剥夺实验 • 色觉缺陷 • 听觉受损 • 空间知觉的形成	• 测测你的盲点 • 错觉 • 超感知觉 • 社会知觉与师生关系
第六章	• 科学研究记忆的第一人——艾宾浩斯	• 闪光灯记忆 • 定向遗忘	• 人脑的记忆与电脑 • 短时记忆的保持时间 • 保持的动态变化	• 机械识记和意义识记 • 记忆术 • 监控策略有哪些?
第七章	• 深耕中国传统文化心理学的唐钺	• 语言塑造思维 • 三段论推理的气氛假说 • 问题解决中认知模式的文化差异 • 批判性思维	• 日本人巧探大庆油田 • 人类语言的习得	• 解决问题思维过程的实验 • 定势效应的实验 • 创造力测验的实验 • 学生创造性思维的培养 • 想象力的自我测量
第八章	• 中华心理学会首任掌门——张耀翔	• 慎用测谎仪 • 微表情的识别 • 情绪智力	• 沙赫特和辛格的经典实验 • 关于幸福 • 爱情的三角理论	• 一般适应综合征 • 考试焦虑
第九章	• 主张超越自由与尊严的斯金纳	• 意志自由的问题	• 期望效应 • 棉花糖实验	• 时间管理
第十章	• 不改学术研究初心的陆志韦	• 智力与创造力 • CHC 模型 • 智力的内涵	• “白痴”?天才? • 中国比内测验	• 成功智力 • 人造天才的悲哀
第十一章	• 毁誉参半的弗洛伊德	• 人格是什么? • 认知风格	• 四季般的气质 • 父母教养方式	• 星座的诡辩 • 气质类型测试

第三，根据师范生学习的层次要求，增设了“真题实练”和“畅所欲言”。师范类专业学生作为未来的教师，教师资格证书是其入职的门槛要求，而部分学生有志于提高专业发展水平，对学习提出了更高的指向升学的目标。为适应学生不同层次学习的需求，本次修订为每章增添了数量不等、总计67道历年教师资格证书考试和研究生入学考试典型的真题，供学生学习后及时自测。另外，为促进学生深入学习，设置了23道在基础之上的讨论话题，鼓励学生课前预习准备，课堂上畅所欲言。

第四，与教材同步的在线网络上，有相关的学习材料，包括教案、课件、教学视频、练习讨论题、参考教材等，以及各章真题实练的参考答案，通过二维码可以链接，支持学生开展突破时空限制的在线学习。

本次修订由宿迁学院教师教育学院组织，心理学团队所有教师参与了教材修改工作讨论。刘文负责全书的框架结构设计和文稿修改等，刘兰、刁力、朱丽娟、党峥峥、宗妮等老师分别负责网络资源建设的相关工作。30多名喜爱心理学的学生，志愿组建了“真题组”“故事组”，主动开展心理学的学习和交流活动，搜集了大量的前期资料。感谢南京大学出版社的编辑老师们多年来持续推动本教材的建设。此外，在教材编写过程中，借鉴了大量国内外的相关文献资料，在此谨向原作者表示衷心的感谢！

教材建设是开放的、动态的、流动的、永不停歇的过程，教材出版也是一个留有遗憾的事情。一旦搁笔定稿，新一轮的修订已经在路上，让我们一起期待。敬请各位专家和读者不吝赐教，促使我们今后不断完善。

刘　文

2023年7月12日聆湖畔

目　录

配套数字资源概览

第一章
绪　论

本章学习资源

学习目标：

- ➢掌握心理学的研究对象和内容。
- ➢了解心理学的任务和学习意义。
- ➢理解心理学的研究原则和方法。
- ➢了解心理学的发展历史。
- ➢识记心理学各学派的主要观点及其代表人物。

【本章结构】

认识心理学
- 研究对象和内容：心理学研究什么？
- 研究任务和意义：为什么研究心理学？
- 研究原则和方法：怎么研究心理学？
- 发展历史和流派：心理学曾经是什么？

在日常生活中，我们经常会有一些疑惑：有心灵感应吗？梦是怎么发生的？“耳听为虚，眼见为实”有道理吗？药物能够促进记忆吗？一些人比另一些人更聪明吗？这些问题都与人的心理活动有关。由于心理活动的复杂性，人们对它有诸多误解：有人认为它非常神秘，是无法了解的，因为“画虎画皮难画骨”“知人知面不知心”；有人认为心理学是一种“测心术”，“准着呢”！还有人认为心理学和占卜、算卦一样，不可相信。人的心理到底是怎样的呢？在学习之前，我们先对心理学的研究对象、发展历史、研究方法等有个大致的认识。

第一节　心理学研究的对象和内容

一、心理学的研究对象

心理学是研究心理现象及其规律的科学。

我们周围存在着各种各样的现象，山川河流、花鸟鱼虫、学习生活、社会实践等，有自然现象，也有社会现象；有物质现象，也有精神现象。不同的学科分别研究这些现象，构成了人类的不同知识领域。其中，人类对自身精神世界的不断探究，逐渐发展成为我们今天学习的心理学。

早在远古时代，人们就知道世界上不仅存在着物质现象，还存在着精神现象。由于当时的生产力发展水平低下，缺乏科学知识，不了解自己的身体结构和机能，因此对精神现象不能正确地解释。人们认为，精神现象是一种特殊的、不可捉摸的、与身体没有联系的实体，是灵魂的作用；人出生以后，灵魂就居住在身体里，控制着身体的活动；睡眠时灵魂可以暂时走出人体，它回来时人就醒了，人死了以后，灵魂永远离开人体；喝醉了酒，神志不清，是因为灵魂受潮；灵魂不死，可以轮回转世，灵魂是主宰一切的；等等。

从古代西方的文字文学里可以反映当时的心理学思想。如著名诗人荷马所写的神话《奥德赛》和《伊利亚特》，便包含了古希腊早期的常识心理学，例如武士经常不能控制心灵的不同部分，他们的理性不时受到神的蒙蔽。从希腊文字中也可以窥探到人类早期对心理学的思索，例如灵魂（Psyche）是指生命的气息，它在一个人死亡时离去，而心理学（Psychology）就是由灵魂和学问（logos）两个词合成的。

心理学以自己特有的研究对象与其他学科相区别。它的研究对象是心理活动，心理活动也称心理现象，简称“心理”。与物理、化学等现象不同，心理现象不具有形体性，是人的内部世界的精神生活，是一个“黑箱”，他人无法直接进行观察。动物和人都具有心理活动，心理学主要研究人的心理现象，也研究动物的心理现象。既研究个体的心理现象，也研究群体的社会心理现象。

心理学也研究行为。心理现象具有“抽象性”，那么科学家又是如何研究的呢？我们知道，人的心理现象是在与周围世界的接触中产生、发展并主要通过人的各种活动表现出来的，通过对行为的观察和分析，就可以客观地研究人的心理。因此，心理学既研究心理，也研究行为。心理学上的行为泛指有机体任何可测量的反应，包括动作、活动、运动、操作等。有研究者根据是否可以观察到，将行为分为内隐行为和外显行为，这里的内隐行为其实就是心理。

心理学研究心理活动的形式。与任何现象一样，人的心理也有内容和形式两个侧面。心理内容是指来自现实并被意识到的各种映象本身，心理形式是指这种映象存在的方式及其组织、结构。例如，我们观看电视节目、阅读小说、欣赏风景、观察路边的人群，这里，看到的电视节目中的人物动作、小说里的情节和对话、风景中的花草树木、人群中的笑脸等都是心理的内容，而“观看”“阅读”“欣赏”“观察”等则是心理的形式。虽然说内容和形式是统一不可分的，但是两者其实也是相对独立的。心理学选择心理活动的形式作为研究对象，而放弃了心理内容，一方面是由于心理的内容容量太大，无法穷尽；另一方面是由于心理内容有相当大的情境性和主观性，这也是顺应了科学研究分析与概括的要求，便于揭示出心理规律，更好地解释和预测人的心理。

心理学是一门科学。恩格斯曾经说过，衡量某一学科是否属于科学范畴，主要看其运用的是不是科学的方法，并且是否达到了几个重要标准。科学的方法主要包括系统观察和直接实验；重要的标准包括客观性、准确性和可检验性。在心理学研究行为和心理活动规律的过程中，心理学家主要依赖科学的方法，并且严格地遵循科学的标准，所以说，心理学是一门科学。

学深悟透

专栏1-1 心理学是超科学的科学

有研究者对研究物质特性的物理学与研究人性的心理学进行了比较，发现在研究对象特征的显著性、个别差异性、研究结果的客观性以及研究结果的推广性等方面，两者有着巨大的差异。

表1-1 研究物性的物理学与研究人性的心理学比较

特性	物性	人性
显著性	特征外显	特征多半内敛
差异性	同质性高	个体差异极大
研究结果	易量化，客观的客观（用客观工具测出客观结果）	不同性别、年龄、职业、社会角色、提问方式、答案不同，态度迥异，客观的主观（用客观工具测出主观意识）
结果推广	可推论解释，推广应用	要考虑、尊重被试的反应、表达及需求上的差异

故而，现代心理学采用科学的方法，其周密性并不逊于一般自然科学，合乎一般科学的要求。同时与研究物性的科学相比，其难度更高，深度更深，更有挑战；从研究价值来看，其他科学的成就，只能有助于人类物质方面的生存、安全和便利，却无法促进人类精神生活方面的和谐、快乐和幸福。现代心理学合于科学又超于科学，是超科学的科学。

二、心理学的研究内容

人的心理现象极其复杂，表现形式多种多样。作为一个完整的统一体，人的心理组成内容是不可分割的，为了便于研究和学习，我们采取分类研究的方法。对于复杂的心理系统，研究者不同，分析的角度不尽相同。比如，从心理的动态—稳定这一维度来看，可以将心理分为心理过程、心理状态和心理特征；从人的心理的整体性、稳定性和差异性来看，可以从个性心理特征、个性心理倾向和自我三个方面来研究；从能否被当事人觉知到的角度来看，人的心理可以分为意识和无意识。其实，各种心理现象是一个错综复杂的、有机统一的整体，我们可以看到，众多分类罗列的心理现象是基本一致的，只是视角不同，分法有异，结构有所差异而已。这里，我们采用最为广泛的分类系统，即根据心理活动的动态性—稳定性来划分，将心理分为心理过程和个性两个方面来讨论，其实这也可以视为研究同一个心理活动的两个不同视角。

（一）心理过程

心理过程泛指心理操作的加工程序，包括心理事件的相互作用和相互转化的加工进程。通常包括认识、情绪和意志三个子过程。

认识过程也称认知过程，简称“知”，是指人们获得知识和运用知识的过程，是个人对客观事物特征和属性的反映，包括感觉、知觉、记忆、思维、想象、言语等。情感过程，也称情绪情感过程，简称“情”，是指人们对客观事物的态度体验，是个人对客观事物和主体需要之间关系的反映，包括喜、怒、哀、乐、恐等。意志过程，简称“意”，是指人们在活动中设置一定的目的，按计划不断地克服困难，努力达到目的的心理过程。

认识、情绪和意志这三个心理过程不是彼此孤立的，而是相互联系、相互作用的，构成了一个有机统一的、完整的心理活动，共同应对内外环境的要求。这些心理活动之所以称为心理过程，是因为其心理操作是一步一步进行的，呈明显的动态性。在我们日常的心理活动中，截取一定的长度，从中均能发现知、情、意的存在。比如数学课上，老师讲完例题后当堂布置一道题要求同学们练习，你仔细阅读题目，发现与刚才的例题有所不同，回忆老师上节课讲的定理，还是做不出来，心里烦躁，扔下笔，不想做了，可是抬头看看同学们都在埋头沉思，又拿起笔苦思冥想，如果加上辅助线？……哈哈，题目解出来了！这一司空见惯的心理活动，我们的知、情、意均参与其间。首先，你调用自己的感觉（主要是视觉）、思维（与例题比较）获取了信息，形成了对该题目的最初印象，接着记忆（回忆学过的定理）、想象（加辅助线）、思维（分析、逻辑推演等），其中引发了些许消极的情绪反应（烦躁）和积极的情感（解题成功时的兴奋和激动），当然在解决这一难题过程中还调用了意志（放弃后克服困难再次解题）。

注意始终伴随着认识过程、情绪过程和意志过程，是心理活动对一定对象的指向和集中。这是有机体一种积极的心理状态，它不反映客观事物的特征或属性，是各种心理过程活动、运行的前提条件。

（二）个性心理

上述心理过程是每个人都共同具有的心理活动，其活动规律是人类共有的，表现出人类心理活动的“共性”。但在每个人的心理过程中，又呈现出相对稳定的差异，表现出“个性”。

“人心不同，各如其面”，人是社会的人，每个人的生活道路不同，精神面貌自然有别。“个性心理”是指个人在社会生活实践中形成的相对稳定的各种心理现象的总和，是人与人之间稳定差异的反映。这种差异主要表现在两个方面：一是个性倾向性，这是激发、维持个体进行活动的心理动力系统，反映了人对周围环境的趋向和欲求，包括需要、动机、兴趣、价值观等，其中需要是这一动力系统的基础，也就是说，个人的任何行为都是在个体需要的推动下出现的。二是个性心理特征，集中反映了一个人的精神面貌的稳定的类型差异，包括能力、气质和性格。其中，气质和性格又统称为“人格”。

心理过程和个性心理是互相影响、互相制约、密不可分的；心理过程是个性心理形成、发展和完善的基础；个性心理在心理过程中表现出来；个性心理一旦形成，又影响和制约心理过程的进行和发展。

以上分类只是为了研究方便所做的人为的划分，其实，知、情、意、动机和需要、能力和人格等是一个不可分割的整体。在长期的探索中，依据心理学的发展逻辑和内在联系，其结构体系不断地充实和完善，始终处于动态发展之中。

三、心理学的学科性质

心理学是一门既古老又年轻的科学。德国心理学家艾宾浩斯(Hermann Ebbinghaus，1850—1909)有一句名言："心理学的历史很短，但有一个漫长的过去"。这句话精辟地概括了心理学发展历史的特点。说它古老，是因为古代中西方的哲学家，都探讨过诸如人性善恶、精神和物质的关系的心理问题，这些话题在哲学、伦理学、政治学等学科中出现。说它年轻，是因为假如我们从1879年德国心理学家冯特(Wilhelm Wundt，1832—1920)在莱比锡大学建立世界上第一个心理学实验室算起，心理学的历史可谓很短，仅仅一百四十年的历史而已。

心理学既是一门自然科学，又是一门社会科学。从科学的分类上来看，心理学有它的独特性。因为心理活动在头脑中产生，必然受到生物学规律的支配；同时，人类是物种进化中最高级的社会性生物，人的一切活动不能摆脱社会、文化方面的影响，所以心理学又具有社会科学性质。心理学兼有自然科学和社会科学的双重性质，因此被视为中间学科、边缘学科、交叉学科。

心理学既是一门理论科学，又是一门应用科学。心理学已经发展成为一门庞大的知识体系，涉及一切有心理活动的领域，"凡是有人的地方就有心理学"。目前的分类主要将心理学分为理论和应用领域，即基础心理学和应用心理学。基础心理学主要研究基础理论和基本的方法论，研究心理发生和发展的基本问题，包括普通心理学、实验心理学、发展心理学、比较心理学、心理物理学、社会心理学、心理学史、生理心理学等；而应用心理学主要研究人类社会实践活动中涉及的心理现象，比如教育心理学、管理心理学、法治心理学、军事心理学、商业心理学、文艺心理学、医学心理学、病态心理学、司法心理学、人事心理学、运动心理学等。

学海无涯

专栏1-2 心理学的应用领域

心理学家的研究集中于心理与行为的各个不同方面，形成了心理学的许多专门领域，也产生了心理学与其他学科的交叉，如教育心理学、工程心理学、健康心理学、运动心理学、消费心理学、管理心理学、广告心理学、营销心理学、艺术心理学等。

应用心理学由4个成熟的职业领域和一些正在萌芽的新专业组成。4个成熟的职业领域是临床心理学、咨询心理学、学校心理学和工业与组织心理学。两个正处于发展期的领域是临床神经心理学和司法心理学。其中临床心理学是最主要、实践范围最广的职业领域。

表 1－2　APA 在各个领域向公众提供服务的比例

专业	人员比例	主要工作
临床心理学	72.1%	评价、诊断及治疗存在心理障碍的个体，以及治疗不严重行为或情绪问题；主要活动包括探访病人、心理测试、提供团体或个体心理治疗。
咨询心理学	14.7%	帮助相对温和的日常困扰折磨的人们；访谈、测试和提供治疗；擅长家庭、婚姻和生涯发展咨询。
工业与组织心理学	6.1%	完成商业和工业中的众多任务，包括人力资源管理、改善员工士气和态度、提高工作满意度和效率、检查组织结构和过程、提出改进意见。
学校心理学	5.2%	力求推动学童的认知、情绪及社交发展，通常在中小学工作，检测、劝导问题儿童，并协助解决校园问题。
临床神经心理学	0.9%	评判和治疗由脑部创伤、痴呆、中风、癫痫发作等引发中枢神经系统功能障碍。
司法心理学	0.5%	将心理学原理应用于法律体系内的问题，如儿童监护权判决、出庭能力听证、暴力威胁评估、强制心理治疗等。

表中数据为美国心理学会会员（APA）在各个领域以其为主要专业向公众提供服务的比例。

第二节　心理学的任务和意义

一、心理学的任务

探索心理现象发生、发展和变化的规律是心理学的基本任务，心理学兼具理论和应用的双重性质，既要探讨理论的问题，也要解决实际应用的问题。心理学的任务是通过以下几个层面的研究来实现的：

（一）描述心理事实

描述心理事实是对心理现象进行科学研究的第一步，要求在量和质上确定心理现象的具体事实。心理现象纷繁复杂，要对这一包含内容极为丰富的领域进行客观描述，一要把复杂的心理现象结构化，进行适当分类；二要有一套相对完整、科学的概念体系。从这两个方面来看，心理学的这一任务尚未完成，不仅在心理现象的分类中有诸多不同观点，不少重要的概念，如智力、情感等，就有十几种乃至数十种说法，甚至连概念界定的方式都是仁者见仁，智者见智。由此可见，心理学的概念体系远还没有成熟。因此，要建立成熟的心理科学，描述心理事实的任务还相当艰巨。

（二）解释心理现象

人的心理的产生、发展和变化，包括某种特定心理特征的形成和改变，都必定依存于一定的条件。找出这些依存条件及其内在的联系，才能对心理现象的形成和变化给予解释、说明，帮助个体科学、全面地理解心理活动。这里既包括把已知事实组织起来以形成与事实相符合的说明，也包括就事件之间的关系提出需要证明的假定。一般来说，生理特点、年龄因素、个人经历、生活方式和环境影响等，都可能成为解释心理现象的依据。

（三）揭示心理规律

科学研究不能仅仅停留在描述和解释心理事实上，描述和解释心理现象的目的还在于揭示心理规律。揭示心理规律，有两个方面：一方面是要找出产生所观察的心理现象的原因，分析影响心理发展的各种因素，探明这些因素是如何影响人的心理变化的。影响人的心理发展的因素有很多，分类也有多种，比如可以从客观因素和主观因素来概括，要揭示心理现象的规律，就是要探明这两方面因素与心理变化的确定关系。另一方面，要研究心理现象发生和表现的心理机制和生理机制。前者研究心理现象所涉及的心理结构组成成分间相互关系的变化，后者研究心理现象背后所涉及的生理或生化成分的相互关系的变化。生理机制的探讨就要了解心理的内在工作方式，发现影响心理活动的深层次原因。比如，要了解记忆的生理机制，就要探查神经系统内和记忆有关的物理变化和化学变化，了解信息在神经元水平甚至在分子水平上的传递和保持；在情绪机制的研究中，需要了解情绪与机体变化之间的关系，了解情绪与大脑皮层的内在联系，了解人们对环境的归因与情绪的关系等。只有掌握了心理活动的内在机制，我们才能从对心理现象的描述转向对心理本质的说明。

（四）预测心理状态

科学的重要作用在于预测和控制。掌握了人的心理活动规律，就能根据客观现实的需要去预测个体心理和群体心理的发展趋势、表现特点等。例如，心理学家根据学生的一般智力就能够较为准确地预测学生的作业成绩；我们根据一个人一贯的行为表现和情绪反应，可以预测他听到某个不利消息时的行为反应和情绪状态。预测人的心理是为了有效地干预人的心理活动，使得其健康地发展；减少心理因素的消极影响，增加心理因素的积极影响。比如，人的性格的形成和发展是受环境影响的，控制影响性格的环境因素就可以使个体形成良好的性格品质。

二、心理学的意义

心理学研究在理论上具有重大的意义。人的心理活动发生发展的规律、客观现实与人的心理的关系以及客观事物的影响转化为人的主观意识等研究成果，论证和丰富了辩证唯物主义和历史唯物主义的基本原理。心理学以其确凿可靠的研究成果表明，人的心理对物质世界的依赖关系是客观现实与人脑相互作用的结果，具体论证了物质第一性、意识第二性，意识是高度组织起来的物质的产物，是对客观现实的反映等哲学命题，为辩证唯物主义提供了有力的科学证据。此外，心理学的研究成果对文学、艺术、美学、社会学、管理学、教育学、人类学等，具有重要的理论借鉴价值。

心理学对各种社会实践均具有借鉴作用。对于个人而言，师范生将来要从事教师职业，可以将心理学的研究成果应用到学习、生活和工作的方方面面。

第一，有助于提高教育教学质量。心理学是教育学的科学基础，教师通过引导学生掌握知识、发展智力、形成品德来促进学生的发展，这些发展必须通过感知、记忆、思维、想象、注意、情感、意志等心理过程才能实现。心理学研究学生心理活动的规律，指导教师确定教育教学的原则、内容、方法，从而提高教育教学质量，完成培养人的任务。

第二，有助于提高实践活动效率。遵循心理规律去从事各种实践活动，可以事半功倍。比如，心理学告诉我们，有意识记优于无意识记、意义识记优于机械识记，那么事先了解材料的意义和价值，明确目标，采用理解的方法去学习和记忆，不仅效率高，而且效果好。又比如，了解了人性的基本特点和人际关系形成的阶段，我们在与人相处的过程中，能够顺应人性需求，自觉处理好人际关系中出现的各种问题。

第三，有助于提高身心健康水平。个人的心理状态、精神因素与健康关系密切，良好的心理状态可以促进身心健康。主动的自我觉察、自我反省、自我分析和评价，有助于自我心理状态的调适，不断提升心理修养，促进心理健康水平的提高。

学思结合

专栏 1-3　心理学是教师必备的专业知识

在学校里，教师会遇到各种各样的教育问题，心理学理论可以帮助找到问题背后的原因，从而给教师提供决策的依据。下面举两个例子：

【例一】　学生不喜欢学习

学生不喜欢学习，这是教师们经常遇到的问题。可能有多种原因，这里列举其中的三个：

一是学生不相信自己能学会教师所教的内容。心理学的研究表明，如果学生的自我效能感过低，他就不相信自己能够学会某些内容，从而失去学习的动机，不会努力去学习。二是学生不能理解教师所讲的内容。皮亚杰的研究表明，儿童只有到 11～12 岁才能进行抽象逻辑思维，也就是说，儿童学习抽象的内容是有年龄或时间要求的。三是学生缺乏足够的知识背景，难以理解教师所讲的内容。研究表明，学生已有的知识是其理解新知识的基础，如果学生掌握较多的相关知识，那么他就会较快、较容易地掌握与该主题有关的其他知识。

【例二】　学生上课不专心听讲怎么办?

教师在讲课时，坐在教室后面的两个学生在交头接耳，但他们所讨论的却不是教师正在讲授的教学内容。该怎样去制止这两位学生的行为呢？富有教学经验的教师一边继续讲课，一边慢慢地朝他们走过去，但没有盯着他们。这时两个学生不再交头接耳，而是注意老师的讲课了。这位教师利用了运动或变化容易引起无意注意的规律，同时应用了一条课堂管理原理：用最简单但起作用的干预方式来处理问题，在小问题变成大问题之前就加以解决。

因此，作为未来教师的师范生除了要掌握学科知识技能之外，还必须掌握当教师必备的专业知识——心理学，懂得学生的认知发展水平以及个性特征，懂得如何调动学生的学习动机、找准学生的兴趣点、有效地利用课堂时间、有针对性地反馈与指导。只有如此，才能成为真正的教师。

畅所欲言

日常生活、学习中，你遭遇了哪些与心理有关的问题或困扰？可以相互交流、适当分析。

第三节 心理学的研究原则和方法

心理现象是不同于物质现象的精神世界，是复杂的内隐世界。作为一门科学，其研究的原则和方法既要顺应科学的要求，也有其独特之处。

一、心理学研究的原则

心理现象的研究应遵循以下三条原则：

（一）客观性原则

客观性原则也称实事求是的原则，就是研究者按照心理现象的本来面目予以研究，揭示心理活动的规律性，不加入任何主观臆想的成分。

心理现象虽然是主观的，但是它是由一定的客观现实引起的，并总是通过人的实践活动，以语言、表情和行为等方式表现出来。因此通过对引发心理现象的客观刺激和相应的行为反应这些客观指标的测量，我们可以了解心理活动的实质，揭示心理现象发展的规律。

心理学研究中，客观性原则的坚守尤其重要。一方面，由于心理现象的主观性和复杂性，有些心理现象说也说不清楚，难以绝对地客观化。另一方面，由于每个人都有各种心理活动的体验，研究者容易把自己的主观体验和观察到的事实混淆起来，做出与事实不符的结论，还可能陷入主观主义的境地。当然，研究者还可能由于自身视野、水平的限制以及其研究的功利心理，导致研究中“只见树木，不见森林”，从而难以如实地反映心理。

（二）系统性原则

系统性原则就是从系统论的观点出发，把各种心理现象放在整体性的、有等级结构的、动态的和相互联系的系统形式中加以研究，做到既对其进行多层次、多维度、多水平的系统分析，又对其进行动态的、综合的考察，反对片面、孤立、静止和浑然一体的研究倾向。

系统性原则要求我们，一方面，要全面地看待研究的心理活动，厘清其与个体的心理活动的整体以及相连的上下心理结构间的逻辑关系。另一方面，要从发展的眼光看待心理活动的变化，因为人的心理活动是个动态的变化过程，是不可能固定的、静止的，这样方能揭示心理现象发生、发展的规律。

（三）教育性原则

教育性原则也称伦理性原则，就是从有利于个体身心健康的角度来设计和实施研究，不能做出有损于个体身心健康的事。

教育性原则的提出是基于心理学研究历史中的教训。在早期的心理学研究中，肆意剥夺研究对象（被试）的生长条件，不尊重被试的知情权、选择权，虽然取得了一些研究成果，但给参加研究的被试带来了持久的生理和心理伤害，引发了社会各界对心理学研究的质疑甚至反对。作为教师，更要注意心理学研究上的教育取向，要将研究与教书育人的任务密切联系起来。

二、心理学研究的方法

心理学研究的基本方法有观察法、测验法、实验法和调查法等，这些方法都属于科学性方法，具有一致的基本过程：第一，根据所要解决的问题提出假设，进行研究设计，需要选择研究被试样本、确定研究变量；第二，采用恰当的方法技术收集资料；第三，按照一定的程序进行结果的统计处理；第四，进行理论分析，得出结论。

（一）观察法

观察法是指有目的、有计划地对人的行为进行系统观察并记录，然后对所做记录进行分析，以期发现心理活动变化和发展的规律的方法。

观察法是对被观察者的行为进行直接的了解，因而能收集到第一手资料，容易保持资料的客观性和真实性。观察法可以应用于多种心理现象的研究，尤其适用于教师了解、研究学生的心理特点和规律。德国心理学家普莱尔（William Thierry Preyer，1841—1897）对其儿子 3 年每天 3 次的观察，最后写成《儿童心理》一书；我国的陈鹤琴对其子陈一鸣 808 天的观察，写成《儿童心理之研究》一书。观察法的不足之处是观察者处在被动的地位，实验者只能消极地等待预期的行为出现，而且自然条件下的行为很难按照人的主观意愿发展，因此观察的结果难于重复。

（二）实验法

实验法是按研究目的控制或创设条件，以主动引起或改变被试的心理活动，从而进行研究的方法。实验法被认为是最为严谨的研究方法，其结果可以对相关变量可能的因果关系具有最大的解释力。实验研究必须具备三个特征：一是操控自变量观测因变量及其关系，控制无关的干扰变量，令个体变量保持均衡。二是必须至少有一个实验组和一个对照组（也称控制组）。三是被试随机分组，使各组被试的特征和条件相当。心理学的许多课题都可以在实验室进行研究，通过严格的条件控制，可能获得较精确的研究结果。如心理学家艾斯沃斯(Mary Ainsworth，1913—1999)为排除自然情景中的干扰因素，设计了“陌生情境实验”研究亲子依恋，一共进行了8个步骤：① 实验员讲解；② 母子进房；③ 陌生人进房；④ 母亲离开；⑤ 陌生人离(婴儿独处)；⑥ 陌生人回；⑦ 母回；⑧ 陌生人离开。在每一个环节中观察婴儿的行为，得出了一致的结论，提出了亲子依恋的三种类型。在自然实验中，由于实验情境不易控制，常常需要实验室实验来加以验证和补充。

学深悟透

专栏1-4 实验研究中的基本变量

变量是指在性质、数量上可以变化、测量或操纵的条件、现象、事件或事物的特征。心理学研究中的变量可以分为自变量、因变量和无关变量。在此之前，我们先来讨论变量的操作定义。

第一，操作定义。对研究概念或指标做出明确定义有两种方式，一是抽象定义，一是操作定义。在心理学研究中，对各种概念的定义必须明确，而且便于操作、观察和测量。因此，对于研究中的各种概念(变量)必须下一个操作定义。操作定义是指用实际操作过程中可观察的结果来定义的概念，对一个概念下操作定义，就是把概念具体化，使之便于观察和测量。操作定义的设计必须与理论定义一致，或者说，操作定义的内涵应是理论定义的内涵，而不是外延或其他。例如，用智力测验分数代表学生智力水平，用各科成绩的平均数代表学生的学习成就等。

第二，自变量。即主试操纵和控制的、能够引起因变量变化的刺激因素或实验条件。自变量包括刺激特点自变量(如引发不同反应时的灯光、声音等)、环境特点自变量(如对记忆效果有不同影响的实验时的温度、在场观众、噪音、时间等)、被试特点自变量(个人的特点，如年龄、性别、职业、文化程度等)和暂时造成的被试差别(实验安排的操作内容、时间等)四种。在自变量确定并下了操作定义以后，要在充分预测或以前研究的基础上，准确预定自变量在什么样的水平、哪一等级、哪一阶段上发生变化。

第三，因变量。即反应变量，是由于因变量的变化而导致的行为和心理活动，是实验者真正要测定和研究的指标。心理学上一般常用的因变量指标有反应的正确性、反应的速度、难度、次数、强度等。测量和选择时要考虑信度、效度、敏感性等因素。

第四，无关变量。即实验中除自变量外其他可能影响实验结果的变量。为了避免这些变量对实验结果产生影响，需要设法予以控制。这些变量中，有来自环境的，也有来自个体的(成为个体变量)，包括主试的、被试的。控制无关变量的方法包括消除法、恒定法、平衡法、抵消法等。

总之，采用实验法研究个体行为时，主要目的是在控制的情境下考察自变量和因变量之间的内在关系。

实验法可以确定变量间的因果关系，长期以来一直都是心理学研究的主要方法。但是实验法也有期望效应(采用双盲设计消除)、被试的代表性等缺点。

（三）调查法

调查法是指就某一问题要求被调查者回答自己的想法或做法，以此来分析、推测群体的态度和心理特征的研究方法。

调查法有问卷法和访谈法两种。问卷法是指采用预先拟定好的问题表，由被试自行填写来搜集资料进行研究的方法。这一方法适合做群体心理研究，也适合量化研究，但是回收率、被试的态度等会影响结果的真实性。访谈法是指研究者根据预先拟定好的问题向被调查者提出，在面对面的一问一答中搜集资料，然后对群体的心理特点及心理状态进行分析和推测。访谈结果的真实性可能受被试主观和客观因素的影响。

（四）测验法

测验法是指借助量表对研究对象的心理特征和行为进行观察和描述的系统心理测量。心理测验一般由一组经过标准化处理的题目构成，这些题目对应的是被试的典型行为，通过被试对这些题目的反应，能够间接获得被试的心理特征和规律。一般来说，心理测验有标准性、相对性、间接性等特点。

测验法有严格的标准化程序和量化的标准，而且操作省时、省力，科学性较高，较为便捷，因此应用广泛。但是测验法对施测者有一定的要求，需要经过专门的训练，要求熟悉测量手册和指导语，严格按照评标施测，对结果的解释要准确，下结论要慎重。

（五）个案法

个案法是指收集单个被试各方面的资料以分析其心理特征的方法。通常收集的资料包括个人的生活史、家庭关系、生活环境和人家关系等方面的资料。

个案法能加深对特定个体的了解，但是所收集到的资料往往缺乏可靠性，其研究结果也可能只适用于个别情况。因此，个案法通常用于提出理论假设，要进一步检验这个理论假设，则有赖于其他方法。

（六）活动产品分析法

活动产品分析法是指通过个体的作品，比如作业、日记、图画、手工制作、生产成品等材料来了解和推断个体心理活动特点及其发展水平、规律的方法。通过活动产品分析可以了解人的能力水平和认知结构，也可以揭示人对事物的态度和个性品质。但是人的活动产品与心理活动之间并不是简单的一一对应关系，因此，该法的使用应该与其他方法结合使用，以便相互印证，得出科学的结论。

总之，心理学研究的方法远不止上述的六种，每一种研究方法都有各自独特的优点，但也都有局限性。由于人的心理活动非常复杂，因此，研究人的心理现象不能只采用某一种方法，而应该根据研究课题的需要，灵活地选用几种方法，使之共同发挥作用，以便相互补充，收到更准确的效果。

第四节 现代心理学的发展

一、心理学发展简史

心理学的历史分为两大时期:实验心理学建立之前漫长的前科学心理学时期和实验心理学建立之后的科学心理学时期。早在古希腊时就已经有了心理学的萌芽,但心理学被确立为一门独立的科学,还只是一百多年前的事情。自古希腊、罗马时期开始至1879年的这段时间为前科学心理学时期,其特点是有丰富的心理学思想,却没有系统的心理学理论,心理学思想散见于哲学、政治学、伦理学著作中。这一时期又大致经历了两个阶段,一是官能心理学阶段,从公元前6世纪至14世纪,研究者多为哲学家,比如柏拉图、亚里士多德、阿奎那等,主要探讨灵魂的功能;二是意识经验心理学阶段,从14世纪末至19世纪中叶,主要研讨意识经验的起源问题。

到了19世纪中叶以后,天文学、解剖学、生理学、物理学等多门自然科学获得巨大的发展,其共同特点是采用观察法和实验法,如天文学的复合实验、反应实验,生理学关于脑机能的研究和神经生理、感觉的研究以及物理学家韦伯、费希纳的研究,这些成果及方法直接地促进了实验心理学这门学科的形成。所以,在心理学的起源上,哲学提供了观点和体系,自然科学特别是生理学提供了方法和部分成果。

1879年,德国心理学家冯特(Wilhelm Wundt, 1832—1920)在莱比锡大学建立了世界上第一个心理实验室,把实验法引入心理学研究,用自然科学的方法研究各种最基本的心理现象,使心理学脱离思辨的方法走向科学化的道路,成为一门独立的科学。这一事件标志着科学心理学的诞生,冯特因此被称为“科学心理学之父”。

见贤思齐

专栏1-5 走出平庸的冯特

冯特是德国著名生理学家、心理学家、哲学家。他出生于德国的巴登地区,在童年和青年时代,他既没有活力,又缺乏才气,看上去完全不像个将来有出息的人。在孩提时代,他唯一的好友是一个智障男孩。他更是个习惯性的白日梦者,一到课堂上就神情恍惚。直到他20岁那年,在他无所事事在外晃荡了整整一年后,回到家时惊讶地发现,家中已经几乎无钱供他读完在图宾根大学余下的学业。他决定痛改前非,到海德堡大学重开学业,一头扎入学习之中,竟在三年时间内完成全部学业,并于1855年在医学全国会考中获得了第一名的骄人成就。此后,他担任大学生理学讲师,成为著名生理学家赫尔姆霍兹的助手,整天忙于教学、做实验、编写书籍。有一次,为了研究食盐对身体的影响,他连续几天控制食物中食盐的摄入量,直到身体出现代谢紊乱情况。正是这种坚毅的性格,让他逐渐展现锋芒。1862年,冯特开设了“生理心理学”课程，并在该年第一次提出“实验心理学”一词。之后，他于1871年，写作出心理学历史上最重要著作之一《生理心理学原理》。1879年，他创办了世界上第一个心理学实验室，从此，莱比锡大学成为世界心理学的中心，吸引了世界各地的青年慕名前来学习；冯特为世界各国培养了大批心理学人才，极大地推动了实验心理学的发展。

冯特勤奋治学，学识渊博，成果丰富，著作500余种。有人推算，冯特的著作量相当于他从20岁到去世时的88岁期间，平均每天写2至3页文章；如果一个人以每天60页的速度阅读，大约30个月才能读完冯特的全部著作。

畅所欲言

为什么将冯特认定为科学心理学之父？科学心理学何以诞生在德国？以心理学实验室的建立作为科学心理学诞生标志的理由是什么？

冯特不仅建立了世界上第一个心理实验室，吸引并培养了大批的心理学人才，他还于1881年创办了世界上第一个刊登心理实验报告的学术刊物《哲学研究》。美国心理学史家墨菲这样评价冯特的贡献：“在冯特出版他的生理心理学著作和建立他的实验室之前，心理学就像个流浪儿，一会儿敲敲生理学的门，一会儿敲敲伦理学的门，一会儿敲敲认识论的门。1879年，它才确立自己为一门实验科学，有了一个栖身地和一个名称。”

学海无涯

专栏1-6　中国心理学的发展

中国有着五千年的文明发展史，古代虽然没有心理学的专著，但有着丰富的心理学思想，散见在许多哲学、政治学、教育学著作中。春秋战国时期，儒、墨、道等各派都对人性本质、人与自然、身心关系、知行关系等做过讨论，提出过一些重要的心理学思想。比如，孟轲主张“人之初，性本善”。荀况提出“形具而神生”，主张人性恶，将人的情绪分为“好、恶、喜、怒、哀、乐”。墨翟主张“知，接也”，认为人的感知觉是感官接触外物的结果，并区分了“五路”，即五种不同的感觉。秦、汉及其之后，中国心理学思想的发展围绕“天人关系”和“神形关系”展开，董仲舒提出“天人感应”，王充主张“形朽神亡”。宋代理学占据主导，其学习心理学的主张具有一定的价值，比如重视学习的作用，认识到早期影响的重要性，甚至提倡“胎教”。明朝刘智提出“百体之知觉运动”依赖脑，脑的部位不同，功能有异。清代医学家王清任提出“脑髓说”，认为感觉和记忆是脑的功能，而不是心脏的功能。

中国科学心理学的发展并不晚。留美学者颜永京在上海圣约翰书院最早开设了心理学课程，并于1889年出版了译著《心灵哲学》，1907年王国维出版了丹麦心理学家霍普夫丁的译著《心理学》。在外留学的唐钺、陆志韦、张耀翔等相继回国，对传播心理学起了重要的桥梁作用。

1917年，北京大学建立了中国第一个科学心理学实验室，被视为中国现代心理学的开创之举。1918年，陈大齐出版了我国第一本心理学教材《心理学大纲》。1920年，南京高等师范学校设立了中国第一个心理学系。1921年，中华心理学会在南京正式成立；1922年，张耀翔主编出版了中国第一本心理学刊物《心理》杂志；1928年，蔡元培主持成立的中央研究院一开始就设立了心理研究所，所有这些，标志着中国有了自己的心理学组织，并开始培养心理学的人才，为中国心理科学的发展奠定了基础。20世纪30年代以后，由于战争等原因，中国心理学发展搁置，直到改革开放、国家平稳发展，才开始复兴，进入了快速发展阶段。心理学上升为一级学科，作为国家重点发展的学科，在基础领域和应用方面都取得了令人瞩目的成绩。在视觉、注意等领域的认知神经科学研究中，取得了国际先进水平的成果；面对国家和社会的重大需求，在灾后心理救援、稳定社会心态等方面，为建设和谐社会、维护人民心理健康，做出了积极而又重要的贡献。2004年，第28届国际心理学大会成功举办，以及其后召开的世界积极心理学大会、国际中国心理学大会，彰显了中国心理学越来越大的国际影响力。

二、现代心理学的理论流派

由于心理现象本身的复杂性，心理学在独立后的一百多年中，出现了各种心理学流派。

（一）构造主义心理学

冯特不仅建立了世界上第一个心理学实验室，还提出了第一个心理学的理论体系。冯特考虑到化学把物质分解成各种元素，那么心理学应该也可以同样地通过实验方法分解出心理的基本元素。根据这一思路，冯特主要研究意识结构，主张将意识分解为基本的要素，再逐一找出它们之间的关系和规律，从而达到理解心理实质的目的。最简单的心理元素有感觉、意象、感情等，其他各种心理现象都是这些元素不同组合的结果。他的弟子、来自英国的铁钦纳(E. B. Titchener，1867—1927)忠实地追随冯特，其心理学被称为构造主义心理学。由于方法和技术的原因，构造主义心理学家们研究意识结构的主要方法是内省法，也称自我报告法，让被试自己对经验进行观察和描述，以便研究者了解人们的直接经验。

构造主义心理学导致心理学史上的第一次派别对立，客观上推动了心理科学的发展，同时也充当了批评的靶子，为其他学派的发展提供了养分。如机能主义学派反对研究意识的结构，主张研究意识的机能；行为主义认为不能研究意识，而应该研究行为；格式塔学派反对研究意识的元素，认为应该将人的心理看成是一个整体；精神分析学派认为不仅研究人的意识，更应该研究人的无意识；等等。因此，有人评价："铁钦纳的心理学对发展美国的心理学起了主要作用，这不仅由于它有着杰出的连续不断的成就，而且它有着壮烈和足以使人得到启发的失败。"

(二) 机能主义心理学

机能主义心理学的创始人是美国著名心理学家詹姆斯(William James, 1842—1910)、杜威(John Dewey, 1859—1952)等人。机能主义心理学主要活跃于1890年到20世纪30年代,与构造主义心理学展开了激烈的学派之争,两者都主张研究意识,争论的焦点是心理学应该研究意识的结构,还是研究意识的功能。机能主义心理学强调研究意识的功能,因此,这一心理学思想被称为机能主义心理学。

詹姆斯认为意识是像水流一样的,他称之为"意识流"。他们还提出,心理学的研究工作不应局限在实验室内,要考虑人是如何调整行为以适应环境不断提出的要求的。为此,机能主义的追随者们后来走向了心理测量、儿童发展、教育实践的有效性等各种应用心理学方面的研究。

上述两个学派基于唯心主义的思想,均未能很好地解决方法论问题。相持了几十年后,当行为主义心理学出现后,这两个学派都日渐衰落下去。

(三) 行为主义心理学

20世纪初期,行为主义心理学盛极一时,从根本上改变了心理学的发展进程,被视为现代心理学的"第一势力"。行为主义心理学的创始人是美国心理学家华生(John Broadus Watson, 1878—1958)。华生旗帜鲜明地反对冯特主张的意识和内省,认为心理学作为一门科学,只能研究可观察的行为,这样心理学才能成为像生理学、物理学、化学那样的自然科学。1913年,他在《心理学评论》杂志上发表了《行为主义者心目中的心理学》一文,正式宣告了行为主义的诞生。

华生坚持心理学是研究行为的科学。他提出,科学的研究成果必须是能够重复的,而心理带有主观的性质,不能直接观察,也不能重复,这样就不如把心理看作一个黑箱,我们不必去管里面装了什么和如何活动,只需要知道输入和输出之间的联系就可以了。在刺激影响有机体的情况下,只有作为反应活动的外部行为是可观察的,因此,心理学应该以行为作为研究对象。于是,华生的研究路径可以用"刺激—反应"公式(S-R)来表示。华生行为主义心理学思想的形成在很大程度上受俄国生理学家巴甫洛夫的条件反射学说的影响。华生认为,只要找到不同事物之间的联系,再根据条件反射原理给予适当的强化,使刺激和反应之间建立起牢固的联系,那么就可以预测、控制和改变人的行为。总之,华生反对使用心理、意识、感觉、知觉、意志、表象等一大堆无用的概念,而代之以刺激、反应、习惯形成、习惯联合等概念。他强调行为,认为人的一切行为都是在后天环境影响下形成的。

行为主义后期的另一著名代表人物是美国心理学家斯金纳(Burrhus Frederic Skinner, 1904—1990)。由于斯金纳的理论对华生的行为主义有所发展,通常把他的理论称为新行为主义,而把华生的行为主义称为古典行为主义。斯金纳坚持行为主义的基本原理,他明确指出:任何有机体都倾向于重复那些指向积极后果的行为,而不去重复指向消极后果的行为。斯金纳与华生思想的区别在于,他并不否认人的内部心理活动的存在,但是他坚信人的一切行为都是由外部环境决定的。

行为主义理论能够解决一些实际的问题,因此,在实用主义思想指导下,行为主义心理学在美国很快就盛行起来。行为主义从20世纪20年代兴起，一直流行到20世纪中期以后，因认知心理学的兴起才逐渐衰落。但是它的影响深远，不仅其客观研究方法得到了肯定，而且在当前的行为改造、心理治疗中，行为主义的方法仍占有重要地位。

（四）精神分析学派

精神分析学派的创始人是奥地利精神病医生弗洛伊德（Sigmund Freud，1856—1939）。这一理论主要源于弗洛伊德多年诊断、治疗及病理研究精神病患的长期实践，于19世纪末20世纪初期提出的心理治疗方法及解释人性的系统理论。精神分析的理论与方法，与其他各心理学派的思想迥异。这一学派重视对人类异常行为的分析，强调心理学应该研究无意识现象。弗洛伊德用无意识、生本能和死本能等来解释人的内在动力。无意识常常是一些由于环境的要求和社会的限制，而不能表现出来的思想意识，因为种种原因长时期被压抑着处在被觉知的意识下层，但对于意识仍然发生影响。这些处于无意识中的个人心理冲突，正是发生心理障碍的原因。精神分析主要就是试图用自由联想、谈话、释梦等方法发现和揭示病人在无意识中存在的问题。他还用本我、自我、超我等概念来解释人格结构。弗洛伊德过分强调人的性本能在无意识中的作用，他将儿童人格的发展划分为口腔期、肛门期、性器期、潜伏期和生殖期五个阶段，也是根据性感带的不同；他认为人在性方面的压抑是多种心理障碍产生的原因，因此在理论上曾引起争论，在我国更受到过长期的批判。

精神分析理论对心理学乃至人类文化的影响很大，被视为心理学界的“第二势力”，尤其是关于人格及心理治疗等方面。精神分析的方法至今在精神病患者的治疗中仍然继续使用，而且其理论对人格、动机等心理学的研究方面也起到一定积极作用。目前，有些精神分析的概念，如无意识、下意识、自我等已经渗入到主流心理学之中。弗洛伊德的理论在公众中有着极为广泛的影响。其实美国心理协会和心理学会两个正式的学术组织成员中，关注精分的心理学家加在一起，分别也只占了10%和5%。由于他的研究是根据个案和内省资料建立理论，不做实验控制，故而遭到不少心理学家的质疑。

（五）格式塔心理学

格式塔心理学也称完形心理学，其创始人为德国心理学家魏特海墨（Max Wertheimer，1880—1943）、考夫卡（Kurt Koffka，1886—1941）、苛勒（Wolfgang Kohler，1887—1967）等。1912年格式塔心理学在德国诞生，后来在美国发展。格式塔是德文“Gestalt”音译而来，意思是“完形”或“整体”。研究者们坚决反对对任何心理现象进行元素的分析，并把冯特的构造心理学称之为“砖块和灰泥的心理学”；也不同意行为主义所持的刺激—反应的观点，认为人的经验或行为本身是不可分解的。

格式塔学派从研究“似动现象”开始，提出每一种心理现象都是一个格式塔，都是一个“被分离的整体”，整体不等于部分的总和，整体不是由若干个元素组合而成的，相反，整体先于部分而存在并且制约着部分的性质和意义。他们提出了知觉中的许多组合原则，认为一旦把问题看成是一个整体，就会产生顿悟。他们提出“场论”来解决生理基础问题：认为头脑中的磁场的力量分布，决定人把外部世界的东西看成是什么样的，也就是说头脑中有预定的整体观念。虽然其理论基础是主观的唯心论，但是其对心理整体性、知觉、学习和思维等领域的研究做出了突破性的贡献，其强调心理的组织历程给认知心理学以启发。

（六）人本主义心理学

20世纪中期，美国一些学者出于对当时影响最大的两个心理学派别——行为主义心理学和精神分析心理学的不满，提出了一种新的理论——人本主义心理学，这一理论的代表人物是马斯洛(Abraham Harold Maslow，1908—1970)和罗杰斯(Carl Rogers，1902—1987)。在人本主义心理学看来，精神分析学说认为行为受原始的性冲动所支配，行为主义理论的许多结论来自对简单动物行为的研究，这两种理论都没有把人看作自己命运的主人，失掉了人最重要的特性。

人本主义注重人的独特性，主张人是一种自由的、有理性的生物，具有个人发展的潜能，与动物本质上完全不同。他们认为人的行为主要受自我意识的支配，要想充分了解人的行为，就必须考虑到人们都有一种指向个人成长的基本需要。

总之，人本主义心理学强调人的社会性特点，给人的心理本质做出了新的描绘，为心理治疗领域孕育了一条创新的人本主义路线和方法。这一理论受到越来越多的心理学家青睐，被视为心理学的“第三势力”。不过人本主义理论不能用实验来加以证明，它主要是理论上的推测，运用的是一种思辨的方法，风格与自然科学研究不同，其理论难以得到检验。

（七）认知心理学

到20世纪中期以后，认知心理学产生，并比较稳定地向前发展直至现在。认知心理学是在很多学者研究的基础上产生的，它吸取了各派的合理成分，兼容并蓄并加以发展。比如它既吸收了“格式塔”的整体观，把人脑的活动视为一个整体来进行研究，同时对行为主义的“刺激—反应”、强化理论也予以承认。认知心理学可追溯到20世纪初期，如瑞士著名心理学家皮亚杰，通过一系列精心设计的实验，揭示了儿童思维发展的规律。

但是，认知心理学正式出现是在20世纪60年代。一方面，20世纪中期以后，计算机科学迅猛发展，迫切需要了解人的心理活动规律，这构成了推动认知心理学产生的重要外部动力；另一方面，自从冯特建立心理实验室以来，心理实验逐步地取得了一些成果，比如在记忆研究方面，发现短时记忆和长时记忆有所不同，同时在儿童研究中，也揭示出在儿童发展的不同阶段思维表现出不同水平等，这些都证明内部心理活动规律是可以研究的。在这种情况下，美国心理学家奈瑟(Ulric Neisser，1928—2012)于1967年把各种研究成果加以总结，写成《认知心理学》一书，从而作为认知心理学产生的标志。心理学不只要研究行为，也要研究作为行为基础的内部心理活动规律。

认知心理学家指出内部认知过程是可以运用科学的方法进行研究的，如计算机模拟法、发生思维法等。可以说，现代认知心理学为心理学提供了一种新的研究范式。事实上，以信息加工观点研究内部心理活动规律，已变成一种思路，在教育心理学、社会心理学等方面，都依据认知心理学的基本原理去探讨和解释人的心理活动规律，目的是分析、解释、控制与调节人的多种活动，包括社会交往等。认知心理学的影响遍布现代心理学的整个领域，代表了现代心理学发展的趋势。

随着社会的发展，心理学的发展速度加快，新的理论层出不穷，早期各执一端的学派对立日趋消散，各种心理学思想虽然没有统一，但各种观点不断融合、分裂，心理学研究思想呈现多元并存的状况。比如，心理生物学以心理的生理基础为主题，探讨神经系统与脑的组织与功能、内分泌系统的组织与功能以及遗传学的基本原理等。而进化心理学主要目的在于探讨人类在适应变动不居而且充满挑战性的环境时，如何运用其遗传而来的认知能力，从而获得生存发展，使其种族得以繁衍旺盛。积极心理学是21世纪以来兴起的理论，倡导心理学的积极取向，以研究人类的积极心理品质、关注人类的健康幸福与和谐发展。当前，从各种不同的侧面对复杂的心理现象进行探究，形成了心理学的五种研究取向，即生物学取向、学习取向或行为取向、认知取向、社会文化取向及心理动力学取向。

➢扫描本章二维码，了解“获得诺贝尔奖的心理学家”。

真题实练

1. 以下属于心理过程的是(　　)。

A. 情感　　B. 性格　　C. 能力　　D. 动机

2. 对于心理学的研究对象，以下说法错误的是(　　)。

A. 既研究人的心理，也研究动物心理　　B. 既研究个体心理，也研究群体心理

C. 既研究心理内容，也研究心理形式　　D. 既研究心理，也研究行为

3. 为验证二氧化碳不支持燃烧，老师让学生分组合作，把点燃的火柴放进装有二氧化碳气体的瓶中，并观察瓶中的变化。这种教学方法属于(　　)。

A. 练习法　　B. 实验法　　C. 演示法　　D. 探究法

4. 科学心理学诞生的标志是冯特创建了世界上第一个心理学实验室，其时间是(　　)。

A. 1789 年　　B. 1798 年　　C. 1879 年　　D. 1897 年

5. 下列选项中，心理学家与其所属的学派搭配正确的是(　　)。

A. 苛勒—行为主义　　B. 詹姆斯—构造主义

C. 华生—完形主义　　D. 罗杰斯—人本主义

本章复习题

一、你是如何理解心理学的学科性质的？

二、为什么心理学的研究要强调客观性原则？如何评述观察法、实验法和调查法？

三、现代心理学有哪些流派，其代表人物和主要观点分别是什么？

四、结合下面的案例谈谈心理学的研究内容。

今天是新学期的第一节数学课。小英在座位上翻着崭新的书本，眼睛不时地瞄向教室门口。一位女老师拎着黑色的手提包走了进来，小英上下打量着，这就是数学老师了？好年轻啊，个子不高，穿一条浅蓝色的长裙，扎着马尾辫子，戴着黑框眼镜，面带微笑，看着很舒服哩。看着看着，这位老师似乎有点面熟？小英想起来了，她与搬家前邻居张家的姐姐有点相像。两年没见了，张姐姐该上大学了吧？张姐姐可好了，给小英讲解题目时特别温柔、有耐心，有机会要回老家去看望看望张姐姐……正在浮想联翩的时候，数学老师开始上课了，小英连忙回神，认真听讲起来。

推荐阅读书目

1. 黄希庭，郑涌. 心理学导论（第三版），第一章[M]. 北京：人民教育出版社，2015.

2. 张春兴. 现代心理学（第三版），第一章[M]. 上海：上海人民出版社，2009.

3. 韦恩·韦登. 心理学导论（第九版），第一章、第二章[M]. 高定国，等译. 北京：机械工业出版社，2017.

4. 桑德拉·切卡莱丽，诺兰·怀特. 心理学入门（第二版），序言、第一章[M]. 张智勇，等译. 北京：机械工业出版社，2016.

5. 格里格，津巴多. 心理学与生活（第十九版），第 1—2 章[M]. 王垒，等译. 北京：人民邮电出版社，2016.

第二章

心理及其发展与学习

本章学习资源

学习目标：

➢理解心理的实质。
➢了解心理发生的生理基础以及动物心理的发展。
➢掌握个体心理发展的特点。
➢理解心理发展的诸多因素和各种理论。
➢理解学习的内涵，辨析学习理论和迁移理论。
➢了解知识学习、技能学习、学习迁移的概念、分类和策略。

【本章结构】

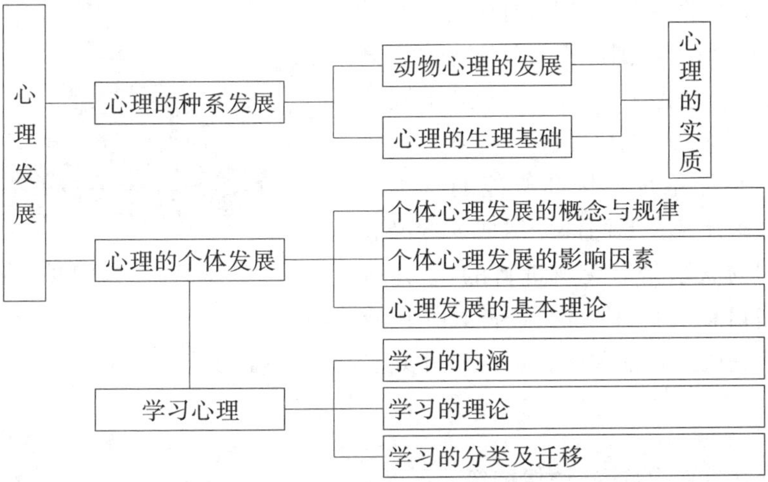

同其他任何现象一样，心理现象也有其发生、发展的历程。要科学地理解心理现象的本质，应先理解心理的发生和发展。而心理的发生和发展，可以从种系的角度和个体的角度进行探讨。从种系发展的角度理解心理，可以从心理内容的来源、产生的生理基础以及动物演化进程中心理的发生发展的历程来讨论，这样才能把握心理的本质。从个体的角度探讨心理的发生和发展，需要理解心理发展的内涵及其规律，并厘清遗传和环境两者在个体心理发展过程中发挥的作用、发挥的程度以及相互作用的机制。

学习是人类和动物发展中最为重要的活动,也是有机体适应环境的必要条件。心理学家如何看待学习?知晓了学习的心理机制,可以根据学习规律,提升学习效果。

第一节　心理的实质

既然心理现象是心理学的研究对象,那么搞清心理现象的本质就显得十分必要。正确地解决这个问题不但有助于人们对各种心理现象的深刻理解,而且也会使人们在研究或对待心理现象时不致迷失方向。

大量的科学事实证明:心理是头脑的机能,是对客观世界的反映;而人的心理是人脑对客观世界的能动反映。

一、心理是脑的机能

人的一切心理活动,都要通过神经系统的活动来实现,神经系统被认为是人的心理活动的主要物质基础。

(一) 神经系统的结构和机能

整个神经系统是由大量的神经元即神经细胞所组成的。随着科学技术的进步,神经元的总数被表述得越来越精确,美国耶鲁大学史蒂文斯教授指出:"人脑被认为是由 10^{11} 个神经元组合而成的,这一数量与银河系中的星星数大致相同。"

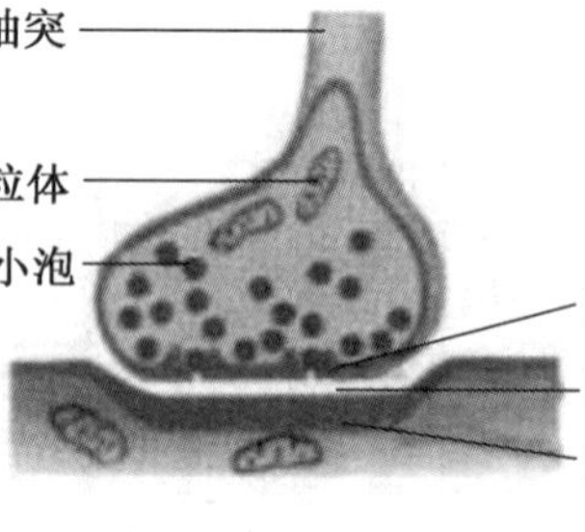

图 2-1　突触的结构

神经元是神经系统结构和机能的基本单位。神经元由胞体和突起两部分组成。神经元与神经元之间的联系是靠突触进行的,它是神经元之间传递信息的特殊结构,是神经元信息传递和整合的关键。目前关于突触的研究颇多,已经达到了分子水平。

学深悟透

专栏 2-1　感同身受:镜像神经元

1996 年,意大利帕尔马大学的科研人员发现,猴脑中存在一种特殊神经元,不但在它做出某种动作时产生兴奋,而且看到别的猴子或人做相似的动作时也会兴奋。这种神经元能够像照镜子一样通过内部模仿而辨认出所观察对象的动作行为的潜在意义,并且做出相应的情感反应。这类神经元被命名为镜像神经元,近年来成为认知神经科学研究的热点。

人们一般相信,脑中的神经元网络是储存特定记忆的所在;而镜像神经元组则储存了特定行为模式的编码。这种特性不但让我们可以想都不用想，就能执行基本的动作，同时也让我们在看到别人进行某种动作时，自身也能做出相同的动作，而且帮助我们迅速理解他人意图，体验别人的情感。当人经历某种情绪，或者看到别人表现出这种情绪时，他们脑中的镜像神经元都会活跃起来。换句话说，观察者与被观察者经历了同样的神经生理反应，从而启动了一种直接的体验式理解方式。

传统探究现象学的哲学家早就提出：对于某些事，人必须要亲身体验，才可能真正了解。对神经科学家而言，镜像神经元系统的发现，为该想法提供了实质基础，也明显改变了我们对人类理解方式的认知。

镜像神经元也为人们观察儿童学习的过程提供了线索。心理学家研究发现，刚刚出生仅几分钟的婴儿，在看到大人伸出舌头时，就能做出同样的动作。和其他灵长类动物一样，人类儿童都喜欢模仿，正如班杜拉提出的，观察学习是儿童社会学习的重要方式。我们现在似乎可以解释，是儿童的镜像神经元使他们能够观察其他人的动作，并模仿看到的东西。

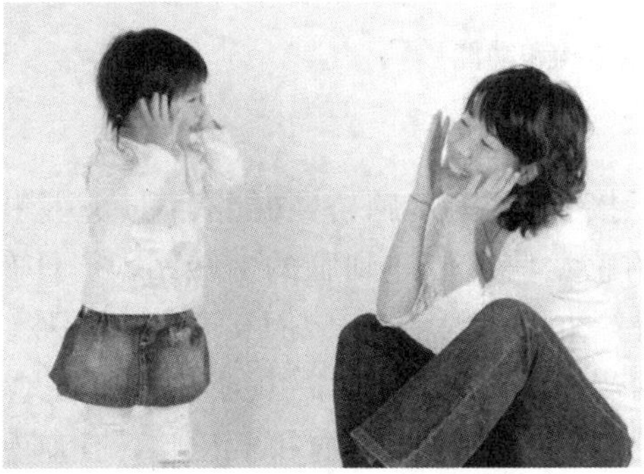

图 2－2　镜像神经元与模仿

人体内的神经元，其胞体集中在脊髓或脑中，其轴突聚集成束，伸到身体的各部分，分别构成了中枢神经系统和周围神经系统。从结构上看，周围神经系统包括 12 对脑神经和 31 对脊神经，脑神经分布于人的头面部，脊神经分布于人体的躯干和四肢。从功能上看，周围神经系统包括躯体神经系统和植物性神经系统。周围神经系统是在中枢神经系统与骨骼肌、感觉器官等之间传递信息。植物性神经系统包括交感神经和副交感神经，它们主要分布于人的腺体、内脏和血管，正常情况下保持内脏相对平衡和有节律的新陈代谢，如呼吸、心跳、消化、排泄、分泌等。当然内脏活动一般不由意识直接控制，并且也不在意识上发生清晰的感觉，因而，植物性神经也叫“自主神经系统”。交感神经和副交感神经在许多活动中具有拮抗作用，如当机体需要应付紧急情况时，交感神经产生兴奋，心跳加快，血压上升，血糖增高，呼吸加深变快，瞳孔扩大，消化减慢等，以适应情况的变化；副交感神经保持身体安静时的生理平衡，如心跳减慢，血压下降，呼吸变缓，消化系统活动增强等，使机体保持必要的休息。正是由于交感神经和副交感神经的相互制约、协同合作，使得机体有张有弛，保证了机体活动的正常进行。

中枢神经系统包括脊髓和脑。脊髓位于脊椎管内，它上接脑部，外连周围神经，31 对脊神经分布于它的两侧，它是中枢神经系统的低级部分。其作用有二：一是脑和周围神经的桥梁。来自躯干和四肢的各种刺激通过脊髓传递到脑，脑经过分析综合后做出决定，发放指令通过脊髓作用到相应效应器上；二是它可以完成一些简单的反射活动，如膝跳反射、膀胱反射等。

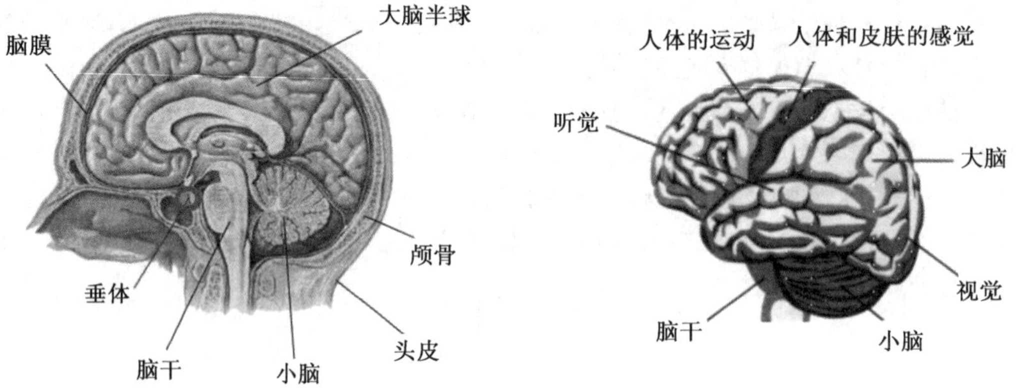

图 2－3　人脑的重要结构和功能

脑包括脑干、间脑、小脑和大脑。

脑干，含延脑、脑桥、中脑。延脑（即延髓）下接脊髓，上接脑桥，功能有：① 它是将来自头部皮肤与肌肉、味觉、听觉、平衡觉和躯干的感觉信息传递到脑的中转站；② 具有许多重要的中枢，支配呼吸、心跳、排泄、吞咽、肠胃等重要生命活动，因而又有“生命中枢”之称。脑桥在延脑和中脑中间，对人的睡眠具有调节作用。中脑是人的视听中枢所在地。

间脑，顾名思义在脑的中间，其大部分被大脑所覆盖，包括丘脑和下丘脑。丘脑是皮层下的感觉中枢，除嗅觉之外的所有感觉信息的传递均在此交换神经元，经过丘脑的选择加工后，然后再传至大脑；下丘脑的机能非常复杂，功能也是多方面的，目前研究表明，它是植物性神经系统的皮层下中枢，是调节内脏活动、内分泌活动的主要环节，与觉醒和睡眠有关，同时它还是情绪中枢。间脑和大脑皮层之间形成许多回路，是一个整体，互相促进、抑制，共同调节各种心理活动。

小脑在延髓和脑桥的背侧，协助大脑维持身体平衡与协调动作。

人的大脑占中枢神经系统总体积的一半以上，重量约为脑的总重量的 60%左右，是中枢神经系统中最高级、最重要的部分。大脑由对称的左右两个半球所组成，纵裂底部由胼胝体相连，胼胝体是传递两半球之间信息的神经纤维束。大脑的两半球表面覆盖有一层 2～3 毫米灰质，即大脑皮层，表面有许多凹进和突出，分别称为沟和回，所以表面积大大增加，大约有2 200 cm^2，其中有三条大的沟裂，即中央沟、外侧裂和顶枕裂，它们将大脑两半球分为额叶、顶叶、枕叶和颞叶几个部分（见图 2－3）。

学海无涯

专栏 2-2　大脑的发育与分工

人类大脑由约 140 亿个细胞构成，重约 1 400 克。大脑虽只占人体体重的 2%，但耗氧量达全身耗氧量的 25%，血流量占心脏输出血量的 15%。

婴儿出生后脑重量为 400 克左右，已达到成人的 25%，而同一时期其体重是成人体重的 5%左右。儿童脑重量随年龄而增加，增长的速度表现为先快后慢，到 6、7 岁时儿童的脑重量已经接近成人水平，约为 1 280 克，相当于成人脑重的 90%。婴儿脑的发育主要在于脑皮层结构的复杂化和脑机能的完善化。儿童大脑重量的增加并不是神经细胞大量繁殖的结果，而主要是神经细胞结构的复杂化和神经纤维的伸长。新生儿的大脑皮层表面较光滑，沟回很浅，构造十分简单，以后神经细胞突触数量和长度增加，分支增多，神经纤维开始以不同的方向越来越多地深入皮层各层，神经元之间的联系也越来越丰富，这都导致大脑重量的迅速增加。

大脑两半球的活动是既分工又协作的，如果胼胝体被切断，那么，左、右半球独立地进行活动，会发生什么现象呢？研究发现，仅被左侧视野看到的事物、左手扪及的东西、左耳听到的声响以及右鼻闻到的气息，均不为其左侧半球所知。让切断胼胝体的裂脑人左手握一把钥匙，用一块幕布挡住他的眼睛不让他看见自己的左手握着的是什么，然后问他手里拿着什么，他回答不出来；如果取掉幕布，看见手中的钥匙(优势半球获得了信息)，他便能正确回答。又如，通过裂脑人的左耳要他指出天花板，通过他的右耳让他用手指在桌子上画圆圈，他都做了，但问他做了什么，他只说画圆圈。

1981 年，李心天等对一位切除右半球 14 年的癫痫患者进行检查，结果表明，病人在非言语形式，如线条、抽象图形的感知、认知和空间关系上遭到一定程度的破坏，但对颜色、音乐、具体人物和环境的认知和空间关系上没有明显障碍。也就是说，病人的左半球代偿了右半球的部分功能，病人能胜任一般工作，并愉快地过着正常生活。

大脑皮层的不同区域有不同的功能，可以划分为感觉区、运动区、言语区和联合区。感觉区包括躯体感觉中枢、视觉中枢、听觉中枢、嗅觉中枢和味觉中枢，接受来自各种感觉器官的神经冲动，并对这些信息进行加工整合。躯体感觉中枢位于中央后回，身体各部位的重要程度决定了它在感觉区上的投射面积，手、舌、唇的投射面积最大，视觉区位于枕叶内，听觉区位于颞叶。运动区位于中央前回，它的主要功能是发出动作指令，支配和调节身体在空间的位置、姿势及身体各部分的运动。言语区主要定位在大脑左半球，包括布洛卡区(运动性语言中枢)、言语听觉中枢、言语视觉中枢等。联合区的主要功能为信息的整合加工。

大脑两半球的结构基本对称，略有差异。一般来说，右半球略大和重于左半球，但左半球的灰质多于右半球，左右半球的颞叶具有明显的不对称性；左右半球神经递质的分布也是不平衡的。从功能上，大脑两半球是分工协同活动，这种功能的不对称性称为单侧化，它使得大脑两半球各自在某些方面成为优势半球。以右利手者为例，其语言功能定位在左半球，该半球主要负责言语、阅读、书写、数学运算和逻辑推理等，右半球定位于知觉物体的空间关系、情绪、欣赏音乐和艺术等。虽然左右半球特异性地处理不同类型的认知任务，但是仅仅是在某种程度上而已。事实上，在一个正常的个体中，两个半球并不会单独工作，而且任务越是复杂、困难，两个半脑更有可能一起参与。大脑的结构功能还有许多尚未清楚之处，有待科学家的进一步研究。

（二）高级神经活动学说

1. 反射和反射弧

“反射”本是物理学上的一个名词，17 世纪时，法国哲学家笛卡儿将它转义用来表示机体活动。后来俄国生理学家谢切诺夫将其推广到脑的全部活动和人的生理活动上。巴甫洛夫（Ivan Pavlov，1849—1936）认为反射是神经系统的基本活动方式，是指在中枢神经系统参与下，机体对环境刺激所发生的规律性反应。实现反射活动的神经结构称为反射弧，它是反射活动的物质基础。反射弧包括五个基本环节：感受器、传入神经、神经中枢、传出神经和效应器。当刺激作用于感受器时，感受器产生兴奋，兴奋以神经冲动的形式由传入神经传至神经中枢，中枢对传入神经的信息进行整合加工以后，再由传出神经传至效应器，支配调节效应器的活动。

根据产生条件的不同，反射可以分为条件反射和无条件反射。

无条件反射是机体在种系发展过程中形成而遗传下来的反射。其神经通路是固定的、与生俱来的，对个体而言不学而会，如吸吮反射、抓握反射、朝向反射、有食反射等。引起无条件反射的刺激物叫无条件刺激物。无条件反射活动的调节中枢在脊髓和脑干等低级中枢，其特点是快速和不随意。无条件反射可以因第一个反射的反应成为第二个反射的刺激，而形成连锁反应，这种连锁反应在种系发展中一旦被固定遗传下来，就会成为机体的本能活动。无条件反射和本能活动是机体生长和发展的先天基础。

条件反射是有机体经过后天学习和训练建立起来的反射，是在无条件反射的基础上建立的。其神经通路是暂时性的神经联系，形成的基本条件是无关刺激和无条件刺激在时间上的结合，这个过程称为强化。人类的条件反射与动物的有所区别，一则人类可以建立无数级的条件反射，二是人类可以以具体刺激（第一信号，如望梅止渴中的实物“梅子”）和语词符号（第二信号，如谈梅生津中的词语“梅子”）为条件刺激物建立条件反射系统，而动物仅有以具体刺激为条件刺激物的第一信号系统。

畅所欲言

日常生活中，我们常见这一现象：家里的狗只要听到主人喊“大黄”或“小黑”，会立马飞奔过来。难道狗也有第二信号系统？请谈谈你的看法。

2. 抑制过程

高级神经活动的基本过程就是兴奋过程和抑制过程，两者作用相反，相互依存。兴奋过程是跟有机体的某些活动的发动和加强有关，条件反射的建立是高级神经活动兴奋的过程。有时随环境条件的变化，条件反射会减弱或消退，这就是高级神经活动的抑制过程。抑制过程分为无条件性抑制和条件性抑制。

无条件性抑制是有机体生来具有的先天性抑制，包括外抑制和超限抑制。外抑制是外界新异刺激出现，使正在进行中的条件反射产生的抑制。超限抑制是由相对过强的刺激所引起的抑制。在一般情况下，条件反射量会随条件刺激的强度而增加，但条件刺激强度达到一定程度后，反射量开始下降，最后到零。这是因为条件刺激的强度超过了大脑皮层细胞的工作能力。皮层的细胞由兴奋过程转为抑制过程。超限抑制使皮层细胞免受因超强刺激所引起的过度兴奋而损伤，因此又叫保护性抑制。

条件性抑制，又称内抑制，是在后天的一定条件下逐渐习得的，主要有消退抑制和分化抑制。消退抑制是由于条件反射没有得到强化而产生的抑制。它使原有的暂时神经联系抑制，从而造成条件反射减弱或消失；但此时的抑制不等于完全消失；消退抑制后，经过一段时间，条件反射可不同程度恢复，我们称为自然恢复现象；若反应得不到强化，很快又一次消退，消退的速度取决于条件反射建立的牢固程度。分化抑制也称分化，是指建立条件反射之初，与条件刺激物类似的刺激物也会引发相同的反应，我们称为泛化现象；其后仅对条件刺激物加以强化，对类似刺激物不予强化，使类似刺激物引起的反应受到抑制，这就是分化抑制。在条件反射建立初期，机体对刺激缺乏精确分辨的能力，常常出现泛化现象，比如幼儿打针后看到穿白大褂的人就会恐惧哭泣；学习生字后，与其他形似字混淆等。多次强化之后，泛化现象逐渐消失。分化抑制是机体辨认活动的重要基础，使得机体有可能对环境进行精确分析，做出准确的反应，具有巨大的生物学意义。

畅所欲言

在人的不良行为习惯改造中，总要做好“反复抓、抓反复”的心理准备，为什么行为习惯难以改变？试着用抑制理论来解释这一现象。

二、心理是对客观世界的主观反映

（一）心理是物质长期进化的产物

世界是物质的，心理现象没有自己独立的发展历史，它是物质长期进化的结果。

反映是任何物质形态固有的特性，是指一种物体在其他物体相互作用时能留下外部影响的痕迹并对它做出回答的功能。例如，风力推动物体，物体发生位移；海浪冲击礁石，发出轰隆的响声；氢氧化合生成水；金属氧化生成锈；等等。上述种种现象都是无生命物质的机械的、物理或化学的反映形式。

随着物质形态从低级到高级的发展，物质的反映形式也相应地由低级向高级发展。高级的反映形式以低级的反映形式为发生的前提，包含着低级的反映形式，但它又具有自己的本质特点。当有生命的物质出现时，其反映形式也发生了质的变化，产生了生物的反映形式。随着生物的进化，出现了动物的反映形式，即心理。在动物演化阶梯中，动物心理也经历着从量变到质变的不同阶段，其发展主要决定于神经系统的演化水平和生活环境。最初是在低等动物(如单细胞动物、腔肠动物等)身上出现的感受性,使得动物有可能对外界更多的刺激产生反应。随着动物体内神经系统尤其是头部神经节的形成和感受系统的分化,在环节动物与节肢动物身上出现了一些新的反映形式,如由专门化的感官接受特定刺激所引起的触觉、味觉、视觉、嗅觉等感觉。在出现了中枢神经系统的脊椎动物那里,表现出更高水平的反映形式,如对整个情境进行分析和综合而产生的对象及其关系的知觉。而在灵长类动物身上常见的探究反应和通过具体思维解决问题的智力活动,虽然只是抽象思维的萌芽,但是为人类心理的出现准备了条件。人的心理是与动物的反映形式根本不同的反映形式,虽然是进化链上的最高级,但它依然是物质的特性。

学深悟透

专栏 2-3　类人猿学习语言的研究实践

20 世纪 30 年代,美国的凯洛克夫妇把 7 个月的雌性黑猩猩与其 10 个月的男孩一起抚养,但是黑猩猩一句话也没有学会。1951 年,美国的海斯夫妇收养了一头黑猩猩,与其刚出生的婴儿一起,悉心照料,精心教话,历时 6 载,大猩猩学会了数数和"papa、mama、cup"等几个词,且发音很不清楚。研究发现,黑猩猩的发音器官同人类差别太大,难以发出人类的各种语音,学不会有声语言。普雷马克夫妇用不同颜色、形状、大小的塑料片作为语言符号的替代品教大猩猩语言,2～3 年,大猩猩学会了 100 多个词汇。1966 年,加德纳夫妇教 10 个半月的雌性黑猩猩学习美国聋哑人的手语,严格训练之下,黑猩猩 14 月时掌握了 9 种手势,18 月时掌握了 32 种,22 月时会组合,32 月时掌握了 77 种,到 1975 年,掌握了 160 多个单词,能够表达的最为复杂的一句话是:"你赶紧从我这里走开"。黑猩猩学习语言有以下特点:第一,虽然类人猿有能将符号组成类似句子的序列,但是很少有证据可以证明类人猿能改变符号的顺序以产生不同的句子;第二,类人猿的语言只能与眼前的内外环境的需要相联系,不能像人类一样进行从概念到概念的联想和思维;第三,类人猿的各种形式的语言符号是人教的,不是自创的。因此,在心理学意义上,正是语言使得人类区别于其他物种。

(二) 心理是客观世界的主观映象

众多的研究表明,人的认知内容,比如感觉、知觉、表象、复杂的思想、观念、理性认识等,以及人的情绪情感或态度、个性心理等无一不是源于外部现实,没有任何一种心理现象的产生不存在着客观的原因。离开了客观现实,人的心理则成了无源之水,无本之木,因此心理和客观现实有着一致性。

在教育教学中,经常遇到这样的情况:一个班上的所有学生都听同样的教师讲授同样的课程,但学生们对教材的理解和掌握却各不相同;对所有的学生都提出同样的要求,但学生们对这些要求的领会和执行情况也各不相同。这说明心理反应的产生不单纯是客观影响的结果,而是通过主体的内部特点而折射出来的。由于主体内部条件的不同,同样的外部影响可以引起人们不同的心理的反映。这都说明人的心理反映具有主观性。

因为对客观现实的反映,总是在具体的人身上发生的,每一个人不仅存在着生理遗传上、发展成熟上、需要动机上和个性特征上的差异，而且还存在着当时心理状态上的差异。因此，无论哪种客观事物的作用总是通过其内部特点而折射出来的。不同的人，甚至是同一个人在不同时期和不同条件下，由于其内部特点的不同对同一事物的反映都可能各不相同。而且，产生于客观现实的心理现象是抽象的、“形而上”的，是人的内部的精神世界，它与客观的物质本质上有所不同。因此，心理和客观现实又是异质的。

（三）人的心理具有主观能动性

人的心理被称为意识，其实意识是个人心理发展到一定阶段的产物，是人所特有的一种高级反映形式和人脑的机能，是个体在社会生活中逐渐发展而来的。当然，我们研究人的意识并不排除个体无意识的心理活动的存在。

意识不同于一般心理活动，它有如下特点：首先，意识是借助于整个认知过程特别是抽象思维，在人脑中形成关于外部世界的较完整的图景、经验与知识的总和，这一认知结构形成后总是参与每一个过程，使得它们带有理解性，而且具有不同意识的人赋予同一种认识过程的意义会有差异。其次，意识是一种能对自身及其心理活动进行审查的功能，这一过程我们称为“元认知”，这种反顾自身的意识是人类所特有的，它使得人有自知之明，主动地协调和监控自己的心理和行为，从而提高到更加自觉与能动的水平。再次，意识也是以情感、态度的方式体现个人与社会之间关系的一种倾向性的心理状态，这种主观体验一旦产生，会成为相对独立于外部世界的内部动力，影响或左右人的行动，使个人表现出积极能动性。最后，意识是使人的行动具有目的性并促使其实现的内部调节与控制力量，这种意志力会使个体在改造自然和社会的实践中发挥巨大的能动作用。总之，意识是人的自觉能动性的全部来源。

第二节　个体心理的发展

在心理学中，发展是指内部的、连续的、稳定的、引起结构性改变的变化过程。个体心理发展是指个体从受精卵开始到出生、成熟，直至衰老、死亡的一生全程中，心理的发生和发展的变化过程。这是一个持续一生的、由量变到质变的发展过程。个体心理发展包括认知发展和社会性发展两个方面。前者主要是指感觉、知觉、记忆、思维、想象和言语等认知能力的发展，其中思维是认知发展的核心；后者主要是指自我意识、情绪、动机、兴趣、人格和道德品质等的发展，其中人格发展是社会性发展的核心。

一、心理发展的规律与年龄特点

（一）心理发展的基本规律

一是连续性与阶段性。在心理发展过程中，当某些代表新质要素的量累积到一定程度时，就会取代旧质要素而处于优势的主导地位，表现为阶段性，但后一阶段的发展总是在前一阶段的基础上发生的,而且又萌发着下一阶段的新质,表现出心理发展的连续性。

二是方向性与顺序性。在正常条件下,心理的发展总是具有一定的方向性和先后顺序。尽管发展的速度可以有个别差异,会加速或延缓,但发展是不可逆的,也不可逾越。如婴儿动作发展遵循头尾原则、离心原则和大小原则。

三是稳定性和可变性。稳定性表现为在一定社会教育条件下,一定年龄阶段的大多数个体总是处于一定的发展水平上,表现基本相似的心理特点;发展阶段的进程顺序和发展速度是相对不变的,不能超越也不能颠倒。但是,当社会环境和教育条件发生变化时,个体的发展也会发生一定的变化。

四是不均衡性。对于同一个体而言,具体表现为两个方面:一是不同心理系统在发展的速度、起讫时间与到达成熟时期上的进程不同;二是同一机能特性在发展的不同时期有不同的发展速率。比如,感知能力在婴儿期发展速度最快,以后就缓慢下来。

五是个别差异性。任何一个正常个体的心理发展总要经历一些共同的基本阶段,但在发展的速度、最终达到的水平,以及发展的优势领域又往往是千差万别的。比如有人大器晚成,有人才华早露;有人长于计算,有人善于言辞。

六是增长和衰退的统一。不同年龄阶段增长和衰退趋势不同。儿童期(0～18 岁)以增长为主,中年期增长和衰退大致相当,老年期则以衰退为主。

(二) 年龄阶段与年龄特征

根据个体心理发展的各个不同时期内的综合主导活动、智力和个性特征,将个体划分为如下阶段:乳儿期(0～1 岁)、婴儿期(1～3 岁)、幼儿期(3～6 岁)、童年期(6～12 岁)、少年期(12～15 岁)、青年期(15～25 岁)、成年期(25～65 岁)和老年期(65 岁以后)8 个阶段。

每个年龄阶段都有特定的心理和行为表现,年龄特征是在个体心理发展的各年龄阶段所表现出来的一般的、典型的、本质的特征,是从许多个别的儿童心理发展事实中概括出来的,它代表了这一年龄阶段大多数儿童心理发展的典型特征和一般趋势。年龄特征是在一定社会、教育条件下形成起来的,所以,不存在一个古今中外统一的、一成不变的、永久性的年龄特征。

1. 幼儿期的年龄特征(3～6 岁)

游戏是其最为主导的活动。

其一,认识活动的具体形象性。幼儿主要是通过感知、依靠表象来认识事物的,具体鲜明的表象左右着幼儿的整个认识过程。

其二,心理活动及行为的无意性。幼儿控制和调节自己的心理活动和行为的能力仍然很差,很容易受其他事物的影响而改变自己的活动方向,因而行为表现出很大的不稳定性。在正确教育的影响下,随着年龄的增长,这种状况逐渐有所改变。

其三,开始形成最初的个性倾向。3 岁前,儿童已有个性特征的某些表现,但这些特征是不稳定的,容易受到外界的影响而改变,个性表现的范围也有局限性,很不深刻,一般只在活动的积极性、情绪的稳定性、好奇心的强弱程度等方面反映出来。幼儿个性表现的范围比以前广阔,内容也深刻多了。无论是在兴趣爱好、行为习惯、才能方面,还是对人对己的态度方面,都开始表现出自己独特的倾向。这时的个性倾向与以后相比,虽然还是容易改变的，但已成为一生个性的基础或雏形。

2. 童年期的年龄特征（6～12 岁）

又称学龄初期，对应儿童的小学阶段。这是一个人一生发展的基础阶段，也是生长发育最旺盛、变化最快、可塑性最强、接受教育最佳的时期。学习成为主导活动，通过识字、阅读和写作，小学生从口头言语逐步过渡到书面言语。

思维从以具体形象思维为主要形式过渡到以抽象逻辑思维为主要形式，但抽象逻辑思维仍需要具体形象或具体经验的支持。小学生思维的这一特点，制约其心理各方面的发展。

童年期是个性发展的重要时期。通过集体活动，自我意识进一步发展，对自我已有一定的评价。尽管其言行容易脱节，但对道德概念的认识已从直观具体的、比较肤浅的认识逐步过渡到比较抽象的、比较本质的认识，并开始从动机与效果的统一来评价道德行为。

3. 少年期的年龄特征（12～15 岁）

这是个体从童年期向青年期过渡的时期，具有半成熟、半幼稚的特点。

随着身体的急剧变化，他们产生成人感，独立性意识强烈。整个少年期充满着成人感和半成熟、独立性和依赖性、闭锁性和开放性、成就感和挫折感的矛盾。

少年的抽象逻辑思维已占主导地位，并出现反省思维，但抽象思维在一定程度上仍要以具体形象做支柱。同时，思维的独立性和批判性也有所发展，但仍带有不少片面性和主观性。少年心理活动随意性显著增长，可长时间集中精力学习，能随意调节自己的行动。

少年儿童的心理自我开始发展，关心自己和别人的内心世界，同龄人间的交往和认同大大增强，社会高级情感迅速发展。他们的道德行为更加自觉，能通过具体的事实概括出一般伦理性原则，并以此来指导自己的行动，但因自我控制力不强，常出现自相矛盾的行为。

4. 青年初期的年龄特征（15～18 岁）

这一阶段相当于高中阶段，是个体在生理上、心理上和社会上向成人接近的时期。

智力接近成熟，抽象逻辑思维已经从“经验型”向“理论型”转化，开始出现辩证思维。

占主要地位的情感是与人生观相联系的情感，道德感、理智感和美感都有了深刻的发展。他们不仅能比较客观地看待自我，而且能明确地表现自我，敏感地防卫自我，并珍重自我，形成了理智的自我意识。然而，理想自我与现实自我仍面临分裂的危机，自我肯定与自我否定常发生冲突。他们对未来充满理想，敢说敢干，意志的坚强性与行动的自觉性有了较大的发展，但有时也会出现与生活相脱节的幻想。

二、影响心理发展的因素

影响心理发展的因素有许多，广为认可的是遗传、环境两分法。

（一）遗传素质

遗传素质是指从上代获得的生理上的物质基础，主要包括机体的构造、形态、感官和神经系统的特征等通过基因传递的生物特性，而其中最主要的是大脑和神经系统的解剖特点。遗传素质在精子和卵子结合的一霎那就已经决定，它是心理发展的物质基础和生物前提，为人的发展提供了可能性。

学思结合

专栏 2-4 双胞胎的秘密

双胞胎尤其是同卵双胞胎是人群中遗传素质最为接近的，是研究人类遗传现象的最佳对象。他们发展的共同之处，可以视为遗传的作用，而相异之处则可视为环境的作用。李其维和林崇德等人的多项研究表明，遗传对人的智力、学习能力、气质、性格上的影响是客观存在的。

在美国，双胞胎贝丝和埃米出生几个月时就被分开抚养，心理学家对她们进行了持续十多年的跟踪研究。收养埃米的夫妇比较贫穷，养母容易激动，整日局促不安，谈起埃米就说她很缠人，难伺候。她的丈夫也逐渐同意她的看法。埃米的性格越来越内向和胆怯。她夜里做噩梦、尿床，有严重的学习障碍。在许多人看来，埃米显然是养父母教导无方的牺牲品。贝丝的养父母富有而慈善，对贝丝爱护有加，养母谈起贝丝总是赞不绝口。贝丝在优越的家庭环境中长大，却与埃米一样烦恼不安，郁郁不乐。

两个在完全不同环境中成长的儿童，却有着相似的人格特征，从中我们可以窥见遗传的力量。

其实，在不同的心理特质和行为层面上，遗传影响的大小不同，研究发现，遗传对身体和智力特征的影响大于它对人格特质的影响。像高尔顿、霍尔等人认为遗传决定了人的发展，则是过分夸大了遗传的作用。

（二）环境

环境包括自然环境和社会环境，是个体心理发展的现实条件，它使遗传素质提供的可能性变成现实性。其中，社会环境决定了儿童心理发展的水平、速度、方向和个别差异。

一是胎儿时期的环境影响。以前总认为环境对儿童发展的作用是在出生之后才开始的，把“与生俱来”的都一律视为遗传的素质，事实上，人从受精卵起就受到环境的影响。婴儿在出生前外界环境是通过母亲的各种渠道而影响胎儿的。近年来许多研究证明，母亲的年龄、营养、疾病、情绪以及药物、烟酒等都会对胎儿发育发生作用。如胎儿时如果营养不足会影响脑细胞数目正常发展，从而导致智力的发展迟滞。

二是家庭环境的影响。家庭是个体出生后接触最早、最多的社会环境，是个体早期经验的主要来源。家庭结构、家庭养育方式、亲子关系、父母的职业等都会对个体的心理发展有着深远的影响。

三是学校教育的影响。学校教育对学生的发展有重要的影响。学校的教育理念、校园文化、班级氛围、教师的教育方式乃至言行都会对学生的认知水平、认知方式、态度、价值观、人格等产生决定性的影响。1968 年美国心理学家罗森塔尔基于实验揭示的“皮格马利翁效应”告诉我们，教师仅对学生暗含期待就会影响学生的学业成绩和人格品质。

四是社会文化的影响。社会文化渗透到学校、家庭、社会机构组织、文化传媒等方方面面，是形成人性的决定性条件。文化的深层内核是价值观和思维方式，它决定了人们的价值观、正确和错误的标准、关注的问题以及如何思考、解决问题。社会文化不同，人们在行为、认知、道德等方面有所差异。

学思结合

专栏 2-5 印度狼孩

1920 年，印度人辛格在加尔各答附近的一个山洞里发现了两名狼孩，小的大约 2 岁，很快死去了，大的约 8 岁，取名卡玛拉。她四肢爬行，双手和膝盖着地休息，舔食流质的东西，只吃丢在地上的肉，不吃别人手里拿的肉，怕火、怕强光，从不洗澡，夜间视觉敏锐，只会发出狼一般的嚎叫，白天蜷伏在墙角睡觉，从不穿衣，即使天冷，也是如此。经过教育，她 2 年学会站立，4 年学会 6 个单词，6 年学会直立行走，7 年学会 45 个单词，学会了用手吃饭、用杯子喝水，17 岁时去世，智力相当于 4 岁的儿童。

无疑地，卡玛拉拥有人类基本的遗传素质，但是由于社会环境的缺失，并没有达到遗传素质规定的可能高度。

环境对个体心理发展的作用毋庸置疑，但要防止偏颇的观点，华生更加重视环境的作用，秉持环境决定论的观点。其实，要理解人的发展，就要考察个体出生与生活的环境。美国心理学家布朗芬布伦纳(Urie Bronfenbrenner)提出的社会生态系统理论认为，个人的行为不仅受社会环境中的生活事件的直接影响，而且也受发生在更大范围的社区、国家、世界中的事件的间接影响；人的行为不仅受传统文化的制约，而且受时代变迁的制约。因此，要研究个体的发展，就必须考察个体不同社会生态系统的特征。

畅所欲言

我国民间有不少谚语，比如“龙生龙，凤生凤，老鼠生来会打洞”“近朱者赤，近墨者黑”“虎父无犬子”等等，结合自己的经验，谈谈自己对遗传和环境作用的看法。

(三) 遗传与环境的关系

遗传与环境因素对心理发展的作用并不是孤立的，而是相互依存、相互渗透的。两者离开对方无法发挥作用，在共同作用过程中相互影响。单纯由遗传决定或由环境决定的心理发展几乎是不存在的。同时，遗传与环境的相互作用还受到个体主观能动性的影响。

三、心理发展的理论

(一) 皮亚杰的认知发展理论

让·皮亚杰(Jean Piaget, 1896—1980)，瑞士著名的儿童心理学家。他的研究路线是从生物学出发，通过儿童认知发展研究，从而解释人类认识(智慧)发生的规律。

1. 认识发展观

皮亚杰认为，人的发展是主体对客体的适应，主体适应环境自我调节的动作和行为是心理发展的开端，这一过程是主体自我选择、主动建构的过程，通过同化和顺应两种方式不断地丰富、完善已有的图式(认知结构)，以达到与环境的平衡。同化是指主体将环境刺激信息纳入并整合到已有的图式之中，以加强和丰富原有的认知结构；而顺应则指主体的认知结构不能同化新的刺激，按新刺激的要求改变原有认知结构或创造新的认知结构，以适应环境的需要。这一发展过程中，影响因素有遗传素质的成熟、自然经验和社会经验以及具有自我调节作用的平衡过程。

2. 认知发展阶段论

皮亚杰认为，认知发展是整个心理发展的核心，认知发展的阶段能够展示心理发展的基本特征。心理发展是连续性和阶段性的统一，各阶段可以提前或推迟，但是先后顺序不变；各个阶段均有其年龄特征，但是又有一定的交叉。他将个人认知发展分为四个阶段：

感知运动阶段(0～2 岁)。主要特点是依靠感知和动作来认知外部世界，即思维依靠动作外化展开。在 9～12 个月，儿童获得客体永久性概念后，将客体与自己区分开来，学会区分动作的目的和手段。当儿童能够延迟模仿时，则意味着进入了下一阶段。

前运算阶段(2～7 岁)。儿童能够借助表象符号将感知动作内化为表象进行思维，从而使思维有了质的飞跃。特点有：① 泛灵论，认为外界的一切事物都是有生命、有感知、有情感、有人性的；② 自我中心，儿童缺乏观点采择能力，只从自己的观点看待世界，难以认识他人的不同观点；③ 不能理顺整体和部分的关系；④ 思维具有不可逆性，没有守恒概念。

具体运算阶段(7～11 岁)。这一阶段的儿童的思维不仅能够内化，而且具有可逆性、守恒性、去自我中心性等特性，获得分类和序列化等思维结构。儿童在面对问题时，遵循逻辑法则推理思维，但需要具体实物或经验的支持。儿童能够理解原则和规则，只限于眼前所见的具体情境或熟悉的经验，对抽象的、假设的命题或虚构的事件难以推理。

形式逻辑阶段(11～15 岁)。抽象逻辑思维占主导地位，思维摆脱了具体事物，使形式从内容中解脱出来，能够提出假设，借助于推理、归纳、演绎来解决抽象问题。他们的思维不必从具体事物和过程开始，利用文字符号在头脑中想象和思维，重建事物和过程就能解决问题。他们可以想象尚未实现的种种可能，相信演绎得出的结论，使得认识指向未来。

皮亚杰的理论第一次详尽地描述了儿童认知发展的基本阶段和内部机制，强调了个体主动和能动的作用，极大地推进了儿童认知发展的理论研究，对教育工作具有启发作用。这一理论也有不足之处，比如低估了儿童的认知能力，过多地强调了生物学因素的作用。

3. 儿童道德认知发展理论

皮亚杰依据精神分析学派的投射原理，采用对偶故事法研究儿童的道德认知发展。他设计了一些包含道德价值内容的对偶故事，要求 4～12 岁儿童判断是非对错，从儿童对行为责任的道德判断中来探明他们所依据的道德规则，以及由此产生的公平观念发展的水平。研究发现，儿童的道德判断是一个从他律到自律的发展过程。具体可以分为四个阶段：第一，2～5 岁的自我中心阶段，这是一种无道德规则的阶段，规则对儿童没有约束力。第二，6～8 岁的权威阶段，又称他律道德阶段，儿童的道德判断受外部的价值标准所支配和制约，表现为对外在权威的绝对尊重和顺从，对行为的判断往往只看结果，不考虑主观动机。第三，8～10 岁的可逆性阶段，是自律道德阶段的开始，儿童开始依据自己的内在标准进行道德判断，不再把道德视作绝对的固定不变的东西，而是同伴间共同约定的，是可逆的、可以修改的。第四，10～12 岁的公正阶段，儿童的道德观念倾向于主持公道、平等，体验到公正、平等应符合每个人的特殊情况，这时的儿童往往更多地从行为的动机而不是后果来判断行为的责任。

（二）维果茨基的社会文化发展理论

维果茨基(Lev Vygotsky，1896—1934)是苏联著名的心理学家。他以马克思主义哲学为指导，创立了著名的社会文化历史学派，对当今世界教育仍有着重要的影响。

1. *心理发展的实质*

维果茨基将心理机能分为低级心理机能和高级心理机能。低级机能受生物成熟机制所制约，如感知、无意注意、情绪、形象思维等。高级机能则体现在心理活动的有意性、主动性上，如有意注意、逻辑记忆、高级情感、思维等。个体的心理发展其实就是文化历史通过语言符号的中介而不断内化的结果，是在社会、文化、历史、教育的影响下，从低级心理机能逐渐向高级心理机能转化的过程。高级心理机能是通过人与人的交往而获得的，最初的外部人际交往，通过中介发展为内部的心理机能，这个中介就是心理工具，即各种符号、记号、语词、语言等。有了心理工具以后，外部活动就可以不断内化形成高级心理机能。“在儿童的发展中，所有的高级心理机能都两次登台：第一次是作为集体活动、社会活动，即作为心理间的机能；第二次是作为个体活动，作为儿童的内部思维方式，作为内部心理机能。”显然，这种从社会的、集体的、合作的活动向个体的、独立的活动形式的转换，从外部的、心理间的活动形式向内部的心理过程的转化，就其实质而言，就是人的心理发展的一般机制——“认知、评价、模仿、内化价值”。个体所有的高级心理机能都是社会经验和社会关系的内化。维果茨基认为人类低级的心理机能转化为高级的心理机能有四个标志：① 心理活动的随意机能(主动性和有意性)；② 心理活动的抽象概括机能(指人类心理的一些间接的、抽象概括的高级系统，如创造性想象、思维等)；③ 形成新质的心理结构；④ 心理活动的个性化。

2. *心理发展与教育教学的关系*

维果茨基认为教育与教学是促进人的心理发展的途径。他提出了最近发展区的概念，认为儿童身上有两种发展水平，即已经达到的水平和可能达到的水平，这两者之间的差异就是最近发展区。据此，他又提出，教学应该走在发展的前面，不断创造最近发展区，教学的关键在于激发、形成正处于成熟过程中而又未完全成熟的心理机能。儿童各人的最近发展区不是固定的，因为现有水平会不断地提高，所以最近发展区是动态发展的，通过教学不断创造儿童的最近发展区。没有教学，发展是不可能的，教学在发展中起主导作用，它决定儿童的发展，决定着发展的内容、水平、速度及智力活动的特点。从这个意义上讲，儿童的发展是一种人为的发展，教育教学对之发展有引导、促进作用。

为了发挥教学的最大作用，维果茨基强调了教学的最佳期限。他认为教学必须以儿童的生物成熟为前提，又要走在心理机能形成的前面。最佳期限就是建立在儿童正在开始又尚未形成的机能上，也就是儿童最容易接受教育影响的时期。教育只有瞄准了儿童的最近发展区，才是有效的，否则可能是无效的，甚至是有害的，教育既不能低于最近发展区，也不能高于它。最近发展区理论对于教育实际的指导意义很强，与我们提倡的“跳一跳，把果子摘下来”“跳一跳，能够到”的理念是一致的。

（三）埃里克森的人格发展阶段理论

埃里克森(Erik H. Erikson，1902—1994)是美国著名的精神分析医生，也是新精神分析学派的主要代表之一。他对弗洛伊德理论的发展主要表现在以下几个方面：第一，对心理发展阶段进行补充，在青少年之后添加了三个阶段，将研究内容从成年期延伸到了老年期。第二，强调社会文化对心理发展的作用，主张从文化的独特生存状态出发来理解人的发展。第三，强调人的社会性和主观能动性，突破了弗洛伊德过分强调人的生物性的局限。

埃里克森的发展阶段理论是“二维理论”。他认为人的心理发展除了年龄这一维度，还有第二个维度，即积极的与消极的。人的发展是量的累积的过程，后面的发展取决于前面一个阶段的顺利与否。埃里克森认为，人格发展根本的动力问题不是性本能，而是心理社会危机，即个体发展的需要和社会文化期望结果之间的一种紧张状态。每一个年龄阶段都面临一定的危机，这是个体发展的积极面和消极面这一维度上两极间的斗争，如向积极方向发展，则危机消除，否则出现障碍。

0～2 岁的婴儿期的主要任务是满足生理上的需要，体验着身体的康宁，感到了安全，从而对其周围环境产生一种基本信任感；反之，婴儿会对环境产生不信任感，即怀疑感。

2～4 岁的儿童除了养成适宜的大小便习惯外，已不满足于停留在狭窄的空间之内，渴望探索新的世界，因此这一阶段的幼儿需要克服羞怯和疑虑，获得行为的自主感。

4～7 岁的幼儿期儿童的身体运动能力大大增强，使之产生达到目的的可能性，并产生达到目的的主动感；但是在自己主动活动与社会约束相悖时，则产生内疚感。

表 2-1　埃里克森的人格发展八个阶段

阶段	年龄	社会心理危机	中心任务	正面结果	发展障碍	自我品质
婴儿前期	0～2	信任—怀疑	接受任务	信任乐观	焦虑不安	希望
婴儿后期	2～4	自主—羞怯	模仿	自我控制	怀疑，缺乏信心	意志
幼儿期	4～7	主动—内疚	认同	自信心进取心	缺少主动性	目的
童年期	7～12	勤奋—自卑	教育	学习能力 成就感	失败感	能力
青春期	12～18	同一感— 同一性混乱	同辈群体	团体归属感	角色混乱 生活无目的	忠诚
青年期	18～25	亲密—孤独	关心	亲密关系，分享	疏离社会 寂寞孤单	相互关怀 同甘共苦
成年期	25～50	繁衍—停滞	获得创造力	事业成功， 关心下一代	自我关注， 不关心后代	关怀
老年期	50～	完善—失望	反省接受人生	对一生 感到满意	悔恨绝望	智慧

7～12 岁的童年期儿童的社会活动范围扩大，学习成为其主导活动，生活重心由家庭转至学校；儿童如果顺利地完成学业，就会获得勤奋感，并使他们对今后的生活任务充满信心，反之就会产生自卑感。

12～18 岁的青春期是埃里克森最为关注的一个阶段。随着青少年身心的成熟，自我意识高涨，独立意识增强，这一时期充满了矛盾和困扰，其发展任务在于面对出现的暂时性角色混乱，寻找自我统合，经过积极的自我整合，建立自我同一性，即青少年认识自己的过去、现在和未来，并对之产生内在的、相同的、连续的体验，同时还认识到自己与他人、社会的关系；否则，会出现同一性混乱，当然，也可能出现同一性早定或同一性延缓。

成年早期需要在个体的自我同一性巩固的基础上寻求共享的同一性，才能导致美满的婚姻而得到亲密感；反之则会出现孤独感。成年中期的男女建立家庭，兴趣扩展到下一代，以及事业的发展从而带来繁衍感；否则会出现停滞感。50 岁以后的成年晚期如果对自己一生比较满意，则产生完善感；否则不免恐惧死亡，产生失望感。

（四）科尔伯格的道德发展理论

科尔伯格（Lawrence Kohlberg，1927—1987）是美国著名的心理学家，系统扩展了皮亚杰的理论和方法，用两难故事法来研究儿童的道德问题，故事包含在道德价值上具有矛盾冲突的情境，让被试听完故事后对人物的行为进行评判，从而了解被试的道德发展水平。典型的两难故事“海因茨偷药”最为有名，内容如下：

一位欧洲夫人患了一种特殊癌症，医生告诉她的丈夫海因茨，只有本城药剂师研制的新药能够救他，这种药的成本 200 元，但是药剂师索要 2 000 元，海因茨借遍所有亲朋，仅凑到 1 000 元，请求药剂师降价、赊账，均被无情地拒绝。于是万般无奈之下，铤而走险，在夜间闯入药店，偷走了药物。

听完故事后，让被试回答一系列问题：海因茨该不该去偷药，为什么？如果病人是海因茨的朋友，是否该去偷药？如果海因茨不爱妻子，是否该去偷药，为什么？等等。科尔伯格测试了来自十多个国家的被试，发现儿童道德发展呈现基本一致的顺序。科尔伯格将道德判断分为“三水平六阶段”：

1. 前习俗水平

第一阶段是服从与惩罚的道德定向。这个阶段的儿童对成人规则采取服从的态度，避免受到惩罚，行为无所谓好坏，由可能受到的惩罚来评价。这一阶段以幼儿及小学低年级学生为多。

第二阶段是相对论者的快乐主义定向。儿童开始比较行为与个人的关系，认为每个人都有自己的需要和意图，个体“行为道德判断表现出自我中心的特点，符合自己需要的行为就是正常的”；也就是说，行为是否正确由一个人自身的需要决定，对他人需要的关系一般是出于互惠的目的，而不是出于忠诚、感激或公正。这一阶段以小学低年级学生居多。

2. 习俗水平

第三阶段为“好孩子”定向。往往运用社会所框定的、一致认同的规则来判断，必须尊重他人的看法和想法，考虑社会对“好孩子”的要求，全面关注社会的要求，从自我中心转向关注他人需要，沿着社会所赞同的认同方向来判断，而不是仅关注自我需要；也就是说，好的行为是使群体中的其他人感到愉快，或者是能受到表扬的行为。8、9 岁孩子开始可能进入这一阶段。

第四阶段称为法律和秩序定向。儿童从维持社会秩序的角度，强调对法律和权威的认同，服从法律、权威、道德规范，否则社会混乱。处于这一阶段的一般以小学中、高年级以上的学生居多。

3. 后习俗水平

第五阶段为法定的社会契约定向。这一阶段的儿童认识到法律不是不可改变，法律有失公允时可以改变。也就是说，社会规范是可以质疑的，是为了群体利益和民主而存在的，对法律和规范的支持是基于理性的分析和相互的协定。这是一种较高水平的道德认知，中学以后甚至20岁以后才可能进入该阶段。

第六阶段为普遍的伦理法则定向。该阶段的个体认识超越法律，以自己选择的伦理准则指导行为，这些行为具有综合性、全面性和普遍性。他们认为生命价值、人类尊严、正义、平等更重要，用人类普遍存在的对生命意义的理解去进行道德判断。

科尔伯格认为，个体的道德认知是由低级阶段向高级阶段发展的，而且年龄与道德发展阶段有一定关系，但不完全对应。环境及其文化的影响，只能决定儿童道德发展的速度和内容，而不能改变儿童道德发展的顺序。

科尔伯格的研究影响广泛，但也遭到了一定的批评。比如道德判断不等于道德行为或道德水平，科尔伯格本人强调他的理论只适用于道德判断；还有人质疑这一结论对于非西方文化的普适性，也有研究者批评这一理论有性别偏见。

见贤思齐

专栏2-6　中国儿童心理学的奠基人——陈鹤琴

陈鹤琴(1892—1982)出生于浙江省上虞县百官镇，6岁丧父，8岁入私塾，1914年毕业于清华大学，后赴美留学，1919年取得哥伦比亚大学硕士学位。五四运动期间回国后，最初担任南京高等师范学校教授；国立东南大学成立后，任教授和教务主任，后担任中央大学师范学院院长和南京师范学院校长。1923年他创办了鼓楼幼儿园，作为理论研究的实验基地。20世纪30年代末，陈鹤琴教授提出了教师"教活书""教书活"和同学"读活书""读书活""活读书"的"活教育"思想。1941年，陈教授创办《活教育》杂志，标志着影响全国的"活教育"理论的形成和运动的开始。

活教育观点包括目的论、课程论、方法论三个方面的内容。陈鹤琴认为，儿童教育的一般目的是帮助儿童建立起一个完美的人际关系，成为一个幸福的人；接着，要帮助儿童建立民族性，教育孩子做一个热爱国家、保卫祖国、建设祖国的中国人；而后，要从体育、科技、艺术、人文等方面，让儿童拥有健康的体魄、建设的能力、创造的能力和合作精神。活教育的目的就是教孩子"做人、做中国人、做现代中国人"。"活教育"的课程，是指把大自然、大社会做出发点，让学生直接向大自然、大社会学习；让儿童在与自然和社会的直接接触中，在亲身观察中获取经验和知识；"活教育"的课程论并不摒弃书本，只是强调历来为教育所忽视的活生生的自然和社会，而书本知识应是现实世界的写照，应能在自然和社会中得到印证，并能够反映儿童的身心特点和生活特点。"活教育”教学方法，有一个基本的原则，就是“做中教，做中学，做中求进步”；陈鹤琴认为“做”是学生学习的基础，应加强儿童的动手能力，让儿童在做实验的过程中获取知识和经验。

陈鹤琴教授的活教育理论冲击了当时以教师为主体的死读书教育模式，让更多人开始关注儿童本身的心理发展；教师要了解儿童生理和心理的需求，根据儿童每个年龄段的发育特点，调整儿童教学教育活动，这一教学理念至今都影响着中国幼儿教育的发展。除此以外，陈鹤琴教授采用日记描述法研究儿童的心理，在观察、实验等基础上，写成了《儿童心理之研究》，这是中国儿童心理的第一本教材。可以说，陈鹤琴教授是中国儿童心理学的奠基人，被称为中国幼儿教育之父。

陈鹤琴坚持心理学中国化的科学探索，聚焦儿童发展，在其漫长的人生中矢志不渝，我们从中有哪些收获呢？

第三节　学习心理

学习是个人发展重要的一种活动，也是有机体适应环境的必要条件。只有通过学习，人才能够得到充分的发展。学习贯穿生命的始终，人的一生是“活到老，学到老”。在母腹中，学习就已经开始了，比如胎儿听到不同性质的声音时出现了好恶反应及面部表情；婴儿牙牙学语、蹒跚学步；妹妹看到哥哥拖延作业被批评后，自己主动完成作业，这些都是学习。

一、学习的内涵

学习是指个体由经验引起的行为或行为潜能相对持久的变化。这里所讲的个体，不仅是指人类，也包括动物；学习泛指有机体在一定情境中获取经验后而发生的行为变化，这种变化并不意味着改变后的行为比原来的行为更可取。具体来说，这个概念蕴含了三层含义。

首先，学习以行为或行为潜能的改变为标志。当我们观察到一个人的行为发生了变化，我们就可以根据这一结果来推断他以前发生了学习。例如，一位同学今天终于会骑自行车了，或者第一次能够背出化学元素周期表了，都说明了学习的发生。又如，要求学生学习 25 个新词，测试发现他正确掌握了其中的 18 个新词的含义，这是明显的行为改变。但是，这并不意味着该学生没有学习其余 7 个新词，只是可能还没有能够达到正确回答问题的程度，而在其后再次学习 7 个单词时，会学得快些，虽然没有表现出来，但学生的行为潜能已经发生了变化。当然，个体行为变化可能由经验引发，也可能是成熟、疲劳、疾病、药物引起的，这些就不是学习了。比如变声期少年的嗓音变化、服用兴奋剂的运动员跑步速度提高、感冒后情绪不振等变化都不是学习。

其次，学习引起的行为变化相对持久。无论行为变化是外显的还是内隐的，只有当行为变化保持的时间较长，稳定在个体的行为中，才可以称之为学习。像适应、疲劳、疾病、药物等带来的行为改变，情况发生变化后，行为就恢复了，这些暂时的行为变化都不是学习。比如，白天进入黑暗的电影院，开始什么都看不见，随着视觉感受性提高，逐渐看清的过程，这是视觉的暗适应，不能叫作学习。另外，敏感化和习惯化也是由经验引发的行为变化，但是较为复杂，是否为学习，还需要根据行为变化的持久性具体分析。

最后，学习由经验引发。有机体必须通过经验或者练习才能使得行为发生改变，有些行为的改变需要较长的时间、系统而反复的练习或经验，如学习某些动作技能；而有的行为改变事先难以预料，是在不经意间发生的，如在马路上看到有人闯红灯被罚或出现车毁人亡的交通事故，仅此一次就可以让人意识到遵守交通规则的重要性。

虽然学习是活着的有机体中普遍存在的现象，但是学习能力明显地随着神经系统的发展而提高，人类学习与动物学习有着本质的区别。人类学习是在社会生活中，以言语为中介，通过思维，积极、主动地掌握人类社会历史经验和积累个体经验的过程。人类学习不仅在态度、手段上有别于动物，而且学习内容更加广泛、学习程度更深。

学生学习是人类学习的一种特殊类型，是在学校情境中，在教师的指导下，系统地掌握人类社会历史经验以积累个体经验的过程。学生学习具有更加明确的目的性、计划性和系统性，以间接经验为主要学习内容，以集体学习为主要方式。

学深悟透

专栏 2－7　学习与脑

脑与认知科学是当前众多科学中最为活跃的一个前沿领域，最新的脑成像技术能够使我们直接观察到人脑学习和思考、产生情绪和社会行为的过程。学习的脑机制非常复杂，为教育教学提供了丰富且科学的证据，这里介绍几个主要议题。

一是大脑发育及学习的关键期假说。学习可以使人脑神经元的树突刺更加丰茂，突触更多。人在出生后的 20 年中，大脑神经突触生长呈倒 U 形。刚出生时神经突触密度最低，童年期达到高峰，成年后又降低。这表明，突触生长高峰期的童年是学习收获最多和智力发展最充分的时期。也就是说，大脑发展具有一定的关键期，在一个时期，儿童的某种能力容易形成和培养，过了这个时期就难以形成。研究发现脑的不同功能发展有不同的关键期，比如亲子依恋在 2 岁前，语音和动作发展在 6 岁前，语法学习在 16 岁以前，情绪控制在 3 岁前，数理逻辑在 4 岁前，器乐演奏则在 10 岁前，当然这也有个别差异。

二是学习与脑的可塑性。大脑遵循用进废退的原则，其功能水平取决于工作时的环境状态。脑的可塑性是指大脑的结构和功能因受学习、训练以及各种经验等因素的影响而出现动态的修复或重组。在学习进程中，随着经验的丰富，大脑皮层表征会发生相应的变化。脑的可塑性主要发生在以下三种情形：生命早期，脑尚未成熟，需要进行自我组织；脑损伤后，对丧失的功能进行代偿，或者增强剩余的功能；成年期，学习新知识或新技能并保持下来。

三是基于脑的学习。这是指以人脑生就自然的方式进行的学习，强调遵从脑的活动规律，适合和促进脑的发展。为此，在保证学习者睡眠充足、营养丰富、运动足够、环境良好的基础上，强调意义建构（大脑总是基于已有经验，主动加工重组信息，并赋予意义）和整体学习（学习者全身心投入、全脑参与和整体反应）。目前教育神经科学整合了相关学科，指导基于脑的教学与学习。

二、学习的理论

学习的一般过程，通常被确定为一个由不知到知、由少知到多知的艰巨的脑力劳动过程。我国现代著名学者王国维（1877—1927）在《人间词话》中，用古人词作中的名句，“昨夜西风凋碧树。独上高楼，望尽天涯路”“衣带渐宽终不悔，为伊消得人憔悴”“众里寻他千百度，蓦然回首，那人却在，灯火阑珊处”，描绘学习所经由的“三境界”，这是对一个较长的学习过程有趣而深刻的生动注释。而不同的学派对学习提出了不同理论，大致可以分为两类。

（一）联结学习理论

联结学习理论强调学习就是在刺激与反应之间建立联结的过程，早期代表人物有巴甫洛夫、桑代克和斯金纳，后期有班杜拉。

我们知道，巴甫洛夫对动物消化腺的研究主要以狗为研究对象，狗将食物出现之前的铃声与分泌唾液之间建立了联系，建立了条件反射，后人称之为“经典条件作用”。在此基础上，巴甫洛夫提出了习得、消退、泛化与分化等一系列个体行为变化的规律，同时发现了人和动物学习的最基本的机制，即学习是暂时神经联系的形成。

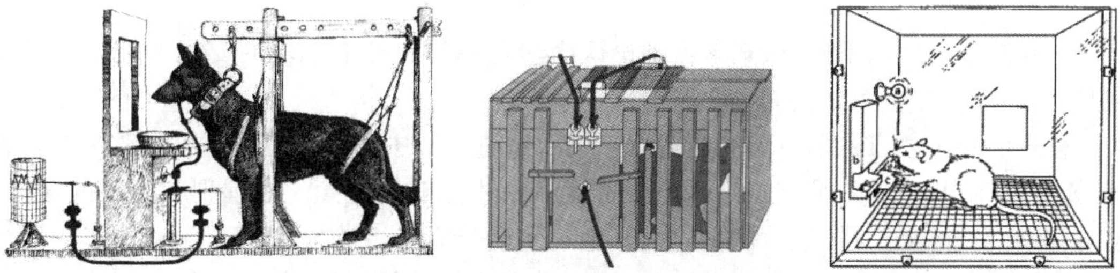

图 2－4　巴甫洛夫、桑代克、斯金纳的实验装置

美国教育心理学家桑代克（E. L. Thorndike，1874—1949）将空腹的猫放入“问题箱”，猫若踏下机关即可打开笼门，笼外放有食物。随着入笼次数增多，猫在复杂的刺激情境中，辨别出一个开门的设施（S）并做出正确的开门动作（R）形成各种联结。桑代克认为，学习是一个渐进、尝试与错误的过程，简称“试误”，学习的实质是在刺激与反应之间形成联结（S—R）。在实验基础上，桑代克提出了准备率、练习率和效果率三个学习定律，其中，效果率是学习的主要规律，凡是导致满意后果的行为会被加强，而带来烦恼的行为会被削弱或淘汰。

斯金纳在20世纪30年代设计了"斯金纳箱"来研究白鼠、鸽子等动物的学习。实验中，动物从初始的混乱动作中无意碰到杠杆，得到了食物，进而学会了按压杠杆与得到食物之间的联结。通过研究，斯金纳认为存在两种类型的学习，一类是应答性反应，与经典性条件作用相似；另一类是操作性反应，这是有机体的自发行为。在日常生活中，人的绝大多数行为都是操作性行为。影响行为巩固或再次出现的关键因素是行为后得到的结果，即强化。强化是使目标行为反应增加出现概率的措施，有正负之分，正强化是通过增加某种刺激导致行为反应出现的概率增加，这种刺激就是正强化物，比如饥饿的白鼠按压杠杆得到食物，学生主动举手发言得到老师表扬，这里的食物和表扬都是正强化物。而负强化通过撤销或减少某种刺激使得行为反应出现的概率增加时，此种刺激就是负强化物，比如白鼠被微弱电流电击，一旦按压杠杆，电击解除，学生因为主动发言而减少了作业，这里停止电击、减少作业就是负强化物。

美国心理学家班杜拉(Albert Bandura，1925—2021)于20世纪60年代提出社会学习论，综合了行为主义和认知理论的观点，后改为社会认知论。班杜拉认为，个体、环境和行为相互影响，共同决定了个体的行为。通过对儿童攻击性行为的实验，班杜拉提出了观察学习，即儿童通过观察他们生活中重要人物的行为而习得社会行为。这一学习过程经历了注意过程、保持过程、复制过程和动机过程。观察学习是不需要个体直接参与的替代性学习，对于观察对象行为的强化，会对观察者自身产生强化作用，即替代性强化。此外，观察者依据自己的标准对行为做出判断后进行的自我强化，也可以促进个体的行为改变。社会学习论与传统的行为主义观点不同，它不回避人的行为的内部原因，不否认认知是人的行为的一个决定性因素，相反，它重视符号、自我调节所起的作用。因此，社会学习论被称为是一种认知行为主义，班杜拉则被称为稳健派行为主义者。这个理论能够较满意地解释社会行为的学习。

（二）认知学习理论

与联结学习理论不同，认知学习理论认为学习不是在外部环境的支配下被动地形成刺激和反应的联结，而是主动地在头脑中构造认知结构。

格式塔心理学家苛勒对黑猩猩做了一系列试验，其中一个是这样的，在笼外放有香蕉，笼内有2根短木棒，唯有当把两根棒子接起来才能够着香蕉。黑猩猩在解决问题时，没有像桑代克的猫一样试误，而是先很好地观察整个情境，突然间就将问题解决了。研究表明，黑猩猩的学习是一种顿悟，基于对情境中事物关系的理解，其实质是在主体内部构造完形。

现代认知派在此基础上强调认知结构的作用。布鲁纳(Jerome S. Bruner，1915—2016)认为学习是一个把新知识与已有知识结合起来，主动地形成认知结构的过程。也就是说，学习是认知结构的组织和再组织，这其中学习材料本身的内在联系非常重要，新旧知识发生了相互作用，新材料在学生脑中才有了真正的意义。学习包括获得、转化和评价三个过程。布鲁纳非常强调学习理论和教学理论在教学中的应用，提倡发现学习，让学生在教师布置的具体情境中，理解学科的基本结构，"发现"自己内部的编码系统，并提出了动机原则、结构原则、程序原则和强化原则等教学原则。

建构主义学习理论是认知理论的最新发展，虽然不是一个特定的学习理论，但各种观点之间存在一定的共识，主要表现在知识观、学习观和教学观上。首先，建构主义强调知识的动态性、主观性，主张事物的意义是人建构起来的，同时取决于我们原来的知识经验背景。其次，学习是学习者主动地建构自己的知识经验的过程，即通过新经验与原有知识经验的双向的相互作用，来充实、丰富和改造自己的知识经验，而不是简单地由外到内、从教师到学生的单向传递过程。学生不是被动的信息接纳者，也不是空着脑袋进教室的，而是在特定的情境下，通过与助学者（教师、同学、专家等）的互动主动地建构信息的意义，这一建构过程不可能由他人代替。再次，由于知识和学习的内涵发生了变化，教学不再是传递客观而确定的现成知识，而是激发出学生原有的相关知识经验，促进知识经验的"生长"，促进学生的知识建构活动，以促成知识经验的重新组织、转换和改造。为此，研究者们提出了情境性教学、支架式教学和合作教学等等。

畅所欲言

学习的过程是试误的还是顿悟的呢？结合自己的经验，说出你的理由。

三、学习的分类

学习过程异常复杂，学习内容非常广泛，学习形式多种多样，差异较大。根据不同的标准，可以对学习进行不同的分类。

（一）加涅和奥苏伯尔的学习分类

美国认知心理学家加涅（Robert Mills Gagné，1916—2002）根据学习情境的复杂程度，将学习由低级到高级分成8类：① 信号学习；② 刺激反应学习；③ 连锁学习；④ 语言的联合；⑤ 多重辨别学习；⑥ 概念学习；⑦ 原理学习；⑧ 解决问题，前三类学习是人和动物都有的类型。后来，加涅根据学习的结果，又将学习分成了5类，分别是言语信息、智慧技能、认知策略、动作技能和态度，其中智慧技能由低到高包括辨别、概念、规则、高级规则（问题解决）四个层次的学习。

美国另一位认知心理学家奥苏伯尔（David Pawl Ausubel，1918—2008）根据两个维度对认知领域的学习进行了分类：一是根据学习的方式不同，将学习分为接受学习和发现学习；二是根据学习的性质不同，即根据学习材料与学习者原有知识结构的关系，将学习分成有意义学习与机械学习，有意义学习是指新学习的内容与学习者头脑中已有内容之间建立实质性的、非人为的联系。这两个分类维度互不依赖，彼此独立，并且，每一个维度都存在许多过渡形式（具体见图 2-5）。奥苏伯尔主张学生学习是有意义的接受学习。意义学习要求新材料本身具有逻辑意义、学习者具有有意义学习的心向和同化新知识的适当认知结构、学习者主动让新旧知识发生相互作用等基本条件，从而使得新知识获得心理意义，有意义学习才得以实现。

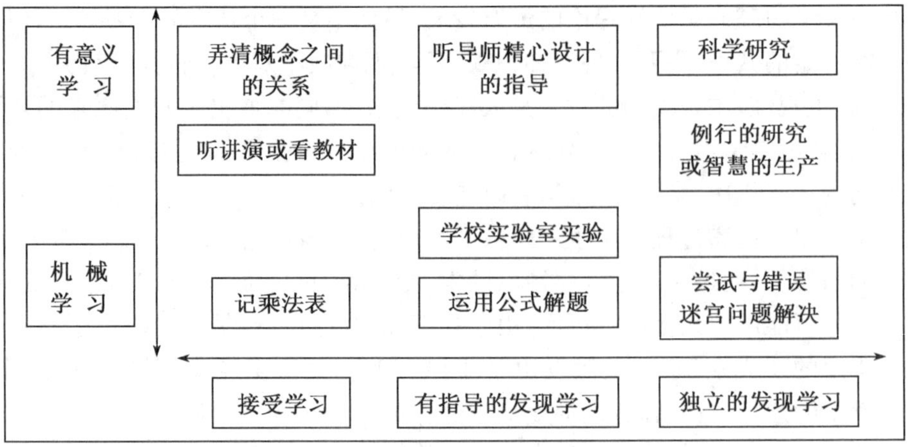

图 2-5　学习方式与性质分类及其举例

学海无涯

专栏 2-8　机器学习及其深度学习

根据学习主体的不同，学习有动物学习、人类学习与机器学习之分。机器学习作为人工智能领域的一个重要分支，按照人工智能领域先驱之一西蒙的观点，学习就是系统在不断重复的工作中对本身能力的增强或者改进，使得系统在下一次执行同样任务或类似任务时，会比现在做得更好或效率更高。机器学习就是要借助于计算机科学和技术原理模拟或实现人类的学习行为，以获取新的知识和技能，不断改善自身性能，从而赋予计算机系统学习能力。阿尔法围棋(AlphaGo)就是机器学习的一个典型例子，它在 2016 年以 4∶1 的总比分战胜了当时的围棋世界冠军李世石。它通过深度学习的原理在与自己的数万次对弈中进行自我训练，不断提高围棋水平。深度学习于 2006 年提出，是机器学习一个新的研究领域，旨在建立、模拟人脑的分层结构，对外部输入的数据进行从低级到高级的特征提取，从而能够解释外部数据，如图像、声音和文本等。深度学习被广泛应用于图像识别、语音识别和自然语言理解等领域的人工智能技术中。

(二) 潘菽的学习分类

我国心理学家潘菽(1897—1988)从学校教育实际出发，依据学习的内容及结果划分为知识学习、技能学习(包括动作技能和智慧技能)、社会行为规范学习。这个分类在国内影响广泛，在通常的教育工作中常被采用，较为契合我国德智体美劳全面发展的目标要求。

1. 知识学习

在认知心理学中，知识就是个体通过与环境相互作用后获得的信息及其组织，其实质是人脑对客观事物的特征与联系的反映，是对客观事物的主观表征。知识是技能形成、能力发展的基础。从反映的深度来看，知识有感性知识和理性知识之分。从表征方式来看，有陈述性知识和程序性知识(反映的形式)之别。根据显性程度来看，有显性知识(明确知识，可以言明的知识）和隐性知识（也称缄默知识、内隐知识）两种。

表 2－2　陈述性知识与程序性知识的区别

类型	陈述性知识	程序性知识
内容	关于“是什么”的知识，是事实类信息	关于“怎么做”的知识，包含一系列复杂的动作过程
状态	相对静态	动态
提取特点	提取和建构是有意的、主动	提取可自动执行，速度快
言传程度	可以言传	不能言传
表达方式	通过回忆、再认、应用表现	通过完成操作步骤
获取途径	通过听讲、读书、看视频获得	通过练习和实践获得

知识在个体头脑中的表现形式和组织机构是多种多样的，表征的方式有概念、命题和命题网络、表象、图式以及产生式等等。比如提及“鸟”，我们的头脑中可能是想到“有羽毛、喙、卵生”等特征的概念表征，也可能是“鸟是脊椎动物”的命题表征，还可能是“麻雀、啄木鸟”等鸟的形象的表象表征，也可能是关于鸟的特征、类型、生存环境等多样化的、综合性的图式表征，也有一些人会产生“如果听到鸟鸣，我就会前往观察”的产生式表征。

按照知识的存在形式和复杂程度，知识学习有符号学习（词汇学习）、概念学习、命题学习等不同类型。而按照新知识与原有认知结构的层次关系，知识学习有下位学习（类属学习）、上位学习（总括学习）和并列结合学习三种类型。

知识学习的过程可以从知识的获得、保持和提取等方面来分析，知识的保持和提取必须遵循记忆的规律，而知识的获得是通过知识的直观和知识的概括两个环节实现的。为了帮助学生积累直接经验，提高知识直观的效果，需要灵活选用实物直观、模象直观和言语直观三种方式，加强语言与形象的配合，充分运用感知的强度、差异性、活动性、组合等规律，重视培养学生的观察力并让学生主动充分地参与到知识直观中。知识的概括需要配合运用正例和反例，正确充分运用变式（变化同类事物的非本质特征，以突出本质特征），加强科学比较，启发学生自觉概括等策略，可以不断促进学生从感性概括走向理性概括，提高知识概括的能力和水平。

2. 技能学习

技能是指经过练习而形成的合乎法则的活动方式，是高效学习的必要条件，有助于知识的掌握、能力的发展。技能有动作技能和心智技能之分，两者在操作对象是客观的还是观念的、活动进行是外显的还是内潜的、动作结构是展开的还是简缩的三个方面有所不同。

在动作技能形成过程中，从认知阶段（操作定向）、联系阶段（操作模仿、操作整合）到自动化阶段（操作熟练）的不同发展阶段，动作技能发生了质的变化，主要包括四个方面：一是动作的控制方式会从视觉反馈逐渐过渡到动觉反馈；二是动作的稳定性、精确性、灵活性等动作品质不断提高；三是动作的协调性逐渐加强，多余动作逐渐减少；四是动作的效能不断提高，包括心理消耗和体力消耗逐渐降低，紧张感、疲劳感逐渐减少，直至最后动作具有轻快感。练习是动作技能形成的基本途径，为了提高练习的效果，需要准确的示范与讲解、必要而适当的练习、充分而有效的反馈、建立稳定清晰的动觉。

心智技能的形成过程，存在不同的观点。加里培林提出了活动定向、物质活动或物质化活动、有声的言语活动、无声的外部言语活动、内部言语活动五阶段模型，我国学者冯忠良提出了原型定向、原型操作和原型内化三阶段模型。心智技能的培养相当复杂，一般主张采用心理模拟法，把专家头脑中观念的、内潜的、简缩的经验“外化”为物质的、外显的、展开的“心理模型”（操作原型）的过程，学生通过内化模型形成心智技能。培养学生的心智技能，需要重视激发学习的积极性与主动性，注意原型的完备性、独立性与概括性，适应培养的阶段特征，正确使用言语。

3. 社会规范学习

社会规范学习是指个体接受社会规范，内化社会价值，将规范所确定的外在于主体的行为要求转化为主体内在的行为需要，从而建构主体内部的社会行为调节机制的过程，即社会规划的内化过程。这一过程是个体逐步积累交往经验的过程，也是个体适应社会生活的过程。社会规范学习是个体社会化的核心内容和主要手段，可以有效促进个体品德的形成和发展，也是个体心理健康的主要内容、有效途径和评价标准。

四、学习的迁移

日常生活中，我们常说“举一反三”“触类旁通”，都是对学习迁移现象的描述。学习迁移是一种学习对另一种学习的影响，这种影响在知识、技能和社会规范的学习中都会发生，而且既有先前学习对后续学习的影响，也有后续学习对先前学习的影响。

（一）学习迁移的分类

学习迁移可以从不同的角度进行分类。

从迁移效果来看，一种学习对另一种学习产生的影响可能是积极的，也可能是消极的，分别是正迁移和负迁移。比如一位会骑自行车的，与不会骑自行车的人相比，学骑二轮电动车会更快些，而学骑三轮车可能会更费劲儿。

从迁移方向而言，先前学习对后来学习的影响为顺向迁移，反之为逆向迁移。比如学习英语字母发音时，受到了汉语拼音发音的影响，而学完英语字母发音后，会对汉语拼音发音产生一定的影响。

从迁移范围来看，有一般迁移和特殊迁移之分。一般迁移又称普遍迁移、非特殊迁移，比如学习数学的认真态度、及时复习策略等可以迁移到各门课程的学习中去，而歌唱时划拍子让自己唱准节奏的方法迁移的范围就有限多了。

从迁移内容的概括水平来看，可以分为水平迁移和垂直迁移。水平迁移也称横向迁移，是指处于同一概括水平经验之间的互相影响，比如直角、锐角、钝角之间的逻辑关系是并列，处于同一概括层次，这些概念学习时发生的相互影响就是水平迁移。而垂直迁移又称纵向迁移，是指不同概括水平经验之间的相互影响，这包括自下而上和自上而下的两种迁移，前者一般发生在归纳式学习中，后者常见于演绎式学习中。

从迁移的内在心理机制来看，可以分为同化性迁移、顺应性迁移和重组性迁移。同化性迁移是指不改变原有的认知结构，直接将原有的认知经验应用到本质特征相同的一类事物中去。原有认知结构没有发生实质性的改变，只是更加丰富、充实。例如掌握了水果的概念内涵，再学习荔枝、菠萝等概念，以及我们平时所讲的“举一反三”“闻一知十”等都属于同化性迁移。顺应性迁移则是指将原有认知经验应用于新情境中时，需要调整原有的经验或对新旧经验加以概括，形成一种能包容新旧经验的更高一级的认知结构，以适应外界的变化。比如我们日常认为，垂直是水平线和与之垂直的线之间的角度关系，只有修正了这一经验，才能正确理解垂直概念；又如儿童认为会飞的是鸟，当判断鸡、鸭、鹅时，只有调整了鸟概念的内涵，才能做出正确判断。重组性迁移是指重新组合原有认知系统中某些构成要素或成分，调整各成分间的关系或建立新的联系，从而应用于新情境。重组过程中，基本经验成分不变，但各成分间的结合关系发生了变化。比如，学会了某种舞蹈的基本动作后，自己编一套基本动作组合。

（二）学习迁移的理论

形式训练说是最早的学习迁移理论，它以官能心理学为理论基础，认为人的心灵是由注意、意志、记忆、思维等官能组成的，各种官能可以像肌肉一样，通过练习而增强能力。同时，这一理论认为，学习迁移就是非物质的心灵官能受到训练而自动发展的结果。依这种观点，学习内容不甚重要，重要的是学习的难度和训练价值。形式训练说的倡导者之一洛克就说过：“我只认为研究数学一定会使人获得推理的方法，……所以，学习数学有无限的用处。”但是，这种主张不仅缺少实证依据，反而遭到了来自心理学实验结果的驳斥。

相同要素说又叫共同要素说，是桑代克和武德沃斯（Robert Sessions Woodworth，1869—1962）在实验研究基础上提出的。该理论认为，学习是形成一种情境与反应的联结，学习迁移就是相同联结的迁移；只有在两种学习中存在着共同的联结，学习上的进步才能转移到另一种学习上去。例如，在活动1、2、3、4、5和活动4、5、6、7之间，因为有共同成分4和5，所以这两种活动之间才会有迁移出现。桑代克在迁移方面的研究，揭露了形式训练说的错误，但是又表现出简单化和机械论观点。

经验类化说，也称概括化理论，是与相同要素说相对立的一种学习迁移理论。贾德（Judd，1873—1946）认为，两种学习活动之间存在着的共同成分，只是产生迁移的必要前提，而产生迁移的关键是学习者能在两种活动中概括出它们之间的共同原理，使经验类化的结果。贾德组织11—12岁的小学生进行水中打靶试验，A组被试学习了光在水中的折射原理后练习，B组则不教原理，只进行练习、尝试。当他们达到相同的训练成绩后，增加水中目标的深度，继续打靶的结果发现，A组同学成绩明显优于B组。由此证明，对原理了解、概括得越好，新情境中学习的迁移就越好，后续的研究进一步支持了这一结论。但是，由于贾德十分重视教学方法在迁移中的作用，因而有忽视学习内容的倾向。

关系转换说是格式塔学派提出的，从其观点来说，可以视作概括化理论的继续和深入。该理论认为，对情境中事物关系的理解是实现迁移的根本原因。这是由于领悟事物之间的关系，就能达到概括化，从而形成迁移。苛勒采用“小鸡啄米”的实验证明了这一观点：只有学习者在认清和了解事物之间的关系后，迁移才有可能发生。这一理论虽有片面性，但为许多心理学家所接受。

认知结构说是奥苏伯尔在有意义学习理论的基础上发展起来的。在奥苏伯尔看来，一切有意义的学习必然包括迁移，而学习者原有认知结构的清晰性、稳定性、概括性、包容性、连贯性和可辨别性等特征，始终是影响新的学习与保持的关键因素。认知结构说代表了以认知观点来解释迁移的一种主流倾向，后续的研究者对迁移进行了更加深入的探讨。比如安德森强调两种学习情境中有产生式的交叉或重叠，则可以产生迁移；还有人认为前后两种情境中的结构特征、内在关系与联系等本质特性是决定迁移的关键成分；还有研究者强调外界环境与主体的相互作用对迁移的影响。

总体而言，与传统迁移理论相比，现代迁移理论更加微观、细致、深化，尤其聚焦在迁移过程的认知成分、迁移发生的内在机制，促进了迁移研究的深入。

（三）促进学习迁移的教学策略

由于认识到迁移现象的普遍性和重要性，教育界提出了“为迁移而教”，以促进正迁移的发生。根据研究，发现影响学习迁移的因素是多样的，包括学习材料和学习情境的相似性、学习者的背景知识、分析与概括能力、学习者的学习策略和学习定势等。据此提出以下建议。

一要精选教材。要让学生在有限的时间内掌握人类积累的大量的有用经验，教学内容必须精选。精选标准就是遵循迁移规律，选择具有广泛迁移价值的科学成果作为教材的基本内容。从一门学科的浩瀚的科学研究成果中，精选出概括化程度较高的基本知识、基本技能和行为规范。同时，还要提供与基本概念、原理等配套的典型事例，帮助学生理解原理、概念的使用条件，有助于迁移的真正产生。

二要合理编排教学内容。精选的教材只有通过合理编排，才能发挥其迁移的效能。从迁移的角度看，编排教材合理性的标准就是要使教材达到结构化、一体化和网络化。结构化是指教材内容的各构成要素具有科学、合理的逻辑联系，能体现事物的各种内在关系，如上下、并列、交叉等，这样才能促进学生构建合理的心理结构。一体化是指教材的各构成要素能整合为具有内在联系的有机整体，这样才能通过同化、顺应与重组的相互作用，不断建构心理结构。网络化是指教材各要素之间上下左右、综合交叉联系要沟通，要突出各种基本经验的联结点、连接线，为迁移的产生提供直接支撑。

三要合理安排教学程序。教学程序可以从宏观方面考虑，即对学习的先后顺序进行整体安排；也可以从微观方面考虑，即具体一节课教学程序的安排，两者均要遵循迁移规律。把各门学科中具有最大迁移价值的基本内容置于首要地位，如将基本知识、技能和态度作为教学的主干结构；安排教学顺序时，既要考虑到知识的逻辑顺序，还要兼顾学生的认知发展顺序和基础，从总体上科学、有效地安排教学程序。在微观上，应合理组织每一堂课的教学内容，合理安排教学顺序。依据从已知到未知、从简单到复杂、从具体到抽象等顺序来沟通新旧知识，建构经验结构。同时还要注意各课堂教学内容之间的衔接，即要注意各门学科或同一学科不同部分知识间的横向联系，鼓励学生将某一门学科中的知识运用到其他学科中去。例如，要关注历史与地理、三角与几何、化学与生物、数学与物理、语文与历史等学科之间的关系，教师在教学中可以做出必要的示范。

四要教授学习策略，提高迁移的意识性。“授人以鱼，不如授人以渔”，必须让学生了解学习迁移的价值、迁移内容、迁移方法和策略、迁移时机等，尤其是掌握一定的学习策略及其元认知策略，这是达到这一目标的有效手段。

真题实练

1. 人类的视觉加工区主要位于大脑的（　　）。

A. 额叶　　B. 顶叶　　C. 枕叶　　D. 颞叶

2. 在裂脑人实验中，假如给被试左视野呈现“苹果”图片，右视野呈现单词“杯子”，他能顺利完成的任务是（　　）。

A. 用左手选出屏幕后摆放的苹果　　B. 用右手选出屏幕后摆放的苹果

C. 用左手选出屏幕后摆放的杯子　　D. 用右手选出屏幕后摆放的杯子

3. 如果让六个月婴儿学走路，不但徒劳而且无益，同理，让四岁的儿童学高等数学，也难以成功。这说明（　　）。

A. 遗传素质的成熟程度制约着人的发展过程及其阶段

B. 遗传素质具有可塑性

C. 遗传素质的差异性对人的发展有一定影响

D. 遗传素质决定人发展的最终结果

4. 在幼儿园时，小军将自己最喜欢的玩具汽车送给妈妈做生日礼物；三年级时，他送给妈妈的生日礼物是妈妈最喜欢的漂亮发夹。这一转变说明他的思维已进入（　　）。

A. 感知运动阶段　B. 前运算阶段　C. 具体运算阶段　D. 形式运算阶段

5. 关于儿童“最近发展区”的观点，不正确的是（　　）。

A. 发展要先于教学，以更好地进行教学

B. 教学要走在发展的前面，以更好地促进发展

C. 教学内容应略高于儿童的现有发展水平

D. 教学应同时考虑儿童现有发展水平和可能水平

6. 小华认为道德是一种社会契约，根据科尔伯格的理论，其道德判断属于（　　）。

A. 前习俗水平　B. 习俗水平　C. 后习俗水平　D. 超习俗水平

7. 小强不按时完成作业，妈妈就禁止他看动画片，一旦按时完成作业，就会取消这一禁令。随后小强按时完成作业的次数增加了，这属于（　　）。

A. 正强化　　B. 负强化　　C. 自我强化　　D. 替代强化

8. 小英到医院打过针后再次看到穿白大褂的就会感到害怕，这种现象是（　　）。

A. 内化　　B. 泛化　　C. 获得　　D. 消退

9. 学习了三角形和长方形的面积公式之后，学习梯形的面积公式就比较顺利，这种迁移属于（　　）。

A. 纵向迁移　　B. 逆向迁移　　C. 重组迁移　　D. 正迁移

本章复习题

一、如何理解“心理是脑的机能”？

二、大脑皮层是如何分工的，有哪些主要机能区？

三、谈谈你对“人的心理既是客观的，又是主观的”这一命题的理解。

四、试举例说明心理发展的基本规律。

五、从代表人物、研究内容、研究方法（实验）、理论评价等方面，列表比较心理发展理论、学习理论和迁移理论。

六、谈谈对学习内涵及学习类型的理解。

推荐阅读书目

1. 林崇德. 发展心理学（第二版），第二章、第五章[M]. 北京：人民教育出版社，2009.

2. 陈帼眉，冯晓霞，庞丽娟. 学前儿童发展心理学，第五章[M]. 北京：北京师范大学出版社，2013.

3. 教育部人事司. 教育心理学考试大纲（中学），第二章[M]. 上海：华东师范大学出版社，2002.

4. 韦恩・韦登. 心理学导论（第九版），第三章[M]. 高定国等，译. 北京：机械工业出版社，2017.

5. 张春兴. 现代心理学（第三版），第二章、第五章[M]. 上海：上海人民出版社，2009.

6. 郑雪. 心理学（第三版），第四章[M]. 北京：高等教育出版社，2015.

7. 沈政，林庶芝. 生理心理学（第三版），第二章、第三章[M]. 北京：北京大学出版社，2014.

8. 黄希庭，郑涌. 心理学导论（第三版），第五章[M]. 北京：人民教育出版社，2015.

9. 格里格，津巴多. 心理学与生活（第十九版），第三章[M]. 王垒，等译. 北京：人民邮电出版社，2016.

10. 陈琦，刘儒德. 当代教育心理学（第三版），第四至七章，第九至十章[M]. 北京：北京师范大学出版社，2019.

11. 李梅，陈明立. 中学教育心理学，第三章，第五至七章[M]. 南京：南京大学出版社，2014.

第三章
需要与动机

本章学习资源

学习目标:

- ➢掌握需要和动机的概念、分类及其关系。
- ➢掌握动机与效率的关系及其教育应用。
- ➢理解动机理论及其教育价值。
- ➢了解激发和维持动机的影响因素。

【本章结构】

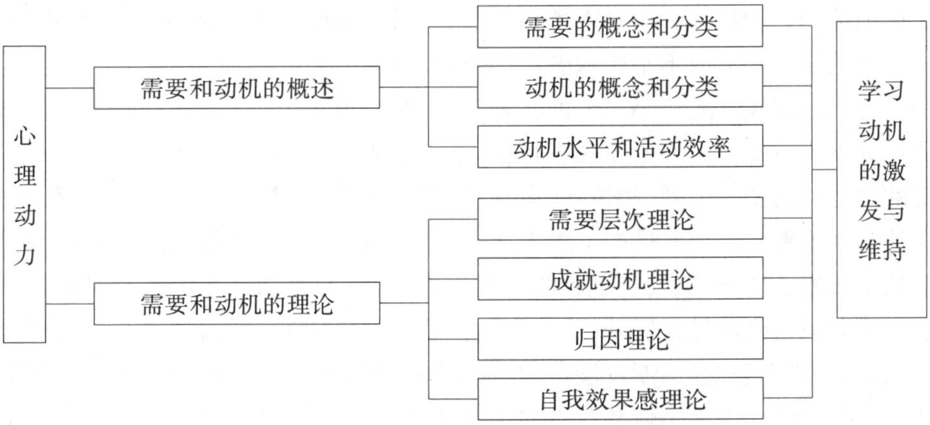

在日常生活中,我们经常发现,在同一项活动中,有些人比另外一些人更加积极、主动;同样徘徊在人生的同一个十字路口,不同的人选择不同的道路。为什么会出现这样的差异?这就是我们本章要揭示的心理活动的动力系统——需要和动机,这是个体间差异的核心内容。一般来说,教师和家长都能够认识到学习的需要和动机的重要性,然而他们对影响学习动机的各种因素,以及这些因素的作用机制并不十分清楚。因此,教师和家长们为了激发孩子的学习动机,千方百计地采取各种措施,比如承诺奖励、重奖,看似积极,有时可能恰恰是在损伤学生宝贵的学习动机。本章将围绕对需要和动机的分析来探讨如何激发和维持学生的学习动机,以便更好地促进学生的学习活动。

第一节　需要和动机的概述

人们一直在试图解释自己和他人行为的原因。今天，心理学家一致用需要和动机这些术语来描述行为激起的原因。

一、需要的概念和分类

需要是个体心理和行为深层次的动力。在个体的心理生活中，需要常常以意向、愿望、动机、抱负、兴趣、信念、价值观等形式表现出来。

（一）需要的含义

需要是个体和社会的客观需求在人脑中的反映，是个人的心理活动与行为的基本动力。需要的产生是有机体内部生理上或心理上的某种缺乏或不平衡状态。例如，当血液中血糖成分下降时，个体会产生饥饿求食的需要；当水分缺乏时，则会产生口渴想喝水的需要；在生命财产得不到保障时，会产生安全的需要；孤独时，则会产生交往的需要；等等。一旦有机体内部的某种缺乏或不平衡状态消除了，需要也就得到了满足。这时，有机体内部又会进入新的某种缺乏或不平衡状态，产生新的需要。

需要是有机体积极性的源泉。人的各种活动，从饮食男女、学习劳动到发明创造，都是在需要推动下进行的。需要激发人去行动，使人朝着一定的方向，追求一定的对象，以求得自身的满足。需要越强烈、越迫切，由它所引起的活动动机就越强烈。同时，人的需要也是在活动中不断产生和发展的。当人通过活动使原有的需要得到满足时，人和周围现实的关系就发生了变化，又会产生新的需要。这样，需要推动着人去从事某种活动，在活动中需要不断地得到满足，又不断地产生新的需要，从而使人的活动不断地向前发展。因此，个体的需要是动态的，不断发展着的，在不同的年龄阶段，个体的需要不尽相同。

需要具有指向性。为了个体和社会的生存和发展，人对外部环境必定有一定的需求。需要表现出有机体的生存和发展对于客观条件的依赖性，它总是指向于能满足该需要的对象或条件，并从中获得满足。没有对象的需要，不指向任何事物的需要是不存在的。

需要具有社会性。需要为人与动物所共有，人的社会属性使得人的需要比动物的需要表现得更加复杂，所以，虽然动物和人类都有一些共同的需要，但人类的需要和动物的需要是有本质区别的。人的需要的对象和满足需要的方式，受具体的社会历史条件的制约；人具有意识能动性，能调节和控制自己的需要。

（二）需要的分类

人的需要是多种多样的，可以按不同的标准对它们进行分类。大多数学者采用二分法把各种不同的需要归属于两大类。

按照需要的起源来分，可以把需要分为自然需要和社会性需要。自然需要又叫生物性需要、生理性需要、原发性需要等，是指与为了维持机体的生存和生命的延续相联系的需要。如对饮食、运动、休息、睡眠、觉醒、排泄、避痛、配偶、嗣后等的需要。自然需要是最基本的需要形式，为人和动物所共有，最为迫切与重要。人的一切其他形式的需要都建立在自然需要满足的基础之上，得不到满足则导致人类的死亡与断绝。

社会性需要是与人的社会生活相联系的需要。比如劳动的需要、交往的需要、文化的需要、成就的需要等。社会性需要表现为这样或那样的社会要求，当个人认识到这些社会要求的必要性时，社会的需要就可能转化为个人的社会性需要。社会性需要是后天习得的，源于人类的社会生活，属于人类社会历史的范畴，并随着社会生活条件的不同而有所不同。社会性需要也是个人生活所必需的，如果这类需要得不到满足，就会使个人产生焦虑、痛苦等情绪。满足社会性需要的方式与过程，总带有社会历史性，且有明显的个体差异，这是由经济制度、政治制度、意识形态、文化背景、民族习俗和行为习惯的差异造成的。

学海无涯

专栏 3-1　人际剥夺的实验

心理学家沙赫特于 1959 年进行了一次实验，以 15 美元/小时的酬金聘人到一间没有窗户但有空调的房间去住，房内有一桌、一椅、一床、一灯，此外别无他物。三餐由人送至门底下的小洞口，住在里面的人伸手就可以拿进食物。一个人住进这房间后即与外界完全隔绝。有 5 名大学生应征参加实验。其中一人只待了 20 分钟就要求出来，放弃了实验；三人待了 2 天；最长的待了 8 天。这个研究说明，人是很难忍受长时间与他人隔绝的；人们对孤立的容忍力中有相当大的个体差异。

根据需要指向对象的不同，可以将需要分为物质需要和精神需要。物质需要是指人对物质对象的需求，即对衣、食、住、行的需要。在物质需要中，既有自然需要，也有社会性需要。不同的社会历史时代，人们物质需要的表现形式不一样。现代人的衣食住行，在内容上已经完全不同于古代人。社会衡量一个人往往不衡量他本身，而是衡量他的拥有物及数量，可见物质需要对普通人来说是第一需要。

精神需要指人对社会精神生活及其产品的需要，具体来说就是人们对智力、道德、文化、艺术、审美等方面的需要。精神需要体现着人的精神面貌，丰富人的内心世界，显现人的高雅、文明、理性与生活情趣，并成为人类社会所必需的标志。人对物质的追求与对精神的追求应该是和谐的。

二、动机的概念和分类

动机是个体心理和行为的直接推动力量。

（一）动机的含义

所谓动机，是有机体进行活动的内部原因或动力，它并非指活动本身。动机可以是有意识的，也可能是潜意识的。

引起动机必须有内在条件和外在条件。引起动机的内在条件是需要，动机是在需要的基础上产生的。如果说人的各种需要是个体行为积极性的源泉和实质，那么，人的各种动机就是这种源泉和实质的具体表现。如学生的学习动机就是他们学习需要的具体体现。动机的另一个来源是外部刺激，称为诱因。诱因可以分为正诱因和负诱因。凡是个体趋向或接受它而得到满足时，这种诱因称为正诱因；凡是个体因逃离或躲避它而得到满足时，这种诱因称为负诱因。例如，对于饥饿的人来说，食物是正诱因，电击是负诱因。诱因可以是物质的，也可以是精神的。例如，老师对学生的表扬，就是一种激发学生学习的精神诱因。

个体在某一刻有最强烈的需要，并在有诱因的条件下，能产生最强烈的动机。例如，有考大学需要的人，只有在高校招生的条件下，才能引起升学的动机。可见，需要和诱因是形成动机的必要条件，但是，在动机的内在条件和外在条件各自所起的作用上，心理学家所强调的侧面有所不同，即所谓"拉"和"推"的理论。"拉"的理论强调外界环境的作用，"推"的理论强调个体内部力量。一般认为，有些动机形成时需要的作用强些，有些动机形成时诱因的作用强些。

畅所欲言

搜索了解东北抗日联军主要领导人杨靖宇将军生命最后阶段的英勇事迹，结合动机形成的内外条件，思考棉絮、树皮如何能够成为杨靖宇将军的食物？并探究其深层原因。

（二）动机的功能

从动机与行为的关系上分析，动机具有下列三项作用：

一是引发功能。人们各种各样的活动总是由一定的动机所引起，没有动机也就没有活动。动机是活动的原动力，它对活动起着始动作用。

二是指引作用。动机像指南针一样指引着活动的方向，它使活动具有一定的方向，具有稳定性、持久性和完整性，使行动朝着预定的目标前进。

三是激励功能。动机对活动具有维持和加强作用，强化活动以达到目的。不同性质和强度的动机，对活动的激励作用是不同的。高尚的动机比低级的动机更具有激励作用，动机强比动机弱具有更大的激励作用。马卡连柯曾经以 5～6 岁的儿童为被试做过一项实验，发现与没有意义的动机相比较，在有意义动机的情况下，儿童一动不动地保持站立姿势的时间要长 3～4 倍。

（三）动机的分类

心理学家尝试对人的多种多样的动机进行分类。根据动机的起源，将动机分为生理性动机和社会性动机；根据动机内容的社会意义，将动机分为高尚的、正确的动机和卑劣的、不正确的动机；根据动机作用的久暂以及它与活动目标的关系，将动机分为短暂的、具体的动机即近景性动机和长远的、概括的动机即远景性动机；根据动机的动力来源，可分为内部动机与外部动机；等等。在上述多种动机分类中，唯有内部动机和外部动机的划分得到心理学家的公认，并且对教育实践具有重要的应用价值。

内部动机是指人们对活动本身的兴趣所引起的动机。动机的满足在活动之内，不在活动之外，其作用是稳定的、持久的；在内部动机驱使下，活动者有极大的主动性。例如，儿童从事游戏活动，体育爱好者从事喜爱的体育活动，其活动的动机就是内部动机。

外部动机是指人们由外部诱因所引起的动机。动机的满足过程不在活动之内，而在活动之外，其作用是短暂的，一旦目标达到，动机的作用也就下降或消失；在外部动机的驱动下，活动者处于相对被动的状态。例如，推动商人从事经商活动的动机不在该活动本身，而是隐藏在该活动背后的赚钱欲望。

三、学习动机

学习动机是指向学习活动的动机类型，是直接推动学生学习的一种内部动力。学习动机是学习活动顺利进行的重要支持性条件。

学习动机对于人类的学习可以发挥明显的推动作用。要有效地进行长期的有意义学习，动机是必不可少的。例如，掌握某一门学科的教材，需要个体不断地做出积极的努力，把新的概念、原理组合到自己原有的知识体系内，要求个体具有集中注意、坚持不懈以及提高对挫折的忍受性等良好的意志与情感方面的品质。我们可以设想，要一个人去做一件自己毫无兴趣的事情，或对于一个毫无知识需要的学生来说，他们是很难持久努力学习的。所以，对于学校中进行的长期的、有意义的学习来说，首先要激发学生求知的需要，学习动机的激发与维持能大大地促进学习。

学习动机和学习的关系主要表现为一种间接的促进或促退的关系。动机对有意义学习的影响，一般来说并不是直接地卷入认知的相互作用过程之中，也不是通过同化机制发生作用，而是通过加强努力、集中注意和对学习的立即准备去影响认知的相互作用过程。形象地说，动机变量对有意义学习所起的作用，犹如“催化剂”，而不是“特效药”。它并不是直接影响认知结构中有关观念的可利用性、稳定性与清晰性，而是间接地增强与促进学习的效果。

根据奥苏伯尔的研究，学生课堂学习的主要动机集中反映在成就动机上。所谓成就动机，是指个人愿意去做，完成自认为重要或有价值的工作，并力求达到完美地步的一种内在的推动力量。简言之，即追求成就、希望获得成就的动机。奥苏伯尔提出，学校情境中的成就动机主要由以下三个方面的内驱力构成：认知内驱力、自我提高的内驱力和附属的内驱力。这三方面通常被称为学习动机的三个组成部分。

（一）认知内驱力

认知内驱力是一种掌握知识、技能和阐明、解决学业问题的需要，即一种指向学习任务的动机、求知的欲望。实验证明，这种内驱力主要是从好奇的倾向，如探究、操作、理解外界事物奥秘的欲求，以及为应付环境提出的众多问题等有关心理因素中派生出来的。例如，儿童很早就开始探索他们的周围世界，对新异事物特别感兴趣，不断地摆弄和装拆玩具或物品，总爱向成人发问，问题从“是什么”到“为什么”。比如他们会问，“喷泉的水喷得太高，把天上的星星打湿了怎么办？”“地球爆炸了怎么办？”“人是怎么造出来的？”“人为什么会死？”等等。

然而，儿童的这些好奇心与探究环境的倾向，最初只是潜在的动机力量。这种潜在的因素要通过实践活动，并在实践活动中不断取得成功才能逐渐形成和稳固下来。例如，学生对某门学科的认知内驱力或兴趣，绝不是生来就有的，而是在学习过程中，由于多次获得成功，体验到满足需要的乐趣，逐渐巩固了最初的求知欲，从而形成一种比较稳固的学习动机。

认知内驱力既与学习的目的性有关，也与认知兴趣有关。因为当一个人清晰地意识到自己的学习活动所要达到的目标与意义，并以它来推动自己的学习时，这种学习的目的就成为一种有力的动机。而具有认知兴趣或求知欲强烈的人常常会废寝忘食、津津有味地去学习，并从中获得很大的满足。在课堂学习过程中，学生能够不断地获得成功的学习经验，而成功的学习经验又会使他们期望在随后的学习中获得进一步的满足，由此可见，认知内驱力与学习之间的关系，乃是互惠的。认知内驱力对学习起推动作用，学习又转而增强认知内驱力。研究表明，这种对获得知识本身的认知内驱力在课堂学习中是一种最重要和最稳定的动机，它对学习起很大的推动作用。

由于这种动机指向学习任务本身(为了获得知识)，满足这种动机的奖励(实际获得知识)是由学习本身提供的，因而也被称为内部学习动机。当前，教育心理学家都十分重视内部动机的作用，越来越强调以“了解和理解”激发进一步学习的动机的价值。他们指出，教育的主要职责之一是要让学生对获得有用的知识本身发生兴趣，而不是让他们为赢得学业成就以外的各种奖励所左右。

(二) 自我提高的内驱力

自我提高的内驱力是指个体因自己的胜任能力或工作能力而赢得相应地位的需要。这种需要是由人的基本需要——尊重和自我提高的需要所派生出来的。这种需要在学龄前儿童期已经开始萌芽，入学后日益发展，逐渐起重要作用，成为成就动机的主要成分之一。

自我提高的内驱力既可促使学生把自己的行为指向当时学业上可能达到的成就，又可促使学生在这一成就基础上把自己的行为指向今后在学术和职业方面的目标。比如，学生学业成绩名列前茅，便会得到教师、父母的赞扬，同学的羡慕、钦佩，在班级中地位高，因而使其尊重的需要得到满足，这可提高他们进一步努力学习的积极性。中学生在学习某门学科时成绩突出，兴趣盎然，可能会促使其选择该学科专业报考高等院校的志愿，作为自己终身职业的目标。

与认知内驱力不同，自我提高的内驱力并非直接指向学习任务本身，而是把一定成就看作赢得一定地位和自尊心的根源。一个人赢得的地位通常与他的成就水平或能力水平相称，成就的大小决定着他所赢得地位的高低，同时又决定着自尊心需要满足与否。很显然，自我提高的内驱力是一种外部动机。

需要注意的是，在课堂学习中认知内驱力(内部动机)固然重要，但适当激发学生自我提高的动机也是必要的。因此，学校教育中通常采用评“三好学生”、评选优秀干部的方式，或用学习反馈，以物质与精神奖励的方式引起学生的动机。这些手段可以让学生体验到荣誉感、自尊心，体验到学习的成功与失败，从而激起他们的学习热情。不可忽视的另一个方面，是同学业上的失败相联系的丧失自尊的威胁，自我提高的内驱力也可以促使学生在学业上做出艰苦努力，因而也是调动学生学习动机的一种策略。正如有的心理学家指出的那样："考核的动机力量，更多的在于失败的威胁而不是在于成功的希望。"教师中肯而切合实际的批评也会成为激发学生进一步努力学习的动力。但是，不可走向极端，不应让学生在学业上屡遭失败。如果考试一直得低分，学生便会产生焦虑，从而严重伤害学生的自尊心。经常失败的体验还会导致志向水平的降低，最终将引起回避和退缩反应，以致丧失学习的信心。

当然，过分强调自我提高动机的作用也是不恰当的。如果学生的学习动机主要着眼于取得个人的名誉、地位，就会影响对学科学习的社会价值的认识，不会产生持续而深入学习的愿望。这种动机成分把完成学习任务当作赢得地位和自尊的手段，一旦出现手段和目的不一致，即完成了学习任务并没有导致其个人地位的提高，则学习的动机就可能会减弱。所以，自我提高的内驱力这一动机成分的功利性很强，可能会导致这样的情况：只求取得表面形式上的好分数、好结果，而不求掌握学习的过程，不求理解知识的实际意义，一旦目的达到，也不再对这些知识加以复习巩固或深入的探讨，从而难以对后继学习产生较大的积极影响。

（三）附属内驱力

附属内驱力是指一个人想获得自己所附属的长者（如家长、教师）的赞许和认可，取得应有赏识的欲望。也就是说，学生努力学习求得学业成就，并不是把这种成就看作赢得地位的手段，而是为了从长者那里得到赞许或认可。

会产生这种动机是因为：第一，学生与长者在感情上具有一定的依附性，长者是学生追随和效法的榜样。得到自己所尊重的人的肯定或表扬，会产生一种满足感和亲密感。第二，学生从长者那儿博得赞许或认可，如被视为可爱的、聪明的、有发展前途的，受到某种优惠待遇后，会获得一种派生的地位，如赢得别人的羡慕等。研究表明，具有高度依附感的学生，一旦得到长者的肯定或表扬，会进一步努力学习，并取得良好的成绩。反之，如果他们的某些努力暂时得不到师长的赞许，有时会丧失信心，甚至学习积极性下降。

显然，附属内驱力不是直接指向学习任务，也不是使自己提高，而只是为了满足教师、家长的要求，从而保持自己得到教师、家长的赞许或认可的需要而已，它也是一种外部动机。

成就动机中的三个组成部分——认知内驱力、自我提高内驱力和附属内驱力在动机结构中所占的比重，通常随年龄、性别、人格结构、社会地位、文化背景等因素的变化而变化。

在儿童早期，附属内驱力最为突出，他们努力学习以求得好成绩，主要是为了得到父母、老师的表扬和肯定；到了儿童后期和青年期，附属内驱力不但在强度上有所减弱，而且开始从父母转向同龄伙伴，在这期间，来自同伴的赞许就成为一个强有力的动机因素。从青年初期开始他们的学习主要是为了获得一定的自尊心和在群体中享有一定的地位与威望，附属内驱力减弱，而自我提高的内驱力增强。在同一年龄层次的学习者中，三者所占的比重也不相同，有些可能主要是为获得赞许或获得地位，也有些主要是出自对知识的探求和对人类的贡献。

四、动机与活动目的、活动效率的关系

(一)动机和目的

动机是驱使人进行活动的内部动力,而目的是期望在行动中所要达到的结果。两者在活动中紧密相随,也就是说,在任何活动中都不存在无动机的目的,也不存在无目的的动机;动机和目的有时一致,有时并不一致。例如,高中毕业生都想考上大学,但有的想学工,有的想学医,这是动机相同,而目的不同;同样是学医,有的是为解除患者的痛苦,有的是以挣钱多为动机,这是目的相同,动机不同。一般来说,目的的明确性、适合性、价值性和自觉性等几方面的特征越是突出,则动机强度就会越高,反之则越低。

(二)动机和效率

一般认为,一个人的动机越强烈,工作的积极性愈高,大脑活动的效率会提高,认知操作的速度与质量也会提高,潜能的发挥愈好,取得的效果也愈佳。与此相反,动机的强度越低,效率也越差。因此,工作的效率是随着动机的增强而提高的。然而,心理学家耶克斯、多德森提出的耶克斯—多德森定律说明了动机强度与工作效率之间并不是简单的线性的关系,而是倒U形的曲线关系。

如图3-1所示,动机处于适宜强度时,工作效率最佳;动机强度过低时,个体缺乏参与活动的积极性,工作效率不可能提高;动机强度超过顶峰时,工作效率会随着强度增加而不断下降,因为过强的动机使个体处于过度焦虑和紧张的心理状态,干扰记忆、思维等心理过程的正常活动。研究同时还显示,任务难度不同时,动机的最佳水平也有所不同。在困难复杂的工作中,低水平的动机强度有助于保持最佳的操作效果;在中等难度的任务中,中等动机水平是最佳操作效果的条件;在简单工作中,高动机水平是保证工作效率的条件。总之,活动任务越复杂,动机的最佳水平也越低。我们了解了动机与活动效率之间的关系,就能更好地把握动机状态,使动机成为认知操作活动的促进力量。适度的动机水平是保证学习效率的基本前提。因此,教师应该了解学生的身心状态,并利用各种因素来控制学生唤醒水平。首先,教师可利用各种环境因素来唤醒学生做好学习准备。其次,教师通过向学生显示需要对象和学习活动间的联系来激发学习动机。这其中最重要的是要通过直接唤醒学生对活动本身的好奇心来唤醒其认知的需要,激发学生的学习兴趣和求知欲。

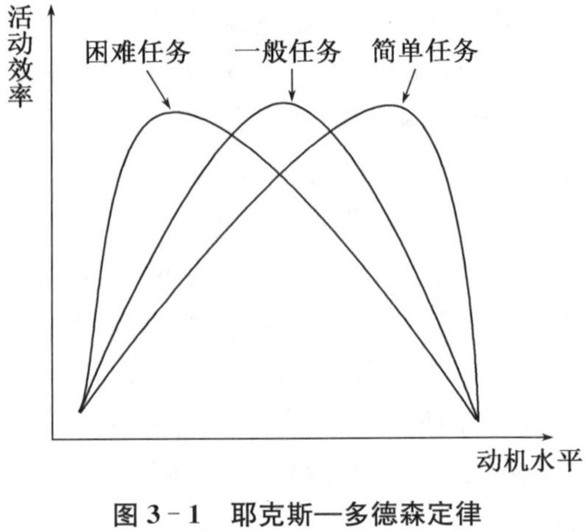

图3-1 耶克斯—多德森定律

第二节　需要和动机的理论

动机即人的行为的动力机制，它是直接推动个体行为活动的内部动力。动机本身虽然并不复杂，但心理学家们对人类动机的探索却经历了较长的时间，提出了有关动机的不同理论。如内驱力说、认知说、需要层次论、成就动机论、归因理论和自我效能感理论等。

一、需要层次理论

在需要的研究领域中，影响最大的莫过于美国心理学家马斯洛(Abraham Maslow，1908—1970)提出的需要层次理论。

马斯洛学说的精髓是他的动机理论，而他的动机理论是以他对人类的基本需要的理解为依据的(见图 3－2)。他认为人类有许多类似于本能的需要，这种需要是天赋的，是一种潜在的能力。人的价值的实现就是这种潜能的发挥，也就是人的需要的满足过程。马斯洛认为，人的行为动机取决于他所处的需要层次。驱使人类行为的就是若干始终不变的、遗传的、本能的需要，这些需要有以下几个特征：缺少它引起疾病；有了它免于疾病；恢复它治愈疾病；在某种非常复杂的、自由选择的情况下，丧失它的人宁愿寻求它，而不是寻求其他满足；在一个健康人身上，它处于静止、低潮或不起作用的状态中。

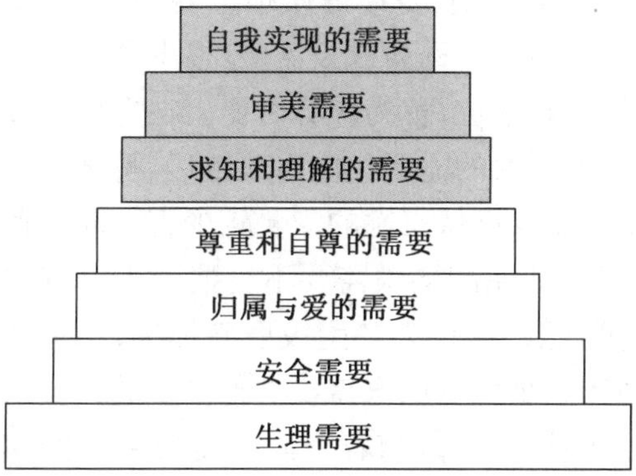

图 3－2　人类的需要层次

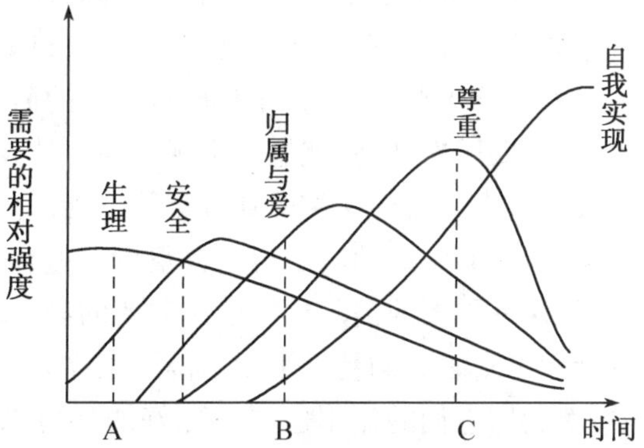

图 3－3　马斯洛需要层次演进图

在马斯洛看来，这些基本需要是人类天性中固有的，反映了人类真正的内在本质；文化不能扼杀它们，只能抑制它们。这些需要被马斯洛视为人类的基本需要。这些基本的需要被他分为生理需要、安全需要、归属与爱的需要、尊重和自我尊重的需要、求知和理解的需要、审美需要和自我实现的需要 7 组，并且是从低层次到高层次排列的。只有当低层次需要满足之后，高层次需要才会出现(见图 3－3)。一个人从一种需要水平发展到高一级的需要水平，是通过满足表现这一需要层次水平的一组需要来得到实现的。

生理需要是直接与生存相关的需要，为人与动物所共有。这种需要包括人对食物、水、性、排泄和睡眠等的需要。如果这些需要中有一种得不到满足，它就会完全支配个体生活。所以，生理需要是在诸多需要中最基础、最强烈、最重要的一种。当生理需要得到满足之后，安全需要则作为支配动机出现，它包括对组织、秩序、安全感和可预见性等的需要。在这一层次中，人的活动目的主要是降低其生活中的不确定性，儿童面临新的实践时所表现出来的极大的恐惧中，可以最清楚地看到这种需要的作用。随着生理需要和安全需要的基本满足，个体就会受到依附需要的驱使。人需要爱和被爱，如果这种需要得不到满足，那么他将感到孤独和空虚。处于这一层次的人，会强烈地感受到友谊的可爱与可贵，对家庭有特殊的情感，渴望在一定的社会集体中建立深厚的友谊关系，否则感受的则是被抛弃与拒绝的体验，情感无所依托。处于尊重与自尊需要这一层次的人，一方面要求得到别人的承认，产生威望、认可、地位等情感，又要求得到自我尊重，它产生自足、自信、胜任等情感。这两种情感通常产生于被认为对社会有用的活动之中，这一层次需要的匮乏满足将导致沮丧和自卑感。

如果全部低级需要都能得到满足的话，那么一个人就会达到成为极少数的自我实现者的境界中。这是一个极限层次，马斯洛将这一层次描述得极高："就动机层次而论，健康者只有充分满足他对安全、归属、爱、尊重和自尊的基本需要，才能根本地受到自我实现倾向的激励。"就是人对潜力、能力的不断实现，是使命的完成，是对个人自身固有本性的更充分的认识和承认，是一种永无止境地趋向于个人内心的统一、整合或和谐。"如果他最终要得到自身安宁的话，那么音乐家必须作曲，艺术家必须绘画，诗人必须写作，人必须成为他能够成为的人，我们称这种需要为自我实现。"

马斯洛将基本需要分成两类，前四者称为缺失性需要，对身体健康很重要，必须得到一定的满足，但一旦得到满足，产生的动机就会消失；后三者称为成长需要，很少有人得到完全的满足。在一定的年龄阶段，一定的需要占据主导地位，称为优势需要。在进化的过程中，需要层次越高，就越慢出现。在个体发展中，高层次的需要相应出现得迟，特别是一些较高层次的需要往往要到中年才出现。高层次的需要比低层次的需要较少直接同生存有关系，因而它们的满足与生存很少有迫切的联系。即使高层次需要不直接同生存有关系，但这种需要的满足比低层次需要的满足愿望更强烈，能让人产生极度幸福感、思想的平静和丰富多彩的精神生活。高层次需要的出现和满足比低层次需要具备更多的先决条件，对发挥它们的作用也要求更好的环境条件。马斯洛认为，随着个人向需要层次的攀登，他就越少具有兽性而更多地具有人性。

马斯洛把人类的需要看成是有组织的系统，并按优势出现的先后排列成一个系统，较系统地探讨了需要的性质、结构以及作用，这个理论在教育实际中得到了最广泛的应用。需要层次理论告诉我们，学生如果处于饥饿状态，显然不可能把精力用于学习；教育实践也证明，一个得不到安全、得不到爱、缺乏自信心的学生是不可能进行创造性学习的。一般来说，学校里学生最重要的缺失性需要是爱和自尊。如果学生感到没有被人爱，或认为自己无能，他们就不可能有强烈的动机去实现较高的目标。

马斯洛的需要层次理论也存在着一定的问题，并受到许多学者的批评：第一，虽然马斯洛用"似本能"代替"本能"的概念，但是他认为人类的"似本能"需要是由遗传决定的，是与生俱来的，这就忽视了人的需要的社会性，把人的需要的发展及实现看作人类生物特性的发展和实现。第二，马斯洛认为高级需要必须是在低级需要得到满足需要的基础上才能产生，这固然有一定的道理，但是他忽视了高层次需要对低层次需要的调控作用。第三，在研究方法上，马斯洛采用现象学描述法对有成就的人进行整体分析，与弗洛伊德的临床法和行为主义者用实验法局限于动物的研究相比，这无疑是个进步。但是，这类研究在信度和效度上都存在不少问题，具有较大的局限性。

见贤思齐

专栏 3-2　磨难中成长起来的马斯洛

马斯洛是美国社会心理学家、人格理论家、人本主义心理学的主要发起者，代表作品有《动机和人格》《存在心理学探索》《人性能达到的境界》等。马斯洛出生于一个犹太移民家庭，父亲酗酒，母亲极度迷信，非犹太人街区的居住环境让他从小缺少玩伴，痛苦的童年生活使马斯洛成为一个敏感并且神经质的孩子，即便成名后，马斯洛仍然害怕当众发言，甚至在当选为美国心理学会主席时，演说之前他都感到极为焦虑，演讲时结结巴巴、面色绯红。马斯洛虽然接受了行为主义的专业训练，但他并不接受行为主义的观点；到 1937 年，马斯洛提出了不同于精神分析和行为主义的人本主义心理学，于其中融合了自己的美学思想，同时马斯洛对人的动机持整体的看法，他的动机理论被称为“需要层次论”。

马斯洛没有受制于个人自身的经历，相反的是，他对人性持有积极乐观的看法。他认为人性是积极向上的，人有许多潜在的能力，表现在其基本需要中；需要满足的过程，就是潜能实现的过程，也是人的价值实现的过程；沿着需要层次向上攀升，人逐渐摆脱了动物性，人性逐渐显现。马斯洛把人的自我实现描写得极其美好，是一般人难以企及的高度；自我实现是人追求的终极目标，即“希望自己越来越成为所期望的人物，完成与自己的能力相称的一切事情”。自我实现的人是真正健康的人，虽然也有不足，但是拥有以下人格特征，比如客观准确地认识现实；宽容和悦纳自己、他人和周围世界；坦率、单纯、自然不做作；以问题为中心而不是以自我为中心；具有超然于世的品质，主动追求独处；超越环境和文化的束缚，具有自主性；具有永不衰退的欣赏力；能够连续产生新鲜统觉或高峰体验；常有敬畏之心、神秘的经验；对人类富有认同、同情与关爱；具有深厚的个人友谊；具有强烈的民主精神；具有强烈的道德感；具有哲理的完善的幽默感；富有创造性；超越任何特殊文化，抵制和批判现存文化的精神。不可避免的，需要层次理论在个人需要的社会性以及研究方法等方面也存在着一定的问题。

马斯洛在自己的生命历程中，不仅将毕生精力致力于积极人性的探究，更以独特的人格魅力证明了这一思想，成功地树立了一个具有开创性的形象，在世界范围内掀起了人本主义心理学的浪潮，对心理学、管理学、教育学影响深远。

马斯洛的思想犹如荆棘丛中开出的鲜花，对我们有何启示？

畅所欲言

需要层次理论认为,低层次需要力量强大,需要优先满足。那么,该如何解释方志敏、瞿秋白等仁人志士宁可抛头颅、洒热血、“只要主义真”的行为呢?

二、成就动机理论

成就动机的研究是近代动机心理学中的重要课题。综合各种观点,成就动机可以理解为,人们在完成任务中力求获得成功的内部动因,亦即一个人乐意去做自己认为重要的、有价值的事情,并努力达到完美地步的一种内部推动力量。通过研究得出的个体行为差异的结果可以发现,凡是高成就动机者均具有下列特征:① 对中等难度的任务有挑战性,并全力以赴地获取成功;② 对达到的目标明确,并抱有成功的期望;③ 精力充沛,探新求异,具有开拓精神;④ 选择工作伙伴以高能力为条件,而不是以交往的亲疏关系为前提。就成就动机的性质而言,它是决定个体努力程度的动力因素;就其形成而言,它是个体后天习得的、具有社会意义的心理活动。在不同的时空条件、社会背景和文化形态下,人与人之间的成就动机具有明显不同的个体差异。

成就动机理论形成较晚,但其概念在早期心理学中就以不同的名称出现。其最早的探索者可以追溯到默里在 1938 年对基本需要的分类,其中首要的就是成就需要。1948 年,麦克里兰(David C. McClelland, 1917—1998)比较系统地开展成就动机的研究,他着重探查在特定社会中的成员如何在所处的社会文化影响下,通过社会化过程塑造成就动机,以及形成对成就的态度和价值观等,从而分析社会集体成员的成就动机水平与该社会的经济、科技发展之间的关系,对以后的研究产生具有历史性的影响。

阿特金森(John William Atkinson, 1923—2003)从微观的视角注重成就动机的实质、动机的发生和发展、成就行为的认知和归因等问题的研究。他将成就动机分为两种:一种是追求或希望成功的意向,表现出趋向目标的行动;另一种是害怕失败的意向,想方设法逃脱成就活动或情境,避免预料到的失败结果。每当一个人面临任务时,这两种力量通常是同时在起作用的。当两种力量势均力敌、不相上下时,便会感受到心理冲突的痛苦。如果希望成功的意向强于回避失败的意向,会促使人奋发进取;反之,害怕失败的动机占优势时,则导致迟疑退缩而影响工作效率。试图获得成功者在遭遇挫折后,动机增强,他们往往更努力,以求得成功;而试图避免失败者在遭遇失败后,动机水平降低。由此可见,每个人的成就行为都受到这两种动机相互制衡和消长的影响。这就是说,有些学生主要是受避免失败所驱动,有些学生主要是为获得成功所驱动。例如,在一项实验中,让学生从两项任务中选择一项,一是解谜(只有一个正确答案),另一项任务是评判图片(答案可以多种多样)。试图获得成功的一般选择前者,而试图避免失败者往往选择后者。阿特金森的分析引入了数学方法,简单地看,追求成就的动机(Ms)和回避失败的动机(Mf)相比较,当人们的 Ms>Mf 时,说明人的成就动机高,表现出趋向成就活动;当 Ms<Mf 时,说明人的成就动机低,表现出逃避或抑制参与成就活动。

➢扫描本章二维码，了解“成就动机测量表(AMS)”。

20世纪90年代，成就动机理论的最新发展——成就目标理论成为新的热点。德韦克(Carol Dweck，1946—)等人将成就目标分为掌握目标和成绩目标两种，前者是指个体的目标定位在掌握知识和提高能力上，认为能力是可以变化的，经过努力是能够得到提高的；后者持能力实体观，认为能力是固定的，个人的目标定位在好名次和好成绩上，认为只有赢了才算成功。埃利奥特(Andrew J. Elliot)于2001年将成就目标从目标分类与趋向和回避两种动机类型这两个维度来分析，搭建了包括四个成分的成就目标理论模型，即趋向—掌握目标、趋向—成绩目标、回避—成绩目标、回避—掌握目标。同时进一步考察了四种成分与其重要的前因变量和结果变量之间的关系。前因变量是指影响个体采取某种成就目标的可能性，其中包括动机倾向、对课堂趣味性程度的知觉、内隐理论、父母的评价以及个体的能力胜任感等。结果变量是指所采用的某种成就目标可能导致的结果，其中包括加工策略、考试焦虑和成绩等因素。回避—掌握目标是在学生集中于避免失误或未掌握任务时发生，这种目标定向的学生往往具有完美主义倾向，他们并不关心其他人是否有错误，而是采用自己的对任务不犯错的标准。趋向—成绩目标是指个体希望通过超越他人来展示自己的能力，成功时伴随着骄傲的情感；回避—成绩目标则是指个体希望避免对自身不力的能力评价，回避社会比较的不胜任结果，失败是伴随着羞愧的情感。

表3-1 两类成就目标的特点

任务取向 类 型	掌握目标	成绩目标
成功	提高、进步、掌握、创新	高成绩、比他人更好的标准
价值	努力，挑战困难的任务	避免失败
满足感的产生	进步、掌握	成为最后的，低努力的成功
喜欢的工作环境	有助于个人潜能的成长、学习	能建立不同成绩等级
努力的理由	活动内在的、个人的意义	证明个人的价值
评价依据	绝对标准，进步的证据	常模，社会比较
错误	成长过程的一部分，具有信息功能	失败，缺乏能力和价值的证据
能力	通过努力发展	天生的，固有的

研究发现，不同的成就目标对应不同的动机和行为模式，具有掌握目标的个体，往往会采取主动、积极的行为，如选择适当的具有挑战性的任务，并使用深层的加工策略等；而具有成绩目标的个体，往往有较高的焦虑水平，有时不敢接受挑战性的任务，遇到困难时容易退缩。

三、归因理论

归因理论在揭示动机作用的内在规律上取得了很大的进展，是近代认知理论发展的新成果。在日常生活中，人们对周围发生的事情常常产生“为什么”的疑问，并自发地探求原因、寻找答案。美国社会心理学家海德(Fritz Heider，1896—1988)把这种普遍存在的寻找原因的现象与心理学研究相结合，以科学的观点加以剖析、概括和系统化，从而创建了“归因理论”。所谓归因研究，指由观察者对他人或自己产生行为结果的原因知觉或推断，而对因果关系知觉的研究。如教师对某位学生考试失败的原因进行分析，是由于平时学习欠努力，学习方法不当，考试时发挥不正常呢？还是由于基础知识差，教学质量不高或学习能力弱呢？这是对他人行为结果的归因。又如，一位教师在上课时对两位同学的悄声讲话做了严厉的指责，这位教师课后自问，为什么今天对这么一件小事会如此恼火呢？这是对自己行为结果的归因。

一般来说，人们对失败的结果比成功的结果更多地引起归因活动，其中，意外的失败结果最能激发人们做原因探寻。在对不同文化背景的被试进行调查之后发现，人们对成就活动结果的原因知觉出现明显的重叠，其中具有代表性的原因是能力强弱、努力程度、任务难易、教师水平高低、心境状况和运气好坏等。可以说，能力和努力这两项原因在解释成功和失败结果上占有支配性的地位。

海德首先根据原因的来源对上述因素进行了分类，能力和努力是内部因素，而任务和运气则是外部因素。1971 年，以韦纳(B. Weiner，1935—　)为代表的团队提出了原因分类的第二个维度。他认为，有些原因是可以变动的，有些则具有相对稳定的特性。如内部原因中的努力是可变动的，而能力则保持相对的稳定性；外部原因中的运气是可变动的，任务的难易程度具有相对不变动性。因此，原因特性有稳定、不稳定之分，稳定性被认为是原因结构的第二个维度。韦纳认为，努力、心境、疲劳等原因都是内部的、不稳定的特性，但它们之间是有区别的，其中努力受人的主观意志所控制，因而个体能够增强或降低努力的程度；当个体出现心境不佳和疲劳时，在大多数情况下都不受主观的意愿所改变。在内部稳定的原因中也发现有类似的特性，如勤奋、懒惰、忍耐等品质都受意志所控制，与之相应的智力、音乐、数学等特殊才能不受意志所控制。1978 年，他与同事们将“有意性”改称“控制性”，以此确定原因结构的第三个维度。

表 3-2　归因的三个维度

来源	内部			外部	
稳定性	稳定	不稳定		稳定	不稳定
可控性	不可控制	可控制	不可控制	不可控制	不可控制
原因	能力	努力	身心状态	任务难度	运气、环境

学深悟透

专栏 3-3　归因维度的后续研究

有意性和控制性是两个有差异的概念，例如，一个成就出众的学生想方设法抽出时间参加体育锻炼和劳动活动，却不能控制自己的学习习惯。由于有意性是指“想要”“试图”“希望”，控制性指的是主观意志作用，以致在日常活动中经常能观察到一些行为，其表现虽然是有意的，却又是不能控制的，如谋杀案和过失杀人案。因此，有意性与控制性分别作为不同的原因特性，在原因结构中作为两个不同的维度，应该是比较合理的。

有人从因果关系的逻辑结构分析中提出另一个潜在的原因特性。他们在研究中发现，如果两个学生在数学考试中都失败了，其中一人归因于数学能力差，缺乏数学细胞，学不好数学；另一个归因于智力差，自己太笨，不是读书的料。这两个学生虽然都将失败归因于能力差，但是他们的归因方式是有区别的。智力的强弱能影响语文、数学、物理、外语等多门学科的成绩，而数学能力差只影响数学成绩，可见智力与学习活动的一致性和跨情境性比数学能力更广。研究者在此前提下提出特殊—普遍性作为原因分类的一个标志，似乎也有一定的道理。无疑，任何一个原因的“新特性”或“新维度”的假设都能扩大原因的分类和充实原因结构的内容，但必须以可靠的科学实验结果为依据，因此，第四、第五个维度出现尚有待进一步的研究和证实。

研究表明，人们如果将失败的结果归因于能力差或任务太难等稳定性因素时，对未来成功的期望就比较低；而归因于努力不够或运气不好等不稳定因素时，对未来成功的期望明显比较高。反之亦然。因此，教育者可以遵循这一规律，不仅能够解释和预料学生的学习行为，而且可以采用适当的归因训练，这对指导学生提高学习效果具有重要的实际意义。

情感在归因过程中具有重要的作用，体现在情感具有发动行动的动机意义。每一个原因维度都与一组特定的情感相联系：成功结果归因于内部因素时，会体现到自尊和自我价值的情感，失败结果归因于内部因素时，会体验到消极的自尊和自我价值感；成功结果归因于稳定性因素时体验到希望，而失败结果归因于稳定因素时体验到期望不大；将失败结果归因于他人可控制的因素时会感到愤怒，归因到不可控制的因素时会产生同情；成功结果归因到可控制性因素会产生自豪，失败结果归因到可控制性因素时，会产生内疚、羞愧等情感。因此，归因训练的重要程序之一就是要使人们能够将成功结果归因于内部的稳定性因素，如能力，将失败结果归因于内部的不稳定因素，如努力，以促进个体的后续行为。

总之，动机归因论以活动的成功或失败结果作为出发点，经由原因归因—情感反应—选择行动的过程，有助于了解心理活动发生的因果关系，还可以推断内在的心理活动状态，更可以预测个体后续的行为。

四、自我效能感理论

班杜拉于 1977 年提出，人对行为的决策是主动的，人的认知变量，如期待、注意和评价等在行为决策中起着重要的作用。其中，期待是决定行为的先行因素，强化的效果存在于期待奖赏或惩罚之中，是一种期待强化。班杜拉把期待分为结果期待和效果期待两种。结果期待就是指个体对自己行为结果的估计，如相信上课认真听讲，下课认真做作业就会取得好的成绩。效果期待是指个体对自己是否有能力完成某一行为的推测和判断，班杜拉把这种个体对自己是否能胜任某种任务的知觉和判断，称为“自我效能感”。确信自己有能力进行和完成某一项活动，属于高自我效能感，否则就是低自我效能感。通俗地说，自我效能感就是个体根据以往成败的经验，相信自己对于处理某一方面的任务，具有较高的能力或水平。自我效能感与自信有关，但二者并不相同。自信是指个体在一般情况下对自己的态度和评价，适用于广泛的场合；而自我效能感是对自己从事某项特殊的任务或活动胜任与否的评价。比如，在文学方面自我效能感高者，在数学方面自我效能感未必高。

自我效能感对于个体完成挑战性的任务具有重要影响。俗话说“艺高人胆大”，个体面对困难和挑战性的情境，之所以敢于冒险和承担责任，一个重要的原因就是他具有较强的自我效能感。班杜拉等人的研究还发现，个体的自我效能感对其行为的坚持性、遇到困难时的态度，以及活动时的情绪状态都有影响。

影响个体自我效能感的主要因素包括个人成功的体验、他人的替代性经验、目标激励、成败归因以及生理状态等。当一个人由于连续的失败体验，导致的个体对行为结果感到无法控制、无能为力、自暴自弃的心理状态，我们称为习得性无助感。

第三节　动机的发展与影响因素

一、儿童动机的发展

个体生来就有活动的积极性，最初的动机多为生理性动机。随着年龄的增长，经验的增加，社会性动机开始发展，探究欲、求知欲、认知兴趣慢慢开始出现。幼儿随着活动范围的扩大，经验的丰富，探究能力的增强，求知欲进一步增强，表现在提问从“是什么”转向“为什么”，同时表现出兴趣的个性化指向，幼儿对某些学科内容可能更感兴趣。

小学生在家长和教师的指导下，开始形成学习动机，最初仍以附属内驱力为主，随着年龄的增加，其认知内驱力和自我提高的内驱力会逐渐出现并占据主导。学习兴趣也不断提升，从不分化到逐渐分化，学习兴趣中的游戏因素的作用逐渐减少。

对于中学生学习动机的众多研究得出的结果差异较大。中学生学习动机是多样的，其中与国家、集体利益结合起来的比例最高；中学生学习动机有一定的年龄差异，深层动机与成就型动机随年龄的升高而减弱，表面型动机随年龄的升高而加强；相对而言，女生的学生动机高于男生；另外研究还发现，中学生的学习动机与归因方式和自我效能感有关。中学生学科兴趣的分化较为明显，且存在性别差异，主要影响因素是教师讲课水平；中学生对课外阅读有浓厚兴趣，兴趣较为广泛，内容丰富，但是阅读时间少、习惯差；中学生课外活动单一、贫乏；主动关心时事政治的人数不多。中学阶段是价值观初步形成的阶段，也是一个人的个性倾向性发展相对成熟的主要标志。研究发现，矛盾性是中学生的价值观的表现特点，比如个人本位与社会本位的矛盾，理想主义与现实主义的冲突，从人伦关系走向利益效益关系，以及观念与言行的脱节。

二、影响动机的内外因素

个体内部因素对活动动机的有效激发和维持是至关重要的。在学校中，对于教学而言，学生的学习动机尤为重要。这里，以学习动机为例，谈谈影响的内外因素。

(一) 影响学习动机的内部因素

一般来讲，影响个体学习动机激发和维持的内部因素主要包括求知欲、焦虑水平和能力信念等。

1. 唤醒学习需要，激发求知欲

适度的唤醒是保证学习效率的基本前提。因此，教师应了解学生的身心状态，并利用各种因素来控制学生唤醒水平。首先，教师可利用各种环境因素来唤醒学生做好学习准备。其次，教师通过向学生显示需要对象和学习活动间的联系来激发学习动机。这其中最重要的是要通过直接唤醒学生对活动本身的好奇心来唤醒其认知的需要，激发学生的学习兴趣和求知欲。

激发学习兴趣和求知欲的方式有多种多样，其中最为常见的有以下三种方式：

第一，创设问题情境，激发学生求知欲。创设问题情境就是在讲授内容和学生求知心理间制造一种“不协调”，将学生引入一种与问题有关的情境中。创设问题情境时应注意问题要小而具体、新颖有趣、有适当的难度；有启发性，善于将所要解决的课题寓于学生实际掌握的知识基础之中，造成心理上的悬念。

第二，丰富材料呈现方法。通过采用图画、幻灯、录像、报告会、实验演示、野外考察等多种方式来培养学生对学习材料的浓厚兴趣。教师也可以通过使学生参与学习活动过程来达到以上的目的。

第三，利用学生动机的迁移。在学生没有明确的学习目的，缺乏学习动力的时候，教师可利用学习动机的迁移，因势利导地把学生已有的对其他活动的兴趣转移到学习上来。利用动机迁移原理时，教师必须要让学生感受到充分理解原有活动必须要学好即将要学习的知识，从而激发学生学习新知识的强烈动机。

2. 控制焦虑

焦虑是一种一般性的不安、担忧和紧张感，其原因在于害怕失败，担心不能完成任务以致随之而来的自尊的丧失。

焦虑对学习的影响和学习活动的性质有关。对于简单、练习性任务，一定的焦虑水平具有促进作用。因为简单和练习性任务令人厌烦，一定的焦虑反而使学习者能维持一般的警觉和完成任务的心向。但对复杂、新颖，需付出心智努力的任务，高焦虑就会产生妨碍作用。国外有学者提出，焦虑对学习活动产生的三种危害作用：一是产生注意力分散，影响对有关信息的掌握；二是影响学习策略的有效运用；三是妨碍考试策略的运用，对已经掌握的内容也不能回答。

在如何使学生避免焦虑方面，教师应注意以下几个方面：

第一，教学内容清晰。学习的内容应有明确的结构，即让学生感到考试的内容是明晰而具体的。教师的教学越含糊，学生对考试就越紧张。

第二，作业、测验、考试的时间、内容安排要适当。平时作业和一般测验最好不要有太紧的时间限制，并允许在上交前修正遗漏和错误；帮助学生形成现实、合理的目标，逐步通过成功的结果培养学生对学习的兴趣和对自我能力的信心。

第三，形成正确的考试态度，掌握考试策略。教育学生形成正确的考试态度，掌握若干考试策略。如提高对考试意义的认识、恰当安排考试时间、鼓励运用检查策略，等等。

3. 正确认识学业的成败，建立积极的学习期望

学习动机的一个重要影响因素是期望，即对自己能否完成这一任务的预期。包括成功的控制源、自我效能感、归因等，其中核心成分是对自我能力的知觉。

具有高自我效能感的学生更有可能选择困难的任务，做更大的努力，较少害怕和焦虑，他们会运用适当的问题解决策略。反之，低自我效能感的学生往往采取拖延、试图回避的方式来处理困难的任务。培养学生自我效能感的有效策略包括确定合适的目标，给学生创造成功的机会，树立示范的榜样，给予合理的评价，多表扬与奖励，指导学习策略的使用。

教师应该帮助学生分析课业失败的合理原因，培养其对能力的信念，不断使其体验到因为具备能力而导致成功的喜悦，强调努力带来成功的同时也是能力的体现。因为能力更为长期稳定，对激发动机更为重要。对于已经形成低自我效能感的学生，除用“勤能补拙”的道理激发其学习动机之外，更要让其在不断的成功中改变其“拙”的观念，切不可反其道而行之，使学生陷入习得性无助的境地，变成接受失败者。

（二）影响学习动机的外部因素

对学生活动而言，产生最直接影响的外部环境因素主要有三大方面：学习任务、反馈与评价以及课堂活动的组织。

1. 学习任务的安排

在学习任务的安排上，以下四个因素对学习动机有较大的影响：

一是任务价值。教师安排给学生什么样的学业任务会直接影响到他的学习动机。学业任务首先必须是对学生有价值的。如果一个学业任务对学生没有任何价值，他自然就不会去学习它。任务价值不同，学生的学习动机自然有所差异。

二是任务的可操作性、风险性和清晰性。心理学家根据学业任务对操作的要求，将其分为记忆性任务、程序性任务、理解性任务和评价性任务四种。这四种任务要求学生的内部操作不同，决定了任务的风险程度和清晰性。如评价性任务是低风险的，因为没有确定的对错答案。简单的记忆和程序性任务也是低风险的，因为几乎不会错，但这两类任务如果很复杂或很冗长，则会变得风险性比较高。评价性和理解性的任务是含糊的，因为很难预料正确的答案是什么，而记忆性和程序性任务则是直接而清晰的。多数学生都希望降低风险性和减少含糊程度，尤其对那些高焦虑和力求避免失败的学生。当教师希望学生学会思考和解决复杂问题时，则布置高风险和含糊的理解性任务，学生往往要求更多的指导，如要求教师举例、所应选用的公式及教材相关内容等，否则就去寻求他人帮助甚至丧失兴趣。此时教师如妥协，就会降低问题的风险性，增加清晰度，学生学习动机暂时性增

加，但并不利于培养学生解决问题和批判思维的能力。教师应把握一定的平衡，在努力提高教学结构清晰性的同时，依据可操作性要求决定相适应的清晰性和风险度。对风险高而清晰度低的作业，在学生冒风险和犯错误时不宜惩罚过重。

三是任务的时间要求和难度。同样需要教师考虑的是作业任务的难度和时间要求的平衡。任务过难和过易都会损害学习动机，一般提倡中等难度，即适合学生能力的难度，而且应由易到难进行安排，这样既能让学生体验成功感，培养对能力的信心，又不至于太容易而对任务失去兴趣。就时间而言，任务的安排最好近期可以完成，时间过长而又抽象的任务不能使学生和当前的活动产生直接联系，无法推动学习。时间过紧则易产生焦虑，尤其是在考试的情景中，对高焦虑的学生来讲，时间定量对他们是不利的，教师应使其掌握相关的考试策略和学习策略来解决时间问题。在控制教学进度的同时，帮助学生学会合理分配学习时间，安排学习和完成任务的速度。

四是课堂任务的维度。根据学生在课堂学习材料、作业以及评判成功标准将课堂分为单维度课堂和多维度课堂，把不同作业和任务分配给学生，采用不同成功标准的课堂称为多维度课堂。显然在单维度课堂中容易产生社会性比较，好的学生总是得到更多的好处。多维度课堂则因学生的作业任务不同，教师针对学生的不同学习活动进行反应，不在不同学生间进行比较，每个人都可获得成功感及发展能力的有效信念。另外，即使在多维度的课堂里，教师也难以避免表面多维而实质仍有比较的情形，应避免因为任务分配不公造成对低水平学生学习动机的损害。

2. 学习活动及其结果的反馈与评价

学习反馈是指告知学生关于其学习活动的进展情况及所取得成绩的信息，评价则是对这种进展及成绩的价值进行评判（肯定与否定），给予相应的强化。表扬与激励、批评与惩罚、反馈与评价通常难以分割，对学生来讲教师的任何反馈都有评价的含义，而任何评价也都反馈了一定的关于学业情况的信息。

（1）反馈要及时。了解自己学习活动的进展情况，本身就是一种巨大的推动力量，会激发学生进一步学习的愿望。及时反馈能使学生及时发现、纠正错误，调整学习的进度，使用合适的学习策略来完成学业任务。如果学生在学习很长时间之后，仍不能知道其进展情况和所取得的成就水平，不能指望学生会继续保持巨大的学习热情。反馈在学习上的效果是很显著的，尤其是每天及时反馈，较之每周反馈效果更佳。如果没有反馈，不知道自己的学习结果，则缺乏学习的激励，很少进步。所以教师应尽可能让学生及时准确具体地了解自己学业的进展情况及取得的成就，对学生完成的作业（练习、试卷等）的批改切忌拖延，也不能过于笼统，只给“对错”。尤其是对错误的批改分析，越具体，越有针对性，效果越好。

（2）学习评价的一般原则。根据德维克的成就目标理论，学习评价的一般原则为掌握目标评价，而不是竞争性评价。

（3）表扬与批评的使用要有策略。一般来说表扬、鼓励、奖励要比批评、指责、惩罚更能有效激发学习动机。虽然很难做到，但所有学生的所有进步都是应当受到肯定、表扬和鼓励，使之体验成功，产生能力有效感。只奖励少数学生的课堂不能激发大多数学生，尤其是低成就和力求避免失败的学生，对他们来说，教师这种对表扬和奖励的“吝啬”和“偏向”只有负作用(特别是对集体性和有风险的活动)。但是，这并不意味着表扬和奖励可以滥用。对学生进步的认可，除了要有普遍性外，还要有针对性。任何的批评和表扬都应让学生感到是有理有据的，是对自己努力和能力的肯定，过与不及都有损动机作用。所以，表扬要有一定的策略。教育者不能只简单地看到表扬或批评的表面效果，而必须深入分析学生接受评价的内在认知过程。

(4) 外部奖励的使用要适当。学生不可能在任何时候对任何学习内容都感兴趣，在这种时候适当使用外部奖励可以激发其学习动机。但是诚如我们所论述过的，外部动机作用不会使学生的学习活动指向掌握目标，学生不会在学习中采取积极的学习策略，难以产生成功感，从而不易培养能力信念。而且外部奖励使用不当比表扬的滥用危害更大，不仅会使学生产生消极归因，更有可能损害原来已有的宝贵的内部动机。奖励并非越多越好，尤其是外部的物质性奖励应当慎用。教师应首先了解学生原有的学习兴趣，然后再考虑外部奖励是否必要。

学思结合

专栏 3-4　莱泊尔的实验及启示

越来越多的教育学家质疑奖励的作用，奖励使学生把注意力放在了奖励上而不是任务本身，学生总是在绞尽脑汁用最少的努力赢得最大的奖励，而不是想方设法创造高质量的产品。

心理学家莱泊尔曾经做过一项实验研究奖励的功过。他挑选出一些喜欢绘画的孩子，让他们使用特制的画笔画画，孩子们对此热情甚高。然后，研究者把他们随机分成三组：第一组儿童被事先告知，如果他们给参观者画一幅画，就会受到奖励(优秀画家奖)；第二组虽然没有事先告知，但在画完之后也会意外得到同样的奖励，但不是每次都能得到奖励；第三组儿童不接受任何奖励。4 天后，研究者记录儿童的自由活动情况。结果发现，受到奖励的第一组儿童用于绘画的时间是第二、三组儿童所用时间的一半。莱泊尔据此得出结论，外部奖励会降低学习者的内部动机。类似的实验在不同国度、不同兴趣组做过多次论证，结果相似。

尽管奖励受到众多非议，但因此取消一切奖励是不实际的。奖励的益处应当得到公认，关键在于奖励的质量比奖励的形式本身更为重要。奖励要针对不感兴趣但需要完成的任务，奖励的内容要属于社会性的而非物质性的，更多用于关注行为速度或者结果质量的任务，而不是创造性、艺术性的任务，等等。同时奖励要考虑个别差异。一般说来，对于低年级学生，教师评价作用更大；对于少年期的学生，集体舆论的评价效果更佳；对于缺乏自信心的学生，应给予更多表扬和鼓励；对于过于自信的学生，严格要求更为合适；成绩一般的学生，对奖励敏感，故宜多奖励；成绩好的学生，往往对批评更敏感，故宜适当惩罚；对于女生，个别谈话更好，切忌当众指责；等等。当然，最为重要的是，教师尽力使教学内容具有内在趣味性，避免使用不必要的物质奖励。

3. 组织合理的课堂活动结构

课堂活动结构是指在课堂学习中，对学生达到学习成就目标产生不同影响的基本人际关系。在现实的课堂情境中，课堂活动结构存在三种形态，即竞争式学习、单干式学习和合作式学习。

在竞争式学习中，学生间的成就活动会互相排斥，因为个体达到目标(或获奖)的机会会因为其他有能力的学生的存在而减少。这种情况下学生所追求的目标实际上没有一个固定标准，需要在活动的结果上与他人进行比较，即个人把超过别人作为成就的目标。

单干式学习是个人主义的，其最大特征是个人目标的独立性。一个学生是否实现其目标，不受其他学生的影响。产生单干式学习有一个基本前提："我有能力"，因此自我评价和成败归因的焦点是"我是否付出了努力"。在面对一项作业任务时，学生关心的是怎样才能更好地完成任务。他们衡量目标是否实现时并不过分关注社会性比较，而是依据任务完成的质量及与以往水平的比较。

在合作式学习中，因为只有取得群体的成功，才能获得个人的成就，所以个人获得成就的机会反而会因其他学生的存在而增加。个人能否达到目标取决于群体目标的实现，成就是互享的，这时个人会更多地围绕"自我—群体"的比较。在面临任务时，学生采取的策略总是围绕"我们怎样才能更好地完成任务"这一问题，学业成就的高相关导致同伴间的积极互动及良好的同伴关系。当互助有利于群体目标的实现时，它就成为一种普遍形式，会对在什么情况下应该帮助他人形成一种规范，并对违反者以约定俗成的惩罚。

现在绝大多数心理学家推崇合作式学习。这种形式的学习实际上包含了合作、竞争、单干三种学习成分，是一种组织课堂学习活动的方式。一个班级分为若干小组，每个小组又由若干名学生组成。个体通过小组成员间的合作、互助及单干，完成指派给自己的一部分工作(学会掌握一定的内容)，每个成员的工作都是整个小组工作的有机组成部分。最后以小组的活动(成绩)与其他小组进行竞争。这是一种合作式的竞争，近年来已有大量的研究证明它能对大多数学生起激励作用，产生良好的学习效果。

真题实练

1. 根据耶克斯—多德森定律，学生解决困难和复杂的任务时，最有利的动机水平是(　　)。
   A. 中等偏下水平　　B. 中等水平　　C. 中等偏上水平　　D. 高水平
2. 在下列各种活动激发的学习动机中，属于内在动机的是(　　)。
   A. 班级排名　　B. 老师表扬　　C. 家长奖励　　D. 学习兴趣
3. 许明努力学习就是想获得亲朋好友的赞扬。根据奥苏伯尔的理论，驱动许明行为的是(　　)。
   A. 认知内驱力　　B. 自我提高内驱力
   C. 附属内驱力　　D. 成就内驱力
4. 小涛认为这次考试取得好成绩是因为自己运气好。依据韦纳的归因理论，这属于(　　)。
   A. 稳定、外在、可控归因　　B. 不稳定、外在、不可控归因

C. 不稳定、外在、可控归因　　D. 稳定、外在、不可控归因

5. 阿特金森对成就动机的研究表明，追求成功者和害怕失败者相比，更倾向于选择（　　）。

A. 比较难的任务　　B. 非常难的任务

C. 非常容易的任务　　D. 难度适中的任务

6. 陈冬看到自己最好的朋友因学习成绩优异受到校长的嘉奖后，也开始加倍努力学习，力争取得优异成绩。这种强化属于（　　）。

A. 直接强化　　B. 替代强化　　C. 自我强化　　D. 内部强化

本章复习题

一、试分析自己的学习动机的结构和特点，说说是如何影响个人学习行为的。

二、请列表比较各个动机理论的代表人物、基本观点、研究方法上的异同。

三、我国古代有人性善恶之争，也有人说"人是天使和魔鬼的结合"，试结合马斯洛的需要层次理论，谈谈对人性的认识。

四、结合实际，分析动机激发和维持的某一因素。

五、案例分析

1. 粗心还是紧张？

甲、乙两生数学水平均较高，但在某次重大的全市数学统考中，虽然考试内容简单，但甲乙均告失利。甲难题不错，简单题错误较多；乙简单题不错，难题错误较多。

试根据耶克斯—多德森定律来分析其中可能的动机方面的原因。

2. 李小辉怎么了？

李小辉不爱学习，他讨厌学习，甚至对学习恨之入骨。他为何如此讨厌上学？因为他考试总是不及格。物理不及格有他，数学考试他也不及格。而且，数学老师还甩着鲜艳的粗笔在他的试卷上批道："卷面潦草，思维混乱，简直不是人写的！"他想争第一，却又认为自己怎么也无法争到第一。说起从前，他也有过辉煌的学绩：小学连续三年三好学生，在市"希望杯"竞赛中获过二等奖，小学毕业被保送到初中。然而，升入初中后的第一次摸底测验，他只排在第21名，从此，李小辉便丧失了自信心，连他最擅长的数学也爱听不听，作业也马马虎虎……

试分析李小辉的问题及原因，并提出改进的对策。

推荐阅读书目

1. 孙煜明. 动机心理学[M]. 南京：南京大学出版社，1993.
2. 韦纳. 人类动机：比喻、理论和研究[M]. 孙煜明，译. 杭州：浙江教育出版社，1999.
3. Petri，Govern. 动机心理学(第五版)[M]. 郭本禹，等译. 西安：陕西师范大学出版社，2005.
4. 彭聃龄. 普通心理学(第五版)，第九章[M]. 北京：北京师范大学出版社，2019.
5. 格里格，津巴多. 心理学与生活(第十九版)，第十一章[M]. 王垒，等译. 北京：人民邮电出版社，2016.

第四章

意识和注意

本章学习资源

学习目标：

- ➢了解意识的概念和水平。
- ➢掌握注意的概念和功能。
- ➢理解注意的分类及其影响因素。
- ➢理解注意的品质。
- ➢掌握学生注意发展的特点，分析学生的注意现象。
- ➢在教学中应用注意的规律。

【本章结构】

意识和注意

- 意识的概述：意识的概念和水平
- 注意的概述：注意的概念和功能
- 注意的种类：有意注意、无意注意及其影响因素
- 注意与教育：注意规律的教学应用

在日常生活中，我们经常会提到意识，比如“我没有意识到这件事”“你就是有意识地说话的”。我们都有过类似的体验，比如当我们坐在图书馆里聚精会神地阅读时，丝毫觉察不到周围人的走动、离开；当我们身处同学聚会的场合，尽管周围人声鼎沸、热闹非凡，你却心不在焉，不知道别人说的内容。其实，每时每刻，我们都是处于某种意识状态中。在一天中，我们还可能经历不同的意识状态，或睡眠，或迷糊，或游离，或觉醒，或警觉，在不同的意识状态下，我们对周围的世界及自身变化的觉知和敏感程度处于不同的水平。本章将对意识及其水平、注意及其类别等做一简单的介绍。

第一节　意识的概述

我们的心理活动一直在变化着，很少有静止的情形，美国心理学家詹姆斯形象地描述为“意识流”，而奥地利心理学家弗洛伊德则关注到了意识流底下暗藏的玄机。

一、意识的概念

意识是个体对内外部刺激的觉知。个体的觉知系统是多维度、多层次的，既包括对外部事件的觉知、对内部感觉的觉知，也包括对自己独有体验的觉知以及对个体有这些体验产生的想法的觉知。所以，从意识内容来看，意识有客体意识和自我意识之分。

意识是人类所特有的，是有意识、有组织地反映现实的最高形式。在人类进化过程中发展而来，使人类心理区别于动物心理。也可以说，意识就是人的心理，是人对客观世界反映的主要形式，是人自觉、有目的的高级心理部分，对个体的身心系统起着统合、管理和调控的作用，其中，语言和思维是意识中的核心内容。

在心理学的发展过程中，对于意识的纷争历来有之。在冯特建立科学心理学之初，意识曾经是心理学研究的中心问题之一，构造主义心理学家和机能主义心理学家分别将意识的结构和机能视为心理学研究的主要内容。而行为主义心理学派则主张心理学作为一门科学，只能以客观的行为作为研究对象，将意识排除在心理学研究的范围之外。直至20世纪50年代，认知心理学的思潮兴起，对行为主义放弃意识的研究提出批评，用信息加工理论的观点和术语来研究人的意识这一高级心理活动，意识重新进入了心理学家的研究视野中。近年来，认知神经科学的发展、脑科学的研究进一步推动了意识的研究。

总的来说，意识具有以下三个特征：

第一，意识的觉知性。觉知性是意识的最基本特征。个体不仅能觉知到客观事物的存在，也能觉知到自身存在及其与周围世界的复杂关系。意识的基本标志是言语觉知。当个体对客观事物的反映以言语的形式巩固下来，并由言语的形式表达出来的时候，他就把自己从周围的事物中区分出来，周围事物对他来说，就成为被言语觉知到的客体。这样，个体对客观事物的反映就成为有意识的、自觉的反映，既包括我们头脑中关于周围世界的知识，也包括关于自身的知识。这种对自身的觉知，不仅能觉知到自身的存在，而且能觉知到自己的认识活动、情绪活动和意志活动，还能对自己的心理和行为进行评价，并能觉知到周围事物与自身的关系，把自我与非我、主观和客观区别开来。所有这些意识活动都是通过言语加工、言语表达来实现的。当个体的心理活动在言语水平上被加工时，这种心理活动就成为意识活动。

第二，意识的能动性。这是就意识在人的活动中的作用而言，是指人拥有积极主动地反映和改造客观世界的能力。具体表现在以下三个方面：首先是对现实有意识地选择反映。人是积极的活动者，他对周围现实的反映不是消极被动的。在纷繁复杂的环境中，人首先注意那些符合他目的、自己急需的事物，这种自觉的、有选择的反映是意识能动性的一种表现。其次是认识事物的本质和规律。思维是人的意识活动中的主要成分。通过思维活动，人能将感知到的资料加以去粗取精、去伪存真、由此及彼、由表及里的改造制作，从而认识客观事物的本质和规律。这是没有意识活动的动物心理不可能达到的。最后是保证和监督有目的的活动的进行。由于人有意识，在活动之前，活动的目的和结果就以观念的形式存在于头脑之中，并据此做出计划，指导自己的活动，以便达到预期的目标。例如，用砖头、水泥造房子，人总要在头脑中想象出房子的形象，制订出建造方案和计划，然后再按照头脑中的房子形象去购买材料、挖地基、砌墙等，在这一过程中，人还根据各种实际情况修改头脑中已经形成的计划，改变原来设计的房子的结构和功能，遇到困难时，能够及时调整方案，以实现目的。意识自始至终保持和监督着有目的活动的进行，直到目标达成。

第三，意识的社会历史制约性。这是就意识的发生发展和内容来说的，人是动物进化的最高产物，是自然界的一部分。但是，人同一般动物有着本质的区别。马克思说，人的本质是一切社会关系的总和。同样地，人的意识不仅是自然界长期演化的产物，而且主要是社会的产物。人们的社会存在决定人们的意识。人的意识的内容随着人类社会历史的发展而发生变化。在不同的时代、不同的社会、不同的民族和不同的阶级里，人们对自然、对社会认识的深度和广度不同，人们的价值观、幸福观、职业观和婚恋观等也不同。这都说明人的意识的社会历史制约性。

二、意识水平

人有各种意识水平，所谓意识水平是指在某一时刻，一个人对自己的活动能够觉知的程度。我们对信息的加工可以在不同的觉知水平上进行，即便在睡眠中，我们也能对外界刺激做出一定的反应。根据意识的不同水平，可以把意识分为以下几种类型：

（一）焦点意识

在日常生活中，我们面临大量的信息，人的心理通道是有限的，同一时刻，人们总是选择一些刺激，忽略一些刺激，拒绝一些刺激。焦点意识（focal conscious）是指我们集中注意而获得的清晰的意识。其实，就是我们正常的、你所能觉知到的部分。比如，你在集中精力应对某一难题思考对策时的意识，集中注意下棋时对棋局的意识，即焦点意识。人们对焦点意识的内容投入了最多的心理资源，其标志是“言语觉知”。

当个体对现实的反映在非言语水平上进行加工的时候，这种反映活动就在焦点意识以下的意识水平上运作了。在一定条件下，焦点意识和其他水平的意识可以相互转化。

（二）前意识

前意识（preconscious），是指当前瞬间未被意识到，但却很容易被意识到的经验即处于前意识水平。这一内容介于意识和无意识之间，又称边缘意识（marginal conscious）。人们反映外部世界时，有些内容是被个体登记、评估了的，但是限于我们的表达渠道的有限和紧张（我们只有两只眼睛、两只耳朵、一张嘴）或与当前的目的不一致，未被注意所选择，未能进入认知系统的当前加工程序中。比如鸡尾酒会现象（cocktail party phenomenon），你在拥挤嘈杂的酒会中正和朋友交谈，忽略了周遭他人的谈话声，突然别人谈话中提到了你的名字，马上就会引起你的注意。很明显，如果别人的谈话没有进入你的意识中，你是不可能觉知别人提及你的名字的。处于这一水平上的资料比任何时刻意识水平上的资料数量要多得多，人们头脑中大量的记忆资料也是处于这一水平。除了记忆，人们关于世界的许多基本假设和推理也在这一水平上才得以操作的。请你读下面的句子："当下课铃响了，向南一直等到其他人都离开了才走到教授跟前。"你很容易理解这句话并想象当时的情景，因为你会做出假设（或推断）："向南是学生，人名""下课时学生离开了教室""学生在课后可以和教授交谈"等等。我们平时并没有感觉到这些信息和资料的存在，当需要使用时，我们就会对其产生意识。

（三）无意识

根据精神分析理论，某些记忆、冲动和欲望是无法进入意识的，这些心理事件就属于无意识（unconscious），是一种主动的心理活动，但在意识之外进行，它难以被觉知，但是它会对我们的知觉、记忆、动机和情绪发生影响。这是一个内容非常庞杂的部分，有来自先天的本能、冲动，有后天累积的不便于或不能表达的心理内容被压抑到其中的。在正常的心理中，它是无法被觉知到的。例如，睡眠时所发生的做梦进程，对知觉不到但实际上起作用的刺激所引起的反应（阈下反应），没有意识到目的的冲动行为，患病时所发生的某些精神病现象如妄想、幻觉等都是在无意识水平上发生的。被压抑的思想和冲动虽然不能进入意识，但它们会以间接或伪装的方式（如梦、非理性行为、怪癖、口误、笔误等）影响着我们。有些不接受弗洛伊德理论的心理学家用潜意识（subconscious）来描述这类活动，是指人对于自己的心理活动不能十分清楚地觉知，只能部分知晓的心理现象，这些内容是内省所不能达到的。但是他们对弗洛伊德过分强调无意识的情感痛苦方面而忽视潜意识的其他方面提出了强烈的批评。

除了意识活动之外，我们还有一类活动属于非意识（nonconscious）范畴，这些是人从来不可能意识到的。例如，你对于你自己的脑电活动、内分泌和肝功能的变化，就是完全不能觉知到的，这些活动处于非意识水平。当然，对于这些活动所引起的效应，我们也许能觉知到，但对于这些活动本身是无论如何觉知不到的。

学海无涯

专栏 4－1　睡眠和失眠

人的一生约有三分之一的时间是在睡眠中度过的。睡眠是与觉醒相对的一种现象，从时间上看，这两种现象是交替出现的。个体的睡眠使工作了一天的大脑和身体得到休息、修整和恢复，还可以帮助个体完成清醒时尚未结束的心理活动。

通过大量的脑电图研究，心理学家发现了从清醒到入睡的周期性特征。发现一夜之间的睡眠，因熟睡程度深浅的不同而出现各种脑波形态，可分为五个阶段。前四个阶段为非快速眼动阶段，脑波变化不同，睡眠程度逐渐加深。第五个阶段为快速眼动阶段(rapid eye movement sleep,简称REM sleep或REMs),除脑波形态改变外,个体的眼球呈现快速跳动现象,若在此阶段叫醒被试,80%以上的被试报告正在做梦。此一特征成为第五阶段的重要特征,也成为心理学家研究做梦的重要依据。人们在一夜七至八小时的睡眠中,五个阶段依序循环出现,一夜之间经历四至六次这种100分钟的周期。每个周期里,个体花在前四个睡眠阶段的时间会逐渐减少,而在REM阶段的时间会增加。根据心理学家的实验观察研究,一般大学生的睡眠时间,阶段二约占全部时间的50%,阶段四约占15%,REM sleep则占20%~25%。新生儿和老人的睡眠中,REM sleep分别占比为50%和18%,因此,新生儿的梦远比成人要多。

梦是一种正常的生理现象和心理现象,具有不连续性、不协调性和认知的不确定性等特点。梦的内容可能由外界的刺激物引发,如蚊子叮了一口,引起了被刺伤的梦境;也可能是"日有所思,夜有所梦";还可能是机体的状态,饿了或冷了,引起吃饭、掉进水里等梦境。梦是脑的正常功能的显现,不仅无损于身体健康,而且对维持脑的正常功能是必要的。研究发现,如果人为地剥夺快速眼动阶段的睡眠,人就会出现记忆力下降、焦虑、注意力涣散、易激怒甚至出现幻觉等现象,进而影响健康。

失眠即睡眠失常,表现为入睡困难,深度睡眠时间不足,以及不能消除疲劳、恢复体力与精力等。失眠原因复杂,一般有情境性失眠(外界事件引发的暂时适应困难所致,如失恋后的失眠)、失律性失眠(生活程序变化太大导致,如飞行时差造成的睡眠困难)、假性失眠(只是心理上有失眠感,事实上不缺乏睡眠,如身体衰弱导致的精神沮丧归因于睡眠不足)、药物性失眠(服用中枢兴奋药物导致的失眠,如咖啡、茶等饮料可致失眠)和身体疾病所致失眠。

人们应对失眠的最常见办法是服用安眠药或饮酒,但这两者都会减少快速眼动阶段,并不是真正的或自然的睡眠,第二天失眠者会感到更加疲倦。改变生活习惯才是行之有效的改善睡眠的办法。可以有以下做法:① 安排好你的时间表,每天按时睡眠,一天中不要打盹。② 睡前要充分放松,阅读一些轻松愉快的书籍。③ 睡前洗个热水澡或做做按摩。④ 每天规律性运动锻炼,但不要在夜晚,最好在下午。⑤ 不要抽烟,下午以后不要喝咖啡或茶,睡前可以喝一杯牛奶。⑥ 偶尔失眠,不要担心。每个人都会有入睡困难的经历,如果不是连续多日失眠,不要对它过分关注。

如果上述方法都不管用,也发现没有其他什么问题,可以减少睡眠,晚一点儿睡觉或早一点儿起床。

学思结合

专栏4-2 你是晨鸟型还是夜猫子型?

我们知道,一天中个人身体的重要生理功能,如唤醒水平、新陈代谢、心率和体温都会经历变化。尽管生理节律在每个人身上都会存在,但是具体时间会因人而异。研究者提出,根据所偏好的睡眠—觉醒模式,人们可以分成不同的类型。如果你是早睡早起，可以算作晨鸟型；如果你习惯午夜后上床，早晨起不来，则可以算作夜猫子型。你离标准(午夜前睡觉，8：00 左右起床)越远，则晨鸟型和夜猫子型的程度就越高。随着成人的年龄增大，人们的偏好往往转向晨鸟型：祖父母一般比他们十几岁的孙子起床早得多。然而，与这种总体的转变相反，个体差异似乎保持稳定。相对成年人来说，夜猫子型的青少年起床更晚。

研究者提供了大量的证据，表明生理节律帮助确定人们在一天的哪些时段表现最佳。由于生理节律的影响，时型不同的人在一天中表现最佳的时间也不相同。这个规则同时适用于生理任务和认知任务。例如，足球运动员的运动相关技能，像用脚颠球的能力，因测试时间的不同而表现出变化。研究者们招募了一组年龄从 11 岁到 14 岁的青少年被试，从中挑选了 40 位特征鲜明的晨鸟型和夜猫子型，分别让他们在一天的最佳时段或非最佳时段完成标准智力测验的一部分项目。结果发现，在他们偏好时段的测试得分高出 6 分，从测验标准的分数解释，这是一个比较显著的差异。研究者还从青少年的父母和亲属那里获得关于他们日常行为的信息，发现晨鸟型的学习在测量中表现出更强的社交能力，与夜猫子型相比，更少出现注意问题和攻击行为。这些结果支持了夜猫子型学生具有“社交时差”的假设：因为常被闹钟叫醒，夜猫子型的学习行为与个人节律缺乏同步性，对学业成绩和行为都有负面的影响。

了解了这一差异，可以帮助我们理解或解释个体行为表现中的差异。你是晨鸟型还是夜猫子型？如果你的时型特征明显，该如何安排学业和娱乐，以获得最佳表现呢？

第二节　注意的概述

注意是和意识紧密相关的一个概念，既不同于意识，也不同于对某一事物反映的感知、思维等认知过程。巴甫洛夫认为，人的心理活动总是保持着一定的警觉水平，无论是在人清醒或是睡眠状态下都存在着，正因为如此，一旦周围环境发生变化，人就立即意识到并予以注意。

一、注意的概念

注意是心理活动对一定对象的指向与集中。当一个人在学习或工作的时候，他们的心理活动或意识总是会朝向和集中在某一对象上。比如，学生要想学好功课，就必须专心地听老师讲课，仔细地书写笔记，聚精会神地思考老师提出的问题。这里的“专心”“仔细”“聚精会神”等心理现象，就是注意。

指向性和集中性是注意的两大基本特征，是同一注意状态下的两个方面，两者不可分割，它们说明了注意的方向上和强度上的特性。注意的指向性是指心理活动或意识朝向某个对象,而忽略了其他对象。集中性就是指心理活动或意识在一定方向上活动的强度或紧张度,当心理活动或意识指向某个对象的时候,它们会在这个对象上集中起来,即精神贯注,兴奋性提高。心理活动的强度越大,紧张度越高,注意就越集中,而注意指向范围就越小,人对自己周围的一切就可能出现"视而不见,听而不闻"。

客观世界是丰富多彩的,人在同一时间不能感知周围的一切对象,而只能感知其中少数的对象。在漫天星斗的夜间,我们只能同时看清楚几颗星星,而不能看清所有的星星。在思考问题的时候,我们也只能同时想到少数问题,而不能想到所有的问题。由于心理活动对一定对象的指向和集中,这些少数对象就被清晰地认识出来,而在同时作用着的其他对象,就没有意识到或意识得比较模糊了。所以一个人注意到某些对象,但同时便离开了其他对象。集中注意的对象是注意的中心,其余的对象有的处于"注意的边缘",多数处于注意范围之外。注意中心与注意边缘经常变化着,新的对象不断地变为注意中心,原来注意中心的对象可以退到注意的边缘,甚至完全不被注意了。

人在清醒的时候,每一瞬间总是注意着某种事物,当谈到没有注意的时候,并不是说对任何事物都没有注意,而只是对当前所应该指向的事物没有注意。注意可以由某种外界事物引起,也可以由内部刺激物引起(如身体状况、行为或内部状况),当事物对人有一定意义的时候就会引起注意。在日常生活中可以观察到,人的心理活动常常指向和集中于对自己最有意义的事物。因此,注意也受一个人的个性特征所制约,不同的人可能有不同的兴趣、信念和世界观,因而他们的心理活动会有不同的方向和内容,所注意的事物也就会有所不同。

注意本身并不是一种独立的心理过程,它是心理活动的一种积极状态,是各种心理过程的共同特性,它不反映事物及其属性,总是伴随着其他心理过程而存在,它在感觉、知觉、记忆、想象、思维、情感、意志等心理活动中表现出来。我们在日常生活中经常说,"过马路要注意汽车""注意上课的铃声",其实只是把"看"和"听"省略掉了。任何心理过程离开了注意都将无法进行。俄国心理学家乌申斯基把注意形象地比喻为通向心灵的"唯一门户",知识的阳光只有通过注意这扇门才能进来。一切心理活动都离不开注意,正是因为注意的积极参与,心理活动才能顺利进行。从这个意义上讲,注意是人的心理活动的组织者和"警卫员",是人学习、生活劳动等一切心理活动的必要条件。

二、注意的功能

注意是复杂的心理活动,具有一系列的功能。

(一) 选择功能

我们每个人时刻都生活在信息的"海洋"里,内外刺激无处不在。注意就像一个"过滤器",面对纷繁复杂的外部世界,从大量的信息中选择出重要的信息给予反应,同时排除了其他的无意义信息的干扰。一般来说,这些重要的信息是符合个人的需要或与当前活动有关的。不同的个体,其需要、兴趣不同,选择的注意对象也会有所差异。

(二) 保持功能

外界大量的信息输入后,必须经常注意才能得到保持。如果不加注意,选择的信息就会很快消失。正是依靠注意的维持功能,我们才能对被选择的信息进行深入的加工与处理。因此,需要将注意的映象或内容保持在意识之中,一直到完成任务,达到目的为止。

(三) 对活动的调节和监督功能

注意使人调节其心理状态而集中心思,克服困难,监督他继续坚持到底达到预定的目的。尤其是当外界情境、本身状态或反映对象发生变化时,使人们能适应瞬息万变的环境。注意这种心理现象促进各方面进行调整,使心理活动处于一种积极的状态之中。

三、注意的外部表现

人在集中注意于某对象时,常常伴随着特定的生理变化和外部表现。注意时最显著的外部表现,有如下几种:

(一) 适应性运动

人在注意时,有关的感觉器官朝向刺激物。如我们在观察某个人时,会将视线投向该人,即“举目注视”;听报告时,我们会将耳朵朝向报告人,所谓“侧耳倾听”;但当我们思考复杂的问题时,注意投向自己的内部,所以会出现似乎在看某物,其实根本没有关注外部事物的“呆视”。

(二) 无关动作的停止

在选择了注意对象后,我们相关感官朝向注意对象的同时,其他无关感官的活动会随之停止。如上课铃声响后,学生东张西望、交头接耳、做小动作等现象的停止,注意范围缩小,更集中指向老师的讲话。

(三) 呼吸运动的变化

人在集中注意时,呼吸运动变得轻微而缓慢,呼与吸的时间比例也会发生变化,一般是呼短吸长;当注意高度集中时,甚至会出现呼吸暂时停止的状态,即所谓的“屏息”现象。

此外,在注意紧张时,还会出现心跳加速、牙关紧闭、握紧拳头等现象。一个人的外部表现,为教师了解学生在课堂和集体活动中的注意状态提供了信息,我们可以根据一个人的外部表现来推断他的注意情况,以便据此更好地组织教学活动。但是,有时一个人注意的外部表现和注意的真实情况不相吻合,比如上课时有学生貌似认真听讲,身体、眼神一动不动,实际上其心理活动可能早就“跑马”了。

四、注意的生理机制

注意的生理机制是很复杂的,是大脑皮层中枢与皮层下中枢协同活动的结果。

注意就其发生来说,是有机体的一种定向反射。每当新异刺激出现时,有机体会将有关感受器转向新异刺激的方向,以便更好地感知这一事物。刺激持续了一段时间或多次出现,失去了新异性后,有机体会习惯化,定向反射就不会出现。定向反射虽然是注意最初级的生理机制,但却是一种非常复杂的反射,它包括有机体的一系列变化,如调整感官方向,抑制正在进行的活动,植物性神经系统兴奋,动员更多的能量资源以应对当前的新异情况等。定向反射引发的这些变化,在人类和动物的生活中具有巨大的生物学意义。

注意需要有机体处于觉醒状态，没有觉醒绝不可能产生注意。觉醒状态主要依靠网状结构的上行激活系统。网状结构是从延髓到丘脑之间的弥散性的神经网络，它不传递具体的信息，但它和大脑之间的互动对维持大脑的激活水平具有重要的意义。当外界刺激物作用于人的感受器时，外界信息通过特异系统和非特异系统（通过脑干的网状结构）达到大脑皮层，使大脑皮层处于激活状态。只有处于激活状态的大脑区域感受到的信息，才是最清晰、最精确的。

人在注意某些事物时，大脑皮层相应区域产生一个优势兴奋中心。它是大脑皮层对当前刺激进行分析和综合的核心，具有适度的兴奋性，旧的暂时神经联系容易恢复，新的暂时神经联系容易形成和分化，因此能够充分揭露注意对象的意义和作用，对客观事物产生清晰和完善的反映。当大脑皮层一定区域产生一个优势兴奋中心时，邻近的区域就处于不同程度的抑制状态，落在这些抑制区域的刺激，就不能引起应有的兴奋，因而得不到清晰的反映。优势兴奋中心的转移就是注意转移的生理机制。

网状结构的激活作用无法充分解释注意的选择性。人选择一些信息，拒绝另一些信息，需要边缘系统和大脑额叶的参与。在边缘系统和额叶中，有一些特殊的神经元，它们能对新旧刺激进行对比，对新的、变化的刺激产生反应，对旧的、习惯化的刺激产生抑制。这些神经元也叫"注意神经元"，是对信息进行选择、保证有机体实现精确选择行为的重要器官。临床观察发现，这些部位的轻度损伤，将使患者出现高度分心的现象；这些部位的严重损伤，将造成患者精神错乱和虚构现象，意识的选择性和组织性也因此丧失。

大脑额叶在有目的的主动注意和集中注意中起着重要的作用。它通过下行通路，维持和调节网状结构的紧张度，激活或抑制外周感受器的活动水平。临床观察发现，额叶严重损伤的患者非常容易分心，在没有干扰的条件下能做某些事情，但只要环境中出现任何新的刺激或存在任何干扰，他们就会停止原来的活动。由于注意高度分散，他们不能按照计划办事，难以完成有目的的行为。因此，额叶在保证有意识的、持久的集中注意中起着重要的作用。

对认知神经科学领域近年来的研究总结后提出，对某一对象的注意需要三个脑区的协同活动，即大脑功能区、丘脑神经元和大脑前额叶的控制区。

学深悟透

专栏 4-3　注意的理论

自从 1958 年英国心理学家布罗德本特（D. E. Broadbent，1926—1993）出版了《知觉与交往》一书，认知心理学家提出了多种注意的理论。主要有以下几种：

一、过滤器理论

这是布罗德本特提出的描述选择性注意的最为著名的经典模型。他认为人面临着大量的信息，但神经系统在同一时间内的加工能力是有限的，需要过滤器调节，使中枢的负载不至于过重。注意犹如"过滤器"，相当于开关，它按照"全或无"的原则工作，接通一个通道，通过的信息便得到进一步的加工处理，其他信息的通道则被阻断。一般来说，新异的强烈的刺激，具有生物学意义的刺激容易通过过滤器而被注意，微弱的、缺乏新异性的刺激则容易被过滤掉。此外，布罗德本特重视人的期待作用，即人所期待的信息，容易通过过滤器，而被注意到。

二、衰减器理论

美国心理学家特瑞斯曼(Anne Marie Treisman，1935—2018)于1960年提出衰减学说，修正布罗德本特的过滤器理论。虽然两者都把注意看作一个控制系统，负责对一定量的信息进行加工处理。但是特瑞斯曼认为，过滤器并不是按照“全”或“无”的原则在工作，没有受到注意而设想被关闭的通道的信息只是被衰减，并没有完全被阻断，其中重要的信息仍可以高级加工，反映到意识中来。1967年她和格芬(G. Geffen)的双耳分听实验证明，被试能觉察出追随耳中的87%的词，还能觉察出非追随耳中的8%的词。特瑞斯曼曾要求被试双耳听两个材料：

追随耳：There is a horse understand the word.

非追随耳：Knowledge of off on a hill.

实验结果表明，大多数被试是：There is a horse on a hill.

三、资源有限模型

卡尼曼(Daniel Kahneman，1934—　)于1973年提出资源有限模型。卡尼曼把注意视为对刺激的分类加以识别的认知资源，其容量或能量是有限的。每一项认知活动都需要占用和消耗一定的资源，如果刺激复杂，需要的资源就多。如果同时呈现几种复杂的刺激，资源可能会很快消耗殆尽。但人可以灵活地调节认知资源的分配，可以把有限的资源转移到重要的刺激上。资源有限模型强调我们对注意的控制，该模型没有对资源的调配做进一步的说明。

四、双重加工理论

1977年，谢夫林(Richard Martin Shiffrin，1942—　)在综合各种理论的基础上，提出了包含自动加工和控制加工的双重加工理论。该模型认为，自动加工是由刺激自动引发的无意识的加工过程，发生速度快、不占用认知资源，平行发生，不影响其他加工过程，形成之后，难以改变。控制加工发生较晚，需要耗费时间和注意资源，能辨认出特性之间的关系，更为主动和灵活，可以根据情况不断调整资源分配。新的、难度大的任务通常需要控制加工，而经常做的简单而熟悉的任务一般需要自动加工。控制加工经过充分的练习之后，有可能转化为自动加工。比如骑车，初学时是控制加工，熟练后多为自动加工。

第三节　注意的种类

注意是一种复杂的心理活动，可以从不同的角度对它进行分类。根据注意的功能，可以分为选择性注意、集中性注意和分配性注意；根据注意指向与集中的加工方向，注意有内源性注意和外源性注意之分。美国心理学家威廉·詹姆斯按照注意选择方向上的目的是否明确，以及意志努力的参与程度上的差异，将注意分成有意注意和无意注意两种，后来苏联心理学家多勃雷宁提出了有意后注意。

畅所欲言

根据是否有预定的目的，以及是否付出意志努力的分类标准，除了无意注意、有意注意和有意后注意外，是否存在没有预定的目的，但是需要付出意志努力的第四种注意类型呢？请说出你的理由。

见贤思齐

专栏4-4 博学多才的詹姆斯

威廉·詹姆斯出生于一个富裕的家庭，所以他可以有更多的心思投入所从事的研究之中。活跃的思想氛围以及欧洲多国的游学经历都对他日后的思想行为有很大的影响。起初詹姆斯对科学和绘画感兴趣，后来他放弃了绘画，专心学术。1861年，詹姆斯进入哈佛大学攻读化学，后又改学比较解剖学和生理学。1864年，他转到医学院并于1869年取得医学博士学位。1872年，由于研究生理学的相关需要，他开始研究心理学。1875年，他在美国设立了第一个非正式心理学实验室。1879年，詹姆斯开始教哲学直至1907年退休。

在《心理学原理》一书中，詹姆斯提出了著名的“意识流”思想。他认为意识是像水流一样，意识作为一个流体，流动性是它的特点，所以意识的内容从不静止，不断变化。在他看来，意识有五个特点：第一，意识是属于私人的；第二，意识是常变的，意识如同流水，在同一个位置，只能出现一回，不能复返；第三，意识是连续不断的，其实在这些实体状态之间，还存在“过渡状态”，把各个实体状态连成一片；第四，意识必定有它自身以外的对象；第五，意识有选择性。

詹姆斯提出注意的双重假设系统，即按照注意有无明确的目的以及是否需要付出意志努力，可以将意志分为有意注意和无意注意。这一分类标准的提出让人们对注意有了进一步的认识，沿用至今。1884年，詹姆斯提出情绪外周理论，也就是后世所说的“詹姆斯—兰格理论”，认为情绪就是对机体变化的知觉。如果没有了身体变化，如肌肉紧张、心跳加快等，也就没有什么情绪；身体变化在先，情绪体验在后。

纵观詹姆斯的一生，我们不难发现其思想的高度活跃性以及他一直在寻找并追求自己所热爱的领域。他在初探心理学的奥妙之时，在一定程度上推动了心理学的发展。但是，由于他所处的时代中，心理学存在着大量的空白和未知，面对这一难题，詹姆斯却选择了抽身而退，投身到了哲学的世界之中。

面对充满机遇与挑战的时代，詹姆斯没能“逆流而上”，建立完备的心理学体系。当前的中国恰逢“遍地是机会与挑战”的时代，我们该如何选择呢？

一、无意注意

又称不随意注意，是指事先无预定目的，也不需要做意志努力的注意。它是人类和动物都有的一种注意类型，是注意的初级形式，在个体身上产生较早。

无意注意的引起不是依靠意志的努力，主要是由刺激物本身的特点决定的。引起无意注意的因素包括以下两个方面：

（一）客观刺激物的特点

客观刺激物的特点是引起无意注意的主要原因。

一是刺激物的强度。一般说来，刺激强度越大，越容易引起人们的无意注意。如巨大的声音、强烈的光线、浓烈的气味，都会引起人们的无意注意。刺激的强度有绝对强度和相对强度之分。有时候，相对强度比绝对强度更有意义。比如，在喧闹的大街上，你大声说话，不会引起旁人的注意；而在安静的图书馆里，你和同伴的窃窃私语也可能会引起他人的侧目。如果教师讲课的音量过小，黑板上或多媒体上的字迹过小、颜色浅淡，则学生的注意不容易集中。

二是刺激物之间的对比。某一刺激物在强度、距离、大小、形状、颜色、声音等方面与周围的其他刺激物之间具有显著的差异，形成了鲜明的对比，就容易引起无意注意。例如，鹤立鸡群、万绿丛中一点红，都是由于刺激物与背景之间的落差凸显出来，引发人的无意注意。教师用红色水笔批改作业、板书时用彩色粉笔突出重点等，都是利用了对比的规律。

三是刺激物的活动与变化。活动的、变化的刺激物比起静止的、无变化的刺激物更能引起人们的无意注意。比如夜空中的流星、闪烁的霓虹灯很容易吸引人们的注意。教师在课堂教学中，偶尔遇到课堂秩序紊乱，突然停止讲课或变换讲课节奏、降低音调等都会引起学生的无意注意，使得课堂秩序得以恢复。

四是刺激物的新异性。新异的刺激很容易成为注意的对象。新异性也有绝对新异性和相对新异性之分，前者是指人们从未经历过的事物，后者是指各种熟知刺激物的奇特结合。研究表明，刺激物的相对新异性更能引起人们的注意。人们在生活中表现出的好奇心，实际上就是对新异刺激物的注意。有经验的教师着新装、变换发型后，在上课之前会到班级中亮个相，就是为了降低上课时新刺激分散学生的注意。

（二）个体的主观状态

无意注意不但可以由外界刺激物被动地引起，而且和个体本身的状态也有密切的关系。同样的事物，可能引起一些人的注意，而不会引起另一些人的注意。一个人的个性倾向性在无意注意中起着重要作用，它决定一个人无意注意的方向。引起无意注意的主观原因主要有两个方面：

一是个体的需要和兴趣。凡是能够满足人的需要和引起人的兴趣的事物都会使人产生期待的心情和积极的态度，从而引起无意注意。例如，教师出于职业的需要和兴趣，学校的教育教学状况和周围孩子自然而然地会引发他们的注意。这里的兴趣一般是指直接兴趣，就是对内容本身的兴趣，这是无意注意的重要源泉。比如歌唱家会对一场晚会众多的节目中的独唱和合唱节目最为关注；建筑师外出时，会被各式各样的建筑物吸引，不自觉地加以注意。

二是情绪和精神状态。无意注意在很大程度上受个体心境和精神状态的影响。如果一个人心情愉快、精神饱满，就容易对周围的各种事物产生注意，注意容易集中且长久；反之，当心情郁闷低落、精神疲惫时，平时能够吸引其注意的外界事物，这时候可能视而不见。无意注意也与个体的特殊情感有关。凡是对某人或某物有着特殊感情的人，对方的有关情况容易引起他的注意。比如一个热爱孩子的母亲、关心学生的教师，孩子的细微变化他们都会捕捉到。期待也是引起无意注意的原因之一，当个体对某一事物产生期待的心理，这一事物就容易吸引他的注意。

学思结合

专栏 4-5 影响因素—心理规律—教学对策的转化

对于师范类专业学生来说，心理学学习的目标是了解个体尤其是学生的认知规律和个性特征，提升教书育人的能力，促进自我健康成长。心理学的研究一般采用自然科学的研究范式，研究结论表述简洁明了。作为师范类专业课程的心理学基础，虽然主要介绍各种心理活动的概念、分类和影响因素等，但是要求“学以致用”，这些知识必须联系到师范生未来的基础教育职场以及师范生个人的专业成长。在不同的场景下，对同一知识点要求不同，学会在心理学、教育学、教育教学实践等不同的背景中来回转化，这也是对师范生综合素养的基本要求。以影响因素为例，这里简要介绍一个将心理学理论知识拓展到教育教学中的思路（见图 4-1）。

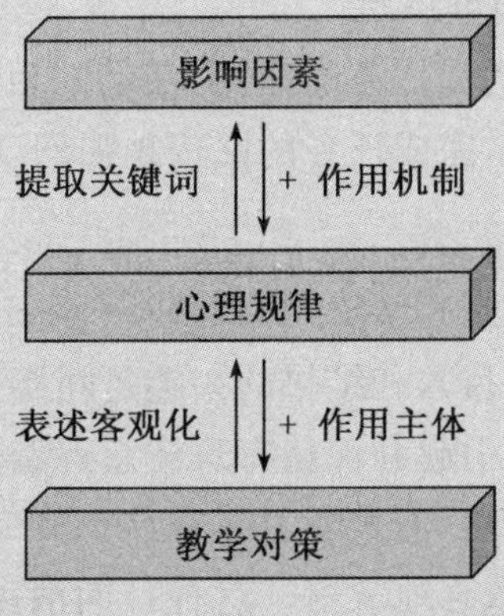

图 4-1 影响因素—心理规律—教学对策转化示意图

首先，认识前提。“影响因素—心理规律—教学对策”是同一内容在不同场域下的不同表达方式，三者之间有着紧密的内在逻辑。

其次，转化思路。影响因素是最为简明的表达，以名词或词组方式表述。明确说明影响因素的作用机制，表述的就是心理规律，以陈述句方式表达。比如影响无意注意的因素之一——刺激物的强度,其发挥作用的机制是这样的:“刺激物的强度越大,越容易引起无意注意。”在心理规律的基础上,师生在教学中遵循心理规律破解其中问题,采用的方法就是教学对策,比如,部分新教师课堂教学音量较低,后排学生听不清楚,“适当提高音量”成为教学对策。

再次,灵活转换。当有人提出了一定的教学对策,我们从中可以探求其背后的心理规律,或者更进一步提取出影响因素。或者有人直接提出心理规律,我们也能够通过提取其中的关键词,揭示影响因素;或者结合师生在教与学的场景中的应用,针对问题,提出相应的教学对策。

这一思路在各科学习以及教育教学实践中均可以尝试使用。判断一下,本教材中无意注意和有意注意采用的表述方式是哪一种呢?可以试着转换一下。

二、有意注意

也称随意注意,是服从于一定的预定目的,需要付出意志努力的注意。它是在无意注意的基础上发展起来的,是一种主动的、服从一定活动任务的注意。它受人的意识的自觉调节和支配,是人类所特有的心理现象。

有意注意受多种因素的影响,如活动的目的与任务、对活动的兴趣与认识、个体的知识经验、活动的组织、个体的人格特征及意志品质等。有意注意虽然也像无意注意一样受人的情绪、过去经验和兴趣的影响,但是这种影响是以间接的方式表现出来的,例如直接兴趣和间接兴趣之别。

(一)加深对活动目的、任务的理解

有意注意是服从于活动目的和任务的注意,活动的目的越明确、任务越具体,对活动的目的的理解就越深刻、越清楚,完成任务的愿望越强烈,与完成任务关系越密切,就越能引起和保持人的有意注意。

(二)培养间接兴趣

在有意注意中,人对活动的目的和结果的兴趣是间接兴趣,尽管活动本身可能并不直接吸引人,但稳定的间接兴趣对引起和保持有意注意有着很大的作用。比如说,学习英语背单词、记语法、练发音,很是枯燥,但是学习者在认识到掌握英语的重要意义后,就能够克服各种困难,刻苦努力,专心致志地学习。这种指向活动结果的间接兴趣,能够有效地引起和维持个体的有意注意。

(三)合理组织活动

在活动目的明确的情况下,合理组织活动有助于有意注意的保持。第一,自我提醒与自我命令。根据任务的需要,向自己提出“必须注意”的自我要求,可以经常提醒自己集中注意于特定活动,特别是在要求加强注意的紧要关头,自我提醒和自我命令对组织注意有着重要的作用。第二,提出问题。问题提出后,任务就明确了,个体为了回答这些问题,就

必须关注有关问题的信息。在课堂上，不时地向学生提出问题，不仅可以检查学生对问题的掌握情况，而且对保持有意注意有着重要作用。第三，智力活动与操作相结合。智力活动是动脑，操作活动是动手，如果缺少实际操作的配合，集中注意就变得比较困难，尤其对复杂的认识活动来说，更是如此。如果把注意的对象作为实际行动的对象，实际行动本身就要求注意的参与，否则活动就无法完成，这样，有助于引起和保持有意注意。例如，上课记笔记容易保持注意，智力活动如果没有操作很容易分心，所以阅读时要想取得好的效果应该做笔记或画杠，写读后感等。

（四）排除内外干扰

人们在注意过程中，经常会遇到一些干扰。这些干扰可能是来自外界的刺激物，比如和活动本身无关的噪音、光线等，也可能是有机体内部的某些主观状态，如饥饿、疲劳、疾病等，还可能是一些无关的思想和情绪等。这时要想顺利完成活动，就需要用坚强的意志同干扰做斗争，维持有意注意。实验表明，在有尖锐刺耳噪音的场合下，依靠坚强的意志努力，同样能把一项比较复杂的工作做好。

三、有意后注意

又称随意后注意，是指有预定目的，但不需要做意志努力的注意。这是注意指向一个对象后期出现的一种特殊形式，同时具有无意注意和有意注意的某些特征。一方面，它和自觉的目的、任务联系在一起，这点类似于有意注意；另一方面，它不需要意志的努力，又类似于无意注意。

有意后注意是一种高级类型的注意，它具有高度的稳定性，是人类从事创造性活动的必要条件。有意后注意既服从当前的任务要求，又可以节省意志的努力，因此有利于完成长期的、持续性的任务，可以令人废寝忘食、茶饭不思。在日常工作、学习中，多增加对任务的了解，试着让自己真心喜爱上这些活动，从中发掘出成就感，这样才能保持我们对任务的长期而稳定的注意。

第四节　注意与教育

一、注意的品质

注意的品质又称注意的特征，这是对自己或他人的注意进行评价时的一种依据。注意的品质有注意的范围、注意的稳定性、注意的分配和注意的转移。

（一）注意的范围

又称注意的广度，是指在同一时间内，人能清楚地把握观察对象的数量。这是注意在空间上的特征。同一时间内，个体知觉的对象越多，注意的范围越广；知觉的对象越少，注意的范围越窄。

这是心理学家最早研究的课题之一，源自人类早期的洒石子游戏。现在的研究一般利用速示器以 1/10 秒的时间向被试呈现刺激，屏幕上的刺激一闪而过，被试在这段时间内所有把握对象的数量就是注意的范围。研究发现，正常成人注意的范围是 8～9 个圆点，4～6 个英文单词，3～4 个几何图像，3～4 个汉字。

影响注意广度的因素有两类：一是客观因素即知觉对象的特点，凡是有规律的、集中的、互相有联系的注意对象，注意对象的数量就大，反之则小。二是主观因素，即关注者的活动任务与知识经验，任务单一、相关知识经验丰富，注意的范围就大，任务复杂、缺乏相关经验，注意的范围就小。

注意范围的扩大，可以提高学习和工作效率。在学习中，注意范围大，阅读速度快，所谓“一目十行”就是指在同样的时间内输入大脑的信息多。因而，训练学生的注意，是使他们较多、较快地获得知识的必要条件。教学工作也要求教师有比较大的注意范围，使教师关注更多的学生，及时获得学生对教学的反馈信息，有助于教学质量的提高。

（二）注意的稳定性

又称注意的持久性，是指注意保持在同一对象或同一活动中所能持续的时间，这是注意在时间上的特征。人的注意保持在某一事物或某一活动上的时间越长，则注意的稳定性越高。

注意的稳定性有狭义和广义之分。狭义的注意稳定性是指注意保持在同一对象上的时间。人在感知同一事物时，注意很难长时间地保持固定不变。比如我们听到的手表“滴—答—滴—答”的声音，总是不由自主地感觉到声音是“强—弱—强—弱”地波动着的。注意短时间内周期性地、不随意跳动的现象称为注意的起伏，又称注意的动摇。这种不能直接控制的感受性发生的周期性变化，是一种经常发生的、受神经活动本身特点影响的正常心理现象，一般持续时间为 2、3 秒到 12 秒（如图 4－2）。需要注意的是，注意周期性的短暂变化，我们主观上是觉察不到的，并不影响多种活动的效率。

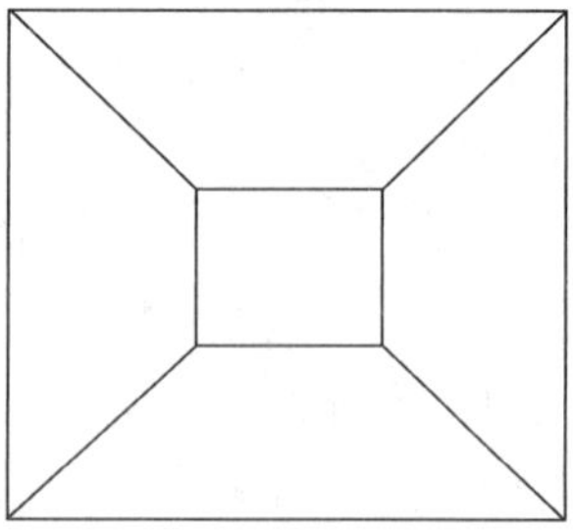

图 4－2　注意的起伏

广义的注意稳定性并不意味着注意总是指向同一个对象，而是指当注意的对象和行动发生变化，但注意的总方向和总任务不变。例如，上课时学生既要听教师讲课，又要记笔记，还要看实验演示或幻灯片，但所有这些都服从于听课这一总任务。因此，同学们的注意是稳定的。

注意的稳定性与注意对象的特点和主体的积极性有关。刺激物的强度大，持续时间长，刺激物越是复杂、动态变化，则注意越是稳定。个人对从事活动的意义理解得深刻，对活动有浓厚的兴趣，态度积极，意志坚强，又善于自制且能和干扰做斗争的人，在身体健康、精力充沛、心情愉快时，注意越容易保持稳定。

与注意稳定性相反的品质是注意的分散，也称分心，是指注意不自觉地离开当前活动，而被无意刺激所吸引的现象。分心的原因可能是来自内外部无关刺激的干扰，也可能是单调刺激的长时间作用。

➢扫描本章二维码，了解“注意集中的测试”。

学习和工作要求人们具有稳定的注意。比如，在课堂上，学生跟随教师的要求听讲、记录笔记、阅读，在生产中，工人根据仪表和信号的显示来操作机器，以保障机器的正常运转，这些都需要高度稳定的注意。

（三）注意的分配

注意的分配是指把注意同时指向两种或多种活动的现象。

在一定的条件下，注意的分配是可能的。比如，我们日常生活中所谓的“一心二用”其实就是注意的分配。大学生听课的同时，还可以看黑板、记笔记；教师上课一边讲课，一边操作课件，还能观察学生听课的状态等；汽车驾驶员双手操控方向盘和变速箱的同时，眼睛要观察路况，双脚还要踩离合和刹车。这些都是注意分配的事例。

注意的分配是有条件的。第一，在同时进行的几项活动中，必须只有一种活动是陌生的，而其余活动达到自动化或部分自动化程度才行。例如，刚学写字的小学生听课不会记笔记，小学高年级的学生能够记笔记，因为写字熟练，只需要把注意集中在听课上；钢琴家能够一边视谱一边弹奏，是因为他们对键盘非常熟悉，初学钢琴者则难以做到。第二，同时进行的几种活动之间有内在的联系。比如边弹边唱同一首乐曲可以做到，因为弹唱之间形成了一个系统；如果弹的是“梁祝”却要唱“兰花花”，一般难以做到。另外，同时进行的几种活动如果在同一感觉通道，需要相同的心理操作，难以做到，因此古人有“右手画圆，左手画方，不能两成”的说法。

严格地说，一心不能二用，绝对意义上的注意分配是很难做到的，实际上是注意的迅速转移。

（四）注意的转移

注意的转移是指人主动地把注意从一个对象或活动转移到另外一个对象或活动上去的特性。比如，上课老师组织学生观看视频后要求讨论，然后要求阅读教材，这些都是根据任务的要求，将注意调整到不同的对象上去。

注意的转移与注意的分散不同，虽然两者都是注意对象的变换，但注意的转移是在实际需要时，有目的地把注意转向新的对象，使一种活动合理地为另一种活动所代替。注意的分散是在需要注意稳定时，受无关刺激干扰，或由单调刺激引起，使注意离开需要注意的对象。简单地说，转移是有目的的、主动的过程，而注意的分散是不随意地改变了注意的对象，不受意识的控制。

影响注意转移的因素有三点。第一，原来注意的强度。原来注意的强度越大，则注意的转移越困难。第二，新注意对象的特点。新的注意对象越有吸引力，则注意的转移越是容易。第三，高级神经活动类型的特点。一个人高级神经活动的灵活性越强，则注意的转移越发容易。

人的注意特性与先天因素有关，但主要是在后天的生活实践中以及教育、训练中发展起来的。注意的特性和人们的工作、学习有密切关系，如有的工作要求人们具有较大的注意广度和注意的稳定性，有些工作则要求人们具有高度的注意分配能力，还有些工作要求人们能够主动、及时、迅速地转移注意。

二、儿童注意的发展

总体而言，个体注意发展总的特点是随着年龄的不断增长，注意在不断地发展和深化。具体表现为从无意注意向有意注意、有意后注意发展；注意的集中性和稳定性不断提高；注意的品质也在不断地发展和提高。

3 岁前婴儿的注意基本上都属于无意注意。幼儿期仍以无意注意为主，但与 3 岁前相比，其无意注意已经有了高度发展，相当发达；幼儿有意注意发展水平低，有明显的不稳定性，需要在成人的组织、引导下逐步发展。小学低年级学生占优势的依然是不随意注意，随着儿童自身兴趣、需要和态度的逐渐稳定，无意注意不断深化和发展。研究表明，初中二年级以前，无意注意的发展随年龄增大而递增，至初二达到峰值，之后出现缓慢下降的趋势。

从小学中高年级开始，学生的有意注意发展速度加快，其效果逐渐超过无意注意。但是，即便在初中生身上，无意注意仍然起着较大的作用，直接兴趣和客观对象的鲜明特点仍然有着强烈的吸引力。在高中阶段，学生的注意力得到更高水平的发展，从而逐渐做到不完全受直接兴趣的影响，而对有间接兴趣的事物产生注意。在高中生的有意注意中，活动内容的目的要比形式显得更为重要，他们对较抽象的内容也能保持注意。也就是说，初中生的有意注意还比较被动，高中生能够主动地、随意地组织自己的注意。

随着年龄的增长，学生学习自觉性的提高以及学习兴趣和学习技能的形成，小学生对学习活动的有意注意也能转变为有意后注意。中学生的这种转变会变得更加容易。中学生的有意后注意和小学生有所不同，不只是表现在具体活动或事实的掌握上，还表现在抽象的理论材料的学习上。例如，老师在讲抽象的内容时，中学生开始不理解，需要意志的努力，才能集中注意听讲。当学生对抽象的内容理解并发生兴趣后，有意注意便很容易转变为有意后注意。这也是学生注意发展不断深化的表现。

我们知道，学生注意的持续时间，随年龄增长而延长，但是发展的速度不尽相同，其中小学阶段发展速度较快，幼儿阶段和中学阶段发展速度相对较慢。年龄越小，其注意在一定对象上的时间也越短。幼儿注意的稳定性不强，特别是有意注意稳定性水平较低，易受外界干扰。实验证明，在良好条件下，小班 3～5 分钟，中班 10 分钟，大班 15 分钟左右。在游戏条件下，保持的时间会延长。此外，知识经验和性格等都影响幼儿注意的稳定性，如知识充实、性格内向的幼儿，注意容易稳定。幼儿注意稳定性的差异还有性别差异，女孩注意稳定性优于男孩，年龄越小差别越大。随着年龄的增长，注意维持的时间逐渐增加，如 5～7 岁 15 分钟，7～10 岁 20 分钟，10～12 岁 25 分钟，12 岁以上 30 分钟，而且处在同一年龄阶段的儿童注意稳定的时间也不一样。在中学阶段，随着学生自制力的发展，少年已经能够较长时间地、稳定地、集中注意某项活动或某个内容，他们的注意力保持 45 分钟已经毫不困难。因而教学方式无须像小学阶段那样在短时间内频繁更换，一节课可以以一种形式为主进行。但在初中阶段，学生的情绪仍有冲动的特点，有时也难控制自己的注意力，在一些学生中还有分心走神的问题。到高中阶段，集中和稳定注意的能力才逐渐向较高水平发展。

一个人注意范围的大小随其年龄增长而增长。幼儿注意范围较小，在 1/10 秒内，大部分 4 岁幼儿只能辨认 2 个点子，大部分 6 岁幼儿能辨认 4 个点子。另有研究发现，4 岁的幼儿平均注意范围为 4.74 个点子，6 岁则为 5.77 个点子，7 岁为 6.50 个点子，9 岁为 6.97 个点子，11 岁为 7.99 个点子，13 岁为 8.26 个点子，注意的范围已经接近成人的水平，高中生已经达到一般成人的水平。

儿童的注意分配是随着年龄的发展而发展的。研究表明，幼儿的注意分配能力很低，大班幼儿还不能分配其注意力来操作仪器；进入小学阶段后，随着有意注意的发展，儿童注意分配能力迅速发展。同时研究发现，儿童注意的分配能力也有个别差异。幼儿注意分配能力差，主要是由于知识经验不足，掌握的熟练动作少。进入小学后，随着知识经验的增加、技能的熟练，小学生形成了初步的分配能力，发展相对较为缓慢。研究表明，小学三年级和五年级学生注意分配的能力不存在差异。初中生已经逐步学会分配自己的注意，在上课时，他们既能听讲，又能抄写；既能注意主要的内容，又能兼顾前后的联系。尤其是初三以上的学生，由于技能技巧水平的提高，注意分配的能力达到新的高度，顾此失彼的现象逐渐减少。

在注意的转移方面，幼儿注意转移能力差，年龄越小，注意转移越慢。研究表明，小学二年级是迅速增长时期，初中二年级至高中二年级是发展的停滞期，高中二年级到大学二年级是缓慢增长期。中学生比起小学生有更大的自觉性和灵活性，上课后，很多学生都能自觉地、迅速地把注意转移到课业上来。当然这也有个别差异。

三、注意规律在教学中的运用

（一）运用无意注意的规律进行教学

无意注意对教学有双重影响，一方面可以令学生的注意指向教学，另一方面又可能导致注意的分散。具体来说，在教学中遵循无意注意的规律，需要注重以下几点：

1. 创设良好的教学环境

为避免无关刺激的干扰，教师应该创造一个安静、整洁的学习环境。第一，尽量排除室外环境对课堂的干扰，比如噪音、刮风、强烈的阳光、走动的人群、飘落的树叶等，可以关闭门窗、拉上窗帘等将这些无关刺激屏蔽在外。第二，室内环境布置简洁、大方。教室前面的黑板及其周围的内容不宜繁杂、华丽，更不宜有太多变化。第三，教师本人也是学生学习环境的一部分，教师的穿着、装饰要典雅，言行一贯，不宜过于烦琐、变化多端。

2. 注重讲演、板书、教具的使用技巧

客观刺激物的强度、对比、新颖性和活动性是引起无意注意的重要因素，教师在讲课、板书和教具以及教学手段的运用中要遵循规律，吸引学生的无意注意。

第一，善用言语和非言语技巧。在讲课过程中，教师音量适中、语音清晰、音色柔和、语调抑扬顿挫、语速适度，且随着内容而适度变化，表情生动，伴以适当的肢体语言，如手势、走动，可以吸引学生的无意注意。如果教师音量过高或过低、语音含糊不清、音色刺耳、语调平淡、语速过快或过慢，且无变化，容易使学生疲劳、分心，听课效果则差。第二，精心设计板书。板书是教师教学的辅助手段，有助于学生掌握学习的重点、难点，教师应该精选板书(包括主板书和辅助板书)的内容,从颜色、字体、大小、排列方式等方面设计板书以吸引学生的无意注意。第三,教具的设计和使用要遵循对比、新颖、变化、颜色、距离、运动和使用时机等特性,确保使用效果。第四,尽量使用现代化的教学手段,多媒体课件是最常用的教学手段,制作时需要厘清背景和教学内容的界限,借助强度、对比、运动、新颖等特性突出教学重点。

3. 丰富教学内容,运用灵活多样的教学方法

个体的知识经验、直接兴趣等也会引起学生的无意注意,因此,教师在组织教学内容时,要充分了解学生的需要,基于学生已有的知识经验,提供具体的实例,找到学生的兴趣点,引发学生的无意注意。另外,课堂教学中,教师要运用多种教学方法和灵活多样的教学手段,调动学生饱满的情绪状态和学习积极性,如充分的互动、观察教具、讨论话题、小组竞赛、练习、动手操作等多样化的方式,有助于学生无意注意的维持。

(二) 运用有意注意的规律进行教学

在学生长期而深入的学习活动中,仅凭无意注意是不够的,必须有有意注意的支持。在课堂教学中,教师要维持学生的有意注意,需要注重以下几个方面:

1. 帮助学生明确学习目的和任务

注意的规律表明,目的和任务越明确,学习的积极性越高,有意注意越容易维持。因此,教师在授课中,应该从学科知识的结构和实际生活应用等多个方面强调教授知识的重要性和应用价值,只有当学生意识到所学内容的重要价值后,引发了他们对学习的间接兴趣,他们的积极性方能调动起来。同时,教师应该明确学生学习的最终目标和本节课的具体任务,学生接受任务后,会调动起自身的资源,对照目标,主动克服困难,全力以赴地完成学业任务。

2. 创设问题情境,引导学生积极思考

在课堂教学中,教师通过创设问题情境,将设疑与实例结合起来,在学生的已有经验和新知识之间制造“不协调”,从而激发学生的学习动机,推动学生积极思考,主动探索,将注意维持在学习内容中。对于某些心不在焉的学生,直接提问也可以克服分心,使学生注意力指向教学内容。同时,教师还应该通过各种方式让学生体验到成功的喜悦。肯定的评价、赞赏的目光和恰当的鼓励都能让学生从成功的体验中激发学习的间接兴趣,从而加强自己的有意注意。

3. 强化课堂调控的手段

教师正确组织教学,严格要求学生,对唤起有意注意也有重要作用。严格要求有利于注意习惯的养成,包括根据学习任务要求长时间地保持注意的稳定性,学习任务变化时能迅速转移注意的能力。严格要求也有利于意志薄弱的学生借助外界的影响集中有意注意。

课堂教学中加强师生间的双向互动。教师要随时关注学生的学习状态,注意学生的反应,了解学生的学习需求,并且根据学生的状况及时调整自己的教学。很难想象,一个“目中无学生”的教师的教学能够引起和维持学生对教学内容的注意。尤其是当教学内容较为抽象、难度较大之时,可以把智力活动和实际操作结合起来,让学生的多种感官同时介入学习内容之中,这样可有效地减少学生分心的机会,有助于学生将自己的有意注意长

时间稳定在学习内容上。

（三）运用注意转化规律进行教学

无意注意、有意注意和有意后注意三者虽然产生的条件和性质各不相同，发展的过程也有明显差异，但是在人的心理活动中，它们往往是不能截然分开的，而是相互联系的。心理学的研究表明，如果学生仅凭无意注意去学习或活动，虽然轻松，但会使学习或活动杂乱无章，难以形成完整的认知结构，一遇干扰，活动就不能顺利进行。如果学生只凭有意注意去学习或活动，时间长了会感到精神紧张，因而导致活动效率降低，也会影响创造性的智力活动。所以，有意注意与无意注意的维持均不能持久，在各项活动中需要两者的协调配合。有意后注意中既有无意注意的成分，也有有意注意的特点，能够维持较长的时间。

无意注意、有意注意和有意后注意是可以相互转化的。三种注意是相对独立存在的形态，具有相对的稳定性，但是在实践活动中，经常会发生转化。比如，一节课开始，教师开宗明义，强调本节课学习内容的重要性，借助于回顾复习引发学生过去的经验，在新授环节，运用问题情境引发学生自主探究，再借助于教具、小组讨论等多种形式，将学生的注意稳定在学习内容上。这里运用了有意注意和无意注意的多次转换，学生学得轻松自如，兴趣盎然。随着学习的深入，学生对教师讲解的内容本身发生了浓厚的兴趣，主动地提问、思考，甚至和教师辩论，这时学生的有意注意已经被有意后注意所取代。三种注意的转化有时是自然而然地进行的，有时则需要一定的诱发因素的帮助。教师善于引导三种注意的转化是较高教学水平的一种体现。

畅所欲言

在你的学习生涯中，如果课堂上有学生开小差，老师们的应对方法有哪些？请描述并分析老师们的各种做法，并概括出科学、合理的做法。

真题实练

1. 学生课前预习，带着不懂的问题去上课，以便更有针对性地听讲。这种注意类型属于（　　）。

A. 无意注意　　B. 无意后注意　　C. 有意注意　　D. 有意后注意

2. 下列教师课堂行为中，体现教师正确运用无意注意规律的是（　　）。

A. 对教学重点在语音、语调上予以强调

B. 发现个别学生上课走神时，立即点名批评

C. 讲课前公布学生成绩

D. 用彩色粉笔把黑板边缘装饰得格外醒目

3. 教师在课堂上一边讲授一边板书，同时注意学生反应。这种品质属于（　　）。

A. 注意的广度　　B. 注意的转移　　C. 注意的分配　　D. 注意的稳定

4. 儿童“多动症”的核心特征是（　　）。

A. 活动过多　　B. 注意障碍　　C. 冲动任性　　D. 学习困难

5. 儿童期注意发展的特点是(　　)。

A. 有意注意逐渐发展,无意注意未出现

B. 有意注意占优势,无意注意逐渐发展

C. 无意注意逐渐发展,有意注意未出现

D. 无意注意占优势,有意注意逐渐发展

本章复习题

一、请从周围生活中寻找吸引个体有意注意和无意注意的事例,并运用相关规律去分析。

二、在你的生活中,请描述 1～2 段有意后注意的经历,分析其特点和影响因素。

三、试辨析注意的起伏、注意的分散、注意的分配和注意的转移等概念的异同之处。

四、案例分析

1. 一位特级教师这样说:"每当我换了发型或添置新衣,上课前,我总是有意地到班级里转两圈。"请评述这位老师的做法。

2. 上课刚刚讲了五分钟,班里的"老迟到"王小宝又气喘吁吁地在门口喊"报告"。

作为上课教师,你如何处理,将这一事件对学生注意力的影响控制到最低程度?

推荐阅读书目

1. 沈德立,因果恩. 中国儿童青少年注意发展与教育,中国儿童青少年心理发展与教育[C]. 北京:中国卓越出版公司,1990.

2. 陈惠芳,等. 4～14 岁儿童注意广度发展的实验研究[J]. 心理科学通讯,1989(1).

3. 戴维・迈尔斯. 心理学(第九版),第三章[M]. 黄希庭,等译. 北京:人民邮电出版社,2013.

4. 韦德,塔佛瑞斯. 心理学的邀请(第三版)[M]. 白学军,等译. 第五章. 北京:北京大学出版社,2006.

5. 王云九,杨玉芳. 意识与大脑:多学科研究及其意义[M]. 北京:人民出版社,2003.

6. 黄希庭,郑涌. 心理学导论(第三版),第六、八章[M]. 北京:人民教育出版社,2015.

7. 韦恩・韦登. 心理学导论(第九版),第五章[M]. 高定国,等译. 北京:机械工业出版社,2017.

8. 张春兴. 现代心理学(第三版),第四章[M]. 上海:上海人民出版社,2009.

9. 俞国良,戴斌荣. 心理学基础,第六章[M]. 北京:北京师范大学出版社,2015.

10. 叶奕乾,何道存,梁宁建. 普通心理学(第五版),第四章[M]. 上海:华东师范大学出版社,2016.

11. 格里格,津巴多. 心理学与生活(第十九版),第五章[M]. 王垒,等译. 北京:人民邮电出版社,2016.

第五章

感觉和知觉

本章学习资源

学习目标：

- 辨析感觉和知觉的内涵。
- 理解感觉和知觉的种类。
- 掌握感觉和知觉的规律，应用感知的规律分析心理现象。
- 学会在教学中培养学生感知能力的方法。

【本章结构】

感觉和知觉

- 辨析内涵：感觉和知觉是一回事吗？
- 分清类别：感觉和知觉有多少种类？
- 分析机制：感知运作的规律有哪些？
- 应用教学：如何培养学生的感知能力？

人的心理是人脑对客观世界的主观反映。人们对客观世界的认识和反映，是从感觉开始的。这里的感觉和我们日常所说的“感觉”并不相同。在纷繁复杂的环境中，你试着给自己一分钟的时间静下来感受周围：远处或近处的物体表面反射出来的各种光线进入你的眼睛，四面八方的各种声音涌进你的耳朵，鼻子闻到空气中弥漫的各种气味，身体能感受到与各种物体接触到的感觉……在这一分钟里，你身体的各种感觉器官都在不停地接受着外界信息，从而产生各种感觉。我们在接受各种外界刺激信息的同时，还会借助于自己的经验，对进入感官的光线、颜色、声音、气味、味道等刺激物的各种个别特征进行选择、组织和解释，形成对刺激物的初步印象，这就是知觉。通过感觉，我们从内外环境中获取信息；通过知觉，我们根据自己的知识经验对于从环境中输入的信息加以识别和整合，使杂乱无章的刺激具有了意义。本章我们将学习感觉和知觉的内涵、种类、规律及其在教学中的应用等内容。

第一节　感觉与知觉的概述

一、感觉

(一) 感觉的概念

感觉是人脑对于直接作用于感觉器官的客观事物的个别属性的反映。

在日常生活中，人们接触到的客观事物都具有各自不同的属性，如颜色、气味、温度、软硬等。当某一事物出现在人们面前，它的不同属性作用于人的不同感官，人脑中就会产生对这一客观事物的不同的个别属性的反映，这就是感觉。比如，一个物体看上去是圆的、红的，摸上去是光滑的，闻一闻是芳香的，尝一口是酸甜的。这里的红的、芳香的、光滑的、酸甜的等，就是人的不同感觉。感觉是人脑对客观事物的最初级的反映，也是最简单的心理过程。感觉具有以下特点：

第一，感觉反映的是当前感觉器官直接接触到的客观事物，而不是过去的或间接的事物。由于感觉是对当前事物的反映，是眼前的、现时的，因此，记忆中再现的事物属性的映象、幻觉中的各种类似于感觉的体验等都不是感觉。

第二，感觉反映的是客观事物的个别属性，而不是事物的整体。通过感觉我们只能知道事物的声、形、色等个别属性，还不能把这些属性整合起来整体地反映，也还不知道事物的意义。不过人的感觉可以同时反映事物的多个属性，只不过这些属性在人脑中没有形成相互联系，从而不能对事物产生一个总体认识。对客观事物的整体反映以及对其意义的揭露是比感觉更高级的心理过程的机能，然而一切较高级、较复杂的心理现象都必须在感觉的基础上产生，感觉是人认识客观世界的开端。

第三，感觉不仅反映外界事物的个别属性，还反映人的自身各部分的运动状态和机体内部器官的活动，如自身的位置、运动、姿势、饥饱、伤痛等。但不论是对外界事物的反映，还是对自身状态的反映，感觉都不反映事物的全貌，只是反映个别属性。

第四，感觉是客观内容和主观形式的统一。从感觉的对象和内容来看，它是客观的，即反映不依赖于人的意识而独立存在的客观事物。从感觉的形式和表现来看，它又是主观的，即在一定的主体身上形成、存在和表现着，人的任何感觉，都受到了个性、经验、知识及身体状况等主体因素的影响。

由此可见，感觉是以客观事物为源泉，以主观解释为方式和结果，是主、客观联系的重要渠道，是客观事物的主观映象。

(二) 感觉的生理机制

感觉的产生是分析器工作的结果。分析器是人感觉和分析某种刺激的神经结构。它由外周感受器、传导神经，以及相应的神经中枢特别是大脑皮层的感觉中枢三个部分组成。

感觉的产生，首先依赖于客观刺激物的存在。这些刺激物把它的信息以多种多样的形式与人的不同感受器产生相互作用（注意是"相互作用"而不是简单"接受"）。当某一感受器受到刺激时，它的状况可能会改变，以致下一步刺激可能会引起不尽相同的效应。一般说来，某一种感受器只对一种刺激特别敏感而产生兴奋。如视觉感受器主要对物体发出的或反射的光波做出反应，听觉感受器主要对物体振动、通过空气传导的声波特别敏感。当一定强度的适宜刺激作用于特定的感受器时，刺激的能量就被转化为神经系统中共同的生物电能（即神经冲动）。所以，感受器实质上是一种能量转换器，刺激物的各种信息，只有经过它的换能作用，才能通过神经传向中枢，这个过程也就是我们所说的感觉编码。近年来的研究发现，在不同的感觉系统中，感觉编码在神经系统的不同层面上进行，编码方式可能是模式化的，也可能是特异性的。

来自各种感受器的神经冲动，分别经各自的感觉传导通路传向各级神经中枢，最后到达分析器的高级部位——大脑皮层的感觉中枢，这里有着精细的结构，它保证着分析器对刺激物特征的精细分化，并且通过传出神经调节感受器与刺激的相互作用，最终形成清晰的各种相应的感觉。

虽然不同感觉收集的信息不同，产生的机构不同，但作为一个加工系统，感觉的活动基本上包括收集信息、转换能量形式形成神经冲动、传递到大脑皮层感觉中枢形成感觉等三个环节。

学深悟透

专栏 5-1　缪勒的神经特殊能量学说

19 世纪德国著名生理学家缪勒（Johannes Müller，1801—1858）最早研究了感觉编码，并提出了神经特殊能量学说。他认为，各种感觉在性质上是相互区别的，感官的性质不同，感觉神经具有的能量不同，由此引起的感觉也是不同的。每种感觉神经都具有特殊的能量，即每种感觉神经只能产生一种感觉，而不能产生另外的感觉。例如，光、电、机械刺激作用于眼睛，都产生视觉；声波、电、机械作用于耳朵，都产生听觉。缪勒根据不同刺激作用于同一感觉神经产生相同的感觉，同一刺激作用于不同的感觉神经产生不同的感觉这一事实得出了认识论上的某些结论：感觉的性质不决定于外界物体的性质，而决定于感觉神经的特殊能量，即人的任何一种感觉器官在接受任何刺激物作用时都释放出一种该感觉器官所特有的能量，"我们感官认识的直接对象只是在神经内引起而被神经自身或感觉中枢认为是感觉的特种状态"。换句话说，人所直接感知的不是客观事物的属性，而是人的感觉神经自身的状态，"我们始终不能直接知觉外物自身的性质"，"我们所知道的只是我们的感觉"。也就是说，客观事物是不可知的，这就否定了感觉是客观世界的映象，过分夸大了感觉对感觉器官的依赖性，把感觉同客观事物相分离。

现代神经生理学的知识告诉我们，大脑直接加工的材料是外物引起的神经冲动。在这点上，缪勒的学说有其合理的因素。但是，人脑对神经信号的加工是一种译码的过程，它能揭示这种神经信号所代表的现实刺激物的特性，帮助人们获得关于外部世界的知识。缪勒只承认人脑对神经自身状态的直接感受，否认人的感觉依赖于外物的性质，这是片面的。动物进化的历史告诉我们，感觉神经的分化是有机体适应环境的结果。环境中存在光线、声音、气味物质等各种刺激，才产生了与这些刺激性质相适应的感觉。可见，感觉的性质不是由感觉神经的特殊能量决定的，而是由客观世界刺激的性质最终决定的。

（三）感觉的意义

感觉是人们从外部世界，同时也可以从身体内部获取信息的第一步。感觉是人们关于客观世界的最初级的经验，是人认识客观世界的开端，也是意识形成和发展的基本成分。通过感觉，人才能认识和分辨事物的各种基本属性，才能知道自己身体的运动、姿势和内部器官的工作状况。

感觉虽然是最简单的心理现象，在成年人的认识活动中，以纯感觉的形式来反映外部世界几乎是不存在的。但并不是说，感觉可有可无，并不重要。恰恰相反，一切较高级、较复杂的心理现象，如知觉、思维、情感、意志等，都是在感觉的基础上产生的。从这个意义上说，感觉是人关于世界一切知识的源泉，通过它，人才有可能逐步认识不依赖于我们而存在的客观世界，平时我们意识不到感觉的重要，只有当感觉发生障碍，或者丧失某种感觉时，才会认识它的重要性。如盲人看不到五光十色、丰富多彩的世界，只能从别人的描述中去想象它的情景；聋哑人听不到声音，世界对他们来说，可谓万籁俱寂。如果一个正常人突然失去了感觉，那么他的正常心理活动必将受到一定挫伤。

学海无涯

专栏 5－2　感觉剥夺实验

1954 年，加拿大心理学家贝克斯登、赫伦等人在麦吉尔大学首先进行感觉剥夺实验，他们用高报酬征募了一些大学生自愿参加。实验很简单，只要求被试待在特制的小屋里，戴上半透明的塑料镜，使得他们除了能看到漫射光外，看不出任何形状的图形，用空调机发出单调的嗡嗡声限制其听觉，手臂戴上纸板套袖和棉手套，腿脚用夹板固定，限制其触觉。实验者可以躺或坐在一张舒适的床上，吃喝都由主试事先安排好了，不需要移动手脚。总之，来自外界的刺激几乎都被“剥夺”了。最初许多被试很高兴，认为既可以得到较高的收入，又可以很好地休息，还有人想借此机会构思论文。然而，两三天后，他们便决意要逃脱这单调乏味的环境。实验的结果显示：感到无聊和焦躁不安是最起码的反应。在实验开始的几天里，被试注意力涣散，思维受到干扰，很混乱，对任何事物都不能进行明晰的思考，智力测验的成绩不理想。另外，生理上也发生明显的变化。通过对脑电波的分析，证明被试的全部活动严重失调，有的被试甚至出现了幻觉（白日做梦）现象，甚至产生恐惧和焦虑。以后许多心理学家重新做了相同的实验，并得到了相同的结果。

这个实验说明：如果没有感觉，人不仅不能进行认识活动，就连正常的心理机能也将遭到一定的破坏。由此可见，人们在日常生活中所“漫不经心”地接受的刺激以及由此而产生的感觉是多么重要，它既能提供人类生存的重要线索或依据，也为人们及时把握客观环境产生新的认识，维持身心健康提供了重要的保证。

二、知觉

（一）知觉的概念

知觉就是人脑对直接作用于感觉器官的客观事物的各个部分和属性的整体的反映。知觉与感觉一样，是事物直接作用于感觉器官产生的，离开了事物对感官的直接作用，既没有感觉，也没有知觉。

知觉是在过去经验的基础上，通过人脑对各种感觉的综合，反映了事物的整体特征。比如，我们把一个具有圆的、红的、光滑的、芳香的、酸甜的这些属性的物体，运用过去的知识经验，通过大脑的综合而形成了一个苹果的印象，这就是人对苹果的知觉。显然，人的知觉必须依赖过去的知识经验，才能把当前知觉的事物认知为确定的事物，才能把握所反映事物的意义。过去的经验、知识甚至还可以补偿部分感觉信息的欠缺。

当然，知觉还必须以各种形式感觉的存在为前提，但它并不是事物的个别属性或个别部分的孤立映象，也不是个别感觉信息的简单总和，而是由各种感觉有机结合而形成的对事物各种属性、各个部分及其相互关系的综合的、整体的反映。知觉是在感觉的基础上产生的，是对感觉信息的整合和解释，感觉只是作为知觉的组成部分存在于知觉之中。

知觉是在人的实践活动中逐渐发展起来的。刚出生的婴儿既不能把握物体的远近和大小，也没有时间的概念。这些知觉随着他们后天不断的生活实践才发展完善起来。

（二）知觉的生理机制

对于知觉来说，其生理机制比较复杂，往往是多种分析器协同活动的结果。只有在许多分析器共同参与下，才能反映该事物的多种多样的属性以及整体特点。这里既有着当前发生作用的复合刺激物引起的兴奋，也有着以往相应经验的暂时神经联系的恢复。

见贤思齐

专栏 5-3　坚持真理的曹日昌

曹日昌(1911—1969)，河北束鹿人。早年就读清华大学心理系，1948 年获英国剑桥大学博士学位。毕业回国后，他曾在香港大学任教，新中国成立后任中国科学院心理研究所副所长、中国心理学会副理事长。

曹日昌的主要实验研究工作在基本理论方面，包括知觉、学习、记忆以及有关提高生产劳动效率等问题。他是中国辩证唯物主义心理学倡导者之一，主张心理学应以马克思主义的认识论为指导，研究依赖于社会实践的心理现象(反映过程)的普遍规律。他一生都致力于用宇宙事物运动发展中的三条普遍法则(矛盾统一律、质量互变律和否定之否定律)来解释心理现象和心理学的发展，对中国心理学的发展起到极为重要的作用。他善于评价心理学的基础研究，并对有关的争论做出适时的概括，他指出："辩证唯物主义为认识人的心理奠定了基础，唯物主义辩证法就是自然、社会和思维（意识、认识）的运动、发展的规律。心理学研究意识、认识活动的规律，认识了这些规律，也就认识了心理，而达到认识的最高峰。"曹日昌还认为："一切事物都是可以认识的，但也是不可穷尽的。一切科学理论，都是对事物的认识的阶段性成果，没有什么理论是最后的。对于任何一种心理现象的规律性的认识，都必须经过一些循环往复、逐步提高的过程，而在达到了一定的认识之后，还必须进行进一步的研究，才能有较全面或较深入的认识。由于心理学的发展还在年轻的阶段，我们对于各种心理现象的认识还是很初步的，有的甚至还根本没有什么认识，所以心理学的研究工作，就更需要多次的反复。"曹日昌的主要论著有《新心理学方法的建立》《间隔学习与集中学习的研究》《心理学研究什么？》《关于心理学的基本观点》《对弱电集中控制电站信号显示的工程心理学的意见》，以及《普通心理学》教科书。

曹日昌是中国现代心理学的主要开拓者和奠基者之一，为中国心理学事业做出了卓越的贡献。曹日昌顶住极"左"思潮对心理学的袭击，始终坚持和维护心理学的正确研究方向和理论观点。曹日昌也因自己极高的专业水平和不懈钻研的精神受到了许多高度肯定的评价。

曹日昌开创了辩证唯物主义心理学的研究道路，他敢于坚持真理，知行合一，令人敬仰。从中我们可以学到什么呢？

三、感觉与知觉的关系

（一）区别

感觉与知觉是本质上不同的两种感性的认识形式。从内容上看，感觉是对事物的个别属性的反映，而知觉则是对事物的各种属性、各个部分及其相互关系的综合反映，即对事物整体的反映。从生理机制上看，感觉是某一种分析器独立活动的结果；而知觉较为复杂，一般是多种分析器联合活动的结果。从影响因素看，感觉主要受客观事物本身属性的影响，而知觉除此之外，更要受过去的知识经验以及语词、个性心理等的影响。

（二）联系

首先，感觉和知觉同属于认识过程的感性阶段，都是对当前客观事物的直接反映。一旦客观事物在我们的感官所及的范围内消失时，我们对这个事物的感觉和知觉都会停止。其次，感觉是知觉的基础。事物的整体和个别属性不可分割，作为反映事物个别属性和整体的感觉和知觉一般也不可分割。没有反映个别属性的感觉，就不可能有反映事物整体的知觉。感觉到事物的个别属性越丰富、越精确，对事物的知觉也就越完整、越正确。

总之，感觉和知觉是人对客观世界认识的初级阶段，是人们认识世界的开端，也是人们其他心理活动的基础。一个人若没有感觉和知觉，就不可能形成记忆、思维、想象、意志等复杂的心理活动。由此可见，感觉和知觉是一个人正常心理活动发生发展的必要条件。

第二节　感知觉的种类

一、感觉的种类

根据不同的标准，可以对感觉进行分类。比如根据刺激能量的性质，可把感觉分为电磁能的、机械能的、化学能的和热能的四大类。根据感觉的生理机制，可以将感觉分为距离感觉系统（视觉和听觉）、化学感觉系统（嗅觉和味觉）和躯体感觉系统（包括触觉、温度觉、痛觉、动觉、位置和平衡觉）。临床上还有将感觉分为特殊感觉（包括视觉、听觉、味觉、嗅觉和平衡觉）和体表感觉（包括触压觉、冷觉、温觉和痛觉）、深部感觉（包括运动觉和内部痛觉），以及内脏感觉。

最为普遍的分法莫过于根据刺激的来源不同，将感觉分为外部感觉和内部感觉两大类。

（一）外部感觉

外部感觉是指接受外部刺激，反映外界事物的个别属性的感觉，包括视觉、听觉、味觉和皮肤觉，皮肤觉又细分为温觉、冷觉、触觉和痛觉。

1. 视觉

在人的各种感觉中，视觉起着最重要的作用，人们到手的信息绝大多数是通过视觉获得的，而且在正常人的全部感觉结构中，视觉起支配作用。如果视觉信息与其他感觉信息发生矛盾，人们所确认的往往是视觉信息。比如，在一个实验中，主试把1英寸大小的方块通过缩小镜显示给被试，使他们看到的映象是方块实际大小的1/2，同时让被试用手去摸一摸，被“告知”是一样大小的方块，虽然被试头脑中出现了矛盾的感觉信息，但结果被试总把那个方块判定为1/2英寸大小。我们常讲“耳听为虚，眼见为实”，也说明了视觉的主导作用。

表5－1　感觉的分类

<table>
<tr><th colspan="3" rowspan="2">感觉种类</th><th colspan="2" rowspan="2">适宜刺激</th><th colspan="3">分析器</th></tr>
<tr><th>感受器</th><th>传入神经</th><th>皮层中枢位置</th></tr>
<tr><td rowspan="7">外部感觉</td><td colspan="2">视觉</td><td colspan="2">380～780纳米的光波</td><td>视杆、视锥细胞</td><td>视神经</td><td>枕叶视区</td></tr>
<tr><td colspan="2">听觉</td><td colspan="2">16～20 000赫兹的声波</td><td>科蒂氏器官</td><td>听神经</td><td>颞叶听区</td></tr>
<tr><td colspan="2">嗅觉</td><td colspan="2">有气味的化学物质</td><td>嗅细胞</td><td>嗅神经</td><td>海马旁回</td></tr>
<tr><td rowspan="4">味觉</td><td>甜觉</td><td rowspan="4">溶解于水或唾液的有味道的化学物质，如</td><td>糖</td><td rowspan="4">味蕾</td><td rowspan="4">面神经、舌咽神经和迷走神经</td><td rowspan="4">海马回</td></tr>
<tr><td>咸觉</td><td>食盐</td></tr>
<tr><td>酸觉</td><td>醋</td></tr>
<tr><td>苦觉</td><td>奎宁</td></tr>
</table>

（续表）

感觉种类		适宜刺激	分析器		
			感受器	传入神经	皮层中枢位置
皮肤觉	触觉	物体机械刺激	触点	脊神经	中央后回
皮肤觉	冷觉	低于生理零度的温度	冷点	脊神经	中央后回
皮肤觉	温觉	高于生理零度的温度	温点	脊神经	中央后回
皮肤觉	痛觉	物体伤害刺激	痛点	脊神经	中央后回
内部感觉	运动觉	肌肉收缩程度与四肢位置变化	肌梭、腱梭、关节小体	脊髓后索	中央后回
内部感觉	平衡觉	人体位置发生的重力、方向的变化	前庭器官	前庭神经	颞叶的前外雪氏回
内部感觉	机体觉	各器官、各系统活动的改变	内脏壁上的神经末梢	迷走神经、交感神经和盆神经	海马回

宇宙间的各种电磁波，有波长小于几个皮米的宇宙射线，也有长达上千米的交流电，只有很小一部分可以产生视觉。视觉适宜刺激是波长为 380～780nm（纳米）之间的电磁波，也叫可见光波（图 5－1）。可见光有两个来源，一是来自发光体，如太阳、电灯等，二是来自反光体，人的视觉绝大部分都来自反光体。

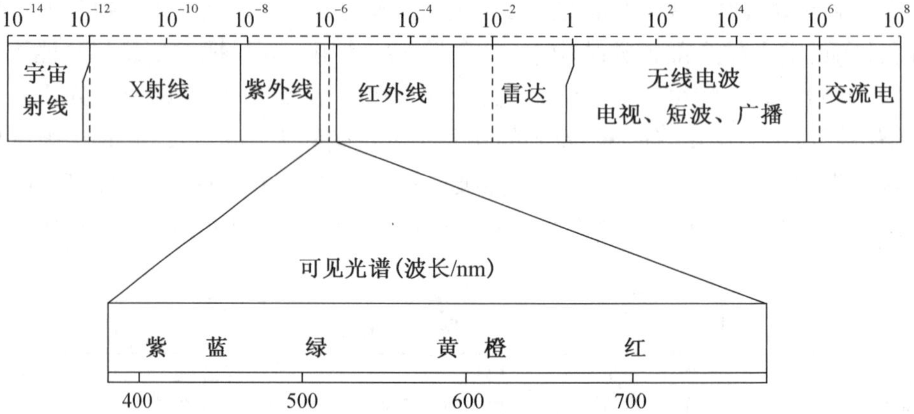

图 5－1　宇宙间的电磁波和可见光谱

可见光具有波长、强度和纯度三个物理特性，这些与我们视觉经验中的色调、明度和饱和度有密切关系。不同波长的光决定了光的不同色调：700 纳米为红色，600 纳米为黄色，510 纳米为绿色，420 纳米为紫色。光的强度是由照在单位面积平面上光的总量来决定的，照度引起的视觉经验是明度，光越强，看起来越明亮。有时候，由于某种原因，光的物理强度与主观感觉的明度之间的关系并不总是一样。饱和度取决于彩色中灰色所占的比例，灰色的比例越大，饱和度越低，反之饱和度越大。通过三棱镜从太阳光里分出来的彩虹，是由各种单色光组成的，它们是最纯的颜色，饱和度为百分之百。而灰是非彩色，没有色调，饱和度为0。灰色只有明度这一特性，其明度由黑到白，中间有各种不同的明度等级。

视觉的器官是视分析器，它包括眼睛、传入神经、皮下中枢及皮层枕叶。

眼睛是视觉的感受器，是一个非常复杂和完善的视觉结构。其中的角膜、房水、晶状体和玻璃体等为眼的折光系统，其主要功能是使物体发出或反射的分散光线聚集在视网膜的中央凹而形成清晰的物象。眼的折光系统与凸透镜相似，在视网膜上形成的物像是倒置的、左右换位的。由于大脑皮质的调节和习惯的形成，我们仍把外物感知为正立的。视网膜是眼的感光系统，在视网膜上有大约650万个视锥细胞和1.2亿个视杆细胞，它们的分布是不均匀的，视锥细胞主要分布在视网膜的中央，中央凹处十分密集，而视杆细胞则分布在边缘部位。视锥细胞对强光和颜色很敏感，能分辨物体颜色和细节，但在弱光时不起作用。而视杆细胞对弱光有较高的敏感性，善于分辨物体的明暗和轮廓。感光细胞接受光刺激，并把光能转变为神经冲动，这种冲动沿着视神经经过视交叉传到皮层下的外侧膝状体进行初步加工，最后投射到大脑皮层的枕叶，引起各种视觉。

畅所欲言

试从进化心理学的视角，思考视锥细胞和视杆细胞在视网膜上分布部位与其特性之间的关系。

➢扫描本章二维码，“测测你的盲点”。

自然界中不同的动物各有适合其生存条件的不同视觉系统。人的视觉虽然在某些方面似乎不如动物敏锐，但是人眼是一个非常完善的视觉机构，它能够看近处和看远处，在亮光下和在昏暗处看东西，适应各种环境，并且更重要的是，人的眼睛有完美的色觉，使人能够欣赏到色彩缤纷的美好世界。

学海无涯

专栏5-4　色觉缺陷

一般眼睛正常的人，都会对物体反射光波长度的不同而产生不同的颜色感觉，对红、绿、黄、蓝辨别清楚。如果对其中两种或几种颜色不能明确辨别，那就是色觉缺陷。色觉缺陷按照色觉异常的程度分为色弱、部分色盲和全色盲。色弱者能分别颜色，但其感受性差，当波长差别较大时，他才能分辨出不同的颜色，色弱者多为男性，约占男性人数的6%。部分色盲又分为红绿色盲和黄蓝色盲，红绿色盲者分辨不清光谱上的红和绿，但能看到蓝和黄，光谱上红色和绿色的地方，他看到的是不同明度的灰；蓝黄色盲者则相反，能看到光谱上的红和绿，却看不到黄和蓝，光谱上黄色和蓝色的地方，他看到的是不同明度的灰，一般黄蓝色盲者较少。全色盲的人什么颜色都看不见，他们看世界只能看到明度不同的灰，就像正常视觉的人看黑白电影一样，全色盲的人在人群中约占0.001%。

色觉异常的人自己觉察不到本人色觉上有缺陷，别人也难以发现。因为有色觉缺陷的人对明度非常敏感，他们能分辨明度上的细微差别。虽然他们能和正常人一样说出物体颜色，但是他们看到的是物体的明度，而不是物体的颜色。他们向正常人学到了用某种颜色的名称来称呼他所看到的那种明度的物体颜色。这个过程是在儿童成长时期完成的，非常自然，自己和他人均不会发觉。例如，他们看到树叶说是绿的，甚至会说春天的树叶是嫩绿的。只有用检查色觉异常的工具，如石原氏色盲检查图表，才可以检查出色觉的缺陷及其种类。在检查图表上，图的颜色与其背景颜色的色调不同，但是明度完全一样，这样依靠明度的差别来辨认颜色的色觉异常者，无法分辨出来。

色觉异常绝大多数是由遗传造成的。遗传的途径一般是外祖父通过妈妈传给男孩的。外祖父是色盲，妈妈是遗传基因的携带者，她自己能分辨颜色，是隐性色盲，她只把色盲的遗传基因传给儿子而不传给女儿。如果爸爸也是色盲，这时女孩才会是色盲。所以，女性色盲的人数仅仅是男性色盲人数的1/10。

2. 听觉

听觉是人通过听觉器官对外界声音刺激的反映，是仅次于视觉的重要感觉。

声波是听觉的适宜刺激，它是由物体振动产生的。声波通过介质如空气传递给人耳，并在人耳中产生听觉。声波的物理性质包括频率、振幅和波形。频率指发声物体每秒振动的次数，人耳所能接受的振动频率为16～20 000赫兹，低于16赫兹的次声波和高于20 000赫兹的超声波无法引起人的听觉，人耳对频率为1 000～4 000赫兹的声波最为敏感。振幅是指振动物体偏离起始位置的大小，它决定声音的强度，用分贝来表示，当可听声波超过140分贝时，所引起的不再是听觉，令人感到不舒适、发痒或发痛。音色决定于声音的复杂程度，在由若干正弦波合成的复合声波中，频率最低、振幅最大的音波为基音，其他称为陪音，复合音的音色决定于陪音的数量、频率和振幅。

人耳是听觉器官，包括外耳、中耳、内耳三个组成部分。外耳是外在辅助机构，叫耳廓，作用是收集声音。耳鼓也称鼓膜，将外耳与中耳分开，并通过鼓膜的振动将声音传递给中耳的三块小骨：锤骨、砧骨和镫骨。通过它们将振动送到卵圆窗的小薄膜而进入内耳中。内耳的耳蜗是听觉的主要器官，声波通过液体作用于耳蜗内基底膜时，它上面的一些长短不同的毛细胞（统称为科蒂氏器官）兴奋起来，这种冲动沿着听觉神经经过交叉传到皮层下的内侧膝状体进行初步加工后，最后投射到大脑皮层颞叶上的听觉中枢，引起各种听觉。此外，声音还可以通过颅骨直接传入内耳，这就是声波的骨传导。

学海无涯

专栏5-5　听觉受损

人的耳朵结构复杂而且精密，很容易受到损伤。

在声音的持续作用下，听觉感受性降低的现象叫作听觉适应。如果声音强度太大或者声音作用时间太长，引起听觉感受性在一段时间内明显降低，便称作听觉疲劳。

听觉疲劳和听觉适应不同,它在声音停止作用后还需很长一段时间才能恢复。如果这一疲劳经常性地发生,长期得不到恢复,那么将会导致永久性的听力丧失,职业性耳聋就是这样发生的。如果只是对小部分频率的声音丧失听觉,叫作音隙;若对较大一部分声音丧失听觉叫作音岛,再严重就会完全失聪。

除了疾病和年老之外,造成神经性耳聋的罪魁祸首是持续暴露在震耳欲聋的噪声或音乐中。失去听觉会给人带来很大的社交障碍,海伦·凯勒说,她"发现聋是比失明更严重的障碍……失明把人和事物隔开,聋把人和人隔开"。目前,恢复神经性耳聋的人的听觉的最好方法是耳蜗移植,这种电子装置可以把声音转为电信号,传送到耳蜗的神经,再把有关声音的信息传递到大脑,形成听觉。

3. 味觉和嗅觉

凡能溶于水的物质都是味觉的适宜刺激,其感受器是舌头和软腭等处的味蕾,每一味蕾中有多个味觉细胞,不同的味觉细胞感受不同的味道。味觉的高级中枢在大脑皮层颞叶内部海马回一带。

人们对四种基本味觉酸、甜、苦、咸的感受性各不同,实验发现,如果 100 份的糖能引起人们甜的感觉,100 份的食盐能引起咸的感觉,7 份的盐酸就能引起酸的感觉,而 0.001 份的奎宁就能引起苦的感觉。也就是说,我们对甜和咸的刺激不太灵敏,而对酸和苦要敏感得多,尤其对苦的物质特别敏感。舌面的不同部位,味觉感受性是不同的。虽然舌面对四种滋味都有感觉,但舌尖对甜味最敏感,舌根对苦味最敏感,舌的两侧对酸味最敏感,舌的两侧前部对咸味最敏感。味觉还与人的需求状态有关,当我们饥肠辘辘时,我们对甜、咸的感受性会增高,而对酸和苦的感受性则降低;当酒足饭饱的时候则完全相反。味觉感受性还会受到食物温度的影响,在 20 ℃~30 ℃,味觉感受性最高。味觉对维持有机体内环境的动态平衡起着重要的作用。

嗅觉的适宜刺激是挥发性的、有气味的气体分子,作用于鼻腔上部的嗅细胞,引发神经冲动,与其他感觉不同的是无须交换神经元,通过嗅神经直接就能投射到边缘叶前底部的嗅觉中枢,从而引起嗅觉。

有人认为嗅觉是人类最古老的感觉,其实人的嗅觉已经退居到较为次要的地位。许多动物要借助嗅觉来寻找食物、躲避危险、寻求异性,比如,德国牧羊犬的嗅觉比人类的嗅觉要敏感 100 万倍。即便如此,人类嗅觉的感受性仍然很高,为我们的生存提供重要的信息。如每公升空气中有 0.000 04 毫克的人造麝香、0.000 000 66 毫克的乙硫醇(烂白菜味)就可以被辨别出来,而四氯化碳(甜味)则需要 4.533 毫克才能嗅到。

人的嗅觉受多种因素的影响,如刺激物的作用时间、机体生理状态、空气的温度和湿度等。温度太高、太低,空气湿度太小,机体感冒等,都会降低嗅觉的敏感性。一般来说,嗅觉的适应比较迅速,但有一定的选择性,对一些东西如碘酒 4 分钟就可以完全适应,而大蒜的气味则经过 40~45 分钟以上才能完全适应。

嗅觉和味觉都是对化学物质的感觉,二者相互影响,相互配合,关系非常密切。当嗅觉功能发生障碍，味觉功能也会随之减退，如人患感冒和鼻炎时常会见到这种现象。

4. 皮肤觉

皮肤感觉是刺激物作用于皮肤引起的感觉，包括触压觉、温度觉和痛觉等。它们的感受器呈点状不均匀地分布于全身，高级中枢在大脑皮层中央后回的躯体感觉区。我们体表每平方厘米的皮肤上，平均有100～200个痛点，10～15个冷点，1～2个热点，25个触点。从全身来看，鼻尖的压点、冷点和温点最多，面部、背部、胸部的痛点最多，而触点主要分布在手掌、手指、眼睑和嘴唇上。

刺激物接触到皮肤表面时的感觉为触觉，当刺激加强，使皮肤引起明显形变，就形成压觉。手部触觉和它的肌肉关节结合在一起所形成的触摸觉，是人类特有的认识器官，用它可以获得物体表面的光滑度、硬度和粘性等信息。身体不同部位的触压觉感受性相差很大，一般以活动性高的部位感受性高，额头、眼皮、舌尖、指尖等的感受性高，躯干、胸腹部的感受性低。触压觉的适应相当迅速。

温度觉包括冷觉和温觉。低于皮肤温度即生理零度的温度刺激作用于皮肤就产生冷觉，高于生理零度的温度刺激作用于皮肤则产生温觉。与生理零度相同的温度刺激皮肤不产生温度觉。身体的不同部位温度觉的感受性不同，一般面部皮肤感受性高，下肢皮肤感受性低。

痛觉有别于其他感觉，它没有一定的适宜刺激，不论是机械的、化学的、温度的、电的刺激，只要达到一定的强度，都能产生痛觉。痛觉对有机体有保护作用，正因为如此，痛觉难以适应。不仅仅是皮肤上，身体各处的损伤或不适都会产生痛觉，因此，痛觉既可以是外部感觉，也可以是内部感觉。皮肤痛觉往往能准确定位，内部痛觉常常不能精确定位。

身体上的各个部位痛觉感受性各不相同，背部和面颊感受性最高，手部感受性较低。人与人之间痛觉的感受性有很大的差别。有的人怕疼，有的人不怕疼，这在很大程度上和一个人对疼痛的认知、态度、性格和意志特点有关。一般来说，不怕疼反而会减少疼痛带来的痛苦，越怕疼则越会觉得疼。

（二）内部感觉

内部感觉是指接受机体本身的刺激，反映机体的位置、动作和内部器官不同状态的感觉，包括以下三种：

1. 运动觉

运动觉也叫动觉，其感受器位于肌肉、肌腱、韧带和关节之中，分别叫肌梭、腱梭和关节小体，凭借它们人们能感觉到身体各部位的位置、肌肉的收缩程度以及言语器官的状况。身体运动时，感受器受到刺激，产生神经冲动，神经冲动沿着感觉神经经脊髓后索上行，再经丘脑交叉后到达大脑皮层顶叶上的中央后回，产生运动感觉。

动觉常常是和其他感觉联合行动的，其他的感觉如视觉、触摸觉、言语动觉等都离不开运动器官的配合。如在昏暗的地方，人们常常会伸出手摸索前进，以触摸觉补偿视觉；大量动觉感受器分布在舌和嘴唇上，以帮助完成大量而又精细的言语运动。因此，动觉在个体认识客观世界中有着重要的意义，是一切活动和言语运动的基础。

2. 平衡觉

平衡觉也叫静觉，其感受器在内耳的前庭器官中，包括半规管和前庭两部分，分别感受人体做加速或减速的直线运动或旋转运动时的信息。产生神经冲动后，会上传至大脑皮层颞叶听区前的前外雪氏回，产生变速和旋转感觉。

平衡觉与视觉和内脏感觉都有联系。当前庭器官兴奋时，视野中的物体似乎出现移动，人的消化器官也可能出现恶心、呕吐等现象。人们熟悉的晕船、晕车现象，就是由于前庭器官受到刺激后敏感反应引起的。

3. 机体觉

机体觉也称内脏感觉，其感受器分布在内脏壁上的神经末梢，反映机体内脏器官的状况。神经冲动经过植物性神经传至下丘脑的内脏感觉中枢，然后投射到额叶和边缘系统的海马回。

内脏器官的正常运转并不会引发机体觉。机体觉一般包括饿、饱、渴、痛、恶心、便意等。机体觉有周期性变化的特点，没有明显的定位，具有不随意性。一般情况下，机体觉是不清晰的，一旦清晰感觉往往跟异常状况有关，机体觉有保护性功能。

二、知觉的种类

知觉的分类很多，根据分析器不同，可以分为视知觉、听知觉、嗅知觉、触摸知觉等。根据知觉对象的不同，可以把知觉分为对物的知觉和社会知觉。根据世界上所有的客观事物都在一定的时间和空间中运动着，我们对事物的空间特征、时间特征和运动特征的反映，可以将知觉分为空间知觉、时间知觉和运动知觉。

（一）空间知觉

空间知觉是物体的空间特征在人脑中综合整体的反映。物体的空间特征有形状、大小、远近和方位等，因此常见的空间知觉包括形状知觉、大小知觉、深度知觉和方位知觉。各种空间知觉都是多种分析器协同活动的结果，是在后天的生活实践中，不断与事物接触而形成和逐步精确起来的。比如，天生失明的人，在医治复明后，最初几天分不清对象的形状、大小和远近，经过长时间的努力后，学会了分辨。

学海无涯

专栏 5－6　空间知觉的形成

1897 年，美国心理学家斯特拉顿做了一个有趣的实验。他将一个两端装有凸透镜的管子固定在自己的右眼上，左眼用不透光的东西遮严，这样，他就只能从右眼通过管子来看东西，但是通过管子所成的像是倒立的，所以在视网膜上的物像都是与原物一样是正立的。开始一两天，他觉得很混乱，看到的东西总是上下颠倒，左右反转的。看到的人是头朝下，脚朝上；想拿右边的东西，手却伸向左边，想拿上面的东西，却伸向了下面；听到的声音来自与他看到的声源相反的方向。经过连续几天的练习，到了第八天，才克服了混乱的情况，觉得习惯了。但是，当他去掉眼上的管子和遮蔽物后，又感到一切物体都是上下颠倒，左右反转的了，再经过一段时间的练习，又恢复了正常。这一实验表明，空间知觉是后天学习的结果。后来有多人重复该实验，都得到了同样的结论。

形状知觉是属于二维空间的知觉，而对三维空间的深度知觉比形状知觉要复杂得多。心理学和邻近科学的研究发现，人们对第三维的距离知觉有时凭借一只眼睛就能感受得到，单眼线索包括对象重叠、线条透视、空气透视、相对高度、结构级差、运动视差以及眼睛晶状体曲度的变化等。更多的时候我们需要借助两只眼睛的相互作用确定物体的远近距离，比如双眼视轴的辐合作用和双眼视差，双眼视轴的辐合角度越大，说明物体的距离越近；而双眼视差是我们形成深度知觉最主要的线索。由于左右眼一般相距 65 mm，同一事物在视网膜上的成像略有不同，导致我们看到了第三维，形成了立体视觉。我们在电影院里看到的立体电影就是根据双眼视差的原理制作的。

（二）时间知觉

时间知觉是对客观现象的延续性和顺序性的反映。主要包括时序、时距和时间点知觉三种；还可以分成“现在时间”知觉、“过去时间”知觉和“未来时间”知觉。

时间知觉不是借助于某个特定感觉通道的功能。人们借助于视觉、听觉、皮肤觉和触觉都能知觉到时间。人总是通过某种衡量时间的媒介来反映时间的，时间知觉的参照物是多种多样的。可能是自然界的周期性现象，如太阳的升落、昼夜的交替、月亮的盈亏、季节的更迭等；也可能是其他客观标志，如时钟、日历、手机等；还可能是有机体内部的一些生理状态，如神经生理状态、节律性活动（如心跳、呼吸）等。人的时间知觉有时能意识到，有时不能意识到，这可能与时间知觉的复杂性有关。

影响时间估计的因素主要有以下几种：

第一，时间的长短。一般来说，我们对一秒钟估计最准，除此之外，往往会短时长估或长时短估，也就是说，短于 1 秒钟的间隔常被高估，长于 1 秒钟的间隔又常被低估。

第二，刺激出现的频率。同样的时间间隔，有高频高速高估、低频低速低估现象。例如，同样 5 秒钟的间隔，如果刺激的频率是每秒 20 次，估计时间间隔为 6～7 秒；如果刺激的频率为每秒 10 次，则会估计 3～4 秒钟的间隔。

第三，情绪、兴趣和态度。对正在经历的活动，如果内容紧要、有兴趣、心情愉快，则感到时间过得很快（会短估）；反之，如果内容枯燥乏味、单调贫乏、不感兴趣，情绪不快，则感到时间很慢（会长估）。对于将要发生的事情，如果是自己期望的或喜爱的事情，希望早点到来，则会感到时间过得很慢；如果乏味、讨厌之事，拒绝其到来，又会觉得时间过得太快。对已经发生过的事情，如果内容充实、愉快有趣，回忆时觉得时间较长；如果内容单调乏味，则回忆时觉得时间较短。

第四，个人经验。由于个人的知识经验不同，个体对时间的估计有明显的个别差异。成人时间估计的准确和精确性方面，明显优于儿童。职业中有对时间估计要求的工作者，时间观念以及时间估计更为准确，如有经验的教师不用计时工具，也能准确估计一节课的时间间隔。

（三）运动知觉

运动知觉是对物体的空间位移和移动速度的知觉。

影响运动知觉准确率的因素包括以下几种：第一，物体运动的速度。速度过慢，或单位时间内移动的距离太小，如时钟的时针；速度过快的运动，或者单位时间内移动的距离过大，如光速，超过了个人所能知觉的范围，都不能被人觉察到。一般人知觉的速度范围在每秒 1 度～35 度。第二，运动物体离观察者的距离。在同样速度时，近处的物体相对移动快，而远处的物体移动慢。第三，观察者自身的静止或运动状态，也是运动知觉的参考系。

在一定的时间和空间条件下，人们在静止的物体间看到了运动，或者在没有发生位移的地方，看到了连续的运动，这就是似动现象。我们常见的似动现象有以下几种：

一是动景运动。当两个刺激物按一定空间间隔和时间距离相继呈现时，我们会看到从一个刺激物向另一个刺激物的连续运动。例如，向被试先后呈现两条直线，一条水平，一条垂直，或两条相互平行。当这两条直线出现的时距低于 20 毫秒时，人们看到的是两条直线同时出现；当这两条直线出现的时距超过 200 毫秒时，人们看到的是相继出现的两条直线；当这两条直线出现的时距在 60 毫秒左右时，人们看到的是一条直线向另一条直线的运动。我们看到的电影、电视、活动的霓虹灯，都是按照动景运动的原理制作的，它使得断续的画面变成了连续的运动。

二是自主运动。在广阔无垠的背景上，我们长时间地盯着其中一个微小的亮点后，会发现这个亮点自动地游走。比如当一个人在暗室中注视一个静止的光点，过一段时间感到它向钟摆一样不停地游走；或者当我们仰视星空，盯着某颗星星时，有时会发现它在天空游动。其实这可能是眼球不随意微动的结果。

三是诱导运动。诱导运动是指由一个物体的运动使其相邻的静止的物体看上去好像产生运动的现象。一般来说，视野中细小的对象看上去在动，而面积大的对象似乎处于静止状态。例如，夜空中的月亮是相对静止的，云彩是飘动的，但是我们总是感觉“月亮在白莲花般的云朵里穿行”。

四是运动后效。在注视了一个运动的物体后，如果将注视点转向旁边静止的物体，你会发现静止的物体似乎在朝着相反的方向运动。例如，注视瀑布后你会发现旁边的悬崖在飞快地上升。在注视飞快向前的火车过后，会觉得附近的田野在快速地后退。

学思结合

专栏 5－7　错觉

错觉是对客观事物的不正确的知觉，在特定条件下产生的一种带有固定倾向的主观歪曲的知觉。

错觉现象相当普遍，在各种知觉中都能够发生。如最为常见的几何图形错觉，上面所讲的似动知觉其实是运动错觉，“两小儿辩日”中出现的大小错觉，还有形重错觉、方位错觉、时间错觉等。

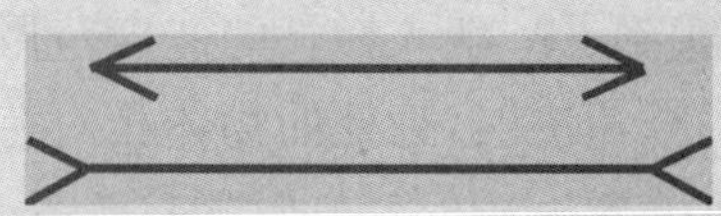

图 5-2　缪勒—莱耶错觉

图 5-3　垂直—水平错觉

图 5-4　格尔曼方格

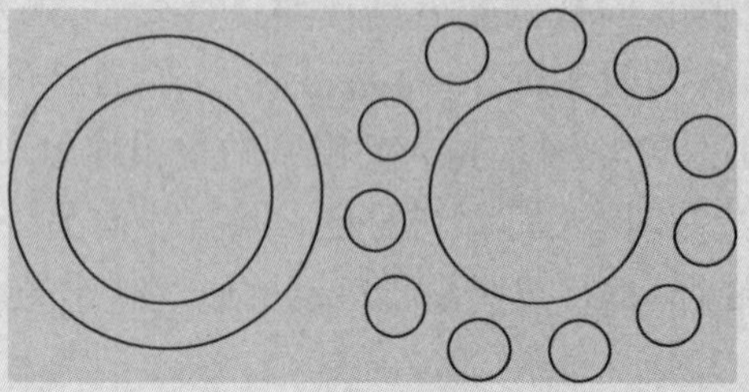

图 5-5　多尔波也夫错觉

图 5-6　旋转蛇错觉

对一定刺激的错觉往往带有固定倾向，是有规律的；只要具备了某些条件，错觉必然会产生，难以克服。心理学家和神经科学家尝试着从感受器及其作用机制、人类对感觉输入信息的解释方式等方面来解释错觉产生的原因。

错觉虽然是错的，有时会给我们带来消极的影响。但是在日常生活中，错觉有广泛的应用。如电影、电视的特级镜头，张贴广告中的动感，一些化妆、穿衣技巧等，都在试图让人们产生错觉。

第三节　感知的规律

一、感受性及其变化规律

感觉是刺激直接作用于某一感官引起的，但是人的感官只能对一定范围内的刺激做出反应。

（一）感受性和感觉阈限

感觉总是由外界刺激引起的，物理量的存在以及它的变化是感觉产生和发生变化的重要条件。研究物理量和心理量之间关系的科学称为心理物理学，是早期心理学研究的一个重要领域。它所提出的一些规律，至今仍在实践领域中起很大作用。

心理量与物理量之间的关系是用感受性的大小来说明的。感受性是指人对刺激物的感觉能力。不同的人对刺激的感受性是不同的。检验感受性大小的基本指标称为感觉阈限。感觉阈限是人感到某个刺激存在或刺激发生变化所需刺激强度的临界值。感觉阈限与感受性的大小成反比例关系。感觉阈限又分为绝对感觉阈限和差别感觉阈限。

1. 绝对感觉阈限

绝对感觉阈限指最小可觉察的刺激量，即光、声、压力或其他物理量为了引起刚能觉察的感觉所需要的最小数量。感觉阈限越低，感受性越高。也就是说，绝对感受阈限越大，能够引起感觉所需要的刺激量越大，感受性就越小；相反，绝对感受阈限越小，能够引起感觉所需要的刺激量越小，感受性就越大。因此，绝对感受性与绝对感觉阈限在数值上成反比。

表 5－2 人类各种感觉的绝对感觉阈限

视觉	30 英里(约 48 千米)以外的一烛光
听觉	安静环境中 20 英尺以外(6 米以外)的手表滴答声
味觉	两加仑(约 8 升)水中的一匙白糖
嗅觉	弥散于 6 个房间中的一滴香水
触觉	从 1 厘米距离落到你脸上一个苍蝇的翅膀

感受性不同的人感觉能力不同，即感受性有很大差异，实践证明能通过训练来改变感觉阈限。绝对阈限是有 50％机会被觉察的最小刺激量。下表显示了早期心理物理学家研究总结得出的一般人的绝对感觉阈限。

2. 差别感觉阈限

觉察刺激之间微弱差别的能力称为差别感受性。它在生活实践中有重要意义，可以通过实践锻炼而提高。比如普通人能够辨认 2～3 种不同的黑色，而织布厂的染色工能分辨出 40 余种深浅不同的黑色；普通人能够分辨半音和全音，而调音师能在半音之间辨别出 20～30 个不同音高的声音。

那种刚能引起差别感觉的两个刺激之间的最小差异量称为差别感觉阈限，也称最小可觉差。差别感受性越高的人，引起差别感觉所需要的刺激差别越小，即差别感觉阈限越低。研究发现，辨别刺激是否出现了差异，所需差异量的大小与该刺激本身的大小有关。这一规律是由德国生理学家韦伯(Ernst Heinrich Weber，1795—1878)发现的。我们将描述觉察刺激的微弱变化所需变化量与原有刺激之间的关系的规律，称韦伯定律。韦伯提出，在一个刺激量上发现一个最小可觉察的感觉差异所需要的刺激变化量与原有刺激量的大小有固定的比例关系。这个固定比例对不同的感觉是不同的，用 K 表示，通常称为韦伯常数或韦伯比率，也称 K 分数(见表 5－3)。K 值越小，表示该种感觉对差异越敏感。

表 5-3　不同感觉的差别感觉阈限

感觉	韦伯分数($K=\Delta I/I$)
音高	0.003
亮度	0.017
重量	0.020
响度	0.100
皮肤压觉	0.140
咸味	0.200

畅所欲言

研究发现，同时刺激皮肤上的两个点，能够辨别出两个点的最小距离即两点辨别阈限因身体部位不同而不同，舌尖约 1.1 mm，指尖约 2.2 mm，手掌约 9 mm，背部约 68 mm。请问，两点辨别阈限是绝对感觉阈限还是差别感觉阈限？

学深悟透

专栏 5-8　阈下说服

作用于各种感受器的适宜刺激，必须达到一定的强度才能引起感受。低于绝对感觉阈限的刺激，我们一般是感觉不到的，不会对我们发生影响。但是 1957 年，美国市场研究者詹姆斯·维卡里发表了一项研究报告，声称通过向观众反复呈现“喝可口可乐”和“吃爆米花”的阈下信息，影院 6 周内可乐和爆米花的销量分别增长了 58%和 18%。虽然后来的结果证明这一结果是伪造的，但是“阈下说服”一词由此进入了人们的视野，至今仍被人津津乐道。

阈下说服是指通过阈下刺激或者信息的呈现，试图引导个体采用某种观点、态度或者行为的过程。1993 年的调查显示，50%以上的美国人相信阈下说服的作用。一些不法商家使用这一技术来影响消费者的行为，每年在阈下自主录音带上的开销甚至超过了 5 千万美元。这些说法或做法表明两点：第一，我们可以有不知不觉的阈下感觉；第二，在无意识的状态下，这些阈下刺激具有特别的暗示作用。

我们会受到微弱到我们觉察不到的刺激影响吗？一些实验表明，这个答案似乎是可能的。在 2006 年的一项研究中，研究者想确定被试消费立顿冰茶的倾向是否能被无意识影响。被试在完成一项视觉检查任务的过程中，一半被试接受了“立顿冰茶”的阈下刺激，对照组的被试接受的是中性词语的阈下刺激。结果表明，与对照组相比，实验组被试表现出更坚决的立顿冰茶偏好，尤其是那些表明自己口渴的被试。但是，也有研究表明，所谓阈下信息的说服作用其实是期望的结果，与安慰剂作用相当。加拿大广播公司曾在一个很受欢迎的电视节目中闪现一个阈下信息 352 次，在对信息竞猜中，近500名回答者无人猜出内容，但是近半的回答者报告说他们感到强烈的饥饿和口渴，但是这仅仅是期望的作用，实际的信息内容是“马上打电话”。这个出现了352次的阈下信息没有对加拿大电话使用带来任何影响。

阈下说服似乎已经成了心理学界少有的不显著的结果比显著的结果更具价值和信度的领域。综合所有的证据，正如多数研究者所认为的，实在没有充分的证据支持阈下说服的作用。尽管仍有不少研究者呼吁不应该忽视或放弃阈下说服的可能性，但是这种影响与行为之间的对应关系可能比人们期望的要少得多。或者说，阈下说服给销售者带来的价值非常小或根本没有。

（二）适应

适应指的是同一感受器中，由于刺激物的持续作用或一系列刺激的持续作用，导致对刺激的感受性的变化。适应既可以提高感受性，也可以降低感受性。

视觉的适应现象最常见的有明适应和暗适应两种。明适应又称光适应，是指由暗处到光亮处，特别是在强光下，最初一瞬间会感到光线刺眼发眩，几乎看不清外界物体，几秒钟之后逐渐看清物体的现象。这种对光的感受性下降的变化现象称为明适应。反之，从明亮处到黑暗处，人眼开始看不见周围东西，经过一段时间后才逐渐区分出物体，人眼这种感受性逐渐增高的过程叫暗适应。

学深悟透

专栏5-9　为什么暗适应比明适应慢？

视觉适应的产生正是不同感光细胞起作用的结果。暗适应包含两种基本过程：瞳孔大小的变化及视网膜感光化学物质的变化。从光亮到黑暗的过程中，瞳孔直径可由2毫米扩大到8毫米，使进入眼球的光线增加10～20倍，但暗适应的主要机制是视网膜的感光物质——视紫红质的恢复。人眼接受光线后，视锥细胞和视杆细胞内的一种光化学物质——视黄醛完全脱离视蛋白，发生漂白过程；当光线停止作用后，视黄醛与视蛋白重新结合，产生还原进程。由于漂白过程而产生明适应，由于还原过程使感受性升高而产生暗适应。视觉的暗适应程度是与视紫红质的合成程度相应的。由于视紫红质的合成速度比分解要慢，所以暗适应慢得多。暗适应主要是视杆细胞的功能，在暗适应的最初5～7分钟里，感受性提高很快，这一阶段是视锥细胞与视杆细胞共同参与的结果；之后，感受性仍上升，不过上升的速度降低了，这一阶段只有视杆细胞继续起作用。

明适应的过程与暗适应相反，一方面瞳孔缩小以减少视网膜上的光量，另一方面暗适应时的视杆细胞的作用转到视锥细胞发生作用，其机制也可以用视觉色素的漂白过程来解释。

除痛觉以外，各种感觉的适应很常见而且明显。比如我们常说，“入芝兰之室，久而不闻起香；入鲍鱼之肆，久而不闻其臭”，其实就是嗅觉的适应；厨师做菜越来越咸是味觉适应的结果；老年人将老花眼镜移至额头后3秒钟左右，感受性下降25%，经常脑门上架着眼镜到处找眼镜；游泳时刚入水，觉得水很凉，数分钟后就如鱼得水了。这些都是皮肤觉的适应现象。

（三）感觉对比

感觉对比是由两种不同的刺激作用于某一特定感受器，使之感受性发生变化的现象。有同时对比和继时对比之分。

图5－7　同时对比

图5－7中左右两个正方形中的灰色，由于中间镶嵌的方形颜色不同，导致我们的感觉发生了变化。日常生活中，我们常常有这样的印象，品尝橘子觉得很甜，但是吃过糖后再吃橘子觉得很酸；同样一个人，与高个子走在一起觉得矮了不少，与矮个子站在一起又觉得高了几分。这些其实都是感觉对比。

（四）不同感官的相互作用

适应和感觉对比都是发生在同一感官通道中的感觉现象。其实感觉的发生非常复杂，不同感官之间的感觉往往会发生相互关联。主要有以下几种：

一是相互影响。相互影响是指一种感觉器官受到刺激而引起另一种感觉器官的感受性发生变化的现象。这种现象的一般规律是，一种感官受到弱的刺激后，会提高一些感官的感受性，而受到强的刺激后，则可能会降低另一些感官的感受性。如飞机起飞时强烈的噪音会使黄昏感受性下降20%，轻微的肌肉动作，如凉水洗脸可提高黄昏视觉。我们在日常生活中也会发现，当戴起耳机边听音乐边看书时，其实没有听到多少音乐，但是看书时注意力更加集中了，这是视听觉之间的相互影响。

二是相互补偿。某种感觉缺失后，其他感觉的感受性增强而起到部分弥补作用的现象。失明的人听觉、嗅觉会更加灵敏；失聪的人能够以目代耳学会读唇语，这些都是不同感官的相互补偿。

三是联觉。某种感官受到刺激时，另一种感官会出现感觉的现象。联觉在日常生活中非常普遍，冬天看到有人穿着白色的羽绒袄，会觉得冷；夏天看到有人穿着大红的T恤，会觉得热。明明作用于视觉的颜色引发了温度觉，这就是联觉。色觉还能引起轻重觉，比如淡色的家具给人轻巧的感觉，深色的家具给人庄重的感觉。娱乐场所为了烘托热烈的气氛，其装饰多采用红、橙、黄灯暖色调；教室、病房需要安静，其装饰常采用蓝、绿等冷色调。电冰箱、空调一般都采用白色的、蓝色的、淡绿色的，让人感觉很凉爽，制冷效果不错。在少部分人身上，还有色听联觉，比如听到C调的音乐眼前出现红色，听到D调的音乐眼前出现紫色。据苏黎世大学的科学家研究发现，一位瑞士的女歌唱家苏尔斯顿甚至拥有色、听、味三种器官的联觉，即听到不同的声音（音调、音程），她不仅能看到不同的色彩，还能品尝到不同的味道，比如二音程有咸味，六音程有点甜，四音程是青草的味道。这样的联觉者在人群中占比6%左右，且女性、文艺工作者中多见。我国古代文学中的修辞手法“通感”其实也是一种联觉。

二、知觉的特性

知觉包括从复杂的环境中将一些感觉分离出来加以组织，并根据过去经验做出解释等一系列心理活动。知觉在感觉的基础上产生，是一个比较复杂的心理过程。

（一）知觉的整体性

知觉的整体性指人在过去经验的基础上，把由多种属性构成的事物知觉为一个统一整体的特性。整体性首先依赖于刺激物的结构，即刺激物的空间分布与时间分布。如图5-8，很容易被知觉为一个正方；又比如某人哼唱小提琴协奏曲梁祝的旋律，还自得其乐地加了些音符，无论在音高、音色还是音强上，都与小提琴协奏曲的旋律有所不同，但是旁人还是听出是梁祝。

图5-8　知觉的整体性

格式塔学派的心理学家指出，对整体的知觉不等于并且大于个别感觉的总和。格式塔学派提出的知觉组织原则被普遍接受，也称格式塔原则，主要包括以下几条规律：

第一，接近性原则。凡是距离上相近的物体容易被知觉组织在一起。

第二，相似性原则。凡物理属性相近的物体容易被组织在一起。

第三，连续性原则。凡具有连续性或共同运动方向的刺激容易被看成一个整体。

第四，封闭性原则。人们倾向于将缺损的轮廓加以补充使知觉成为一个完整的封闭图形。如我们对打击乐器三角铁的认知。

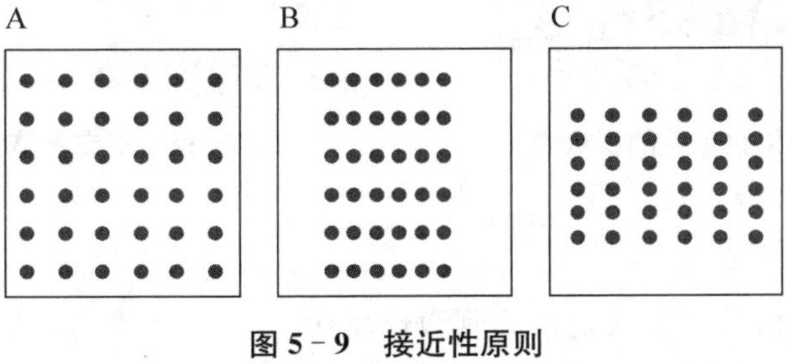

图5-9　接近性原则

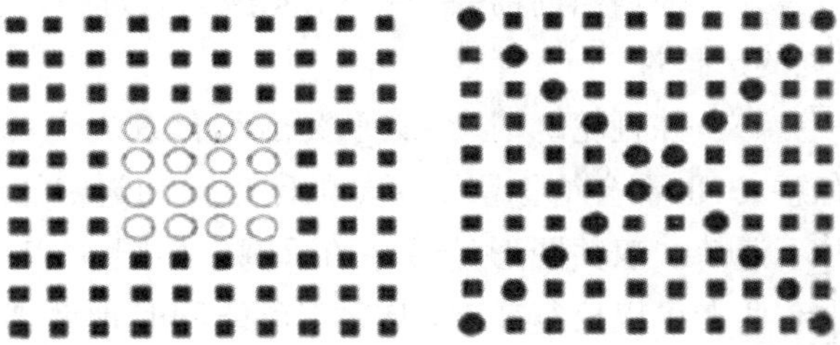

图5-10　相似性原则

第五，良好图形原则，具有简明性、对称性的客体更容易被知觉。

图 5-11　连续性原则

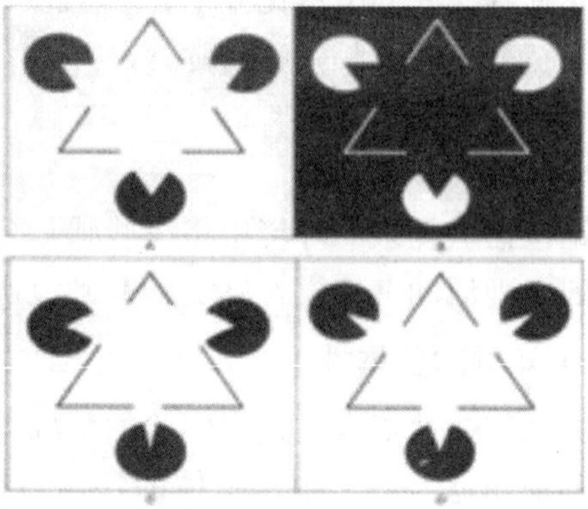

图 5-12　主观轮廓

知觉的整体性不仅与对象本身的特性有关，而且取决于个体的知识经验与主观状态。例如，在图 5-12 中，人们在图形的中心位置似乎看到一个白色三角形，这种在客观上并不存在而由主观认识产生的轮廓称为主观轮廓。

知觉的整体性是知觉的积极性和主动性的一个重要方面，它提高了人们知觉事物的能力。同样，由于知觉的整体性，人们有时会忽略部分或细节的特征，如做文字校对工作，由于对整个语句的感知，有时就难以发现句中的漏字或错字。

图 5-13　知觉整体性的积极性

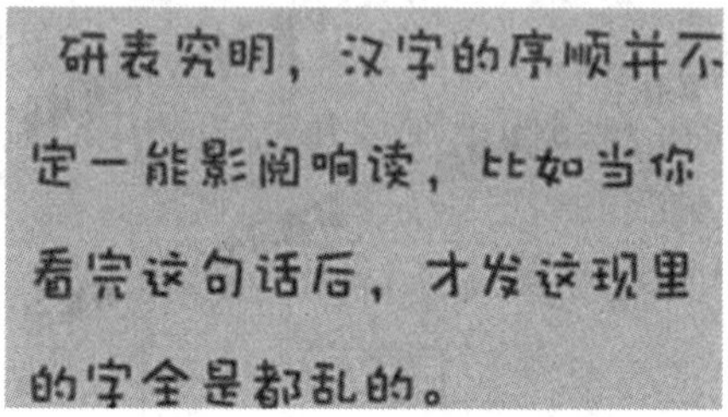

图 5-14　知觉整体性的消极性

（二）知觉的选择性

人在知觉事物时，首先要从复杂的刺激环境中将一些有关内容抽出来组织成知觉对象，而其他部分则留为背景。根据当前需要，对外来刺激物有选择地作为知觉对象进行组织加工的特征就是知觉的选择性。

知觉对象具有一定意义，并且轮廓清晰，似乎突出在背景之上，而作为背景的部分则轮廓模糊，对你不具有意义，也不会给你留下深刻的印象。知觉中的对象与背景的关系通常很明显，但有时也并不清楚。双关图形是最好的示例。如图 5-15，你可以把它看成两个人的面孔或一个花瓶，两者可以反复变动，但你不可能同时把两者都当作知觉对象，看到两者同时存在。

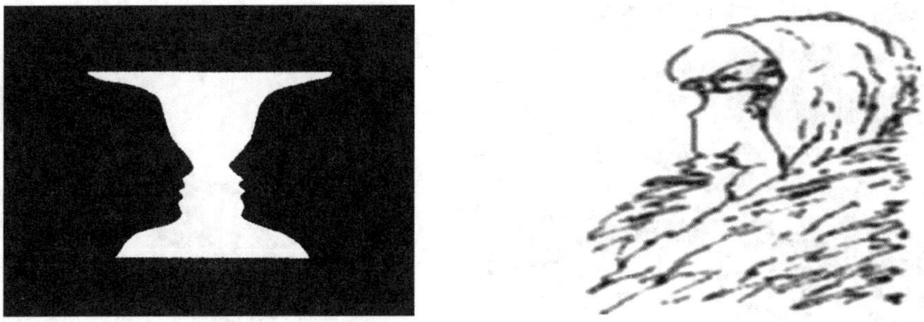

图 5－15 双关图

知觉对象的选择与很多因素有关，一般说来，强度较大、对比明显、色彩鲜明、具有活动性的客体容易成为被选择的对象。而客体本身组合具有简明性、对称性和规律性使它们容易被选择。另外知觉的选择性也明显受到知觉者的需要、兴趣、爱好、任务和知识经验的影响，如“樵夫进山只见柴草，猎人进山只见禽兽”。

实际上，知觉对象从背景中分离，与注意的选择性有关。当注意指向某个客体的时候，该客体就成为知觉的对象，其他客体成了背景；当注意从一个对象转向另一个对象的时候，原来的知觉对象就成为背景，原来的背景则成为知觉对象。因此，注意选择性的规律也就是知觉的对象从背景中分离出来的规律。

（三）知觉的理解性

在对现时事物的知觉中，需有以过去经验、知识为基础的理解，以便对知觉的对象做出最佳解释、说明，知觉的这一特性叫理解性。不同的知识背景和理解力影响对同一对象的知觉。如同样是香樟树，植物学家用分类学的概念把它称为“双子叶植物”，木匠根据他的经验以木材的用途称为“优质木材”。图 5－16 的左图，中间的“13”，当它在数字序列中时，我们把它当成数字 13；当它在字母序列中时，我们把它看出 B。右图中的信息大多屏蔽掉了，但是对于看过的人来说就足够了，认出是蒙娜丽莎，没有看过的就认不出来，所以背景知识很重要，一个人已有的知识经验不同，对同一对象的知觉会有很大的差异。

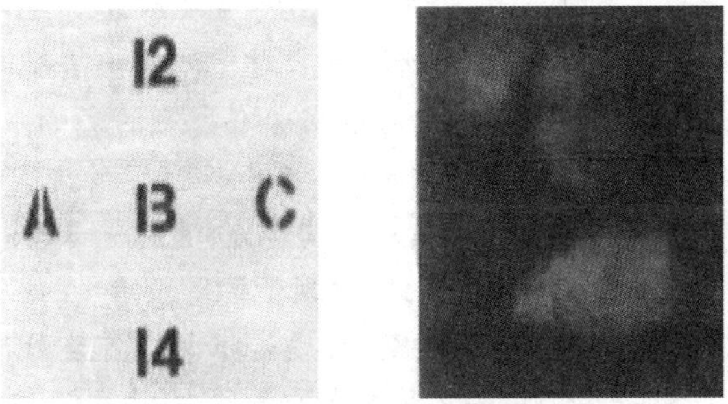

图 5－16 知识背景在图形理解中的作用

理解在知觉中起着重要的作用。由于理解，知觉更为深刻，对某一事物有关的知识经验越丰富，对该事物的知觉也就越富有内容，对它的认识也就越深刻；由于理解，知觉更为精确；由于理解，知觉的速度可以提高。

除了知识经验之外，影响知觉理解性的因素还有言语的指导作用、实践活动的任务、个人的情绪状态等。比如，图 5－17 的两幅图片，让被试观察，能看出什么呢？如果你给

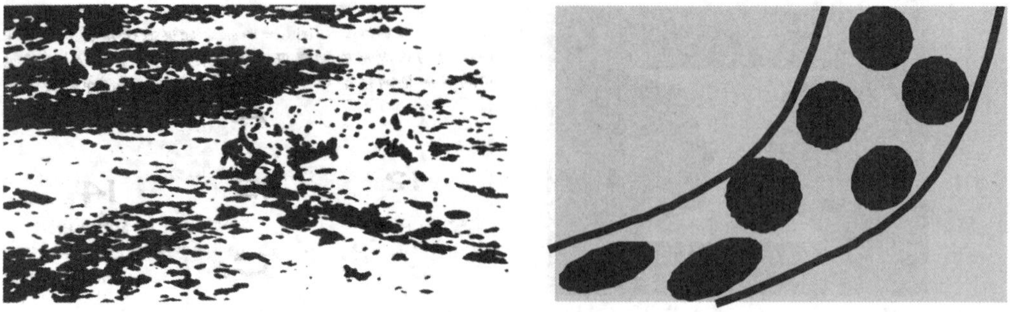

图 5－17　能看出什么吗？

一点提示，比如左图有我们比较熟悉的动物，右图是解剖生理学书上的一幅插图，或者是森林里面拍到的一张图片，这时被试的观察结果就会出现变化。这其实就是在语言的提示作用下，过去经验参与理解的结果。

学深悟透

专栏 5－10　眼见为实？

我们都见过日落，而事实上，我们都知道太阳是不会“落”的，是地球本身的转动使我们的视角发生了变化，使太阳在地平线上逐渐从视野中消失。就像人在经验中获得的大多数概念一样，我们所见到的日落是我们对外部事件的知觉重组。知觉本身包含着感知者的需要、期望、价值观和信念等主观成分。因此，“眼见为实”常常是靠不住的。

在法庭上，目击者的证言对于证明被告有罪或无罪是很重要的。当目击者说“这是我亲眼所见”时，会对审判者有很大的影响。但是，目击者的证言有时是错的，而审判者则会被那些自信的证人和“肯定性”的证言所误导。在一个典型的案例中，一位警官作证说，他看见被告在门廊处向受害者开枪，当时他与被告和受害者之间的距离约40 米远。心理学家的实际测量结果显示，在这一距离条件下，门廊上昏暗的灯光比一支烛光亮的 1/5 还要弱，目击者根本不可能看清谁是谁。现在，心理学研究的结果正在逐步使律师、法官和警官们相信，目击者的证言难免会有错误。研究发现，当目击者的压力过大、目击时间越短，并在凶器的出现、单色光下的颜色判断的情况下，知觉的准确性越低；主观自信、观察训练与知觉准确性无关；事后的信息、提问方式、无意识转移、态度和期望都会影响知觉的准确性；等等。

总之，日常的、带情绪色彩的以及目击者的知觉都可能是不准确的，甚至会是完全错误的。要记住，“眼见”但“不实”的情况经常发生，这种认识能帮助你容忍他人的观点，并更加谨慎地考察自己观点的客观性。

在 AI 盛行的当今时代，“眼见为实”更要面临新的挑战。

（四）知觉的恒常性

恒常性是指人们在刺激变化的情况下把事物知觉成稳定不变的整体的现象。它在各种知觉中都会发生，比如听觉方位知觉恒常性。

视知觉的恒常性最为常见，主要包括以下四种：

一是大小恒常性。对物体大小的知觉不因视网膜成像（简称网像）大小的变化而变化，称为大小恒常性。大小知觉是由网像大小与知觉距离二者共同决定的，对于网像大距离近与网像小距离远两种组合，人们可以根据经验做出物体大小相等的知觉解释。

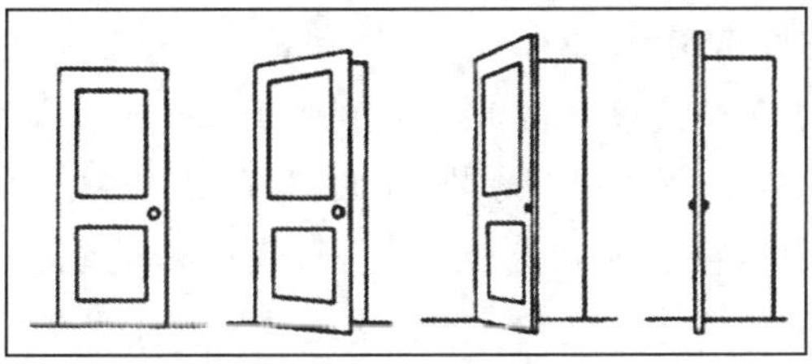

图 5－18　形状恒常性

二是形状恒常性。对物体形状的知觉不因它在视网膜上投影的变化而变化，称为形状恒常性。如对教室门的形状的知觉不会因为观察者的视角变化而不同(图 5－18)。

三是颜色恒常性。在不同照明条件下，同一件物品反射到你眼中的光有很大变化，但它们的颜色看起来好像没有变，这是颜色的恒常性。这与经验有很大关系。例如国旗无论在何种光线照射下，我们都会把它知觉为红色；在绿光照射下，问你桌子上的香蕉是什么颜色，你肯定会把香蕉看成黄色。但是倘若在这种条件下，让你说出各种纸片的颜色时，知觉结果就可能受到光照的影响了。此外，颜色恒常性的产生还与刺激的背景有关。

四是亮度恒常性。在日光照射下，煤反射的光量远远大于黄昏时粉笔所反射的光量，但我们仍然把煤知觉为黑色，把粉笔知觉为白色。因为煤与周围背景相比仍然最暗，粉笔与背景相比仍然最亮。

学思结合

专栏 5－11　超感知觉

以感觉为基础研究知觉，是科学心理学诞生以来的一贯做法。即使知觉经验中有失实的错觉现象，也是以感觉为基础的。但是一直以来，有些人对知觉现象有另外的想法：认为人类可能有某种潜能，不需要通过感官收集信息就可以获得知觉经验。历来的预言家、星象家、占卜师无不宣称他们具有这一特异功能。早期心理学家持否定态度，后来持包容态度。这些属于心灵学的范畴，研究人类如何单凭精神或心灵，就能反映客观世界，其特点是不遵循自然科学法则，不承认传统科学心理学一向主张心理现象以生理历程为基础的看法。心灵学主要从两个方面去探讨四种心灵现象：

首先是心电感应（传心术），指两人之间不借助任何沟通工具或交流通道就能够彼此传递信息的过程（见后述莱茵的研究）。其次是超感视觉（俗称“千里眼”），是一种不靠眼睛就能看到物体的特异功能。比如“看到”未启封的钱袋中的钱数，“看到”未翻开的扑克的图形。再次是预知，指在别人意见尚未表达之前就知道，或事件尚未发生就能预卜的超人能力。比如电话响起就知对方何人。最后是心灵致动，是指单凭心理作用或意志，就可以移动物体的特异功能。中国武侠小说中运气退敌的做法就是心灵致动。

被称为“超心理学之父”的美国杜克大学教授莱茵(Joseph Banks Rhine，1895—1980)最早进行了这方面的实验。他让两个被试隔着帘子对坐，每人面前各放置一套5张的卡片。先让一个被试随机抽出一张，并注视它(视为心灵发送者)，然后将卡片反置于桌上，让对方(视为心灵接收者)凭其直觉指认一张。如果指认正确，则说明两者之间有心灵感应。莱茵根据自己及其他人的研究，发现被试答对的概率是28.4%，比猜中的概率20%高出很多。也就是说，人类的超感知觉能力可能是存在的。最近，心理学家搜集三十项有关超感知觉研究，经过综合分析，没有发现足够的资料证明其可信性，所有的超感知觉实验方法都不具有可重复性。但是，为什么明明可信性不足，还有人相信呢？看来现代科学心理学在破除迷信、揭露伪科学方面任重道远。

第四节　感知觉与教育

一、儿童感知觉的发展

感觉和知觉是个体最早发生、发展、成熟的心理过程，是婴儿认识世界和自己的基本手段，也是其他认知过程发展的基础。感知觉在幼儿的认识活动中占主导地位，幼儿基本上是依靠自己的直接感知来认识事物的，幼儿的记忆直接依赖于感知的具体材料，幼儿的思维常常为感知所左右，幼儿的情绪和意志行动，也常受直接感知的影响而变化。

(一) 感觉的发展

婴儿期是感觉发展速度最快的时期，婴儿的感觉发展是个主动、有选择的心理过程。其视觉机能包括视觉集中、视觉追踪、颜色视觉、对光的觉察以及视敏度等，听觉能力包括听觉辨别能力、语音感知、音乐感知、视听协调等，以及嗅觉、味觉、皮肤觉能力都得到了快速的发展，可以为个体适应环境提供全面的支持。

幼儿的感觉发展是一个由低级向高级不断完善的过程。整个学前期，幼儿的视觉敏感度都在不断增长，这种增长一直持续到小学阶段；颜色视觉能力随年龄增长而增长，有个别差异和性别差异，一般来说，女孩的辨色能力比男孩强。幼儿的纯音听觉和言语听觉还在发展完善中，尤其是言语听觉发展明显，幼儿中期，儿童可以辨别语音的微小差别，到幼儿晚期，几乎可以毫无困难地辨明本族语言的各种语音。

小学生的视觉发展在颜色辨别、视敏度方面，6 岁以后对颜色的喜好表现出性别差异，男孩喜爱黄、蓝两色，女孩喜爱红、黄两色；小学儿童的视力调节能力发展较好，10 岁儿童眼球晶状体屈光度的变化幅度达到最大，调节能力最强。一直到12岁，儿童的视觉搜索能力不断提高。小学生听觉辨别音调高低能力从6岁到19岁有显著提高。小学生运动觉的发展明显，但是尚未完全成熟，腕骨、掌骨和指骨的发展要到14～16岁才能完成。

少年期的视觉和听觉感受性达到最高，15岁以后，灵敏度甚至可以超过成人。其他各种感觉尤其是关节肌肉感觉得到高度的发展。

(二) 知觉的发展

婴儿空间知觉、运动知觉有了初步的发展。通过刺激偏爱程序、习惯化范式的研究发现，三周婴儿已经能分辨形状，4个月就有大小恒常性，8～9个月有形状恒常性；吉布森的视觉悬崖实验发现，6个月的婴儿已经有了深度知觉。

幼儿的形状知觉发展很快，随年龄增长辨认物体平面形状的能力不断提高，有人甚至认为4岁是图形知觉的敏感期；幼儿辨认形状时配对最容易，指认次之，命名最难；幼儿掌握形状自易到难的次序是圆形、三角形、长方形、半圆形、梯形、菱形和平行四边形。幼儿判别大小的能力随年龄增长而提高，逐渐能从凭简单的目测到多方面的比较、测试以确定大小。小学生的形状知觉发展更快，且无性别差异。幼儿的方位知觉也有一定的发展，3岁儿童已经能正确辨别上下方位，4岁儿童开始能正确辨别前后方位，5岁儿童开始能以自身为中心辨别左右方位，6岁虽然能正确地辨别上、下、前、后四个方位，但到7岁才开始认识到左右的相对性，9～11儿童才能够在抽象概括水平上掌握左右概念。儿童直到8～9岁才能看出部分与整体的关系，实现部分知觉与整体知觉的统一。

幼儿的时间知觉发展相对缓慢，7岁儿童是时间知觉发展的质变阶段。这时儿童才能将时空关系分开，8～9岁能较准确地再现时距；小学生掌握了度量时间的单位和关于时间的比较系统的知识，学会了用自己的言语正确表达各种不同的时间关系。但是小学生仍然不能理解与生活距离较远的概念，如纪元、世纪、光年等。

少年的空间知觉带有更大的抽象性，但仍需要直观表象的直接支持；同时宏观的空间观念逐步形成。中学生能够理解较短的时间单位如月、周、日、时、分等，逐步完善各种事件或现象的时间顺序知觉；能够理解一些较大的历史时间单位如纪元、世纪等，虽然并不精确。

二、运用感知规律提高直观教学的效果

人类认识的过程是从感性到理性的过程，学生学习的是人类的间接经验，需要大量感性经验的支持，因此学生学习也是一个从生动直观到抽象概括的过程。遵循感知规律，可以帮助学生更加有效地获得感性认识和直接经验。

(一) 灵活运用多种直观形式

直观是主体通过对直接感知到的教学材料的表层意义、表明特征进行加工，从而形成对有关事物的具体的、特殊的、感性的认识的加工过程。直观是理解科学知识的起点，是学生从不知到知的开端，是知识获得的首要环节。在实际的教学过程中，主要有三种直观手段：

1. 实物直观

实物直观是通过直接感知要学习的实际事物而进行的一种直观方式。例如,观察各种实物、演示各种实验、到工厂或农村进行实地参观访问都属于实物直观。实物直观得到的感性知识与实际事物间的联系比较密切,给人以真实感、亲切感,因此它有利于激发学生的学习兴趣,调动学习的积极性。但是,在实际事物中,往往难以突出本质要素,必须"透过现象看本质",这具有一定的难度。同时,由于时间、空间和感官特性的限制,许多事物难以通过实物直观获得清晰的感性知识,比如花开的过程、月亮的地貌特征等。

2. 模象直观

模象直观是通过对事物的模拟性形象的直接感知而进行的一种直观方式。例如,各种图片、图表、模型、幻灯片、教学视频、电影电视等的观察和演示,均属于模象直观。

由于模象直观中的模拟性形象属人为制作,可以对形象内容进行调整,排除无关因素,突出本质要素。还可以根据观察需要,通过大小变化、动静结合、虚实互换、色彩对比等,克服时间、空间、感官的限制,扩大直观的范围。比如可以呈现植物的生长过程、天体运动的轨迹、化学反应的运动过程、分子的结构等。但是,模象只是事物的模拟形象而非实际事物本身,所以模象与实际事物之间有一定的距离。在实际工作中,需要将模象与学生熟悉的事物相比较,同时在可能的情况下,应使模象直观与实物直观相结合进行。

3. 言语直观

言语直观是在形象化的语言作用下,通过学生对语言的物质形式(语音、字形)的感知及对语义的理解而进行的一种直观形式。例如文学作品的阅读和理解、历史事件人物的领会、地形地貌的描述、概念的解释和分析,都少不了言语直观。言语直观不受时间、地点和设备条件的限制,可以广泛使用;能运用语调和生动形象的事例去激发学生的感情,唤起学生的想象。但是,言语直观所引起的表象,往往不如实物直观和模象直观鲜明、完整和稳定。因此,在可能的情况下,应尽量配合实物直观和模象直观。

(二) 运用感知规律,突出对象特点

要想在直观过程中获得有关知识,首先必须注意和观察直观对象。而要想有效地观察直观对象,必须运用感知规律,突出直观对象的特点。

第一,强度律。被感知的事物必须要达到一定的强度,才能被学生清晰地感知到。这里的强度主要是指相对强度。也就是说,教师讲述的音量要适中,教师的板书字体、直观教具要大小适当,教室要有适量的光线。量过大或过小都不会让学生清楚觉察。

第二,差异律。被感知的对象必须与它的背景之间有所差别。一般来说,二者差异越大,越易使对象从背景中显现出来。在教学过程中,教师应让学生关注的对象与背景在颜色、声音、形象、线条、材料内容和性质等方面有明显的差异。所谓"万绿丛中一点红""鹤立鸡群"之所以显眼,就是利用了对象和背景之间的差异对比。教师用彩色粉笔描写容易写错的偏旁部首、用红色水笔批改作业、在注意事项旁边打上"☆"号,都在利用差异律提醒学生感知的重点。

第三,活动律。一般来说,活动的事物更容易被我们所感知。教师在直观教学方面应多采用活动教具、活动模型及现代化的视听传媒工具,把形、声、光结合起来,直观地再现客观事物，这样可以使教学生动形象，能提高知识学习的效果。

第四，组合律。凡是在空间上接近、时间上连续、形态上相似、颜色上一致或者有规律地排列的事物，都易于构成一个系统或成为一个整体，被知觉为一组对象。在学习过程中，教学内容的呈现应力求在空间、时间上组成有意义的或有规律的系统，便于学生整体感知。即便是零散的材料，按照一定的方式组合起来，也容易形成整体，不容易丢弃。比如板书设计布局合理，位置排列得当、主次分明、重点突出，或者教师讲课中的停顿和间隔等，都便于学生整体掌握学习内容。

三、儿童观察能力的培养

（一）观察及观察力

观察是一种有目的、有计划的比较持久的知觉过程，是知觉的高级形态。观察过程总是与积极的思维相联系，所以观察有时也被称作思维的知觉。观察力是指有目的、有计划地主动知觉事物的能力。具有较高观察力的人能更全面、更透彻、更迅速地发现事物本身的重要特征，从貌似无关的东西中发现相似点或因果点，从貌似相同的事物中发现不同点。

观察力对人的工作、学习和生活具有重要的意义。观察是一切知识的门户，一切科学的新发现、新规律，都是建立在周密、精确、系统的观察基础之上的。巴甫洛夫的座右铭就是“观察、观察、再观察”，并告诫学生“不学会观察，你就永远当不了科学家”。达尔文在总结自己成功经验时这样说：“我既没有突出的理解力，也没有过人的机智，只是在观察那些稍纵即逝的事物并对其进行精细观察的能力上，我可能在众人之上。”可见，观察力是影响个人成就的主要因素之一，是人们认识世界进行科学创新的必要心理品质。观察力也是一个人智力结构的一部分，培养学生的观察力是教学过程中的重要任务。

（二）儿童观察力的发展

研究发现，随着年级的升高，儿童的观察能力有明显提高。幼儿、小学生、中学生在观察的目的性、持久性、组织性、精确性、概括性、系统性等方面不断发展。儿童的观察力不仅有年龄差异，还有个体差异。从优势感官上看，有视觉型、听觉型、嗅觉型和味觉型之分；从观察方法来看，有分析型、综合型和分析—综合型三种不同的类型。

（三）儿童观察能力培养的策略

第一，明确观察的目的和任务，激发观察兴趣。观察的目的和任务越明确，越能正确地组织学生的注意，使其心理活动指向和集中在所要观察的对象上。这样观察者对知觉对象的反映就愈完整、清晰，观察的效果就愈好。

利用学生的好奇心和求知欲，激发学生的观察动机，培养学生的观察兴趣。如果学生时时依赖老师的指示，观察力是无法培养的。观察兴趣可以通过郊游、参观、访问等多种途径来培养；还可以借助提问、设置情境、鼓励等多种方式培养。

第二，培养学生观察的方法和习惯。教育学生在观察前做好充分的知识准备，准备愈充分，观察效果愈好。同时让学生把握合理的观察程序，一般说来，观察应该先由整体到部分，再由部分到整体。还要注重培养学生良好的观察习惯和品质，在观察过程中，有意训练学生观察的目的性、坚持性、系统性和独立性。

第三，观察过程中应注意语言的使用。一方面，教师要使用语言指导学生的观察过程，比如提出要求、提示程序和方法等；另一方面，让学生用语言表达、交流观察过程中的所思、所想和所得。

第四，要求学生做观察记录或报告。这一要求可大大促进学生观察的积极性和主动性，并使观察过程变得更加认真。

学思结合

专栏 5－12　社会知觉与师生关系

作用于人的信息有两大类：一类是自然界中的机械、物理、化学和生物方面的信息；另一类是由人的实践所构成的社会现象的信息。对社会性信息所形成的知觉就叫作社会知觉。社会知觉包括对他人和自己的知觉、对社会事件因果关系的知觉和对人际关系的知觉三个方面的内容。教师在建立建设性的良好师生关系中，要遵循社会认知的信息整合过程中的独特规律。

1. 正确对待首因效应，防止“先入为主”

首因效应也称第一印象，是指人们在对他人总体印象的形成过程中，最初获得的信息比后来获得的信息影响更大的现象。在人际印象的形成过程中，首因效应较为明显和普遍，特别是心理上保持高度一致，具有稳定倾向的人，容易受首因效应的影响。

一般来说，第一印象的作用是消极的，带有偶然性和片面性。但是由于认知上的惰性，我们往往会以此形成对学生的固定看法。教师首先要充分认识到第一印象的特点，其次要以发展的眼光看待学生，不断深入了解学生，避免形成片面的甚至错误的判断和结论。最后，教师还要注意给学生留下良好的第一印象。

2. 运用近因效应，全面认识学生

近因效应指在总体印象形成过程中，新近获得的信息比原来获得的信息影响更大的现象。研究表明，近因效应一般不如首因效应明显和普遍。在印象形成过程中，当不断有足够引人注意的新信息，或者原来的印象已经淡忘时，新近获得的信息的作用就会较大，才会发生近因效应。同时，一般心理上开放、灵活的人容易受近因效应的影响。

教师应正视并正确运用近因效应。首先要预防近因效应的消极影响，不能不看过去，只看现在，避免片面性。其次，重视和把握从每一个学生身上获得新的信息，全面完整地了解学生。最后对学生当前出现的不良言行，避开近因效应的影响，防止固定化，而是要从长远的发展眼光来看待，不断促进学生进步。

3. 理解晕轮效应，避免“一叶障目”

晕轮效应指人们对他人的认知判断首先主要是根据个人的好恶得出的，然后再从这个判断推论出认知对象的其他品质的现象。如果认知对象被标明是“好”的，他就会被“好”的光圈笼罩着，并被赋予一切好的品质；如果认知对象被标明是“坏”的，他就会被“坏”的光圈笼罩着，他所有的品质都会被认为是坏的。在社会认知中，这种以偏概全的晕轮效应往往会对人有所影响。教师要充分认识到晕轮效应在师生关系建立过程中可能存在的消极影响。第一，要深入学生的实际，多方了解考察。在评价某个学生时，不要过早地根据自己的主观印象简单地下结论，更不能感情用事，片面地根据一时一事对某个学生全盘地肯定或否定。第二，充分认识到人性的复杂性和多样性，深刻理解“金无足赤，人无完人”的道理。基于理性认识来评价学生，则不容易发生晕轮效应。

4. 认识刻板效应，关注学生实际

社会刻板印象指人们对社会上某一类事物产生的比较固定的看法，也是一种概括而笼统的看法。人们往往将聚集在一起的人赋予相同的一些特征，对不同职业、地区、性别、年龄、民族等群体的人们形成较为固定的看法。当人们采用较为固定的看法去识别一个具体的人，就有可能出现偏差。例如，人们通常觉得英国人有绅士风度、聪明、因循守旧、爱传统、保守，美国人民主、天真、乐观、友善、热情，法国人爱好艺术、轻率、热情、开朗，等等。

社会刻板印象是对社会群体最简单最经济的认识，可以加快信息加工的速度，提高解决问题的效率。但它又往往造成以偏概全和固着反应模式，使社会知觉出现偏差。当然，社会刻板印象也并不是一成不变的。人的文化水平越高，他所持的社会刻板印象就越容易改变。另外，一个人对社会刻板印象的性质越了解，他也越容易改变自己所持的社会刻板印象。

在教师工作中，要预防刻板效应对学生总体印象形成的消极影响。尤其是对于经验丰富的老教师而言，针对学生的某一行为往往就会贴上某一类人的标签，这样的思维方式虽然简略、快捷，但是也容易出现偏差，把学生看“死”了。正确的做法是，首先要平等待生，对待不同性别、相貌、个性、家庭背景、能力的每一个学生都要一视同仁；其次，保持开放的心态，不断搜集鲜活的信息，做出客观的、全面的、动态的评价；最后，尊重学生、宽容待生，促进发展中的学生不断走向成熟。

真题实练

1. 看完电影走到大街上，阳光刺得人睁不开眼，一会儿就感觉自如了，这是(　　)。

A. 明适应　　B. 暗适应　　C. 视觉后像　　D. 感觉对比

2. 悦耳美妙的轻音乐能使人产生春风拂面之感。这种心理现象属于(　　)。

A. 直觉　　B. 错觉　　C. 幻觉　　D. 联觉

3. 在张老师组织的百人大合唱中，如果增加一至两个人，小红感觉不到音量的变化，如果增加到十个人左右时，小红就能明显地感觉到音量的变化，这种刚刚能使小红感觉到音量变化的最小差异称为（　　）。

A. 绝对感觉阈限 B. 绝对感受性 C. 差别感觉阈限 D. 差别感受性

4. 教师将"辨、辩、辫、瓣"的不同部分标成红色，帮助学生更好地识字。这是利用（　　）。

A. 知觉的整体性 B. 知觉的选择性 C. 知觉的理解性 D. 知觉的恒常性

5. 个体最早发展的认知过程是（　　）。

A. 感知 B. 记忆 C. 思维 D. 想象

本章复习题

一、我们经常说的"感知教材""感知美好"，"感"和"知"是一回事吗？它们是什么关系？

二、请选择一种感觉或知觉，探究其在个体身上的发展过程。

三、反思自己的学习和生活中，运用过哪些感知规律？

四、试用本章学习的知识分析以下的案例。

一天，李奶奶戴着老花镜修剪刚买回来的百合花，9岁的孙女妞妞放学回到家。妞妞看到百合花很高兴，一个劲儿靠近闻，不停地赞叹："真香啊！"李奶奶看着妞妞的样子笑了，坐到沙发上想看报纸，拿起眼镜盒，打开一看是空的。李奶奶起身在房间里到处找眼镜，嘴里还嘟哝着："咦，怎么回事？我的眼镜怎么不见了？"妞妞笑得肚子都疼了："眼镜不就在您的鼻子上吗？"奶奶摸着鼻子上的眼镜："可不是嘛，我这是老糊涂了！"妞妞转过头去继续闻花，奇怪道："这花怎么没有刚才香呀？"奶奶笑着说："香味长腿跑了，明天就回来啦！你先跟奶奶说说，今天在学校都学到什么了？"妞妞一边打开书包，一边说："语文课可有趣了，王老师用幻灯片教了我们四个成语，每个成语都用不同的颜色表示，还用动画片给大家解释，我一下就记住了。数学老师讲的什么内容，记不清了，我得先看看书。"

推荐阅读书目

1. 戴维·迈尔斯. 心理学(第九版)，第六章[M]. 黄希庭，等译. 北京：人民邮电出版社，2013.

2. Dennis Coon，John O. Mitterer. 心理学导论——思想与行为的认识之路(第十三版)，第四章[M]. 郑钢，等译. 北京：中国轻工业出版社，2017.

3. 沈政，林庶芝. 生理心理学(第三版)，第三章[M]. 北京：北京大学出版社，2014.

4. 贝纳特. 感觉世界——感觉和知觉导论[M]. 旦明，译. 北京：科学出版社，1983.

5. 沃尔克，小皮克. 知觉与经验[M]. 喻柏林，等译. 北京：科学出版社，1986.

6. 彭聃龄. 普通心理学(第四版)，第三章和第四章[M]. 北京：北京师范大学出版社，2004 和 2012.

7. 黄希庭，郑涌. 心理学导论(第三版)，第九章和第十章[M]. 北京：人民教育出版社，2015.

8. 格里格，津巴多. 心理学与生活(第十九版)，第四章[M]. 王垒，等译. 北京：人民邮电出版社，2016.

9. 林崇德. 中学生心理学，第十章[M]. 北京：中国轻工业出版社，2016.

第六章
记　忆

本章学习资源

学习目标：

- 了解记忆在心理发展以及认知过程中的地位和作用。
- 理解记忆系统的工作流程。
- 掌握识记、保持和遗忘以及回忆中的规律。
- 掌握学习策略，能够在自己的学习和教学工作中应用记忆规律。

【本章结构】

记忆
- 记忆的概述：记忆的概念、类型、生理机制
- 记忆的系统：感觉记忆、短时记忆和长时记忆
- 记忆的环节：识记、保持和回忆
- 记忆的规律：在教学中的应用

人在感知过程中形成的事物映象，当事物不再继续作用于感觉器官时，它并不随之消失，能在头脑中保持一定的时间，并在一定的条件下还能重现。例如，从前看过达·芬奇画的蒙娜丽莎，即便现在不在眼前，我们脑海中还是能出现那神秘的微笑。人们不仅能记住感知过程中所产生的事物映象，而且能把思考过的问题、体验过的情感以及做过的动作都反映出来。总之，个体所经历的一切事物，都可能记住和重新反映出来。但是，学生每天到教学楼各个楼层的不同教室里上课，几乎没有人能记得不同楼层之间楼梯的级数，极少有人能完整地描述教室号牌的样子。经验告诉我们，记忆在工作和生活中作用巨大；心理实验表明，记忆是学习心理问题的核心。那么，人的记忆系统是如何工作的？我们的记忆容量究竟有多大？为什么会产生遗忘？什么样的材料容易被记住？如何能将学会的东西保持得更长久些？怎样才能进行有效的学习呢？这些就是本章要学习的，记忆的基本规律及其在学与教过程中的应用。

第一节 记忆的概述

一、记忆的概念

经历过的事物在人脑中的反映，叫作记忆。记忆与感知觉有明显的区别。感知觉是对作用于感官的客观事物的个别属性或整体的直接反应；而记忆是对过去经历过的事物的反映。

在学生的学习生活中，相当多的时间是花在记忆已有的知识上。虽然我们常说不要死记硬背，应该培养独立思考和解决问题的能力，但这并不排斥记忆必需的知识。实际上，人只有知识面广，记得多、记得快、记得准确而且提取容易，才有可能触类旁通、思路敏捷。在许多情况下，学生对所学的内容不理解，或不会应用，正是因为对一些基本原理、基本概念的记忆不好。所以，没有记忆，人就不能积累和形成经验；就不可能有心理的发展，甚至连最简单的行为和动作都不可能实现，因为任何活动，即使是最简单的条件反射也必须以在一定时间内保留的以前出现过的映象为前提。正如俄国生理学家谢切诺夫所说："记忆是整个心理活动的基本条件，是一切智慧的源泉。如果没有记忆，我们的感觉就会不留下任何痕迹而随即消失，人类将永远处于新生儿的状态。"

记忆是一个复杂的心理过程，它包括识记、保持、回忆三个基本环节。识记和保持是"记"的过程，再认和再现则属于"忆"的过程。没有识记，就谈不上保持；没有识记和保持，就不可能再认或再现。"记"是"忆"的前提，"忆"是"记"的结果和验证，通过"忆"还可以增强"记"的效果。

记忆主要以回忆的方式表现出来。例如，我们以前听过一个曲调，若能不看乐谱把它哼出来，便是再现；若别人演奏时能听出是以前听过的，便是再认。回忆之所以可能，是由于过去的反映被保留着；过去的反映得以保留，是由于经过了识记。识记通常是一种反复的感知过程，借以形成比较巩固的联系。例如，识记外文单词，常是经过多次诵读，形成它的音、义、拼法间的固定联系，从而记住它，有人对于一些曲调听过一次就能记住。

学海无涯

专栏 6-1 人脑的记忆与电脑

运用信息加工理论的术语，记忆就是人脑对外界输入的信息进行编码、存储和提取的过程。记忆的三个基本过程的作用恰好可以与计算机的信息加工过程相类比，如图 6-1 所示。

编码是个体在信息处理时，经由心理运作将外界刺激的物理特性，如声音、形状、颜色等，转化为另一种抽象形式，以便在记忆中储存并供以后取用的心理表征。如个体初见手机，用抽象的文字“手机”或声音符号即手机的读音来记住它，以便于心理上运作处理，就是心理表征。任何信息没有经过编码无法进入我们的记忆系统，普遍的编码形式是表象和语言。编码形式愈恰当，信息储存愈长久，提取愈容易。因此，编码是信息加工的关键，最为重要，大多数改善记忆的方法，都是针对这一环节。

储存是指将已经编码的信息，留存在记忆中，以便必要时供提取之用。储存的时间有长有短，可能是数秒钟，也可能至终生，视记忆类别而定。一般来说，对事物同时进行形、声、义的编码，形码、声码和义码并存，信息储存的效果更好。

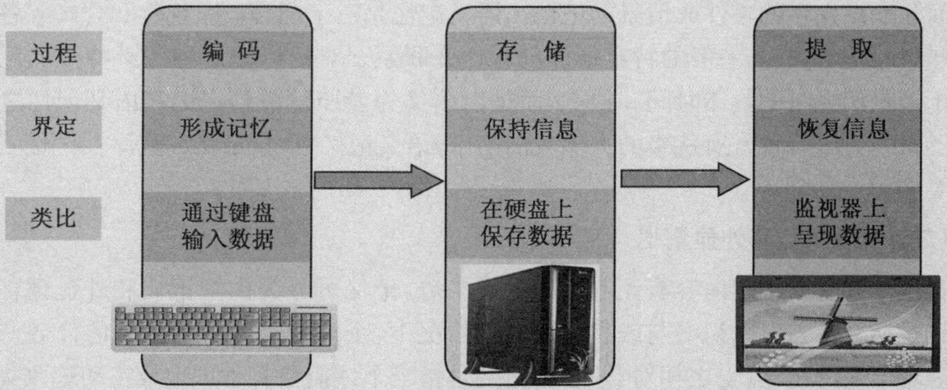

图 6－1 记忆的三个基本过程

提取是指在必要时将储存在记忆中的信息取出应用的过程，也称检索。检索时，要对储存中的信息进行解码，使之还原为编码以前的形式，并表现于外显行为。研究发现，信息提取依赖于编码与提取前后的背景条件如情景、声音、气味、温度等物理条件的前后一致性。也就是说，在与学习相同的背景中回忆显得更容易些，这从另一个侧面反映了有效编码是保证信息有效提取的最佳途径。信息编码越精细，制作、组织越恰当，则信息保持时间越长，记忆效果越好。

二、记忆的类型

依据不同的标准，可以对记忆进行如下分类：

（一）陈述性记忆和程序性记忆

心理学家安德森(John Robert Anderson，1947—)根据信息加工方式的不同，将记忆分为陈述性记忆和程序性记忆。陈述性记忆处理陈述性知识即事实类信息的系统，这些事实类信息包括字词、定义、人名、时间、事件、概念和观念。程序性记忆又称技能记忆，是记忆程序性知识包括动作、技能、条件反应和情绪反应等的系统。程序性记忆的内容通常包含一系列复杂的动作过程，既有多个动作间的序列联系，也包括在同一瞬间同时进行的动作间的横向联系，这两方面共同构成的复合体是无法用语言清楚表述的。例如打篮球，你所知道的规则和方法是储存在陈述性记忆中的，但你擅长拦网和远投，这些运动技巧则储存在程序性记忆中。

有证据表明,陈述性记忆和程序性记忆的运作方式不尽相同。陈述性记忆的内容可以用言语表达,是一个有意识、需要努力的过程;程序性记忆大多是自动的、不随意的,无法用语言清楚表述。程序性记忆不太会因为时间长而减弱;相比较而言,陈述性记忆更容易遗忘。从神经基础来看,程序性知识储存于大脑旧皮质,陈述性知识则储存于大脑新皮质。从个体发展来看,婴儿先发展程序性记忆,后发展陈述性记忆。

随着记忆研究的深入,到20世纪70年代,托尔文(Endel Tulving,1927—)将陈述性记忆又进一步区分为情景记忆和语义记忆。情景记忆是指对个人亲身经历过的,在一定时间和地点发生的事件或情景的记忆。语义记忆是对字词、概念、规律和公式等各种概括化知识的记忆,它与一般的特定事件没有什么联系。对信息的这种意义特征的记忆不依赖于接收信息时的具体时间和地点,而是以语义为参照。情景记忆和语义记忆之间并没有严格的界限。日常所从事的大多数活动中,语义记忆、情景记忆和程序性记忆三种记忆都要参加。

(二)内隐记忆和外显记忆

根据记忆者对记忆内容有无明确的意识来分,记忆可分为内隐记忆和外显记忆。内隐记忆是指在不需要意识参与或有意回忆的情况下,个体的经验自动对当前任务产生影响而表现出来的记忆;与之相对,外显记忆则是指当个体需要有意识地或主动地收集某些经验用以完成当前任务时所表现出的记忆。简而言之,内隐记忆就是自动的、不需要意识参与的记忆,亦可称为无意记忆。人类对记忆的研究,长期以来主要是对外显记忆的科学研究。揭示记忆规律和提高记忆效果的策略方法,也主要是在外显记忆方面。内隐记忆在20世纪80年代以来开始成为记忆心理学家研究的一个热点,取得了一些研究成果。实际上,在现实生活中内隐记忆也很重要,但人们大多数注意外显记忆,而比较忽视内隐记忆。有许多事物,人们常常并没有打算去接受其影响,但它却对一个人发生了深刻的影响。如情绪记忆往往就是无意中留下来的,喜欢什么,讨厌什么常常来自内隐记忆,有些口头禅、生活习惯也是内隐记忆的产物。

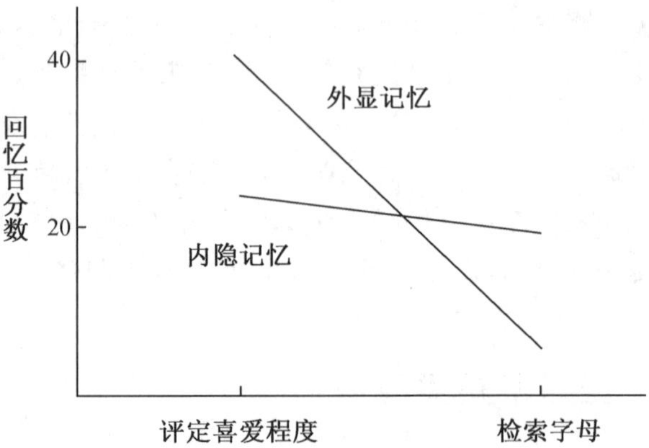

图6-2 加工深度对外显记忆和内隐记忆的影响

内隐记忆和外显记忆有一定的区别。刺激项目的加工深度、记忆数量增加、无关信息的干扰等并不影响内隐记忆的效果,但对外显记忆有非常明显的影响。内隐记忆随时间延长而发生的消退要比外显记忆慢得多。改变感觉通道会严重影响内隐记忆的成绩,但对外显记忆没有影响。内隐记忆不能用通常外显记忆的方法测量出来,而且不容易被我们控制。

(三) 形象记忆、语词记忆、情绪记忆和动作记忆

根据记忆内容的不同可以将记忆分为形象记忆、语词记忆、情绪记忆和动作记忆四种。

形象记忆是对感知过的事物形象的记忆。形象记忆保持的是事物的具体形象，它可以是视觉的，也可以是听觉的、味觉的或触觉的，例如人们对照片、歌曲、鲜美食物的记忆就是形象记忆。正常人的视听觉通常发展较好，而且在生活中起着主导作用，因此头脑中保持的形象一般以视觉形象和听觉形象为主。

语词记忆是以概念、判断、推理为形式，以事物本身的性质、意义和事物间的关系等为内容的记忆。这是通过语言的作用和思维过程来实现的，这是人所特有的记忆，它具有高度的理解性与逻辑性。例如，人们对定理、法则、公式的记忆。

情绪记忆是人们对体验过的情绪和情感的记忆。纯粹的情绪记忆是因为将某种情绪体验与当初产生这种体验的某一情境之间建立了联系，以后遇到特定的情境就会引发某种情绪，但是什么原因却可能说不清楚，比如有人恐高、怕虫子；有人喜欢圆脸的人，讨厌方脸的人，为什么喜欢、讨厌却说不清楚，这些就是情绪记忆。情绪记忆还可以成为一个人因某种体验经常激起或制止行为的力量或出现某种心境的原因，这种记忆的映象有时比其他记忆的映象保持得更持久，甚至终身不忘。

动作记忆也叫运动记忆，是以过去经历过的动作为内容的记忆。人类行为的复杂化和精巧都是以动作为基础，在这种记忆中，大肌肉的动作不易遗忘，而小肌肉的动作容易遗忘。如学会骑自行车或游泳后，几乎不会忘记，而对车工、钳工来说，一段时间不干，则会明显退步，我们常说的“拳不离手，曲不离口”也是这个道理。

三、生理机制

记忆的生理机制是一个异常复杂的话题。巴甫洛夫用暂时神经联系来解释记忆，认为记忆是暂时神经联系的形成、巩固和恢复的过程。神经冲动进入大脑后，在有关神经元之间反复作用形成暂时神经联系，由于巩固作用在大脑皮层上留下痕迹，这就是识记、保持的过程。这种痕迹在相应的刺激下会再度活跃起来，这就是再现或再认过程。随着科学技术的进步，人们对记忆的生理机制进行了大量的多学科实验研究，提出了一些新的看法。

(一) 记忆机能定位说

这一学说认为，在大脑中存在着视觉记忆的视觉中枢、听觉记忆的听觉中枢、语言记忆的言语中枢和运动记忆的运动中枢。其例证最初来自临床病例的观察。加拿大著名神经外科医生潘菲尔德认为，记忆与大脑皮层的额叶和颞叶有密切的关系。他在给脑病人施行开颅手术时，当微电极刺激患者右侧颞叶时，会引起病人对往事的鲜明回忆，甚至“听到”了过去曾经听过的歌曲，能随着音乐节奏断续地哼唱出来。这被称为“诱发性回忆”。“诱发性回忆”大多是以视觉形象和听觉形象出现的，而刺激大脑皮层的其他区域则不发生这种情况。给抑郁患者脑的不同部位电击引起痉挛时也发现，当电击患者左脑后，会损害其言语记忆，但不影响形象记忆。当电击患者右脑后，则会损伤形象记忆，但对言语记忆影响不大。因此他推断，言语记忆的信息可能储存在大脑左半球，形象记忆的信息可能

储存在右半球。心理学家对脑损伤病人的研究表明，小脑损伤会影响程序性记忆，纹状体的损伤和病变会影响习惯的刺激—反应学习，颞下回皮质的损伤会影响视觉的辨识和联想记忆，颞上回皮质的损伤会损害听觉识别记忆，杏仁核和海马组织病变会影响表象记忆和情绪记忆，等等。研究也发现，长期酗酒会导致负责记忆的海马严重受损，从而损害病人的外显记忆，但是即便海马组织持久性损坏以后，内隐记忆仍能很明显地表现出来。

（二）记忆机能整体说

该学说认为记忆是一种整合的心理现象，在大脑中并不存在单纯的记忆中枢。美国心理学家拉什利最早对记忆机能定位说提出挑战。通过切除动物大脑皮层的一系列实验，他发现动物记忆学习的成绩与破坏大脑皮层的特定部位关系不大，而与大脑皮层被损伤部位的大小有关，破坏的面越大，对记忆学习的影响越大，记忆丧失越严重。由此他推断，记忆的保持并不依赖于大脑皮层的精细结构部位，而是与广泛的神经细胞活动有关，是整个大脑皮层的机能。这一学说得到“细胞集合”理论的支持，这一理论认为神经细胞之间形成了一个庞大而复杂的神经通路系统，没有哪一个神经细胞能脱离细胞群而单独储存某种信息。因此，记忆“痕迹”并不依赖某一固定的神经通路，它涉及成千上万相互联系的神经细胞。

（三）记忆分子学说

该学说也称记忆生化说，认为记忆经验是由神经元内的核糖核酸的分子结构来承担的。神经细胞的脱氧核糖核酸（DNA）是借助核糖核酸（RNA）传递遗传信息。通过由学习引起的神经活动可以改变与之有关的神经元内部核糖核酸的细微化学结构，就像遗传经验能够反映在脱氧核糖核酸分子的细微结构一样。瑞典神经生物化学家海登通过训练白鼠走钢丝，然后解剖发现白鼠脑内与平衡活动相关的神经细胞的 RNA 含量显著增加，组成成分也有相应变化，因此他认为生物大分子是信息储存单元，RNA 和 DNA 是记忆信息的化学分子载体。另外一些验证性实验表明，把抑制 RNA 产生的化学物质注入动物脑内，会使动物的记忆学习能力明显减退或完全消失，如果把促进 RNA 产生的化学物质注入动物脑内，则能提高动物的记忆学习能力，这说明 RNA 的变化是个体学习和记忆的生物基础。

（四）神经结构变化说

通过对神经系统结构的研究发现，人体在反复学习和认知的过程中，参与活动的神经细胞之间也会发生结构上和功能上的变化，如树突分支的增多或延长、突触间隙的变窄等。这一观点得到一些实验的证实：将一组大白鼠饲养在丰富、多变的环境中，另一组饲养在黑暗、条件匮乏的环境中，解剖发现，前者比后者的脑具有较多的锥体细胞树突分支，且树突数目较多，突触较长，密度也较大。研究也发现，突触在神经细胞持续活动影响下可发生特异性的结构和功能变化，称为突触可塑性。这种持久性的突触变化一旦产生，记忆痕迹就会牢固地储存在大脑中，在神经系统发育和学习、记忆中起着至关重要的作用。

当代神经科学对记忆生理机制的研究很多，还涉及反响回路、长时程增强作用等记忆的脑细胞机制。从已有研究的结果和临床经验来看，对上述几种学说，均不应该简单地否定或绝对化。比如，尽管不同类型的知识是分开加工，分别定位于大脑的限定区域，但是复杂信息的记忆分布于很多神经组织中。记忆是整个中枢神经系统的功能，是中枢神经系统不同部位参与的联合活动，不同部位所起的作用各不相同。总之，现在对记忆生理机制的研究是多方位、多层次的，既有大脑皮层上宏观的探讨，也有神经元分子的微观生物化学结构上的探究。目前已有的研究尚不足以充分地解释记忆发生的机制，还有待于进一步的深入研究。

四、记忆表象

记忆表象是指过去感知过的事物不在面前出现时，在头脑中仍然能够再现出事物的形象。现代认知心理学认为，表象是人脑中以形象的形式对物体进行操作和加工，是物体不在眼前关于物体的心理复现。

记忆表象有视觉表象、听觉表象与运动表象之分。视觉表象是在视觉活动基础上、在头脑中保持并回忆的关于事物的形状、深度、大小方位、颜色和立体空间等图像；听觉表象是在听觉活动基础上，在头脑中保持并回忆的关于各种声音（如语音与语调、声乐与器乐、鸟与各种动物的声音等）的形象；运动表象是在运动感觉基础上，形成的各种动作与操作系统的形象等。

记忆表象是通过对现实的对象或现象的感知觉过程获得的，与知觉关系密切，知觉映像愈丰富，记忆表象愈多样；但两者又有本质的区别，知觉映像是由事物本身直接引起的，而记忆表象往往是由其他的事物，特别是在有关词语的作用下引起的。例如，望梅止渴和谈梅生津时头脑中出现的梅子的形象分别是知觉映像和记忆表象。

记忆表象具有两个特征。一是形象性。表象来自直观的知觉映像，是在头脑中出现的感知过的形象。表象的形象又与知觉中的形象不同，它只是知觉映像的概略再现。与知觉映像比较，表象有下列特点：① 表象不如知觉映像完整，不能反映客体的详尽特征，它甚至是残缺的、片段的；② 表象不如知觉映像稳定，是变换的、流动的；③ 表象不如知觉映像鲜明，是比较模糊的、暗淡的，反映的仅是客体的大体轮廓和一些主要特征。然而在某些条件下，表象也可以呈现知觉的细节。例如遗觉象，向被试呈现一幅画，在刺激停止作用后，个体头脑中继续保持的异常清晰、鲜明的表象。遗觉像是表象的一种特殊形式，以鲜明、生动性为特征。据研究，人类中仅有部分儿童有遗觉象，并且在 11～12 岁时最明显，很少能继续保持到成年期；在中国儿童中，有遗觉象者比无遗觉象者学习能力的分数高，差异显著。

二是概括性。一般来说，表象是多次知觉概括的结果，它有感知的原型，却不限于某个原型，因此表象具有概括性。这是对一类事物的共同的、表面的特征概括性反映，这种概括常常表征为对象的轮廓而不是细节。例如，当说起“柳树”一词，我们头脑中出现的柳树表象，不是你某时某刻在某地见过的任何一棵具体的柳树，更可能是你见过的众多的柳树具有的共同样子。例如，大象的表象，可能只是长鼻子、大耳朵、深灰色皮毛、庞大的身体等主要外部特征，这些特征代表了“大象”一般的、概括的形象。表象的概括性有一定的限度，只限于外部形象，还未达到思维的抽象概括水平。对于复杂的事物和关系，表象是难以囊括的。例如，上述产生遗觉象的图片，如果是表呈一个故事的片段，那么，关于整个故事的前因后果、人物关系相互作用的来龙去脉，则不可能在表象中完整地呈现，各个关于故事的表象不过是表达故事片断的例证，要表达故事情节和含义，则要靠语言描述中所运用的概念和命题。对连环画的理解是靠语言把一页页画面连贯起来，漫画的深层含义也是由词的概括来显示的。

记忆表象是认识过程的一个重要环节。由于记忆表象的存在，人的认识过程才有可能摆脱当前事物直接影响的限制，为思维、想象等心理过程提供感性基础。可以说，记忆表象是从知觉过渡到思维，从感性认识过渡到理性认识的桥梁或中间环节。

记忆表象的积累和丰富，对个体的认知发展和个性发展都有重要的作用。记忆表象在人的学习和实践中是不可缺少的。在某些职业的活动中，记忆表象具有更重要的作用，诸如画家、音乐家、施工的技术员等，都需要有鲜明的、稳定的、完整的记忆表象。

第二节　记忆的系统

根据信息加工理论，人类的记忆就是一个信息加工系统。当前得到公认的解释记忆储存的模型是记忆的三存储模型，该模型认为记忆加工有三个不同的阶段，它们分别是感觉记忆、短时记忆和长时记忆。三者的关系可以由图 6－3 表示出来。来自环境的信息首先到达感觉记忆。如果这些信息被注意，它们则进入短时记忆。正是在短时记忆中，个体把这些信息加以改组和利用并做出反应。为了分析存入短时记忆的信息，你会调出储存在长时记忆中的知识。同时，如果短时记忆中的信息需要保存，也可以经过复述存入长时记忆。

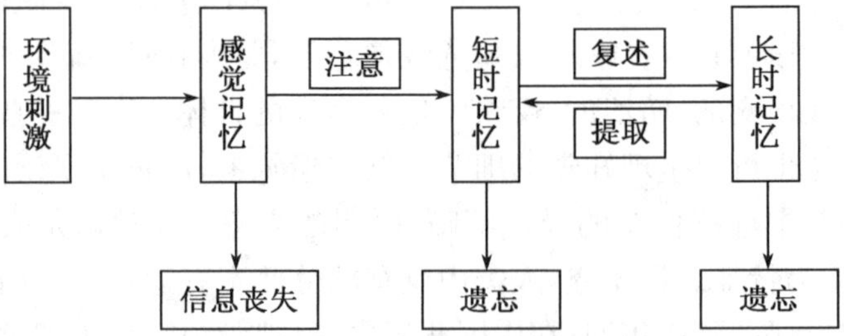

图 6－3　记忆加工系统

一、感觉记忆

感觉记忆又称瞬时记忆或感觉寄存器，是感觉信息到达感官的第一次直接印象。它是指进入感觉器官的各种刺激，当刺激停止后，感觉并不立即消失，而会保持一个极短的瞬间。因为这种记忆是通过感知通道进行的，故又称感觉记忆。感觉寄存器能将来自各个感官的信息保持几十到几百毫秒。

最典型的感觉记忆是视觉后像。视觉后像是在刺激作用停止后暂时保留的感觉印象。品质(如颜色、亮度)与刺激物相同的后像是正后像,反之为负后像。例如,在注视电灯光之后,闭上眼睛,眼前会出现一个光亮形象,位于黑色背景之上的是正后像,以后可能看到一个黑色形象出现在光亮背景之上,这就是负后像。看电影时,是视觉后像帮助我们把相继出现的一组图片看成是一个平滑连续的画面。大多数视觉表象持续的时间不会超过一秒钟,但在有些情况下,一些视觉表象可以持续更长的时间,这取决于刺激的强度(如亮度)。视觉刺激的强度越大,视觉表象消失得越慢。

感觉记忆有如下特征:首先,信息保持时间只是一瞬间。一般在视觉范围内信息保持时间不超过 1 秒,在听觉范围内约 2～4 秒,最清晰的时间是 1 秒钟。其次,信息储存具有相当大的容量。凡是作用于感官的刺激均可能进入瞬时记忆。1960 年美国心理学家斯波林(George Sperling, 1934—　)先采用整体报告法发现,被试的感觉记忆容量仅为 4～5 个,改用部分报告法后被试可以提取 9～12 个项目,回忆率达 75%以上,大多数人在 90%左右。再次,储存的信息未被任何加工,具有鲜明的形象性。在感觉记忆中,信息是按刺激的物理特征原样直接加以编码和储存的。

感觉记忆在信息储存时间上虽然极为短暂,但它对知觉活动本身和其他高级认知活动都有重要意义。在感觉记忆中,信息可能受到注意,经过编码获得意义,继续进入下一阶段的加工活动,如果不被注意或编码,它们就会自动消退。

二、短时记忆

短时记忆也称工作记忆,是信息加工系统的核心。在感觉记忆的基础上,通过注意,信息在头脑中保持 20 秒钟左右的记忆。

学海无涯

专栏 6-2　短时记忆的保持时间

在彼得森等人的实验中,被试的任务是记住 3 个辅音字母组成的无意义音节,18 秒钟后再进行回忆。在正常情况下,被试正确完成这个任务是轻而易举的事。然而,在刺激呈现以后,立即呈现一个三位数的数字,要求被试以这个数字为起点,进行连续减 3 的倒数数,持续到 18 秒为止。这时再让被试回忆字母,回忆成绩不足 20%,即回忆的平均数还达不到一个字母。原因是倒数数的任务阻止了被试对识记材料的复述。图 6-4 是一个类似实验的结果,它显示了 1 秒至 18 秒各种保持间距的回忆成绩。我们看到随着间隔时间的延长,回忆成绩迅速下降。这说明,如果得不到复述,那么,信息即使进入了短时记忆也会迅速消退。

首先,信息在短时记忆中一般只保持在 20 秒钟左右,最多不超过 1 分钟。但如果加以复述,便可以继续保存,复述保证了它的延缓消失。根据彼得森的实验研究,在没有复述的情况下,18 秒后回忆的正确率就下降到 10%左右,如果不被复述,大约 1 分钟之内就衰退或消失了。其原因可能是记忆的痕迹没有得到适当的巩固;或者是受到其他经验的干扰所致。

短时记忆经过复述、运用或进一步的加工，则从这里进入可以长久保存的长时记忆。

其次，短时记忆的信息容量有限，且相对固定，大约是 7±2 个组块。组块是指人们最熟悉的认知单元，是人们通过对刺激的不断编码所形成的稳定的心理组合，比如没有意义的一个字母、随机的一个数字、一个单词、一幅图片、一个成语等。美国心理学家、认知心理学的奠基者之一米勒(George Armitage Miller，1920—2012)在 1956 年发表的论文《神奇的数字 7±2：我们信息加工能力的局限》中提出，短时记忆的信息容量为 7±2 个组块，而且认为这个数量是相对恒定的。比如，你读一遍 71863945284，然后合上书，按照原来的顺序，尽可能多地默写下来。跟大多数人一样，你可能回忆出 7 个数字，至少能回忆出 5 个，最多回忆出 9 个。对一个人来讲，不同长度的材料组块数可能相同；而相同材料对不同的人，所构成的组块数也可能差异很大，这取决于人们对材料的熟悉程度。组块的大小是可变的，学会将更多的项目组成一个有意义的组块，可以大幅度地提高记忆广度，了解这一点对增大我们的记忆量很有好处。如一个 20 位数，4，4，1，6，5，5，2，5，6，6，3，6，7，7，4，9，8，8，6，4，如果一个数字、一个数字地去记，很难记住，但把它分成 4 416，5 525，6 636，7 749，8 864 五组，则容易记住。

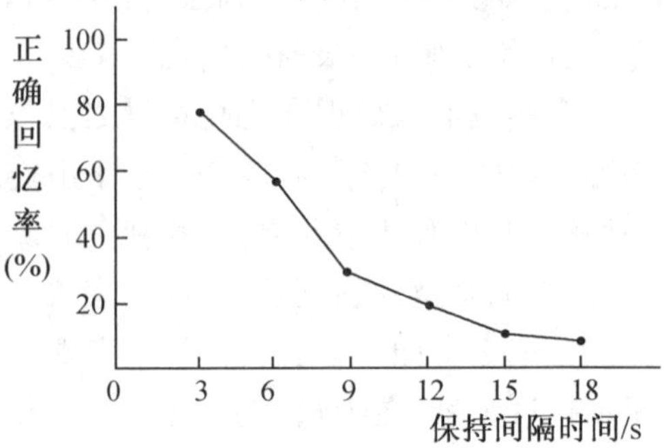

图 6-4　短时记忆的迅速消退

最近十多年的多项研究表明，在采取精密手段控制实验过程，防止被试偷偷复述或组块化后，短时记忆的容量似乎倾向于更小的估值，有研究者认为大约为 4±1 组块。

再次，短时记忆的编码方式随记忆材料及主体经验的不同而不同。储存在短时记忆中的信息，传统的观点认为主要是语音听觉编码，这一观点的普遍性遭到了怀疑。后来的研究表明，材料性质不同、个体经验不同，编码方式也不同，既有听觉编码，也有视觉编码，还有语义编码。

最后，短时记忆是从瞬时记忆到长时记忆的中间阶段，是一种直接参与人们当前活动，实际起作用的记忆，故又称工作记忆。它通过注意接受来自感觉记忆中的信息，并从长时记忆中提取信息，进行有意识的加工，由此支配当前的活动。

短时记忆中储存的是正在使用的信息，在心理活动中具有十分重要的作用。首先，短时记忆扮演着意识的角色，使我们知道自己正在接收什么以及正在做什么。其次，短时记忆使我们能够将许多来自感觉的信息加以整合构成完整的图像。再次，短时记忆在思考和解决问题时起着暂时寄存器的作用。例如在做计算题时每做下一步之前，都暂时寄存着上一步的计算结果供最后利用。最后，短时记忆保存着当前的策略和意愿。这一切使得我们能够采取各种复杂的行为直至达到最终的目标。正因为发现了短时记忆的这些重要作用，在当前大多数研究中被改称为工作记忆。

复述是使信息保存的必要条件，对信息的短时保持乃至长时储存都具有十分重要的作用。复述分保持性复述和精细复述两种。保持性复述是指一遍遍地重复识记材料，可以将信息在短时记忆中保持一段时间，使之处于活动状态。但不一定能将信息编入长时记忆永久保存。精细复述是指将识记的材料与长时记忆中储存的信息建立起联系，便可以长期保存，到需要时比较容易地回忆起来。

三、长时记忆

长时记忆是信息经过充分的加工后，在头脑中保持 20 秒钟以上，甚至终生不忘的记忆。平常人们讲的记忆，实际上就是指长时记忆，它是个体经验积累和心理发展的前提。自 19 世纪德国心理学家艾宾浩斯首先系统地研究记忆以来，长时记忆一直是心理学家关注的焦点。短时记忆是 20 世纪 60 年代后才引起人们广泛研究的。

第一，长时记忆的容量巨大。它储存着个体关于世界的一切知识，包括我们将来可以运用的各种事实、表象和知识，就像是一个巨大的图书馆，为个体的一切活动提供必要的知识基础。其容量是个天文数字，几乎是无限的，有人估计为 10^{15} 比特。

第二，在长时记忆中，信息可能保存至永远。它的保持时间能够按时、日、月、年乃至终生计算，在理论上被认为是永久存在的。

第三，长时记忆的信息是以有组织的状态储存下来的。长时记忆的容量大，保持的时间长，但记忆并不是对信息的被动接收与保存，从某种程度上说，它的储存是一个对信息的建构过程。一切信息都是通过短时记忆才转换到长时记忆中去的。将信息转入长时记忆的一条重要的有效途径是进行精细的复述，也就是将当前的信息和已有的知识联系起来，赋予它一定的意义，并对信息进行组织。

浩如烟海的信息是如何组织起来的呢？研究表明，长时记忆的编码主要采用了语义编码的方式。人们在对信息的加工过程中，形成网络化的概念层次。概念层次是一种基于条目的共同属性所形成的多水平分类系统，借助于归类实施，表现为对于相关或相似的项目，无论在有序或无序的条件下呈现，都是按一定的类别加以组织。当各种信息在概念上有一定层次的逻辑关系时，在记忆中就会按照它们的共同特性构成一个多层次的概念体系。研究证明，这种概念层次的组织结构可以有力地提高记忆效果。

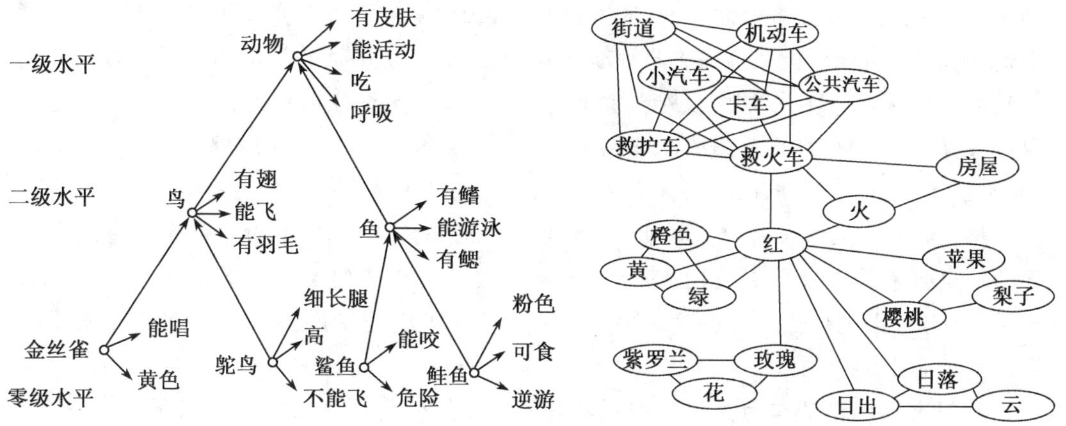

图 6－5 概念层次和语义网络

但是，并非所有的信息都能很好地组织在一个层次化的系统框架里，有些知识被组织在体系不大清晰的框架中，称为语义网络。语义网络包含了表征各种概念的节点和彼此相联系的连线，连线的长短代表着联系的密切程度。依据语义网络，当你想到一个单词的时候，很容易地会想起与之有联系的其他各词，这个过程在理论上叫作扩散激活。

通过上述几种组织方式，人的各种知识经验就在长时记忆中构成了一个比较稳定的网络，形成的结构称为网络模型或图式。图式是一种心理网络结构，它表示的不是许许多多的具体事物，而是各种知识要素的相互联系和相互作用。由于每个人的知识经验不同，所具有的图式也不同。图式对记忆有重要的影响，一方面，图式中的一般性知识为编码新信息提供了基础，有助于接受新事物并具有个人特点。另一方面，图式中的一般性知识极大地影响着信息的回忆效果，它使长时记忆中的信息得到激活后，往往不是直接地简单向外提取，而是经过推理进行建构，提取出来的是按照图式改造过的信息。例如，人们根据自己的经验、知识、兴趣、观点重新组织学习的材料，对自认为无关紧要的细节进行删除，夸大感兴趣的内容，将自己不熟悉的事物代之以熟悉的事物，等等。总而言之，人们利用现有的知识组织新的信息，并将新的信息和原有的图式结合起来，不断地建构和发展着庞大而有序的记忆系统。

学深悟透

专栏 6－3　闪光灯记忆

我们知道，长时记忆是需要经过编码才得以保存下来的。但是心理学家研究发现，有的信息似乎不需要意识努力，是自动编码进入长时记忆中的。美国心理学家于 1977 年率先提出了闪光灯记忆这个概念，认为这是自传体记忆的一种，是围绕一个特殊的、重要的或令人吃惊的事件的记忆，无须特殊的加工，经历者的头脑中事件出现时的图像非常生动，具有鲜明性、准确性和持久性的特点。也就是说，他们对所看到的一切几乎都具有自动的、长时的、详细而鲜明的表象。比如人们可以记住首次听到总统被刺、奥运会、世界杯足球赛、伊拉克战争和中国驻南使馆被炸等重大事件时的具体细节，包括听到事件的时间和地点，当时和谁在一起，正在做什么，听到事件时有何感受等。由于周围环境中发生引人注目的重大事件而产生非常生动的记忆，这些记忆的细节丰富并且保持时间非常长。正如闪光灯一样，不仅对闪光灯印象深刻，还能记住闪光灯照亮的区域。这些印象保留在头脑中，不需要线索就能马上浮现在脑海里。比如亲身经历过这些事件的人 10 年、20 年甚至 30 年后让他们再次回忆时，声称仍然很清楚地记得当时的情景。

但是，21 世纪以来的研究表明，闪光灯记忆的与众不同之处并不是它具有超乎寻常的准确性和持久性。更确切地说，它的特别之处在于人们主观地觉得这些记忆尤为生动，他们对这些记忆的准确度有着非凡的信心（即使并不恰当），在这些记忆里面寄托了更为强烈的情感。

对闪光灯记忆认识的变化再一次提醒我们，在人类对心理现象探索的过程中，保持开放的心态，不断质疑，会让我们向揭开心理的神秘面纱的目标跨近一步。

第三节 记忆的过程

从信息加工理论的角度来看，记忆就是人脑对外界输入的信息进行编码、存储和提取的过程。我们知道，记忆是个复杂的心理过程，从传统来看，一般把记忆(实际上是指长时记忆)分为三个基本环节，也就是识记、保持和回忆(包括再认和再现)。如果对识记过的内容不能再认和再现，或者再认和再现出现错误，便称之为遗忘。没有识记，就谈不上保持；没有识记和保持，就不可能再认或再现。

一、识记

识记是指识别和记住事物，从而积累知识经验的过程。一个完整的记忆过程是从识记开始的。识记是记忆的第一个环节，是保持和回忆的前提。

(一) 识记的种类

识记可以根据不同的标准进行分类，目前主要有两种分类。

1. 无意识记和有意识记

根据识记时有无目的性和随意性如何，可以把识记分为有意识记和无意识记两种。

无意识记也叫不随意识记，是事先没有明确的目的，也不需要意志努力、无须借助特殊方法的识记。比如参加同学聚会，虽然我们事先没有给自己提出明确的任务和目的，也没有付出特殊的努力和采用特殊的方法，但聚会的形式和内容却可以自然而然地被记住。无意识记表明了凡是发生过的心理活动，都在机体，特别是脑中保留一定的影响，这种影响在客观刺激的作用停止后，并不立刻消失，而以一定的方式保存下来，以致以后在适当条件下可以恢复原来的心理活动，表现为对有关事物的记忆。任何发生过的心理活动都会在脑中保留影响，不过深浅不同，影响深的可以保持较久的时间，很久以后还能记忆；影响浅的，事过境迁，就不复记忆了；也有可能影响虽然不浅，但始终没有适当的条件，记忆不能表现出来。

人的许多知识是由无意识记积累起来的，如关于居住地点附近的情况，许多日常生活经验、谚语、传说、故事等，在接触时都没有意图记忆它们，却成为个人知识经验的组成部分，有不少是相当重要的组成部分。人所接受的教育活动中的许多内容，也是通过无意识记的过程的。所谓“潜移默化”，就是说有一些良好影响是通过无意识记而接受的。无意识记对我们的工作、学习和生活都有重要意义。在学习中善于运用无意识记，也可以提高学习效率。但是，并不是所有接触过的东西、体验过的情绪，都可以记住，无意识记具有很大的选择性。在生活上具有重要意义的，与人的兴趣、需要、活动的目的、任务适合的，能激起情绪活动的事物，常常容易记住。例如第一次上学的情景、父母给孩子买喜爱的玩具，等等。更多的事物，虽然接触，甚至是经常接触，如果没有记忆的意图，个体对它们就没有印象。最常见的是，对自己居住的建筑物的楼梯的数目，教室里钟的数字形式等，多数人都回忆不起来。有人曾经做过一个实验，让被试计算颜色纸上不同颜色的字母中"O"字的数量，最后问纸的颜色，多数人回答不出。这一实验证明了如果没有记忆的意图，就不易有清晰的记忆。显然，无意识记带有偶然性和片面性，单凭它是无法获得系统的知识经验的。

有意识记是明确了识记目的，需要一定的意志努力且采用一定的方法的识记。在教育和生活中有意识记更为重要。对于需要学习的知识和技能，必须进行有意识记。比如背外语单词，记历史事件或某些定理性法则时，不但有明确的识记目的和任务，而且每个人都会采取各自有效的方法，并经过一定的努力去进行识记。换句话说，有意识记要求个体有积极的思维活动与意志努力，人们掌握系统的知识主要依靠有意识记，它对人的工作和学习更加重要。

2. 机械识记和意义识记

根据识记时的方法是否以理解为基础，可以把识记分为机械识记和意义识记。

机械识记是在对事物没有理解的情况下，依据事物的外部联系机械重复所进行的识记。机械识记的基本条件是重复地感知材料。现实学习生活中，有些识记的材料本身没有内在逻辑联系，只能靠多次重复来识记，如电话号码、出生年月、历史年代、河流的长度、山峰的高度；有些识记材料本身有内在联系，识记者没能理解，只好依靠多次重复来识记，如小和尚念经、牙牙学语的婴儿背诵古诗；即使那些能被理解识记的材料，我们也常常借助机械识记使自己的记忆更加精确和牢固，如考试之前背书。

意义识记是在对事物理解的基础上，依据事物的内在联系所进行的识记。它需要经过积极的思维揭露事物的内在本质和相互关系，并将其纳入已有的认识结构之中。运用这种识记，材料容易记住，保持的时间也较长，并且易于提取。

意义识记的基本条件是理解。学习中，大多数要求识记的材料是有内在联系的。根据已有的知识经验，通过积极思维活动找出材料之间的逻辑联系，加以理解，这就是意义识记。当材料本身并不具有意义联系，通过联想或人为地赋予材料某种逻辑联系来识记，也是意义识记。例如，有人用"一爬一爬，一爬爬上山"记忆马克思的生卒年(1818—1883)，一下子就记住了，而且不会遗忘。有人将圆周率小数点后的 22 位(3.1415926535897932384626)编成了一首有趣的小诗"山巅一寺一壶酒，尔乐苦杀吾，把酒吃，酒杀尔，杀不死，乐而乐"，从而记住，并且保持时间较久。

(二) 识记的规律

1. 有意识记优于无意识记

这是识记目的对识记效果的影响作用。在其他条件相同的情况下，有意识记的效果远比无意识记的好，也就是说，有目的的识记比没有目的的识记效果好，或者说，识记的效果取决于识记的目的是否明确。我们的日常经验以及众多的研究都揭示了这一规律。心理学家让被试用不同的方式记忆 16 个单词后发现，无论是当时回忆还是两天后回忆，有意识记的效果都明显地比无意识记的效果好(见表 6-1)。苏联心理学家赞可夫(Занков Леонид Владимирович，1901—1977)做过实验，要求甲组被试尽可能完全地记住一篇文章，而对乙组则不提识记的任务，结果用同样的时间，甲组被试平均记住了 12.5 个句子，乙组只记住了 8.7 个句子，在统计意义上有明显差异。

表 6-1　有意识记和无意识记的比较研究

记住单词数 / 间隔时间 / 识记性质	当时回忆	二天后回忆
有意识记	14	9
无意识记	10	6

2. 有意识记任务目标长远，识记效果好

在有意识记中，确定识记的任务对识记的效果起着关键性的作用。由于任务明确，识记活动都集中在这个任务上，就能够引起人的更为复杂的智力活动和调动其完成任务的积极性。

识记任务的远近对记忆内容保持的长久性与否也有关系。实验证明，有较长期的识记任务或要求，保持的时间就长些。相反，只有短期的识记任务或要求，保持的时间就短些。在一个实验中，让被试识记两段难易程度相当、长度相同的文字材料，并说明，第一段的材料第二天要检查，而第二段则在一周后检查，实际上这两段文字材料的检查都放在两周后，结果第一段材料只记住 40%，第二段材料记住了 80%。这说明，确立长久的识记任务对于识记效果有很大的影响。只为了考试而临时抱佛脚的学习者，考完很快就会忘记所学知识，这就是短期的识记任务目标所造成的。

另外，不同的识记任务或要求会影响人的识记方法、进程和效果。例如，任务要求是回忆识记材料的精确性，学习者就会反复默读复习单个词和句子；如果任务要求是回忆识记材料的内容，那么学习者就会努力地去建立句子之间的意义联系，理解材料的逻辑关系。

3. 意义识记优于机械识记

这实质上是识记方法的问题。大量的实验都说明，以理解为基础的意义识记比机械识记的效果要好得多，仅凭机械的死记硬背是最笨又不经济的方法。德国心理学家艾宾浩斯最早进行了这方面的实验。他发现，为了识记 12 个无意义音节，平均需要花 16.6 次才能成诵，识记 36 个无意义音节时需要朗读 55 次，而识记拜伦《唐璜》中六首诗的 480 个音节，只要读 8 次就能成诵识记。肯斯莱用三种不同的记忆材料比较识记的效果，结果如表 6-2。

表 6-2　三种不同材料识记效果的比较

记忆材料	回忆的平均数
15 个无意义音节	4.47
15 个由三个字母组成的孤立的英文单词	9.95
15 个彼此意义相关联的英文单词	13.55

实验结果表明，在识记材料数量相等的情况下，彼此有意义且相关的英文单词识记效

果最好，三个字母组成的孤立的英文单词次之，无意义音节最差。由此可见，识记材料本身具有逻辑意义，个体通过理解找到与自己已有知识经验之间的联系，有意义的新材料便被纳入学习者已有的知识结构系统之中，这样记忆效果好，且易于回忆。

需要注意的是，意义识记效果优于机械识记，但不能以此取消机械识记。学习中，适当的机械识记也是有必要的。因为，意义识记和机械识记是人们识记的两种基本方法，意义识记要有机械识记做基础。学习中，总有些材料是本身有逻辑联系也很有意义的，但学习者的认知水平有限，一时难以理解，也只能先进行机械识记，以后再逐步加以理解。总之，学习中我们不能取消机械识记，而应该尽量以意义识记为主，把意义识记和机械识记有机结合起来，逐步减少机械识记，提高记忆效率。

➢扫描本章二维码，了解“机械识记和意义识记的实验”。

4. 通过多种感官协同识记效果好

视觉在人类的感觉中起主导作用，人们 80%以上的信息来源于视觉，10%以上的信息是来源于听觉。研究显示，多种感官协同识记比单一感官独立识记(仅仅看或听)效果要好得多。如果把识记的内容作为自己的操作活动对象，多种感官协同识记，效率会更高。研究者向一组大学生提供 8 对句子，每对句子和一定的语法规则相结合，要求受试者分析和弄清这些句子的语法规则，然后按照这些语法规则自己造 8 对句子。次日，要求受试者把原来 8 对句子和自己造的句子都默写下来。结果，受试者对自己造的句子的记忆成绩比对原句子的记忆成绩平均高出 3 倍。

5. 适当“过度学习”识记效果好

在学习的程度上，存在低度学习、适度学习和过度学习之分。低度学习是指对材料的识记尚未达到成诵程度时就中止了的学习，适度学习是指对材料的识记刚好达到成诵程度时就中止了的学习，而过度学习是指对材料的识记达到成诵标准后还继续进行的学习。大量的实验研究证明，过度学习的材料比适度学习和低度学习的材料保持得好。我国心理学工作者研究了被试对不同的无意义音节字表的不同程度的学习，结果见表6－3：

表 6－3　学习程度对记忆的影响

学习程度	4 小时回忆出的百分数
150%	81.9
100%	64.8
33%	42.7

但是，并不是说过度学习越多越好，因为过度学习需要更多的时间和精力。美国心理学家将被试分成三组，分别采用 100%、150%和 200%的三种学习程度识记 12 个名词，在 1～28 天分别测定他们的保持量(结果见图 6－6)。实验表明，学习程度越高遗忘越少，当过度学习超过 150%时，保持的效率并不随之再显著增长。因此，过度学习以 150%为适度。例如学习某种材料 4 遍后就能记住并能正确回忆了，再重复学习 2 遍记忆效率可达到最佳。

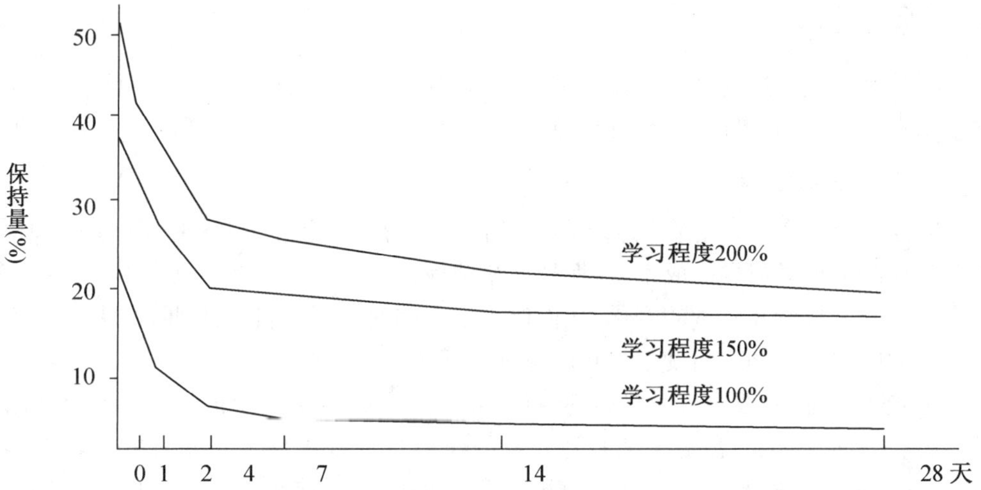

图 6-6　学习程度与保持量关系的示意图

6. 材料的性质、难易和数量影响识记效果

识记的效果受识记材料的性质、难易和数量所制约。识记材料按性质不同,可分为直观识记材料(实物、模型和图片等)和描述事物及形象的文字识记材料。对这些材料的识记效果因人而异。一般来说,成人对文字材料识记较好,儿童对直观材料的识记常优于文字材料。

另外,难易不同的材料在记忆进程中的识记速率是不同的。如果识记的材料是容易的,一般开始时进展较快,后来逐步缓慢,成一减速曲线。如果识记艰深难懂的材料,常在开始时进展较慢,后来逐步加快,成一加速曲线。

表 6-4　材料数量对识记的影响的结果统计

课文词句字数	识记总时间	100 字平均时间(分)
100	9	9
200	24	12
500	65	13
1 000	165	16.5
2 000	350	17.5
5 000	1 625	32.5
10 000	4 200	42.0

识记材料的数量对识记的效果也有很大影响。一般说要达到同样识记水平,材料越多,平均所用时间也越多。但是,如果识记的是课文内容,识记时间就依内容的逻辑结构、学习者的经验等条件而定。

综上所述,影响识记效果的主要因素有识记的目的与任务、识记的方式方法、识记的程度以及识记材料的性质、难易和数量等。

二、保持和遗忘

保持是过去经历过的事物映象在头脑中得以加工、巩固的过程。保持是记忆过程的第二个基本环节，它是以识记为前提，保持的效果在再认和再现中得到证明和体现的。

（一）保持及其规律

人的知识经验在经识记后置于头脑中的储存是有一定秩序、层次的，但不能理解为将文件存放在保险柜里那样一成不变，保持不是消极被动的储存过程。随着时间的推移，保持的内容会发生数量和质量的变化，从而体现了人脑对识记材料主动加工的特点。

保持的内容在质的方面发生变化的特征一般表现为，一方面，记忆内容中不甚重要的细节部分趋于消失，主要内容及显著的特征能较好地保持，从而使记忆内容简略、概括和合理。另一方面，记忆内容中的某些特点和线索有选择地被保留下来，同时增添某些特征，使记忆内容成为较容易理解的“事物”。记忆内容质的变化，常常受到个人的知识经验、心向、动机等因素的影响。英国心理学家巴特莱特（Frederic Charles Bartlett，1886—1969）采用图画复绘的方法来测试记忆质变的情形（见图6－7）。图中左边为刺激图形，先给被试中的第一个人看，隔半小时后要求他凭回忆将图绘出，再将他所绘的画给第二个人看，隔半小时后同样凭回忆将所看到的图绘出。然后把他绘出的图给第三个人看，如此依次进行直到第18个被试。图中垂直线右边的8个图形，就是实验中第1、2、3、8、9、10、15、18个被试所绘的图形。从这些所绘图形可以看到，从第一个被试识记回忆绘出的枭鸟，到第18个被试回忆绘出的猫的图形，记忆内容发生了质的变化。

图6－7　保持过程中图形的变化

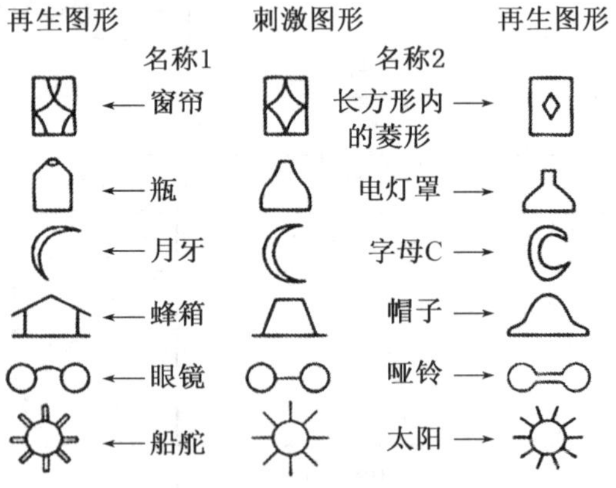

图6－8　心理定势对保持过程中图形的影响

卡密克尔（Carmickael，1932）等人也做了一项经典性的实验。实验中要求被试在短时间内观看图6－8中间的一系列图形。一组被试在看图形的同时会听到左边图形的命名，另一组被试听到的是右边图形的名称，图形呈现后要求两组被试绘出所看到的图形。结果大约3/4的被试把原图形画成不同的东西，其差异取决于他们所听到的图形命名的名称。实验证明，心理定势对保持产生了一定的影响。

除了记忆表象在保持过程中会发生质的变化外，对文字材料记忆的保持也会发生这种变化。有研究者给被试读了一篇关于印第安人和鬼怪打仗的故事，过一段时间让他们回忆故事，结果发现，常常阅读鬼灵故事的人增加了许多描述鬼怪的细节，令人听起来毛骨悚然；而有科学观点的人则大大删去了鬼怪的内容，还增加一些新的材料，使故事更有逻辑性。

在数量上，随着时间的进展，保持量一般呈减少的趋势，但也有例外。有人在实验中发现，儿童在学习两天之后测得的保持量比学习后立即测试的保持量还要高，以后多次重复实验都证实了这一现象。人们称之为记忆的恢复或自然恢复。这一现象在儿童中更为普遍，学习较难的材料时更容易出现。其原因可能是由于持续地学习产生了积累的抑制；也可能是由于识记初期学习者对学习材料还未形成一个整体，过了一段时间，抑制解除或材料经过加工形成一个整体。但这还只是假设，有待进一步研究。

影响保持的因素包括以下四个方面：

1. 识记材料的意义和作用

人对无重要意义、不感兴趣、不符合需要、在工作和学习中不占主要地位的识记材料最先遗忘，保持最差。

2. 识记材料的数量

一般来说，识记材料的数量越大，识记后的保持也越少。实验表明，识记 5 个材料的保持率为 100%，10 个材料的保持率为 70%，100 个材料的保持率为 25%。即使是有意义的识记材料，当识记数量增加到一定程度，它的遗忘速率也会接近于无意义识记材料的保持曲线。

3. 学习程度

在识记的环节中，研究已经发现，过度学习达 150%时保持的效果最佳。

4. 识记材料的序列位置

识记材料的序列位置不同，遗忘发生的情况也不一样。一般是材料中的首尾部分容易记住，不易遗忘，而中间部分则很容易遗忘，这就是序列位置效应。在一项以 68 名大学生为被试的实验中，让他们学习三种不同性质的材料，每种材料都是 15 个，被试读一遍后即测试其记忆结果（见表 6－5）。实验表明，识记材料的首尾两端部分比中间部分识记得好，这在无意义音节的识记材料方面表现得特别明显。许多研究表明，记忆效果最差的并不是在识记材料的正中间部分，而是在中间偏右的部分，这可能是受到前面和后面材料的双重抑制所致。

表 6－5　68 名被试对三类识记材料保持的统计表

材料	1	2	3	4	5	6	7	8	9	10	11	12	13	14	15
无意义音节	56	35	24	22	24	8	12	9	6	3	7	3	18	26	51
不相关的英文单词	65	68	45	37	58	18	44	32	36	15	46	31	49	49	58
意义相关联的单词	66	68	67	54	67	58	59	58	58	56	52	52	62	52	62

学海无涯

专栏 6-4 保持的动态变化

在美国心理学家洛夫斯基(Elizabeth Fishman Loftus, 1944—)一项经典实验中,心理学家给被试呈现一段三分钟的视频:8 名示威者冲进了教授讲课的教室,在一阵争吵后离开。然后向两组被试发放的问卷中的目标问题分别是“在闯入的 4 名抗议者中,带头的人是男士吗?”“在闯入的 12 名抗议者中,带头的人是男士吗?”一个星期之后,向所有被试发放的一份问卷的目标问题是“你看到多少人闯入了教室?”结果显示,之前做过“有 4 名抗议者”的题目的被试的平均人数为 6.4 人,后者回忆起的平均人数为 8.9 人。

众多的类似实验,与这一实验一样,均证明了这一观点:识记材料的保持是一个主动积极的过程,个人的经验、获得的信息对保持的材料不断地进行着再加工。人们在事后所听到的和看到的关于事件的信息会影响人们对于此事件记忆的准确性。

(二)遗忘及其规律

遗忘是和保持相反的过程,是指对于识记过的东西,不能再认或再现,或者错误地再认或再现。遗忘可能是永久性的,即不经过复习永远不能再认或再现。它也可能是暂时性的,如提笔忘字,如一件东西需要时找不到,而在另外的场合下却突然想起等,这就是所谓的舌尖现象。

德国心理学家艾宾浩斯通过实验研究,描绘出遗忘曲线,也称艾宾浩斯曲线或保持曲线(见图 6-9),揭示的遗忘规律表明,遗忘的过程是不均衡的,呈先快后慢的趋势。

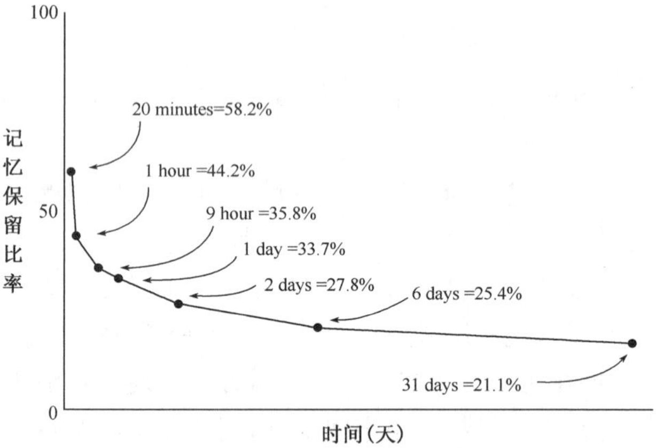

图 6-9 艾宾浩斯遗忘曲线图

从图中可以看出,在第一个小时内,保存在长时记忆中的信息迅速减少,然后遗忘的速度逐渐变慢,甚至在距初学 31 天以后,仍然存在着某种程度的节省,对所记的信息仍然有所保存。艾宾浩斯的开创性研究引发了两个重要的发现。一个是描述遗忘进程的遗忘曲线,心理学家后来用单词、句子甚至故事等各种材料代替无意义音节进行了研究,结果发现,不管要记的材料是什么,遗忘曲线的发展趋势都与艾宾浩斯的结果相同,虽然有意义材料的保持率高于无意义音节,但是遗忘的规律都是呈现不均衡的先快后慢的趋势。艾宾浩斯的第二个重要发现,是揭示了在长时记忆中的保存能够持续多长时间。通过研究发现,在长时记忆中信息可以保留数十年。因此,儿童时期学过的东西,即使多年没有使用,一旦有机会重新学习,都会较快地恢复到原有水平。如果不再使用,可能被认为是完全忘记,但事实上遗忘绝不是完全彻底的。

见贤思齐

专栏 6－5 科学研究记忆的第一人——艾宾浩斯

1850 年，赫尔曼·艾宾浩斯出生于普鲁士波恩附近的巴门，是家中的第四个孩子，姑姑十分宠爱艾宾浩斯，一直资助他的学业。艾宾浩斯没有辜负姑姑的厚望，他退役后重回波恩大学，并于 1873 年发表了题为《哈特曼的无意识哲学》的博士论文，获得哲学博士学位。1876 年，艾宾浩斯在巴黎一家书摊上买了一本旧的费希纳的《心理物理学纲要》，这一偶然的事情对他产生了深深的影响。1885 年，他出版了《记忆》一书，提出了著名的"艾宾浩斯遗忘曲线"，这一成就也令他成为与冯特齐名的心理学家。1909 年，艾宾浩斯因肺炎病逝于哈雷大学，年仅 59 岁。

在艾宾浩斯开展研究之前，心理学研究主要采取的是内省法，因为不够科学，一直被人诟病。为了打破这种局面，艾宾浩斯决定研究记忆，并要用科学的方法去研究。为了消除新学习的材料与记忆中的知识的可能联系，他创造了无意义音节，即一种由两个辅音和一个元音组成的字母串，如 P0F、QAZ 等。由于无人对背诵这些枯燥的字符串感兴趣，艾宾浩斯只能以自己为被试，大声朗读一串串无意义音节，并且用节拍器有规律的节奏控制朗读的速度，然后再努力地回忆它们。时人不仅不理解他的行为，还嘲笑艾宾浩斯的"愚蠢"行为。艾宾浩斯不为所动，坚持这一研究长达十年。为了测量遗忘，艾宾浩斯设计了节省法，也就是再学习法；根据这种方法，艾宾浩斯绘制了不同时间间隔的记忆节省图，称之为保持曲线或遗忘曲线，这样才把记忆的理论系统地描述出来，并发表《记忆》这一科学著作。著名的心理学史家波林评论道："这是划时代的，不仅由于它所涉及的范围和文章风格的新颖，而且因为它立即被看作是实验心理学突破了研究高级心理过程的障碍。艾宾浩斯开创了一个新的领域……"

艾宾浩斯虽然没有建立学派，也没有形成正式的理论体系。但是，他对学习和记忆的许多发现，在百年后的今天仍然对教育与学习领域产生重要的影响。他开辟了用实证方法研究记忆等高级心理过程的先河，此外，他还研究过光的知觉，发表过色觉理论。作为一个哲学博士，他突破自己，勇敢挑战未知的领域，并且坚持下去，取得了卓越的成绩。

对于艾宾浩斯这样一个十年如一日地"虐待"自己的"狠人"，你想说些什么呢？

（三）遗忘的原因

对遗忘的原因有多种解释，其中影响最大的莫过于消退说和干扰说。

1. 痕迹消退理论

消退理论认为，遗忘是记忆痕迹得不到强化而逐渐减弱以至最后消退的结果，这是一种较早的解释遗忘发生原因的学说。它认为外界信息作用于人，会在大脑中留下一定的痕迹，这种痕迹会随着时间的流逝逐渐"磨损"或衰退，最终导致遗忘。记忆痕迹的消失，可能是新陈代谢的作用或其他生物过程产生的结果。这种观点给我们最大的启发就是"学而时习之"。从直观上和生活实践的观察中，这种学说容易被接受，但它却无法用实验证明。

2. 干扰抑制理论

干扰理论认为，记忆痕迹本身不会发生变化。长时记忆中信息的遗忘主要是因为在学习和回忆时受到了其他刺激的干扰。一旦干扰被解除，记忆就可以恢复。

干扰抑制说的最初研究是睡眠对记忆的影响。心理学家在一项实验中，让两位被试识记无意义音节字表，要求达到能正确背诵的程度。然后让一位被试睡觉，另一位被试继续日常活动。分别在1，2，4，8小时后，让被试回忆学习过的材料，结果发现，睡眠的被试回忆成绩比继续活动的回忆成绩要好。这说明遗忘不是由于时间的流逝自然衰退的，而是在清醒状态下，大脑皮层的继续活动，即日常活动干扰了对原先学习材料的回忆。

抑制可分前摄抑制与倒摄抑制两种。倒摄抑制指后学的材料对保持或回忆先前学习材料的干扰作用，如学习英语单词。前摄抑制指先学过的材料对后学材料的干扰作用，比如学习一篇文章，一般总是开头和结尾部分容易记住，而中间部分容易遗忘，其原因就是中间的材料受到了开头材料的前摄抑制和结尾材料的倒摄抑制，在双重抑制下导致效果不佳，而开头的材料和结尾的材料受到的分别是中间材料的倒摄抑制和前摄抑制，故而保持效果较好。在日常生活中，我们也发现，就寝前和早起学习的效果要好一些；一节课中，老师开头讲的内容和下课前讲的内容记得更清楚一些。这些其实都是前摄抑制和倒摄抑制的作用结果。

3. 动机性遗忘说

又称压抑说，认为遗忘是由于某种动机的压抑所致。弗洛伊德把记忆和遗忘看成是个人维护自我的动态过程，认为人们常常压抑早年生活中痛苦的记忆，以免因为这种记忆可能会引起的焦虑或不安。实验表明，回忆中涉及愉快事件的约占55%，不愉快的约占33%，平淡的约占12%，对不愉快事件的回忆明显地少于对愉快事件的回忆。这是用痕迹衰退或干扰无法解释的。但通过某种方式，如催眠或自由联想等能够恢复这种被压抑的记忆。人们有意识地逼迫自己不去回忆那些引起特别痛苦体验的事件，或者以某种方式有意地歪曲它们，使之不再出现，这种有意识地不使某些信息再现的记忆效应称为有意遗忘。有意遗忘的作用与人们通常有意识地将注意力从令人不快的情境中移开，对不愿看到的场景不予编码一样，属于人们保护自己不受伤害的心理防卫机制。

学深悟透

专栏6-6　定向遗忘

情绪性记忆的主动遗忘，是指人们有意识地主动遗忘带有情绪色彩的记忆内容，特别是一些负性情绪性记忆(如失恋、地震后的惨痛记忆)。这些记忆会给个体带来心理创伤，如何有效地淡化这些痛苦记忆，对于帮助人们恢复有很大的作用。在实验室中采用项目法定向遗忘范式对情绪性记忆的主动遗忘进行研究。在每个学习项目之后立即给予被试一个“记”或“忘”的指令，在最后的测试中，被试记住项目的成绩好于要求遗忘的项目，出现了定向遗忘。众多研究中都出现了这一结果，进一步的研究表明，选择性编码和对负性信息的编码与提取的抑制控制两者的双重作用发挥了影响。众多临床实践也发现，被试能有效地利用抑制控制机制，主动遗忘情绪性记忆。

与其他记忆相比，情绪性记忆往往保持持久而且强烈，那么为什么还能够发生定向遗忘呢？研究发现，自我在记忆的编码、组织和提取过程中扮演着重要的角色。自我参照比起他人参照会影响主动遗忘(李文娟等,2005;杨红升、黄希庭,2007),即要求被试在学习情绪材料过程中与自身相联系,无论是抑郁组还是正常组的被试都出现了遗忘定向(Power et al., 2000)。虽然自我参照对不同效价的情绪性记忆定向遗忘产生了不同的影响,但自我提升动机在其中起着重要的调节作用(杨文静等,2014)。

4. 提取失败理论

很多人都碰到过这样的现象,在大街上遇到久未见面的老同学,却想不出他的名字,聊着聊着,往往就会想起对方是谁;在日常生活中还有舌尖现象,明明知道某件事,但一时想不起来;明明知道试题的答案,考试时却怎么也想不起来,事后正确的答案便出现在脑海中。这些情况都说明,所谓的遗忘可能是暂时的,所记忆的内容还在那里,只是一时提取不出来而已,就像把物品放错了地方怎么也找不到一样。一旦有了正确的线索,经过搜寻,所要的信息就被提取出来。

从提取失败的角度来看,遗忘与否取决于信息的易得性,而不是可得性。可得性是指在长时记忆中储存的信息的存在性,易得性是我们能够获得那些可用信息的难易程度。加拿大认知心理学家托尔文(Endel Tulving)认为,我们叫作记忆的东西,乃是在人们的头脑中重现无意识内容的能力,并且它还是可以清晰地辨别我们的意识和无意识之间内容联系的一种功能。在一个实验中,让被试学习 12 类 48 个单词。回忆测验时,给予类别名称这一回忆线索的被试回忆出 30 个,无线索组回忆出来 20 个。此后向无线索组提示类别名称,这时他们的回忆成绩达到 28 个。显然,无线索组被试后来回忆出的 8 个单词是储存在被试记忆中的,但是由于没有提取线索导致了遗忘。这就犹如图书馆中大量的藏书由于没有合理地存放或编制索引,导致我们很难找到某本我们想要的书。很多记忆的失败可能只是编码不准确或缺乏提取线索,而非真正的遗忘。

一系列研究表明,在长时记忆里,信息的遗忘尽管有自然消退的因素,但主要是由信息间的相互干扰造成的。一般说来,先后学习的两种材料越相近,干扰作用越大。对于不同内容的学习如何进行合理安排,以减少彼此干扰,在巩固学习效果方面是值得考虑的。

畅所欲言

成年之后,人们很难清楚地记得幼年时期发生的事情,幼儿期健忘的原因是什么呢?

三、回忆

回忆是对识记、保持的经验进行提取的过程,是记忆过程的最后一个环节。回忆既是记忆所要达到的目的,又是衡量、评价记忆水平的重要指标。回忆并不是简单机械地恢复过去已有映像的过程,它包括对记忆材料的一定加工和重组活动。

(一) 回忆的两种水平

按照回忆的水平和形式的不同,回忆有再认和再现两种。

1. 再认

再认是指当曾经经历过的事物再度出现时，仍能把它识别出来。如多年前读过的小说，再次碰到，感到熟悉，并确认自己曾经读过，这就是再认。

影响再认的因素有以下几点：第一，刺激物的数量。同时呈现的数量越多，再认越困难，比如选择题选项越多，难度越大。第二，相似程度。当前出现的事物与经验过的事物之间的相似程度影响到再认。由于暂时神经联系泛化的影响，相似对象不能分化，从而产生错误再认。例如"秀才识字读半边"，刚刚结识的姐妹俩容易认错等都是这一原因。第三，时间间隔。当前出现的事物与过去经历的时间间隔越长，变化越大，越难以再认；相反，如果间隔时间不长，比如刚刚见过的，更容易再认。

总的来说，再认有不稳定和动摇的特点，它表现在再认的快慢和准确程度上。无论是简单的还是复杂的再认，都是依靠线索来进行的。所谓线索是指事物的组成部分和特征。通过线索唤起对其他部分的回忆，从而形成特定对象的整体性辨认。特别熟悉的对象，再认时所需线索少而且简化；不熟悉的对象，再认时则需要较多的线索。

2. 再现

再现是指过去经历的事物不在面前时，脑中重新出现该事物映象的过程。一般来说，再认是较简单的再现，对识记过的事物进行再认要比再现容易一些。通常，能够再认的不一定能再现，而能再现的一般都能再认。

在个体的心理发展过程中，再认的能力出现较早，大约在婴儿 6 个月时即能再认，而再现要到 1 岁左右方能出现。

（二）有意回忆和无意回忆

回忆可以分为无意的和有意的，无意回忆是事先没有预定的目的，也无须意志，在其他事件的影响下，自然而然地回忆过去的经历，如触景生情、浮想联翩等均是无意回忆。有意回忆则是一种有目的、自觉的回忆，如回答问题、考试时的回忆等。回忆有时比较容易，有时则需较大的努力，费一番思索才能实现，这种情况叫追忆。

（三）影响回忆的因素

1. 对原识记材料巩固的程度决定回忆的正确率和速度

一般识记材料巩固程度高，就能迅速而正确地进行回忆。反之，则回忆有困难、速度慢，甚至错误。

2. 正确利用联想规律回忆效果好

人在回忆时，总是以联想为基础。2 000 多年前，亚里士多德率先提出相似律、接近律和对比律三大联想规律。现在一般认为，联想有以下四种：

(1) 接近联想。在时间和空间上接近的事物，容易形成联想。如由春天想到播种、繁花似锦，由教师想到学生，由天安门想到人民大会堂等。

(2) 相似联想。事物之间相似和共同的特征容易形成相似联想。如由绿色想到和平、环保，由傲霜的蜡梅想到坚贞不屈的品质，由月亮的圆缺想到人生的悲欢离合，等等。

(3) 对比联想。事物之间相反的特性所引起的联想为对比联想。比如由黑暗想到光明，由炎热想到寒冷，由真善美联想到假恶丑。

(4) 因果联想。因果联想是指由一种经验想到与之有内在关系结果的另一种经验。如寒冷—结冰、火—热等。因果联想表现了人复杂的思维活动。

客观事物是相互联系的，事物之间的不同关系反映在人脑中就形成各种不同的联想。形成大量的联想和充分利用联想是提高记忆效果的有效方法。有研究发现，联想有年龄差异和性别差异。由表 6 - 6 可以看出，儿童、成人、男人对同一个词语的联想是有显著差异的。儿童倾向于接近联想，成人倾向于对比联想，而男人对对比联想的倾向性更强。

表 6 - 6　不同人群对同一词语的联想统计

刺激	反应	儿童	成人	男子
黑暗	夜间	421	221	162
	光明	38	427	626
深的	洞	257	32	20
	浅的	6	180	296
软的	枕头	138	53	42
	硬的	21	365	548

3. 暂时中断回忆

在回忆过程中，常常会出现虽然经过长时间的努力，仍然没有结果，因而焦躁不安，甚至无名火起。这时最好暂时中断回忆或从事其他活动，这样既可以使情绪得到稳定，还可以形成思维上的酝酿作用，然后再进行追忆，反而可以获得良好的效果。

第四节　记忆与教育

一、记忆的品质

人的记忆力有着个别差异，对记忆力水平高低的评价，一般是通过记忆表现出来的不同品质来评价的。教师运用记忆规律组织教学的一个重要方面，就在于要善于分析每个学生的记忆特点，有针对性地扬长避短，培养他们良好的记忆品质。

(一) 识记的敏捷性

识记的敏捷性是指记忆速度的快慢。对于同一种材料，有人很快就能记住，有人则需很长时间才能记住。由于这种品质在日常生活和学习中表现得非常明显，因此人们常常仅以它来评定人的记忆好坏，但这是不全面的。有的人记得快，但忘得也快，有的人记得慢，但忘得也慢，这两种人难以从记忆水平上分出高低。研究表明，一般识记速度快，忘记就较快，但也不尽然。如果是很快理解地记住，遗忘就较慢；如果是粗心大意，加快速度，囫囵吞枣,忘得也就较快。所以仅凭记忆的敏捷性来评价一个人的记忆水平是不全面的。

识记的敏捷性是一种很重要的品质,有经验的教师常常让学生不假思索地回答问题,或在较短时间内完成命题作文来训练和培养学生的这种品质。

(二) 保持的持久性

保持的持久性是指信息在头脑中保持时间的长短。有的人能把识记的事物长久地保持住,而有的人很快就会忘掉识记过的材料。

教师一方面要提高学生对所学知识的理解;另一方面,当学生获得了某些知识经验后,要鼓励、指导学生进行复习强化,以提高学生记忆的持久性。

(三) 记忆的精确性

记忆的精确性是针对回忆而谈的,它是一个重要的品质。当人回忆过去的经历时,要求没有本质上的歪曲、遗漏或者主观上的补充。记忆的精确性对于人在生活实践中运用知识经验具有重要意义,如果没有这种精确性或准确性,其余的记忆品质就会失去它们的大部分价值。如果一个人的记忆不准确,张冠李戴、真假不分、稀里糊涂,其记忆力就无价值可言,记忆越准确,记忆力越好。

教师在培养这种品质时,要从认识入手,采用合理、恰当的识记方法。比如识记时运用意义识记,建立联想,回忆时才有可能借助联想唤起记忆。

(四) 记忆的准备性

记忆的准备性也是针对回忆而谈的,它是指善于把记忆中为当前所必需的东西迅速提取出来的品质,也是使知识运用于实际。要想从记忆中迅速提取当前必需的知识经验,就要求在记忆中的材料应该具有完整的次序和严格的系统,而且还要应用有助于回忆的方法。如果组织不当,杂乱无序,即使巩固程度很高,回忆时也会理不清头绪,很难寻找到线索,就必然导致难以回忆。此外,一旦无法回忆,加上情绪紧张,就更会加剧回忆困难,以至一时无法回忆,错过时机。

对于记忆的准备性品质,人们往往容易忽视,但它又是记忆的一个极其重要的品质,应该引起人们的高度重视。一名优秀的教师必须要有较好的记忆准备性,这样才能随时回答出学生提出的各种问题。

综上所述,一个人记忆力的好坏,要根据以上四种记忆品质来判断,这些品质的不同组合,也能反映记忆力的高低。当然,要提高记忆力,只能在生活实践中完成。

二、儿童记忆的发展

关于儿童什么时候开始有了记忆,是一个仍有争论的课题。20 世纪 50 年代,苏联学者卡萨特金研究认为,最早的记忆是在出生后第 2 周出现的哺乳姿势的条件反射。西方的一些研究表明,儿童在更早些的时候就有了记忆的表现,条件反射是记忆发生的标志,出生 10 天左右的婴儿就出现了条件反射。麦克法兰的研究表明,出生才一周的婴儿已能辨别母亲的气味与其他人的气味。所有的研究均表明,新生儿有一定的记忆能力。3～6 个月婴儿长时记忆的经验式机能可保持数天或数周以上,6 个月左右认生的出现是再认能力的表现，12个月后延迟模仿出现，标志着婴儿表象记忆和再现能力的初步成熟。

随着生理和心理其他方面的发展，幼儿的记忆在量和质上不断地发展着。幼儿记忆容量的发展趋势是先快后慢，到6岁时达到6.10个，接近成人的平均水平。幼儿的记忆以无意识记、机械记忆、形象记忆为主，其有意识记、意义记忆和语词记忆开始发展。小学儿童则逐渐以有意识记为主要方式，意义识记占据主导地位，语词记忆的发展速度超过了形象记忆。根据弗拉维尔的研究，儿童记忆策略的发展经过了三个阶段：5岁以前没有策略阶段，5～7岁为过渡阶段，10岁以后逐渐稳定发展，开始主动运用策略阶段。幼儿常用的记忆策略包括视觉复述策略、特征定位策略、复述策略；小学儿童常用的记忆策略有复述和组织策略。

中学生的记忆能力达到一生的巅峰。其记忆容量的发展在初中阶段就达到11个左右，超出成人。多方面记忆效果达到最佳时期，比如自觉运用意义记忆，有效运用机械记忆；形象记忆随年龄增加，初中最高；抽象记忆量在初中大大提高，达到高百分比；抽象记忆的发展量远高于形象记忆；有效运用各种记忆策略。

三、提高课堂教学的记忆效果

课堂是学生学习知识的主要场所，但在课堂中教师所讲的内容并不是要求学生整齐划一完全记住，而是应当根据各门课程的特点和教学大纲的要求，来确定教学在记忆上的任务。这就要求每位教师要善于运用记忆的规律组织教学，以获得最佳效果。

（一）明确识记目的和任务

记忆依赖目的和任务已经被众多心理实验证实，但记忆任务的提出要适时，特别要与训练学生的注意集中、感知认真、观察仔细、思维积极相结合。如果在讲授新知识时，只是强调记忆任务，反而会妨碍学生积极地思考和理解知识，产生负作用。

（二）指导学生运用科学方法

科学的方法能增强记忆，防止遗忘，收到“事半功倍”的效果。保加利亚的心理学家洛扎诺夫提出的“启发性外语教学法”，让人在听音乐、说笑话、做游戏等轻松有趣的情景中学口语、记单词，取得了较好的效果。一般来说，要少用机械重复的方法，多发展意义识记和理解记忆的能力。相互关联的内容，可指导学生采用“比较记忆法”，即通过找相同点、相异点来识记，在比较的基础上对材料进行加工、整理；还可以采用“联想记忆法”“分类记忆法”和“重点记忆法”等。

在教学中要尽量避免学生用单一分析器识记，注意采用“多通道协同记忆法”，把视、听、读或说、写都利用起来。实验研究证明：只听能记住60%，只看能记住70%，看、听、说相结合能记住86%。因此在教学中让学生复述是非常重要的。根据布捷克等人的研究，复述有不同的水平和等级。一级的复述只是单纯地重复的音韵，它虽然能够把必需的记忆内容保持在短时记忆之中而不消失，但却难以形成长时记忆。二级复述是思考内容的意义和联系，或者组成文章，或者用自己的语言、具体的事例来复述教师所讲内容。很显然，这种复述更加有效。

（三）利用生动具体的形象和表象

一般来说，与言语的、抽象的材料相比，学生更容易识记具体的、形象的内容。所以，教会学生善于利用“缩减法”“谐音法”“口诀法”“联想法”等来识记材料，效果会更好。比如，《辛丑条约》的内容有要清政府赔款、要清政府保证禁止人民反抗、允许外国在中国驻兵、划分租界建领事馆，可缩减为“钱禁兵馆”，再用谐音“前进宾馆”来帮助记忆。又如，让学生记住二十四个节气，可以借助《二十四节气歌》的歌诀，韵律和谐，抑扬顿挫，非常有助于记忆：春雨惊春清谷天，夏满芒夏暑相连，秋处露秋寒霜降，冬雪雪冬小大寒。这些方法中，最好自己动脑筋，自己创造的东西会印象深刻，容易记忆。

学思结合

专栏 6－7　记忆术

记忆术是记忆的窍门和方法，是为了便于记忆而将信息加以组织的技巧。其基本原则是使新信息同熟悉的已经编码的信息相联系，从而便于记忆。目前最流行而又取得公认的记忆技术是 PQ4R 法。PQ4R 法的取名是下面所述学习材料应该遵循的 6 个步骤的英文缩写。即预习（Prepare）—提问（Question）—阅读（Read）—思考（Reflection）—复述（Repeat）—复习（Review）。下面介绍几种比较通用的记忆术：

（1）地点法。地点法又称位置法，是一种传统的记忆术。将要记的材料想象为放在自己熟悉地方的不同位置上，回忆时在头脑里对每一个位置逐个进行检索。地点法的原理是将一组熟悉的地点与要记的东西之间建立起联系，主要利用视觉表象，以地点位置作为以后的提取线索。采用什么地点是任意确定的，因人而异。但所选定的位置必须是个人熟悉的场所。方法只是在想象中沿着一条路线走，把所要识记的每一件东西和这条路线上的一个确定位置联系起来，建立生动的表象。要回忆时，所需要做的只是在想象中走一遍这条路线，把与路线上各个位置的联想恢复起来就行。一般来说，在将地点与要记的东西联系起来时，想象越夸张，越离奇，形象越鲜明，回忆的效果越好。在一项实验中，要求 40 名女服务员和 40 名大学生记住 7、11 和 15 种饮料，并将其准确地送到顾客面前。研究发现，分送 7 种饮料的记忆效率，两组被试没有多大区别，分送 11 和 15 种饮料，女服务员的记忆效率明显高于大学生。究其原因是女服务员采用了将每种饮料同特殊的面孔和特殊的地点联系起来的方法。

（2）韵律法。又称自然语言媒介法。对一些纯语言的材料，最明显有效的记忆方法是靠韵律去记忆内容，因此，这一方法也称口诀法。有意识地利用口诀和押韵，可以大大地提高记忆效果，如乘法口诀。记笔记其实也是借助语言媒介的记忆方法，是学生最为常用的记忆术。记笔记的最好做法是对所听到的内容进行思考，找出各种材料间的关联，清晰准确地总结主要的观点和例证并记录下来。

（3）视觉心象法。视觉心象法是指把要识记的材料同视觉心象联系起来记忆。视觉心象越清晰，记忆效率越好。在一项实验中，向被试呈现 10 个无关联单词词表，要求实验组想出心象并编成故事来记，如有的被试将桌子、电灯、烟灰盒、青蛙等编成这样的故事:“厨房里有张桌子,桌子上放着电灯,还有烟灰盒,青蛙在电灯和烟灰盒之间跳来跳去……”而控制组则按规则孤立地识记。结果发现,隔了一段时间进行回忆,实验组能平均回忆出93%的单词,控制组只能平均回忆出13%,差异十分显著。研究发现,如果想象出来的内容越是怪诞、奇特、有趣,则记忆效果也会越好。

四、有效地组织复习

在学习中想同遗忘做斗争,复习是基本手段,“学而时习之”这句话充分体现了复习的重要性。但并不是任何复习,都能产生同样良好的效果。复习的成绩与其说决定于复习的次数,毋宁说决定于复习的正确组织。

(一) 复习要适量

讲授完新知识,让学生复习是必要的,但不能片面地不考虑儿童的年龄特征,如果过多地布置家庭作业,进行大量的课堂练习,盲目地增加复习量,致使学习课业负担过重,甚至影响了学生的健康。这不仅是在教育上得不偿失,而且是一种过失行为,因为知识的巩固并不只是靠单纯地复习。赞可夫在长期的教改实验中得出结论,教学如果稍稍加快速度,使学生在新课中复习旧课,有更多的机会应用知识,就会使之在短期内获得较多知识。在广阔的知识背景上把握事物的联系,才能理解得更深,记得更好。

(二) 复习要适时

首先,复习要及时。根据遗忘规律,遗忘的进程是不均衡的,有一个先快后慢的总趋势。因此,识记后要及早复习,以保持更多的知识不被遗忘。如果等大部分材料都已经遗忘后才去复习,无疑要花费更多的时间和精力。那么在时间间隔上怎样才算及时呢?研究表明,一般间隔时间为1天内,复习效果好。常言道“当天的功课当天毕”。以后每次复习时间间隔安排可长些,大体上先密后稀或先短后长。

其次,复习在时间上的正确分配是复习效果好坏的重要条件。一般来说,集中复习不如分散复习效果好。沙达科夫曾经做过实验,甲、乙两个班学习自然,教师的教学除复习时间不同之外完全相同,甲班在期末用5节课集中复习,乙班则在4个单元结束后分别复习2节课,最后统一测验,两个班级的学生成绩如表6-7。

表6-7 集中复习和分散复习

复习方式 \ 成绩	劣	及格	良	优
集中复习	6.4%	47.4%	36.6%	9.6%
分散复习	—	31.6%	36.8%	31.6%

分散复习之所以优于集中复习,一方面是因为集中复习很快就会引起保护性抑制,复习越集中,它的抑制作用就越大,而在分散复习时休息能使神经细胞恢复其工作能力。另一方面,在集中复习时,因为每次复习的材料量多,更容易产生前摄抑制与倒摄抑制,从而

影响复习的效果。虽然分散复习优于集中复习，但采用什么方法复习还要视材料数量、难易和学生年龄的不同而有异。一般说，材料较少，复习时间可以相对集中，低年级学生再次复习时所用的时间和时间间隔可比高年级短些。

（三）复习方式要恰当、多样

运用多样、恰当的复习形式能激发学生的积极性，增强学习兴趣，从而提高复习效果。心理学家伍德罗曾经进行过实验，他发现那些没有练习和运用机械练习的被试，其成绩相差不大，而那些接受了指导，复习方式多样有变化的被试在学习诗歌、散文等六种材料上都大大超过其他人。另外，前面提到，运用多种分析器的活动，可以提高记忆的效果。

五、掌握学习策略

学会学习是中国学生发展的六大核心素养之一，主动选择和运用学习策略是其中的主要成分，也是学生自主发展的重要标志。学习策略是指学习者为了提高学习的效果和效率，有目的、有意识地制订的有关学习过程的复杂方案，具有主动性、有效性、过程性和程序性的特点。

知识的类型不同，学习策略有所差异。比如，针对程序性知识的学习策略有模式再认、动作系列学习等。而迈克卡等人于 1990 年将陈述性知识的学习策略分为认知策略、元认知策略和资源管理策略三类，被广泛接受，具体见表 6－8。

表 6－8　学习策略的分类

学习策略分类	子策略分类	具体策略列举
认知策略	复述策略	重复、抄写、做记录、划线等
	精细加工策略	想象、口述、总结、做笔记、类比、答疑等
	组织策略	组块、选择要点、列提纲、画地图等
元认知策略	计划策略	设置目标、浏览、设疑等
	监控策略	自我检查、集中注意力、监控领会等
	调节策略	调整阅读速度、重新阅读、复查、适应应付策略等
资源管理策略	时间管理	建立时间表、设置目标等
	学习环境管理	寻找固定地方、安静地方、有组织的地方
	努力管理	归因于努力、调整心境、自我谈话、坚持不懈、自我强化等
	社会资源利用管理	寻求教师帮助、伙伴帮助、使用小组学习、获得个别指导等

（一）认知策略

认知策略是加工信息的方法和技术，能使信息有效地从记忆中提取出来，包括复述策略、精细加工策略和组织策略，在信息从短时记忆进入长时记忆不同进程中所使用。

1. 复述策略

复述策略是指在工作记忆中为了保持信息，运用内部语言在大脑中重现学习材料或刺激，以便将注意力维持在学习材料之上的策略。工作记忆容量有限，需要合理利用记忆规律。

灵活使用无意识记和有意识记。材料具有强度大、新异性、运动的、对比鲜明的，以及对人有重大意义的、符合兴趣的人或事，容易引发无意识记，而契合目标和任务要求的、难度较大的则需要启动有意识记。根据条件和情况不同，灵活使用两种识记。

排除相互干扰。一般来说，前后学习的材料之间存在互相干扰，安排学习时，要错开性质相似的、容易混淆的材料，如英语和拼音；避免一次性学习数量过大的材料，重要的材料安排在开始或结束时，避免双重抑制等。

采取整体识记和分散识记。篇幅短小或内在联系紧密的材料适合采用整体识记，而篇幅较长、难度较大、内在联系不够紧密的材料，则适合分段识记。当然，具体采取什么方法，还要结合学习者对材料的熟悉程度而定。

划线。这是阅读时常用的一种策略，可以与圈点批注方法一起使用。比如用多种记号，画出重点的主题句、不理解的词句、有疑问的内容等等。

此外，多种感官参与、尝试背诵、过度学习、及时复习等都是复述策略。

2. 精细加工策略

精细加工策略是一种将新学习材料与学生头脑中已有知识联系起来，从而增加新信息的意义的深层加工策略，这是一种理解性策略。如果一个新信息与头脑中已有信息建立的联系越多，那么能够回忆出该信息的途径就越多，回忆就越容易。比如学习“张三学习积极”这句话时，我们知晓“张三是学霸，经常在班级中名列第一”的信息后，回忆则容易得多。

做笔记。这是阅读和听讲时常用的策略，有助于指引个人的注意，发现知识的内在联系。在课堂上，学生做笔记不仅仅是记下听到的内容，而是要在理解内容的基础上，重新加工后记录下来。研究表明，复习笔记也是再加工的过程，也能促进学习。

提问。阅读和听讲过程中，对于内容不时提出自己的疑问：“是什么意思”“为什么这样”“如何做”，这样能理解得更好。教学过程中，引导学生自问自答，或者教师适时提问，或者鼓励同学之间互相提问作答，都是促进学生深入学习的良方。

生成性学习。就是要训练学生对他们所学习的内容产生一个类比或表象，如图形、图像、图表和图解等，以加强其深层理解。这种策略需要借助学生积极的思维加工，结合自身的知识经验生成新的知识表征形式，而不是简单地记录和记忆。比如要求学生比较不同心理学流派的列表，以及记忆一张关于影响因素、心理规律和教学对策转化的关系图，都是生成性学习的结果。

此外，利用背景知识、联系实际理解知识、主动应用、意义识记以及各种记忆术等都是精细加工策略。

3. 组织策略

组织策略是整合所学新知识之间或新旧知识之间的内在联系，形成新的知识结构的策略。学习者是以命题网络的形式将陈述性知识存储于头脑中的，命题网络需要学习者对不同的信息进行组织后，在头脑中不再是孤立、零碎的信息，学习效果自然更好。列提纲、做图解以及画表格就是以提纲、图示、表格的方式概括、简化地呈现新形成的知识结构，让学习者一目了然。

列提纲。以简要的语词写下主要和次要的观点，形成主要脉络，具有概括性和条理性，层次清楚，回忆时按图索骥地充实具体内容。

- **学习策略**
  学习者
  提高双效
  两有
  学习过程
  复杂方案
  主动、有效
  过程、程序
  - **认知策略** 更好地掌握知识
    - **复述策略**：运用内部语言保持信息于头脑中
    - **精细加工策略**：将新知识与已有经验建立额外联系，从而增加新信息的意义
    - **组织策略**：整合新旧知识间的联系，形成新的知识结构
  - **元认知策略** 反省认知过程
    - **计划策略**：根据目标提前预计目标、选择策略等
    - **监控策略**：及时评价、反馈认知的结果与不足
    - **调节策略**：根据反馈结果调整学习行为
  - **资源管理策略** 利用外界因素
    - **时间管理策略**：合理安排时间，有效利用最佳时间等
    - **学习环境管理策略**：选择安排舒适、适宜、固定的环境
    - **努力管理策略**：激励自己维持学习的意志
    - **社会资源管理策略**：遇到困难求助外界、合作学习等

图 6－10 学习策略的提纲结构图

做图解。不同的内容可以采用不同的图示方法，包括某门课程或某个章节的系统结构图、流程图、模式或模型图、网络关系图等等。

画表格。在对材料进行分析综合后，抽取主要信息，从某一角度出发，将信息呈现出来，可以是一览表，如表 6－8 迈克卡的学习策略分类表，也可以从纵横两个维度罗列材料的主要信息的双向表，比如注意分类根据预定目的和意志努力程度的不同，可以画出 2×2 的注意分类表。

畅所欲言

复述策略、精细加工策略和组织策略在记忆加工系统的三个阶段中（图 6－3），处于什么样的位置，是如何运行的呢？

（二）元认知策略

弗拉维尔（John Hurley Flavell 1928— ）于 1976 年首次提出元认知的概念，就是对认知的认知。具体来说，是关于个人自己认知过程的知识和调节这一过程的能力，是对思维和学习活动认知和控制。弗拉维尔认为，元认知具有两个独立但又相互联系的成分：① 元认知知识是储存在长时记忆中的对认知过程的知识和观念，包括有关个人作为学习者的知识、有关任务的知识、有关学习策略及其使用的知识；② 元认知控制是储存在工作记忆中的对行为的调节和控制，包括计划、监控和调节三个方面。很多时候，学生在学习中的困难，与其说是学习者的能力和才能所限，不如说是因为有关课题性质的知识和学习方法与策略不足。因此，在教学过程中，教会学生如何学习的方法和策略，对于学生提高学习效率和质量有莫大的帮助。

1. 计划策略

计划策略是根据认知活动目标，在活动之前计划的各种活动，包括预计结果、选择策略、想出解决问题的方法，并预估其有效性。计划过程涉及设置学习目标、浏览阅读材料、产生待回答的问题以及分析如何完成学习任务。成功的学生并不只是听课、做笔记和等待教师布置作业，他们会预测完成作业需要多长时间，在写作前获取信息，在考试前复习笔记，在必要时组织学习小组，以及采取其他各种方法。

2. 监控策略

监控策略是学习过程中，学习者自觉监控自己的学习活动，根据目标及时反馈认知活动的结果与不足，估计达到目标的程度和水平以及学习策略的效果。监控过程涉及阅读时跟踪注意、对材料进行自我提问、考试时监察自己的速度和时间，使学习者警觉并找出自己在注意和理解方面可能出现的问题，并加以修改。

学思结合

专栏 6－8　监控策略有哪些？

监控策略主要有两种：领会监控和集中注意力。研究表明，从幼儿园到大学有许多学生缺乏这些策略，从而导致学习效率低下、学习效果不佳。

表 6－9　领会监控和集中注意力的具体方法

策略	序号	方法	解释
领会监控	1	变化速度	阅读速度变化针对课文领会水平的差异；对于容易的章节，阅读速度快一点，抓住整体观点；对于较难的章节，则要放慢速度
	2	中止判断	有些部分读不明白，可以继续读，作者可能会在后面补充说明
	3	猜测	读不明白时，可以猜测一下，并继续读下去，来验证自己的猜测
	4	重读	重新阅读较难的段落，尤其是信息仿佛模棱两可或自相矛盾时
集中注意力	1	前置目标	上课之前，告诉学生学习的目标，学习效果会更好
	2	标识重点	用音量变化、手势、板书等表达关键信息；课本用不同颜色、排版等表明重点
	3	增加情绪	选择情绪色彩浓烈的词语来赢得注意。如“某某否决了教育提案”不如“某某枪毙了教育提案”更加吸引人
	4	独特刺激	新异刺激、多样化的活动容易吸引学生的好奇心
	5	告知重要性	强调材料在课程、章节中的重要地位，容易引起学生的注意力，提高学习效率

3. 调节策略

调节策略是检查认知活动结果，并及时修正、调整认知策略，帮助学生矫正学习行为，补救理解上的不足。调节策略涉及学习者不理解学习材料时，放慢阅读速度，或者退回去重读困难的段落，复习不懂的课程材料，测验时跳过某个难题先做简单的题目，等等。

（三）资源管理策略

资源管理策略是学习者管理可以利用的环境和资源，帮助学生适应及调节环境以适应自己的需要。

时间管理策略是通过一定的方法合理安排时间、有效利用学习资源的各种方法。做好时间管理，需要统筹安排学习时间、高效利用最佳时间、灵活利用零碎时间。比如根据自己的总体目标，整体安排时间；根据自己的时型特征，将重要工作安排在最佳时段。

学习环境管理策略是指为学习营造良好的环境，使得学习环境比较舒适，如空气流通、温度适宜、光线明亮、色彩和谐等，学习空间大小适中、布置有序、相对固定等。

努力管理策略是为了使学习者维持自己的意志努力，需要鼓励其不断进行自我激励。包括激发学习的内在动机、确定为了掌握而学习的信念，选择有挑战性的任务、合理归因、形成能力的信念、学会自我强化和自我奖励，等等。

社会资源管理策略是指善于利于图书馆、网络资源、教师、同学等各种工具性、社会性的资源，解决学习困难的各种方法。

促进学生掌握学习策略，可以采用以下教学模式：① 直接教学模式，与传统讲授法类似，是指教师把学习策略的规则和动作序列直接传达给学生的过程，包括激发、讲演、练习、反馈和迁移等环节。② 程序化训练模式，将解题、阅读、记忆等活动的基本技能，分解成若干有条理的小步骤，作为固定程序，要求学习者按此进行活动，经过反复练习使之达到自动化程度。③ 完形训练模式，在讲解策略之后，提供不同程度的完整性材料，促使学生练习其中的某一成分或步骤，然后逐步降低完整性程度，直至学习者自己完成所有成分或步骤。④ 交互式教学模式，是一种帮助学业困难学生的小组教学模式，采用教师和学生轮流承担教的角色的课堂教学组织形式，旨在教授学生总结段落内容（总结）、提出与要点有关的问题（提问）、明确教材中的难点（澄清）、预测下文出现的内容（预测）四种学习策略。⑤ 合作学习模式，两生一组，轮流主讲、总结策略内容和使用方法，另一方纠正错误和遗漏，直到双方掌握策略为止。

在实际教学中，无论采用哪种模式进行学习策略的教学，都要结合学科知识，避免形式化倾向。教师还要根据学生的基础和特点，优化自己的教学步骤，为学生提供能够仿效的活动程序，同时要激发其学习动机，让其有意识地内化有效的学习策略。

真题实练

1. 学习游泳之前，小兰通过阅读记住了游泳知识，小兰对游泳知识的记忆是（　　）。
   A. 程序性记忆　B. 陈述性记忆　C. 瞬时记忆　D. 短时记忆
2. 如果张力读 4 遍后能够背诵一首诗，要达到最佳的记忆效果，还应背诵（　　）。
   A. 2 遍　B. 4 遍　C. 6 遍　D. 8 遍
3. 艾宾浩斯遗忘曲线表明，遗忘的速度是不均衡的，呈现的趋势是（　　）。
   A. 先慢后快　B. 匀速加快　C. 先快后慢　D. 匀速减慢
4. 背诵较长的课文时，中间往往比开头和结尾遗忘更多，这是因为记忆受到了（　　）。

A. 前摄抑制　　　　　　　　　　B. 倒摄抑制
C. 前摄抑制和倒摄抑制　　　　　D. 倒摄抑制和干扰抑制

5. 如果不复述,晓东记忆的英文单词在头脑中只能保持几十秒。这种现象是(　　)。
A. 瞬时记忆　　B. 短时记忆　　C. 长时记忆　　D. 内隐记忆

6. 地理老师教学生记忆“乞力马扎罗山”时,为方便学生记忆,将之戏称为“骑着马打着锣”。这种学习策略属于(　　)。
A. 精细加工策略　B. 复述策略　　C. 组织策略　　D. 资源管理策略

7. 丁力有意识地对自己的学习进行检查与监控。他所运用的学习策略属于(　　)。
A. 复述策略　　B. 精加工策略　　C. 组织策略　　D. 元认知策略

8. 为便于学生理解和记忆,教师将某个英语单词变成小故事,这是运用了(　　)。
A. 复述策略　　B. 组织策略　　C. 元认知策略　　D. 精加工策略

本章复习题

一、判断下列说法是否正确,并说明理由。

1. 机械识记就是对无意义材料的识记,意义识记就是对有意义材料的识记。
2. 只要识记得好,材料在保持过程中不会发生质和量的变化。
3. 能够再认的一定能回忆,能够回忆的不一定能再认。

二、分析下列实验结果,然后回答问题。

1. 请分析、概括有关实验揭示的记忆规律,该规律对你的学习或未来的教学工作有何启示?

表 6-10　学习材料不同时间的保持率和遗忘率

学习后的时间	20 分钟	1 小时	8 小时	24 小时	2 日	6 日	31 日
保持率(%)	58	44	36	34	28	25	21
遗忘率(%)	42	56	64	66	72	75	79

2. 分析下表中所反映的小学儿童记忆发展的特点。

表 6-11　小学儿童对三种不同性质材料延缓重现的百分比

年级	形象	具体词	抽象词
一年级	45%	12%	4%
三年级	66%	62%	33%
五年级	83%	71%	63%

三、请用列表或画图的方式来概括记忆系统三个阶段的特点及其关系。

四、反思自己记忆方法的得失,并提出改进策略。

五、案例分析

1. 杨曦是小学四年级学生，聪明、好动，属于一点就通、一学就会的学生。可是令老师和家长头痛的是她的“记性”，尤其是遇到需要背诵的公式、文言文等，她总是“记不住”。因此，她虽然能在家长和老师的督促下按时完成作业，但学习成绩总是游移在中等水平，怎么也提高不上去。

如果你是杨曦的老师，你将怎样帮助她提高记忆效果呢？

2. 徐晓东的爸爸发现，儿子学习成绩平平，但是背书特别“神”：有背诵课文作业的晚上，晓东往往是写完书面作业后，拿着课本就上床了。爸爸也没有听见他一遍遍朗读，很快就睡着了。但是第二天上学的路上，晓东会一字不落地背给爸爸听。爸爸很得意，也很费解。

请用本章所学的知识进行分析。

3. 张倩用“嫁给那美女，身体细纤轻，统共一百斤”记住了“钾钙钠镁铝锌铁锡铅氢铜汞银铂金”金属活动性的顺序。

请具体分析张倩遵循的识记规律，识记还有哪些规律？

4. 在课堂上，老师每讲到一个问题，魏晓北总是觉得学会了。但一到提问或考试，却怎么也想不起来。

请用所学的有关心理学的原理加以分析。

推荐阅读书目

1. 戴维·迈尔斯. 心理学(第九版)，第八章[M]. 黄希庭，等译. 北京：人民邮电出版社，2013.

2. Dennis Coon，John O. Mitterer. 心理学导论——思想与行为的认识之路(第十三版)，第七章[M]. 郑钢，等译. 北京：中国轻工业出版社，2017.

3. 杨治良，等. 记忆心理学[M]. 上海：华东师范大学出版社，1999.

4. Schacter. 找寻逝去的自我：大脑、心灵和往事的记忆[M]. 高申春，译. 长春：吉林人民出版社，2001.

5. 杨凤云. 心理学导论，第四章[M]. 北京：北京大学出版社，2016.

6. 格里格，津巴多. 心理学与生活(第十九版)，第七章[M]. 王垒，等译. 北京：人民邮电出版社，2016.

7. 黄希庭，郑涌. 心理学导论(第三版)，第十二章[M]. 北京：人民教育出版社，2015.

8. 叶奕乾，何道存，梁宁建. 普通心理学(第五版)，第七章[M]. 上海：华东师范大学出版社，2016.

9. 彭聃龄. 普通心理学(第五版)，第六章[M]. 北京：北京师范大学出版社，2019.

10. 韦恩·韦登. 心理学导论(第九版)，第七章[M]. 高定国，等译. 北京：机械工业出版社，2017.

11. 桑德拉·切卡莱丽，诺兰·怀特. 心理学入门(第二版)，第五章[M]. 张智勇，等译. 北京：机械工业出版社，2016.

第七章
思维和想象

本章学习资源

学习目标：

➢掌握思维的内涵及其与感知、记忆等的关系。

➢理解思维的形式及其影响因素。

➢掌握问题解决和创造的思维过程及其影响因素。

➢理解想象的类型和心智操作方式。

➢能够在自己的学习和教学工作中应用思维规律。

【本章结构】

思维和想象

- 思维的概述：概念、类型、生理机制等
- 思维的形式：概念、判断、推理
- 思维的过程：问题解决、创造
- 特殊的思维：想象的概念、分类
- 思维的规律：在教学中的应用

虽然人的力气不如牛，嗅觉不如狗，奔跑速度不如豹，夜间视觉不如鹰，但人类却是万物之灵。其原因在于人类的智慧，正如恩格斯所言，“智慧是地球上最美丽的花朵”。而智慧是人思维过程的产物，平时人们所说的“想一想”“考虑”“沉思”“推理”“眉头一皱，计上心来”等，都是思维活动的形式。思维是一种人类特有的高级心理活动过程，是人和动物相区别的显著特征之一，是人类心理活动中最复杂、最重要的问题。思维使我们能够以抽象的运作方式去处理外在世界，并且给这个世界带来翻天覆地的变化。本章将阐述思维的概述、形式、问题解决、创造性思维、想象以及思维规律在教学中的运用等内容。

第一节　思维的概述

一、思维的概念和特征

(一) 思维的概念

思维是人脑对客观事物的本质特征和规律性联系的概括的、间接的反映。

思维和感觉、知觉、记忆一样，是人脑对客观事物的反映活动。不过，感觉和知觉是对客观事物的直接反映，所反映的是客观事物的外部属性和表面联系，属于感性认识阶段；思维则是在感性认识的基础上，利用记忆中介作用对客观事物的间接、概括的反映，所反映的是客观事物的本质特征和内在联系，属于理性认识阶段。因此，思维是更复杂、更高级的认识活动，它借助语言、表象或动作实现，是认知活动的高级形式。例如，下午放学回到家，你一进门，闻到厨房里飘出饭菜的香味，你就会知道妈妈已经回家了，把饭做好了。这个时候，你并没有看到妈妈，也没有看到她做饭，只是运用你头脑里已经有的知识经验（家里总是由妈妈做饭）对直接输入的感觉信息（饭菜香味）进行了加工、处理，提出假设，检验假设，做出推理和判断，这个过程就是思维。

(二) 思维的特征

思维具有间接性和概括性两个主要特征。

1. 间接性

思维和感知觉不同，它总是凭借已有的知识经验和其他事物的媒介作用来对客观事物做出非直接的反映，因此，它具有间接性。例如，闻到饭菜香味，推断妈妈在厨房；根据手边的各种资料推测火星上的状况。正是由于思维的间接性，人们才可能超越了感知觉提供的信息，认识那些没有直接作用于人感官的事物属性，从而揭示事物的本质和规律，实现对未来的预测。比如早晨出门看见地上有积水，可以推测夜里下雨了，在这里，夜里下雨的认识是通过地面潮湿的媒介而推断出来的；医生根据患者的体温、血压、血液、尿液、心电图、脑电图等检查的有关情况，确诊患者的疾病及病因；教师可以根据学生学习材料的完成情况来判断学生的知识掌握程度；等等。

间接的反映之所以可能，是因为以个体对客观现实事物的感知为基础，如夏天气压低、天气闷热、乌云密布、燕子低飞、墙基潮湿、空气湿度大，我们知道快要下雨了，这种认识是通过多次感知经验来推测的。

2. 概括性

在大量感性材料的基础上，把一类事物的共同特征和规律抽离出来加以认识，这就是思维的概括性。概括性使人的认识活动摆脱了对具体事物的局限性和对事物的直接依赖性，扩大了人们认识的范围和深度。例如，把轮船、飞机、自行车、小汽车等一类事物概括为交通工具。

所谓概括的反映是说所反映的不是个别事物或其个别特征，而是一类事物共同的本质特征。客观现实中的事物，山、川、树木、禽兽等，形形色色各不相同。世界上没有两株完全一样的树，可是人在思考的时候，却可以呈现出事实上并不存在的一般树的表象。在一般表象中的树，包含着规定这一类事物为树的本质特征，从而舍弃了形状、大小、颜色等非本质特征。可以设想，假如人不是用以词来标志一般性的表象进行思维，而是用千万种颜色、形态、大小各不相同的树进行思维，那么思维的开展就很困难。

在原始思维和幼儿思维中，可以看到概括水平很低的具体思维。在原始民族和幼儿的语言中，概括性的词很少。例如格式塔学派心理学家苛勒对大猩猩取水灭火、拿香蕉的实验中，大猩猩可以学会用桶里的水灭火，但不会用海里的水灭火，因为它头脑中没有"水"的概念。生活在冰天雪地里的因纽特人对不同的风雪给予不同的名称，如积雪、漂流的雪、下降的雪等，但是没有雪的总称。儿童从成人那里学会一些概括的词，但是往往并不能掌握它的概括意义。例如婴幼儿说"我喜欢鸟"时，"鸟"是指他家中养的那只鹦鹉；他们抱住妈妈抱怨"我讨厌女人"时，"女人"可能是指给他带来困扰的同桌女生。

随着思维的发展，逐渐出现较高水平的概括。从不同形状的枣树都可以叫作枣树，到把枣树、杨柳、海棠等都叫作树，再把树和花、草等叫作植物，这是不同水平的概括。概括性的水平反映着思维的水平，概括的水平越高，人就越能深入地反映事物内部的本质特征。

思维的概括性也表现在它反映事物之间本质的联系和规律上。例如，船浮在水上，通过感知，人只能反映船和水在空间上的关系；而像船放在水里能浮这类事物内部的联系，则是通过思维活动才能获得的，是人经过实践活动，通过概括、判断、推理才能获得的反映。由于对象的这些特征并不表露在外部，而是蕴藏在事物的内部，随着对这些联系的认识，人的反映也就从直接感性的反映，转向间接非感性的反映。

正是由于思维概括的、间接的性质，所以通过思维，人就可以认识那些没有直接作用于人的种种事物或事物的属性，也可以预见事物的发展变化进程。例如人不能直接感知光的运动速度，但通过实验可以间接地推算出光速每秒钟 30 万公里，而对每秒钟 30 万公里速度的含义，是通过能直接感知的运动媒介来掌握的。30 万公里可以分成 30 万个 1 公里，人对 1 公里可以直接感知；人对 1 秒钟走 1 公里的速度也可以由 1 秒钟走 5 米、10 米速度的递加来表象。正是这样，靠着对外界对象在思想上的不断分割和不断结合，人掌握了直接感觉领域以外的东西。正如列宁所说："表象不能把握整个运动，例如它不能把握秒速为 30 万公里的运动，而思维则能够把握而且应当把握。"因此，思考的领域比感知的领域要广阔。通过这条途径，人获得新的知识，科学家做出重要的发现和发明。

思维虽然是概括的、间接的、超出感觉和知觉范围的反映，但是它仍然和作为关于世界知识基本来源的感性认识密切联系着。思维是在感性材料的基础上产生的，感性认识是思维活动的源泉和根据。

畅所欲言

从感知、记忆到思维，认知的主要子过程在反映内容、反映方式及其特点方面有哪些不同之处？

二、思维的心智操作

思维是通过一系列复杂的心理操作实现的，这些操作主要有以下几种：

（一）分析和综合

分析是在头脑中把事物整体分解为各个部分或各个属性的过程。例如，把一台计算机分解为主机、显示器、键盘、鼠标等；把植物分解为根、茎、叶、花、果实、种子等；把几何图形分解为点、线、面、角等。综合是指在头脑中把事物的各个部分、各个属性、各个特征结合起来，了解它们之间的联系，形成一个整体的过程。例如，把文章中的各个段落综合起来，把握其中心思想。

分析与综合是思维最基本的心智操作过程，它贯穿于整个思维活动中，其他思维的心智操作都是由其派生出来的，都以分析与综合为基础。

分析与综合是彼此相反而紧密联系在一起不可分割的两个方面。任何思维过程既需要分析又需要综合，这是由客观事物本身的特点决定的，通过分析可以了解事物的结构、特征和属性，可以分出表面特征和本质特征，使认识深化；可以分出课题的情境、条件和任务，便于解决思维问题。通过综合，人们可以完整地、全面地认识事物，认识事物间的联系和规律。如果只有分析，思维是支离破碎的；如果只有综合，思维则是一种源于表面笼统模糊的认识活动。二者的理想关系是在综合的前提下分析，在分析的基础上综合。可见，思维活动总是循着综合—分析—再综合—再分析而不断前进的，随着分析和综合的不断转化，人对事物认识的层次也不断深入。

（二）比较和分类

比较是把各种事物或同一事物的不同部分、个别方面或个别特点加以对比，确定它们的共同点和不同点以及它们之间的关系。比较实质上是一种更复杂的分析和综合。比较是重要的思维过程，有比较才有鉴别，才能从众多选择中找出一个，做出恰当的判断。比较包括同类事物的比较和不同类事物的比较，目的都是把握住相比对象的本质特征。

分析与综合是比较的基础，比较又是抽象概括的必要前提。

分类必须有一定的标准，即必须根据对象的某种属性或关系来进行分类。客观上，事物有多种属性，有多种联系，因而分类的标准也是多方面的。主观上，由于思维发展水平和知识经验的不同，人们对分类标准的掌握也有差异。幼儿和小学生往往根据事物明显的外部特征或它们的用途进行分类，如他们不认为鸡和鸭可以归入鸟类，因为在外形上，鸡、鸭和飞鸟有很大的差异。小学生确定对象和现象之间的差异，比寻找它们之间的相似点进行得更顺利。

（三）抽象和概括

抽象是在头脑中抽取出各种事物与现象的共同特征和属性，舍弃个别特征和属性的过程。例如，“可以写字”是笔的本质属性，这一结论就是通过抽象得到的。又如，我们在对多种鸟进行比较之后，得出有羽毛、有翅膀、卵生、是动物这些共同属性，而会飞、羽毛有多种颜色、翅膀各有长短、卵靠自然孵化和靠鸟本身体温孵化等，则是非本质属性。

概括是在头脑中把从各种事物中抽象出来的共同特征联合起来的过程，又可以分为初级概括与高级概括。前者指在感觉、知觉和表象水平上的概括，后者指根据事物内在联系和本质属性进行的概括。

在抽象基础上，人把共同的、本质的属性联合起来。如鸟被称为“有羽毛有翅膀的卵生动物”，这就是在概括基础上形成的概念，是对鸟的本质的概括。而鸡、鸭不会飞但属于鸟类，蝙蝠能飞但不是鸟。由此可见，抽象主要是在分析、比较的基础上进行的；概括则是在抽象、综合的基础上进行的，它们都是紧密联系着的。

学海无涯

专栏 7-1 日本人巧探大庆油田

大庆油田是我国在 20 世纪 60 年代勘探、开发的大油田，当时，绝大多数中国人并不知道大庆油田的地点和开发时间，但日本人却对大庆油田了如指掌。那他们是怎么知道的呢？首先，日本人推断大庆油田的地点在东北三省偏北处，因为中国画报刊登的大幅照片上，铁人王进喜身穿大棉袄，背景是遍地积雪。接着，他们又从另一幅肩扛人推的照片上，推断出油田离铁路不远；《人民日报》的一篇报道说王进喜到了马家窑，据此他们推断大庆油田的中心在马家窑。大庆油田什么时候产油了呢？日本人判断是 1964 年。因为王进喜在这一年参加了第三届全国人民代表大会，如果不出油，王进喜是不会当选为人大代表的。日本人还准确地推算出大庆油田油井的直径和大庆油田的产量，依据是《人民日报》一幅钻塔的照片和国务院政府工作报告，他们把当时公布的全国石油产量减去原来的石油产量，推算出大庆的石油产量为 3000 万吨，与大庆油田的实际年产量几乎完全一致。有了如此多的准确情报，日本人迅速设计出适合大庆油田开采用的石油设备。当我国政府向世界各国征求开采大庆油田的设计方案时，日本人一举中标。

三、思维的种类

根据不同的标准，可以将思维进行不同的分类。这里主要介绍三种分类。

（一）直觉动作思维、具体形象思维和抽象逻辑思维

根据思维过程所凭借中介的不同，可以把思维划分为直觉动作思维、具体形象思维和抽象逻辑思维。

1. 直觉动作思维

直觉动作思维是指依据实际行动来解决具体问题的思维过程，也称实践思维。3 岁前的幼儿只能在动作中思考。例如，幼儿利用掰手指来数数，就是典型的直觉动作思维。聋哑人靠手势与摆弄对象的动作进行交往，也属于动作思维。

成人有时也出现动作思维，例如，体操运动员一边进行运动操作，一边进行思维，也属于动作思维。又如，手机坏了，修理工人打开它的后盖，用电表检查，看看电池是否有电，

如果电池还有电，再检查线路是否接触不良，卡的位置是否准确……最后找出了手机坏了的原因。这就是直觉动作思维，其特点是以实际操作来解决直观的、具体的问题。

成人的动作思维是以丰富的知识经验为中介，并在整个动作思维中由词进行调节和控制，与没有完全掌握语言的幼儿的动作思维不同。动作思维是人与高等动物共同具有的一种思维形式，但是人的动作思维与动物的动作思维有着本质的区别。

2. 具体形象思维

具体形象思维是指人们利用头脑中的具体形象（表象）来解决问题的思维过程。例如，解几何题的时候，在头脑中设想出一张图，做了辅助线之后会如何，这样的思维就是形象思维。又如，一个人在考虑沿着哪条路可以更快地到达目的地时，在他的头脑中会出现若干条通向目的地的道路，并运用其形象进行分析和比较，最后选择一条最短、最方便的路线，汽车驾驶员经常运用这种形象思维。

3～7岁的学龄前儿童主要的思维形式是具体形象思维。比如计算2＋3时，幼儿的头脑中出现的可能是两朵花添上三朵花或者两只苹果加上三只苹果，如果头脑里没有了这些具体形象，他们的计算无从展开。心理学的研究表明，形象思维是个体发展的重要阶段。正常成人虽然以概念思维为主要形式，但也不可能完全脱离形象思维，特别是在解决比较复杂的问题时，鲜明生动的形象或表象有助于思维过程的顺利进行。艺术家、作家、导演、设计师等的形象思维也非常发达，他们更多的是运用形象思维解决问题。

3. 抽象逻辑思维

抽象逻辑思维是指运用言语符号形成的概念来进行判断、推理，以解决问题的思维过程。例如，当我们思考“什么是道德”“正确的价值观”等理论问题时，是用概念进行判断推理的思维，这种思维是借助于语词、符号来思考。科学家进行科学推理、学生学习科学文化知识等都需要运用抽象逻辑思维，它是人类思维的典型形式，人们通过它来认识事物的本质特征和规律，它使我们的思维摆脱了动作与具体的形象，因而是抽象的。

在个体发育的过程中，往往先出现动作思维（1岁左右），后出现形象思维（3岁左右），抽象逻辑思维最后出现（6、7岁左右）。但是在正常成年人身上，上述三种思维往往是互相联系、互相渗透的，只单独使用一种思维来解决在实践中遇到的问题极为罕见。但成人中哪一种思维占优势却并不表明思维发展水平上的差异，作家、诗人、艺术家、设计师主要运用的是形象思维，但他们的思维发展水平并不亚于主要运用抽象思维的哲学家和数学家。所以人的每一种思维都可以得到高度的发展，都可能对人的工作、学习、生活产生重要的影响。

（二）聚合思维和发散思维

根据思维活动探索目标的不同方向，可以将思维划分为聚合思维和发散思维。

聚合思维是指人们把问题所提供的各种信息聚合起来得出一个正确的答案，或一个最好的解决方案，也称集中思维、求同思维。这是一种有方向、有范围、有条理的思维方式，其主要特点是求同。当然，只有当问题存在着一个正确的答案或一个最好的解决方案时，才会有聚合思维。例如，学生考试中做选择题所进行的思维就是聚合思维。

发散思维又称求异思维、分散思维、辐射思维，是指从一个目标出发，沿着各种不同的方向和角度去思考，从多方面寻求多样性答案的一种思维活动。这种思维的主要特点是求异与创新。例如，要求人们根据“海”字把想到的一切有关“海”字的词组都说出来。这时，人们就沿着不同的方向去思考，想出海洋、海鸥、海参、海盐、海魂等。这种思维无一定方向和范围，不墨守成规，不囿于传统方法，由已知探索未知。思维的流畅性、变通性和独特性是发散思维的三个主要特点。

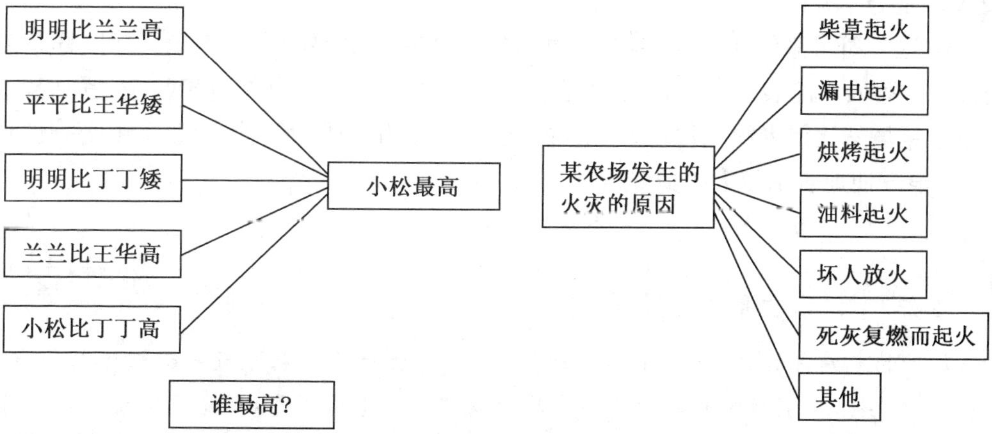

图 7－1　聚合思维和发散思维

（三）常规思维和创造性思维

根据思维的创新程度，可将思维分为常规思维和创造性思维。

常规思维，又称再造性思维，是指人们根据已有的知识经验，按现成的方案和程序直接解决问题，如学生运用已学会的公式解决同一类型的问题。这种思维创造性水平低，对原有知识不需要进行明显的改组，也没有创造出新的思维成果。这种思维往往缺乏新颖性和独创性。

创造性思维是重新组织已有的知识经验，提出新的方案或程序，并创造出新的思维成果的思维活动。创造性思维是多种思维的综合表现，它既是发散思维与聚合思维的结合，也是直觉思维与分析思维的结合，它包括理论思维，又离不开创造想象等。

四、思维与语言

思维的概括是借助于词，借助于语言来实现的。如果没有一定物质形式的词（说出的、听到的或看到的），那么，由个别事物概括出来的一般的东西，就失去了存在的物质依靠。语言和思维的关系可谓密切。长期以来，对于思维与语言的关系，一直争论不休，至今争论仍在继续。其代表性的观点，有华生的思维等同于语言观，有沃尔夫的语言决定思维的假设，还有皮亚杰的思维决定语言观。大多数心理学家认为思维与语言既有联系又有区别。

语言是思维活动的物质载体。语词是人在许多世代的社会历史实践中固定下来的、为全体社会成员共同理解的一种信号。通过这种物质形式的信号，就能把一类事物的共同的、本质的特性和它们的联系确定下来、巩固下来。如“自行车”一词，与一切的自行车联系着，尽管世界上有各式各样的自行车，它们各有特点，但是它们都有共同的本质——交通工具。如果没有可以标志一般性物质的语言，任何思维的概括都是不可能的。思维和语言是紧密联系在一起的，思维的间接性、概括性也正是凭借语言得以实现的。人借助语言进行思维是人的思维与动物思维最本质的区别，人类思维的高度发展与人类语言的高度发展是分不开的。

语言这一符号系统非常重要，对于思维的开展具有重要的支持作用。如同样是表达数量26，印第安人的表达方法是“我们在两个十上面加上六”，显然过于复杂；罗马数字的写法ⅩⅩⅥ，虽然比前者简化得多，但是进行运算也极为不便；而阿拉伯数字由于有位置系统，可以很方便地表示较大的数量。

学海无涯

专栏7-2　人类语言的习得

原始的或萌芽的思维（高等动物和婴儿）能对未知的对象进行分析综合而获得一定程度的概括，在刺激物的复杂关系和反映动作之间形成联系，但由于缺乏词的中介，只能是一种“动作思维”。由于词的参与，外部的动作思维逐步转化为内部的言语思维，开始利用有声语言，以后过渡到内部言语，这时言语在正常的思维活动中就起着主导作用。

研究显示，人类不是唯一具有语言能力的动物。经过训练，多种动物如黑猩猩、海豚、海狮等也能获得一些基本语言能力。不可否认的是，人类具有出类拔萃的、独一无二的语言天赋。在掌握语言上，儿童胜过黑猩猩就像喷气式飞机胜过四轮马车一样。为什么人类习得语言如此迅速？20世纪50年代以来，这一问题引发了巨大争论，引发了三种不同的观点。

1. 后天学习理论

行为主义心理学家斯金纳认为环境因素主宰语言的发展，他认为儿童学习语言与其他学习一样，都是通过模仿、强化以及操作性条件反射来实现的。没有得到强化的发音和句法等会逐渐减少，保留下来的通过强化得以进一步定型，直到完全掌握为止。这一过程中，父母可以通过控制强化从而促进孩子掌握单词正确的意义和发音。班杜拉认为儿童学习语言是选择性模仿的结果。

2. 先天成熟理论

后天学习理论难以解释这一现象：全世界不同民族的儿童均能在3岁左右习得本民族语言的全部语音。也就是说，即使家庭环境不同，大多数儿童仍然倾向于以相似速度发展语言。为此，美国语言学家乔姆斯基（Avram Noam Chomsky，1928—　）对斯金纳的观点提出了反驳。他认为，儿童语言的发展决定于先天的成熟，他提出的生成转换语法理论认为，儿童语言是利用规则去理解和创造的，而不是模仿、强化得来的。人先天遗传获得“语言获得装置”（LAD），这一装置是学习语言的结构（与皮亚杰的认知结构一样)，带有普遍性的语法，是一个人适应环境所必备的。这一理论认为人脑固有的这一结构，与环境打交道后，普遍语法向个别语法转化，不同语法有所不同。

3. 环境和主体相互作用论

皮亚杰是先天遗传和后天学习相互作用的代表人物。这一理论认为，认知结构的发展是言语发展的基础，言语发展也来源于主客体的交互作用。

但是语言与思维又是不同的。语言是人类交流的工具，是物质现象；思维是人类特有的心理现象。思维与客观事物的关系是反映与被反映的关系，其间有必然的联系；而语言与客观事物的关系是标志与被标志的关系，其间没有必然的联系。思维过程的规律是全人类共有的，而语言因民族而异。思维的核心元素是概念，而语言的核心元素是词。

从概念和词的关系，我们可以窥见语言与思维的关系。如果没有词，概念就不可能存在；但概念并不等于词，它们既有联系又有区别。词是概念的物质外壳，概念赋予词以一定的意义和内容。但是，概念是心理现象，词是概念的物质标志，两者不能混淆。不同的词可代表同一概念，如“我、吾、余、本人、偶、I、me”等都表示说话者自己，是单数第一人称；同一词可以表示不同的概念，如“杜鹃”，有时指植物，也可能是指一种鸟，还可能是一位女孩的名字，当然也可能是指台风；有些词甚至不表示概念，只表示关系或联系，如“因为”“所以”“但是”“而且”等，因此我们不能将心理现象和物质现象等同起来。

学深悟透

专栏 7－3 语言塑造思维：语义粉饰和预期辱骂

在日常生活中，许多人清楚认识到语言通过某些方式可能改变人的思维。最为常用的有两种技术：语义粉饰和预期辱骂。

语义粉饰指仔细选择一些词语从而创造某些情绪反应。例如，在有关堕胎辩论中，正反双方借助巧妙用词，一方面表达自己的观念，另一方面激起观众相应的情绪。反对流产者将自己的观点表述为“保护生命”而不是“反对选择”，支持堕胎者不用“反对生命”或“支持堕胎”运动这种口号的隐含意义，因此他们把立场表述为“支持选择”。双方立场其实都没有变化，但是口号明显影响人们的反应。顺着类似思路，“保护生命”的拥护者(即反对堕胎者)发现，赢得争论的最佳方法就是频繁地使用“杀”和“宝贝”这两个词，显然，这些词语会刺痛人们并引起强烈的情绪反应。

威廉·卢茨在 1989 年出版的《狡辩》一书中给出了许多社会各界操作语言致使人们思想和感觉产生偏差的例子。例如，在军方语言中，侵略叫作“先行反击”，轰炸敌人叫作提供“空中支持”，平民被军事打击意外所杀或所伤称作“间接伤害”；在商业界，解雇和裁员变成“人数减少”或“人员调整”，坏账变成“不良资产”。你可能对这些用法还没有什么感觉，但你到商店看到“真皮皮制品”或“真仿钻石”时会领会到其中的荒谬。其实在日常生活中，我们每天都会接收到各种各样的这种暗含情绪的单词和信息。比如校园中将来自本国之外的学生称为“国际学生”，苏州市将外地务工人员称为“新苏州人”，通过这些词语的使用，我们大概能判断使用者对外来人员的态度。

另一种语言影响思维的方式是通过辱骂策略来标记和归类其他人。人们常常通过把某些不喜欢的观点归入“激进女权主义者”“偏激的人”“被洗脑的自由主义者”的观点，以达到压制或反对这些观点的目的。在日常交流中，有些激怒我们的人被称为“傻瓜”“笨蛋”“小气鬼”，这些辱骂不隐晦，容易被发现。但是，辱骂可以用得更巧妙，有时候还会有一种隐含威胁。如果你做出一个不受欢迎的决策或者得出一个不被支持的结论时，你将会得到一个负面称号。例如，某人可能通过说“只有傻瓜才会相信”而影响他人对这个问题的态度。这个预期辱骂策略让人难以宣称支持反面观点，因为它意味着人们让自己看起来像一个“傻瓜”。预期辱骂也能激发积极的群体关系，如主张“所有真正的中国人都会同意”或者“知情人士认为”。预期辱骂是一个精明策略，能有效塑造人的思维。

在日常生活中，当你试图影响他人时，需要小心选择你说话的用词。同时，我们应该警觉并注意抵制他人采用语义粉饰中的用词技巧和预期辱骂策略中的隐含威胁。

五、思维的生理机制

思维是利用语言表达的概念进行判断、推理和解决问题的过程，也可以说是一种内部语言的运用过程。由于语言和言语思维活动是人与动物的主要差异，因此对语言和言语思维的脑机制问题，难以利用动物模型进行试验研究。过去几百年间，主要依靠一些脑疾患引起的失语症，对语言脑机制进行研究。随着认知心理学的发展，研究者们对语言的认知过程进行了有效的研究，而言语思维脑机制的研究进展却较为缓慢。仅在近 20 年间，由于科学技术的发展，从两个方面解决了研究的方法问题，才使得语言和言语思维的脑机制研究出现了新局面，积累了一批有价值的科学资料。一方面，由于语言声学分析技术和计算机口语合成等技术，可以找到某些重要的语音参数，建立了动物模型和仿真方法，取得了一些进展；另一方面，由于无创伤脑成像和生理记录技术的发展，提供了研究正常人类言语思维的脑功能新手段，并已积累了一些有益的新科学事实，因此才开始填补言语思维脑机制的空白。然而，它与学习、记忆相比还显得十分幼稚，是个有待进一步发展的研究领域。

无论是言语还是思维，它们的脑功能都是多层次的，绝非某一脑结构所能单独完成。近年利用无创脑成像技术研究正常人的语言过程发现，参与言语理解和产出的脑结构几乎分布于全脑，突破了早年基于脑损伤病人研究的特定脑区的认识。比如，生理心理学家发现，大脑的言语功能并非如此简单，除了原来发现的有特定功能的布洛卡区、威尔尼克区外，联络区皮层、皮层下结构，特别是基底神经节和丘脑底部都与言语功能有关。

相比较而言，低层次的语言功能（如形、音）具有较为明确的脑结构对应关系，高层次的语言功能（如语义）的脑结构对应关系不明确。但是，即使是低层次的语言产出过程中，语言加工系统也是一个复杂的网络，既存在着低级脑结构向高级脑结构的前馈回路，也存在着高级脑结构向低级脑结构的反馈回路，乃至形成前馈—反馈的循环网络。

而今，距笛卡尔对于大脑的研究和思考已有三百多年，距布洛卡发现大脑不同区域有不同功能也有一百多年，尽管各国的科学家对于思维的生理机制进行了大量研究，也取得了一定的进步，但是若想揭露思维的脑机制，我们还有很多工作要做。

第二节 思维的形式

无论分析、综合还是抽象、概括过程，总是表现为一定的思维形式，并体现在具体的思维活动中。一般认为，概念、判断和推理是基本的思维形式，它们互相联系。概念的形成往往要通过一定的判断推理过程，判断是肯定或否定概念之间的联系关系，而判断的获得通常需要推理。

一、概念

（一）概念的含义

概念是思维活动最基本的形式，是人脑对客观事物共同的本质属性的反映。概念是用词来标志的，它包括在每个概念下的事物一般都具有的共同属性或特性。例如，"房屋"这个概念，它反映了各种房屋所共有的本质特征——供人居住或作其他用途的建筑物，而不涉及是木房还是砖房，是平房还是楼房等彼此所独有的具体特征；"笔"虽然多种多样，但都是书写工具。

每个概念都包含内涵和外延两个方面。内涵指的是概念所反映事物的本质，外延指的是概念的范围。例如，"动物"是一个概念，"脊椎动物"这一概念的内涵是在动物概念内涵的基础上又增加了有脊椎的特征，"鸟"在脊椎动物的基础上又增加了有羽毛、有喙无齿、前肢为翼、卵生等特征，动物、脊椎动物、鸟三个概念的内涵不断增加，但是属于其范围的生命却逐渐减少。由此可见，概念的内涵增加，它的外延就小了，内涵越小，外延越大，两者成反比关系。

概念具有不同的等级。如"猫"是一个概念，"哺乳动物""动物""生物"也是概念，但这些概念抽象程度不同，处于不同的层次上，"动物"在概念层次上比"生物"低，比"哺乳动物"高。一般来说，我们将层次较高的概念称为上位概念，将层次较低的概念称为下位概念。比如，动物是生物的下位概念，是哺乳动物的上位概念。

概念和表象不同。表象是关于事物形象的反映，具有形象性和概括性，但是其概括水平较低，既有事物的本质特征，也有事物的非本质特征，是一种感性的、形象的概括。而概念具有抽象性和非直觉性，是关于事物内部属性或关系的反映，舍弃了事物的非本质特征。但是，概念是在表象基础上产生的。每一个具体概念几乎都有一个相对稳定的感性形象，称为概念的表象原型，否则概念就是空洞的。这种作用在儿童概念的掌握过程中表现得较为明显。比如，"鸟"这个概念，儿童常常用燕子、鹦鹉、鸽子等具体形象来说明，用香蕉、苹果、葡萄等来说明"水果"。即便是成人,在利用概念进行思维时,也需要具体形象的帮助和支持。比如,如果介绍一两个例子,一般的定律和规律更容易理解。因此,说概念和表象有区别,并不是说表象在思维中不起作用,而是要说明虽然概念反映事物的本质特征,但它仍要和感性经验密切联系;否则,人在思维时,就无法实现从被思考的东西向直接被感知的东西过渡,它在人的实践中就不可能被加以应用。

概念可以减少认知情境的复杂性,帮助人们正确地认识事物;可以增加经验的意义和对事物间关系的了解;还可以帮助个体的知识经验系统化、程序化。

(二)概念的分类

概念可以从不同的角度进行分类。

1. 合取概念、析取概念和关系概念

这是根据概念所反映事物属性的数量及其相互关系来区分的。

合取概念是指根据一类事物中单个或多个相同属性形成的概念。这些属性在概念中必须同时存在。例如,"毛笔"这个概念必须具有"用毛制作的"和"写字的工具"这两个属性。如果只有前一属性,可认为是毛刷,只有后一属性可以认为是钢笔或圆珠笔等。这种概念是最为普遍的,如鸟类、水果、动物等都属于这种概念。析取概念是指根据不同的标准,由单个或多个属性的结合形成的概念。例如"好孩子"这个概念,可以结合多种属性,如"热爱集体、拾金不昧"是好孩子,"热爱劳动,肯为大家做事"也是好孩子。关系概念是指不是根据事物的特征和属性,而是根据事物之间相互关系形成的概念。如高低、大小、左右、上下等,都是根据事物之间相对关系形成的概念。

2. 具体概念和抽象概念

这是根据概念所反映事物属性的抽象和概括程度来区分的。具体概念是抽象概括程度较低的概念,也就是包括了丰富内涵的概念,与实物较为接近。抽象概念是指抽象概括程度较高的概念,距离实物较远。例如,当婴儿思维尚未成熟时,他们只能掌握具体概念,他们在学习代词"你、我、他"时往往遇到困难,因为代词具有较高的抽象性。当然,抽象性和具体性都是相对的,概念的内涵越小,则其抽象程度就越高,其外延也就越大,反之亦然。如果说柳树是一个具体概念的话,那么树、植物就是抽象概念;如果水曲柳是具体概念的话,那么柳树就是一个抽象概念。

3. 日常概念和科学概念

在个体发展过程中,概念的掌握主要通过两条途径,即日常生活和教学。根据人们掌握概念的途径不同,可以将概念分成日常概念和科学概念。日常概念也叫模糊概念或前科学概念,它是在日常交往和个人经验的积累过程中形成的,因此这类概念的内涵中有时包含着非本质特性,而忽略了本质特性。例如有些儿童认为鸟是"会飞的动物",把蜜蜂、苍蝇都看成鸟,而认为鸡、鸭不是鸟。科学概念也叫明确概念,是在科学研究过程中经过假设和检验逐渐形成的,对于个人则主要是在学习条件下获得的。因此,科学概念的确切内涵可以用言语进行科学解释。当然,科学概念的内涵也不是一成不变的,随着社会历史的发展、科学的进步以及人类认识的不断深化,概念也在不断地丰富和发展。

（三）概念的形成过程

概念的形成经过了抽象化（发觉属性）、类化（认同属性）和辨别（认识属性间的差异）三个阶段，其概括和抽象的水平不同。以数概念为例，从表述数量的词的系统发展中可以看到，最初数量是由物体的直接比较确定的，如“像手上的指头那么多”；在第二阶段，量词和一定的具体实物相联系，如五个人、五株树，有不同的实物及其相应的词，没有抽象的“五”字；只有到了第三阶段，才有与某一具体对象相联系的抽象的数词。

概念形成后并非一成不变，随着社会的进步和科学技术的发展，概念的内涵和外延也发生了极大的变化。如古代埃及、巴比伦及中国关于宇宙的概念，当时认为地是平面的，四周是大海环绕，有擎天柱支撑着天空。随着人类对自然界认识的深化，才有了今天的关于太阳系和宇宙的概念。今后还将随着人们的实践活动及宇宙空间研究的发展，而不断修正和丰富。例如“原子”“电磁”“原子能”等概念，只有在人类思想、科学、社会关系发展的一定水平上才能产生，因此，概念是人类社会历史发展的产物。

从个人的角度看，概念的形成是指个体学会概念的过程，也就是概念掌握的过程。即把具有共同特征的东西归在一组，把有不同特征的东西放在不同组别之中，再把这些组和不同的名称联系起来的过程。

个体掌握概念是一个渐进发展的过程。在一项研究中，个别询问 40 名 3.5 岁至 8 岁的儿童：“树和月亮有没有生命（是不是活的）？”半数以上的儿童认为树不是活的，没有生命，70％的儿童认为月亮是活的、有生命。再比如，调查小学生对鸟的认识，他们认为鸟是“会飞的动物”，昆虫是“在地上爬的动物”，“蜜蜂、蝴蝶是鸟”。

（四）影响概念掌握的因素

在教学过程中，学生掌握科学概念受多种因素影响，其中最主要的有以下几种因素：

1. 过去经验

学生的过去经验对掌握科学概念有重大的影响。这种影响可能是积极的，也可能是消极的，取决于日常概念的内涵和科学概念的内涵是否一致。

当日常概念的内涵和科学概念的内涵基本一致时，日常概念对掌握科学概念会起积极的促进作用。例如，“邻居”的概念有助于“邻角”概念的理解。当日常概念的内涵和科学概念的内涵不相一致时，日常概念会干扰科学概念的掌握。比如日常生活中的“下垂”的经验会干扰几何中“垂直”概念的掌握。要想消除这样不良影响，一方面应在比较的基础上严格确定概念的内涵，另一方面应运用直观的新经验来消除旧知识的干扰。

2. 变式

所谓变式是指在直观中，从不同角度、方面和方式变换事物非本质的属性，以便揭示其本质属性的过程。提供概念所包括变式的充分与否，对概念的形成也有显著的影响。

变式不充分或不正确，往往会使概念的内涵发生混淆，引起缩小概念或扩大概念的错误。如学生将会飞的蝙蝠、蜻蜓等动物当作鸟类，把鸡、鸭、鹅、鸵鸟等不会飞的动物排斥在鸟类之外。充分正确的变式有两种，一是保持事物的本质属性，变化非本质属性，比如讲“果实”时，不仅列举苹果、花生等可食用果实的例子，也要列举棉籽、橡树籽等不可食用果实的例子，这就避免了将“可食用”列入果实的特征中。二是借助“对比”，即变化本质属性，保持某些非本质特征不变。比如鸟的本质特征之一是“有羽毛的动物”，可用蝴蝶、蝙蝠为例，虽然它们和麻雀、燕子一样会飞，但是没有羽毛，因此蝴蝶、蝙蝠不是鸟类。

当然，变式不应是无休止的，而应该选择适当的、典型的方式进行。如讲“角”概念时，只需列举直觉、锐角、钝角、平角、周角即可。

3. 下定义

用准确的言语揭露事物的本质，给概念下定义有助于掌握科学概念。下定义必须抓住被定义事物的基本属性和本质特征。正确的定义应该语言简洁、清晰、准确，不该是循环、否定、比喻的。多采用判断单句的形式，其格式多为“×××（种概念）是×××的×××（属概念）”或“×××叫×××”。比如无理数（一种概念）是（判断词）无限而不循环（本质特征）的小数（属概念），或无限而不循环的小数叫无理数。

人们掌握了概念的定义，不仅有助于理解概念的实质，也可以根据定义去辨别事物。例如，当我们知道鱼类的本质特征是用鳃呼吸，就可以据此辨别鲸鱼不属于鱼类，尽管其外形与其他鱼类相似，而且生活在水中。

给概念下定义必须要考虑到学生的年龄特征和理解定义的准备程度，在有充分感性经验的基础上下定义，有助于学生理解概念。不同类型的概念，在教学中定义的提出对事实材料的要求有所不同。具体概念的定义可以在演示直观材料时提出，也可以在唤起相应的表象时提出。抽象概念在定义之前，应当帮助学生积累丰富多样的经验。否则，定义的掌握将是形式的或不正确的。在教学中下定义要适时，过早下定义，容易使学生死记硬背而使定义的掌握流于形式；过晚下定义，就不能及时地收到组织、整理和巩固知识的效果。同时，下定义还要考虑到学生的认识水平和接受能力，对于不同年级的学生，对同一概念应下不同深度、不同水平的定义。例如，就化学的“酸”的概念来说，初级水平的定义是“水溶液有酸味，能使石蕊试纸变红”；稍高水平的定义是“能跟碱中和生成盐和水，跟某些金属反应生成盐和氢气”；再高水平的定义是“指在水溶液中电离时产生的正离子都是氢离子的化合物”。

4. 运用概念

在实践中运用概念，有助于深入地掌握概念。其实，概念在各种具体情境中的实际应用，是学习概念的目的，也是衡量概念掌握程度的标准之一，还是促进概念理解和巩固的重要环节。一个概念只有被正确地掌握了，才能在实践中灵活运用；否则，仅仅记住概念定义的词语，形式上掌握概念，在实际运用中会发生困难。运用概念于实际，也是概念具体化的过程，是概念进一步充实、丰富和精确化的主要途径。

5. 建立概念体系

每个概念不是孤立的，概念与概念之间有着各种各样的关系，如从属、并列、相邻、相反等。当我们在头脑中将这些概念用各种关系联结起来，就形成了概念体系。学生弄清了某一概念在概念系统中的位置，明确认识这一概念与上位概念、下位概念、并列概念之间的关系与区别，就正确有效地掌握了这一概念，充分把握住了其内涵与外延。同时，概念体系的形成也有助于知识的系统化。

二、判断

判断反映概念与概念之间的联系，是人脑对客观现实的对象和现象之间本质联系和关系的反映形式。判断就是用概念去肯定或否定事物具有某种属性的思维形式，例如，“马是动物”“糖是甜的”是肯定判断，“土豆不是水果”“今天天气不好”是否定判断。

判断以句子的形式来表达概念与概念之间的关系，进而阐明事物，肯定或否定事物之间的联系和关系。例如，当我们说“闪电后有雷鸣”时，便肯定了这两种自然现象之间在时间上的一定联系；当我们说“上海在中国的东部”时，便肯定了两种地理位置在空间上的关联；当我们说“鲸鱼不是鱼”时，便否定了鲸鱼的本质特征与鱼所具有的本质特征之间的一定联系。由于事物存在各种各样的复杂属性和关系，因而人们也就有各种各样的判断。判断不能模棱两可，不是肯定，就是否定。判断是否正确，要用实践来加以检验。

判断主要分为直接判断和间接判断两种形式。直接判断是感知形式的判断，是通过对具体事物表面特征的直接感知，并不需要复杂思维活动参与而做出的判断。例如，“这匹马是黑色的”“桌面不是干净的”等都属于直接判断。间接判断是抽象形式的判断，需要通过复杂的思维过程，在理清事物之间关系和联系的基础上而做出的判断。例如，“水遇热会蒸发变成蒸汽，遇冷会结冰”这一判断，反映了水的三态变化与温度变化之间的关系，这不可能通过感知方式直接获得，而是在多次感知的基础上，通过复杂的思维活动而得到的。间接判断往往是通过推理来实现的。

三、推理

推理反映判断与判断之间的关系，是从一个或几个已知的判断（前提）出发推出另一个新判断（结论）的思维形式，也是事物之间的联系和关系在人脑中的反映，推理可以使人形成对客观事物的间接认识。例如，以“果实是植物中有种子的部分”与“杏中有种子”这两个判断为前提，推断出“杏是果实”的结论。推理主要有归纳推理、演绎推理和类比推理三种形式。

（一）归纳推理

归纳推理是指从特殊知识的前提出发归纳出一般性知识结论的推理。例如，《内经·针刺篇》记载了这样一个故事：一个患头痛病的樵夫上山砍柴，不慎碰破了脚趾，出了一点血，但头不疼了。当时他没有注意，后来头疼复发，又偶然碰破原处，头疼又好了。这次引起了注意，以后头疼时，他就有意刺激该处，都有治好头痛的效果（大敦穴）。这里，他所用的归纳推理是这样的：第一次碰破脚趾 A 处，头痛好了；第二次碰破脚趾 A 处，头痛好了……所以，凡碰破脚趾 A 处，头痛都会好。

归纳推理的前提是其结论的必要条件。首先，归纳推理的前提条件必须是真实的，否则，归纳就失去了意义。其次，归纳推理的前提是真实的，结论却未必真实，可能是假的。

（二）演绎推理

演绎推理是指从一般性知识的前提推导出特殊性知识的结论的推理。一般有三种形式：

1. 线性推理

线性推理也叫线性三段论，是依据有序事物间的关系进行的推理，它给出的两个前提说明了三个逻辑项之间可传递性的关系。例如，对于“甲比乙高，乙比丙高，这三人谁最高？谁最矮？”这个问题的推论，是根据这些判断句系列有一种线性系列逻辑关系而做出的。

2. 主题推理

主题推理是指围绕一个主题所建立的一定关系的推理，这种推理在日常生活中随处可见。例如有三个前提判断：① 如果明天下雨，则比赛取消；② 如果比赛取消，则我队必然要失掉红旗；③ 明天会下雨。从①和③我们会推论出④ 比赛将会被取消；从②和④我们会推论出⑤ 我队必然失掉红旗。在这个主题推理中，如果前提①到④都是真实的，那么结论⑤必然是真实的。

3. 三段论推理

三段论推理是指由两个性质判断做前提而推出另一个性质判断结论的推理。例如，“所有的哺乳动物都是以乳哺育幼体的”（大前提），而“鲸是哺乳动物”（小前提），所以，“鲸鱼是以乳哺育幼体的”（结论）。三段论推理中只能由三个概念组成。

学深悟透

专栏 7－4　三段论推理的气氛假说

人们如何进行三段论推理呢？心理学上主要用气氛假说来解释。这一假说是由武德沃斯等人提出的。他们在研究中给被试呈现各种三段论推理题目。在这些题目中，三段论的结论除包含一个正确的结论外，还包括许多错误的结论。然后让被试根据前提选择结论。结果发现，被试的推理往往受三段论中所使用的逻辑量词（如某些、所有、没有、不）的影响。即三段论中所使用的逻辑量词产生了一种“气氛”，促使被试容易接受包含同一逻辑量词的结论。一般情况下，被试会根据肯定性前提接受肯定性结论，根据否定性前提接受否定性结论。如果肯定性、否定性前提都有，则被试情愿接受否定性结论。例如，前提条件“没有 A 是 B”，“所有的 B 都是 C”，推理出的结论是“没有 A 是 C”。

此外，研究发现，对特称陈述（如某些、某些……不）和全称陈述（如所有、没有）的反应也有类似的规律。如果前提为全称，则被试会接受全称结论；如果前提为特称，则被试会接受特称结论；当一个前提为特称，另一个前提为全称时，被试宁愿接受特称结论。使用气氛假说的方法，被试可以在 80％以上的三段论问题上获得正确的答案。对于这种探索方法来说，这种结果是不坏的。

前提的气氛效应会使人按照这个气氛来接受或推出不正确的结论。比如，前提条件“如果所有的 X 都是 Y”，“如果所有的 Z 都是 Y”，推理出的结果则是“所有的 X 都是 Z”，未受过逻辑训练的 58％的被试同意这一结论。

由此可见，推理的正确性除了受前提真实性和推理过程逻辑性的影响之外，前提的气氛效应会促使人按照这个气氛来接受或推出不正确的结论。除此之外，课题的性质、赌徒谬误、题外知识以及愿望或情感的介入也会影响推理的正确性。

归纳推理与演绎推理是相辅相成的过程。凭借归纳推理，可以从特殊的、具体的事例得到一般原理；凭借演绎推理，可以把一般推理运用到具体特殊的事实，以验证一般原理。

（三）类比推理

类比推理简称类推、类比，是根据两个或两类对象有部分属性相同，从而推出它们的其他属性也相同的推理，这是一种从特殊推向特殊的推理。例如，人们发现甲、乙两个人在性格的意志特征上很相似，由此便可以推出他们在情绪特征上可能也相似。又如，声和光都具有直线传播，有反射、折射和干扰等现象的相同属性，光有波动性质，由此推出声也有波动性质。类比推理分完全类推和不完全类推两种形式。完全类推是两个或两类事物在进行比较的方面完全相同时的类推；不完全类推是两个或两类事物在进行比较的方面不完全相同时的类推。

类比推理具有或然性，其前提与结论间不具有蕴涵关系，即从真前提不能必然地推出真结论。如果前提中确认的共同属性很少，而且共同属性和推出来的属性没有什么关系，这样的类比推理就极不可靠，称为机械类比。要提高其可靠性，就要增强材料的准确性，抓住本质属性进行推理。教师对学生的回答或演算不仅要看其结论，而且还要进一步了解其内部的思维过程，这对于指导学生正确地进行判断、推理，培养学生思维的逻辑性与严密的推理习惯都是大有裨益的。

第三节 问题解决和创造的思维过程

问题的解决、决策以及创造性思维是人类的高阶思维。在思维的研究中，我们经常通过对问题的解决、决策和创造来研究人类的思维过程。这里，我们主要了解问题解决和创造。

一、问题解决的思维过程

在日常生活中，我们常常会遇到很多的问题。那些不能直接完成，但可以间接地用已有知识处理的事情，就叫问题。如医生看病，学生解答数学应用题，工程师设计建筑物等，都是需要解决的问题。解决问题是以推理形式为主的分析、综合、抽象与概括的过程。

（一）问题解决的含义

在认知心理学中，通常把问题解决定义为具有一系列目标指向性的认知操作。它应具备以下三个特征：一是目标指向性。问题解决活动具有明确的目的性，通过一系列认知活动有目的、有意识地把问题的初始状态变为目标状态。二是操作系列性。问题解决包含有一系列的心理操作，能够自动化完成或只有单一操作的不能被视为问题解决过程，比如回忆昨天晚上吃的菜。三是认知性操作。问题解决依存于认知性操作，像骑行、洗碗等以动作技能为主的活动，不被视作问题解决。

➢扫描本章二维码，阅读“解决问题思维过程的实验”。

（二）问题解决的心理阶段

解决问题是极其复杂的心理过程。可以分为四个阶段：

1. 发现问题（或提出问题）

这是解决问题的起点。爱因斯坦曾说：“提出一个问题比解决问题更重要，因为后者仅仅是方法和实践的过程，而提出问题则要找出问题的关键要害。”也可以说提出问题的人，比解决问题的人更高明。如研究哥德巴赫猜想的人不计其数，也取得一些成果，但这些研究者的名声远远比不上哥德巴赫。能否发现和提出问题，同个体的观察能力、求知欲以及知识水平有着密切的关系。

2. 分析和明确问题

人们在发现、提出问题后，对问题往往处在一种朦胧、迷惑状态，这就需要明确和分析问题，抓住问题的核心，找出主要矛盾，使思维有个明确的方向。明确问题最基本的条件是全面系统地掌握感性材料。如果没有大量有关的信息资料，就无法通过比较分析，暴露出问题，明确问题，也就难以解决问题。马克思写《资本论》时，为了分析问题，研读了1 500本以上的书籍，积累了大量的材料。

3. 提出假设

提出假设就是针对问题提出解决方案。我们知道，解决问题的关键是找出解决问题的方案即解决问题的原则、途径和方法，而这又是先以假设的方式出现的。在科学史上有许多科学理论，最初也是以假设的形式提出来的，如门捷列夫的元素周期表、哥白尼的太阳中心说等，在提出解决问题的假设时，我们往往习惯于找出一个。实际上假设也可以提出好几个，但这绝不是“乱猜”，不是盲目地“碰运气”，而必须围绕着问题的核心展开。也只有经过周密思考后提出的假设才有助于问题的解决。

4. 检验假设

这是解决问题的最后一步。通过检验，如果假设被证明是正确的，问题就得到解决，否则就得寻找新的解决问题的方案。检验假设有两种方法：一种是按假设去解决问题，实际行动的成功或失败就证明了假设的正确或错误；另一种就是用思维活动来检验，即进行推论。

（三）问题解决的策略和方法

解决问题需要运用一系列的认知性操作来从初始状态达到目标状态。这些认知性操作称为算法，也称为算子，问题解决的过程就是利用算子使初始状态逐步到达目标状态的过程。怎样在问题空间中搜索出必要的算子呢？心理学家研究发现，搜索算子可以使用不同的策略与方法。这里介绍以下主要的途径和方法：

1. *算法式*

算法式就是依照正规的、机械性的途径去解决问题。具体做法是将各种可能达到目标的方法都算出来，再一一尝试，确定哪一种为正确答案。这种解决问题的方式过于费时、费力和缺乏效率。

2. *启发式*

在问题空间的搜索过程中，通过观察发现当前问题状态与目标状态的相似关系，利用经验而采取较少的操作来解决问题的方法称为启发式方法。这一方法看上去是直观判断，其实在很大程度上依赖于经验。人们在处理日常问题上大多使用启发式方法，它并不保证能够准确地找到答案，但作为一种大略的粗算，通常都能得到令人满意的结果，因此效率上大为提高。下面是几种常用的启发式策略。

第一，手段—目的分析法。人们认识到目标和当前状态之间的差异，就要想出某种办法采取活动（手段）来减小这个差异。例如，放假要从学校到车站乘车回家。首先想到学校与火车站之间有差异，主要是距离上的差异；然后思考用什么操作手段去缩短这一空间距离，可以乘公共汽车去或者出租车去，也可以骑自行车去。如果行李较多时间又紧迫，就决定乘出租车；但是下一步还要考虑如何能乘上出租车，这里又产生了一个"距离"，要缩短这个"距离"，首先要确定是打电话叫出租车到宿舍，还是走到校门口去乘出租车。手段—目的分析法就是将一个较为复杂的问题分解为几个较简单的子问题，通过逐个解决子问题，不断逼近目标，直至问题解决。

第二，爬山法。爬山法是指经过评价当前的问题状态后，限于条件，不是去缩小，而是去增加这一状态与目标状态的差异，经过迂回前进，最终达到解决问题的总目标。就如同爬山一样，为了到达山顶，有时不得不先上矮山顶，然后再下来……这样翻越一个个的小山头，直到最终达到山顶。可以说，爬山法是一种"以退为进"的方法，往往具有"退一步进两步"的作用，后退乃是为了更有效地前进。

第三，逆向工作法。与前面两种策略循序渐进地逐级逼近目标不同，这种策略是从目标状态出发，按照子目标组成的逻辑顺序逐级向初始状态递归。例如下面的几何证明题：已知长方形 $ABCD$，求证两条对角线相等（如图 7－2）。要证明 $AD=CB$，从目标出发逆向推理，即首先要证明$\triangle ACD$ 全等于$\triangle BCD$。要证明这两个三角形全等，就必须从这个子目标出发，搜索证明三角形全等的定理。在这个题中，可以利用边角边定理解决子目标，然后再进入下一个子目标，把最后一个子目标解决了，整个问题即得到解决。

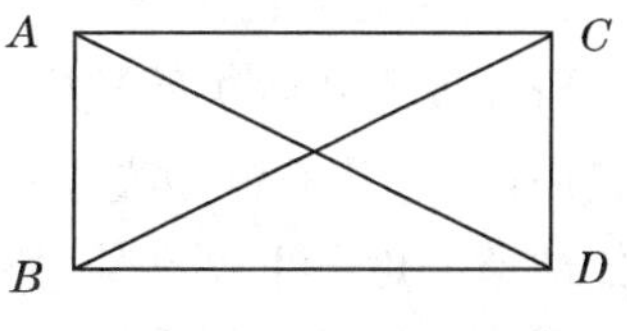

图 7－2　目标递归策略解题法示例

总之，无论是从初始状态逐级向目标状态递进，还是从目标状态逐级向初始状态回归，都是适用于相应条件的问题解决策略。

（四）影响问题解决的因素

心理学家发现有一些情况经常阻碍人们的问题解决，如问题表征的方式，对无关信息的注意，功能固着性，心向和不必要限制的设立等。下面我们分析一下这些经常出现的不利因素，以有助于提高我们的解题能力。

1. 问题的表征

解决问题，首先要对问题加以理解。所谓理解问题，用认知心理学的术语来讲，就是要以最佳的方式对问题加以表征。表征指客观事物在头脑中的呈现方式。同一事物或问题由于表征的方式不同，在理解上会出现很大差异。例如，正方形内切圆半径为 2 cm，求正方形的面积。显然，乙的表征方式比甲更有利于问题的解决（如图 7－3）。

又如，图 7－4 显示的是一个残缺的国际象棋棋盘，它有两个角被切掉了，现只剩下 62 个正方形。假若你有 31 张骨牌，每一张恰好可以遮盖棋盘上两个正方形。你是否能够用骨牌把这个棋盘上的所有部分盖住呢？

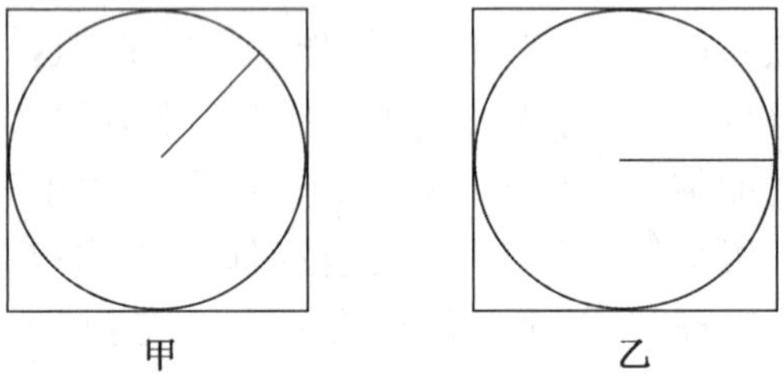

图 7－3　同一问题的不同表征

图 7－4　残缺的国际象棋棋盘

研究证明，绝大多数的人，对于这个国际象棋棋盘问题，会用很长时间在头脑中尝试着去摆，但总找不到答案。可是，如果你不是用视觉形象方法去考虑，而改用推理的方法，很快就能得出结论。由此可见，对问题的不同表征将会影响或导致解决的方式和效果的不同。

2. 无关信息的干扰

研究发现在解决问题中，人们经常错误地假定，问题中所给出的条件或数字在解题中都有用，因此总是想办法去利用这些信息。了解了这个普遍倾向后，我们在解题时，就应该先注意考虑一下哪些信息有用，哪些没用。

在一项实验中，研究者提供了三道题供同一组被试计算，分别是“10.50＋13.25＋6.89”“10.50 美元＋13.25 美元＋6.89 美元”和“10.50 克朗＋13.25 克朗＋6.89 克朗”，研究发现，被试完成三道题的时间递增 12%，原因是不相干、不熟悉的信息的干扰作用。

3. 功能固着性

功能固着性是格式塔学派研究知觉时发现的，即人们在知觉一个物体时，倾向于只从它的一般性功能上认识它，而看不到它其他方面可能有的功能。这是人们长期以来在日常生活中所形成的对某种事物功能或用途的固定看法。例如，人们一般认为热水瓶是用来盛开水的，衬衫是用来穿的，而不易想到，在必要时可以把热水瓶当储油罐，把衬衫当画布。例如，在图 7-5 左图显示的问题是利用给定的工具，将两根悬挂在天花板上的绳子接在一起，对于这个问题，唯一的解决方法是把钳子捆在一根绳子的尾端，像钟摆似的使之晃动，形成单摆，然后再抓着另一根绳子，走到房间中间，等捆着钳子的绳子晃到眼前，再将它抓住，这样就可以将两根绳子接在一起了。曾有人用这个问题进行实验，发现只有 39%的被试可以在 10 分钟内找到答案。问题的症结就在于被试只把钳子视为一种功能固定的技术工具，没有想到钳子也可以用它的重量当单摆来使用。

同样的，图 7-5 右图的问题是利用给定的工具将蜡烛固定在墙壁上，对于这个问题，只有你不仅仅把火柴盒看作装东西的盒子，还换一个角度将之看成是一个平台，你才能想出解决办法。

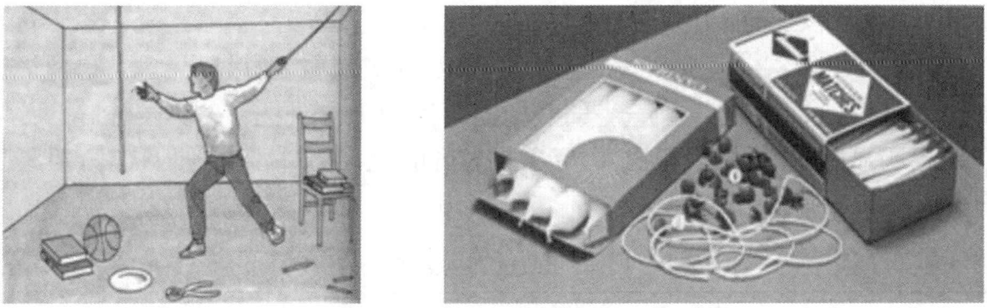

图 7-5　功能固着问题

导致上述两个问题不能顺利解决的关键，都是因为被试在表征物体时，总是按照物体的传统功能，不会变通，在问题解决时不能用新的方式来表征问题情境。这种功能固着现象有时会限制人们的思维和解决问题的能力。

实验证明，人们对某种物体、某些事物的功能越熟悉，思想上认为它的某种作用越重要，则其所表现出来的功能固着程度就越大，也就越难以看出它的其他用途。要克服功能固着的影响，人们就要加强思维灵活性和变通性的训练，减少和避免固有经验和思维定势的束缚，把现实事物的用途加以变通，从而促进解决问题新思路的产生。

4. 定势

定势也称心向，是由先前的活动或知识结构所形成的一种心理准备状态，它表现为用已经形成的解决问题的方式来解决当前所面对问题的心理倾向性。如果一个人屡次成功地以相同的方法解决了某类问题，会使他机械性地或盲目地以原有的方式方法解决类似问题，而不去寻求新的、更好的方法。这种坚持使用原有已证明有效的方法，解决新问题的心理倾向，称为心向或心理定势。

➢扫描本章二维码，了解“问题解决定势效应的实验”。

心理学家卢钦斯（Abraham S. Luchins，1914—2005）的水罐问题就是心向问题的一个典型事例。在实验中，如果你已发现前 5 个题目要求相同的解题方法，即 B－A－2C 时，则你可能在第 6 和第 7 题上也套用相同的公式，尽管它用更简单的两罐方法 A－C 或 A＋C 就可以解决；只有到第 8 题仍套用原来的三罐公式行不通时，一部分人才会去思考、去尝试，从而发现更为简便的两罐的公式 A－C。但也有些人竟会认为它无解，那是因为心向太强烈，在经验中的有效方法不起作用时，不会转换注意方向去另寻新方法。很显然，心理定势在解决问题过程中既有积极作用，也有消极作用。它对解决情境类似或相同的课题，有一定的促进作用；但对变化了的情境或新的课题，则产生消极的阻碍作用。

5. 知识经验

个体知识经验越丰富，越容易发现问题和解决问题。这与我们日常所说的“姜是老的辣”“老将出马，一个抵俩”是一致的。一位老汽车修理工修理汽车时又快又好，而新手则不易做到。其原因在于前者具备了有关问题的大量知识和经验，而新手往往缺乏。这种已有知识对解决问题的影响作用叫迁移。当然这种影响有积极和消极之分，相应地，我们称之为正负迁移。一般说来，知识经验不但丰富，而且概括水平高的人正迁移较容易，解决问题时能够举一反三，触类旁通。

心理学家以国际象棋大师和普通棋手为被试，让被试看 5 秒钟棋盘后，再回忆棋盘上 25 个棋子的位置，第一次为下到一半的残局，第二次为不按照象棋规则随机排列，结果如表 7－1。很明显，与普通棋手相比，国际象棋大师的记忆力并没有任何优势，但是复盘的能力却远远高于普通棋手。

表 7－1　知识经验对问题解决的影响

研究对象	下到一半的残局(共 25 个)	随机排列(25 个)
国际象棋大师组	23 个	6
棋艺平平的棋手组	6 个	6

6. 原型启发

原型启发是指在其他事物或现象中获得的信息对解决当前问题的启发，而能给人获得解决问题启发的事物叫作原型。作为原型的事物或现象是多种多样的，存在于自然界、人类社会和日常生活之中。阿基米德从身子浸入浴缸将水溢出的现象中得到启发，解决了皇冠含金量的鉴别问题；鲁班因茅草划破手，受茅草叶齿的启发而发明了锯；瓦特因为水蒸气顶开水壶而发明了蒸汽机等，这些都是这方面的具体例证。科学家从动物的形态、动作和某些机体结构中获得启发，解决了大量生活、生产和军事上的问题，并形成仿生科学。

原型对解决问题能否起启发作用，一是看原型与解决问题有无特征上的联系与相似性，相似性越强，启发作用越大；二是看主体是否处于积极的思维状态，若主体不能积极主动地联想、想象和类比推理，即使事物间相似性很大，也难以受到启发。

7. 动机状态和个性因素

只有当个体有了解决问题的需要和动机时，才能以积极的态度去寻找解决问题的方法和步骤。但是动机过于强烈，则会妨碍问题的解决。因为过强的动机，使人处于高度焦虑状态，对问题的注意范围和知觉的范围，思路的开阔性和灵活性等都会变得狭窄。因此，过强和过弱的动机都会影响问题解决的速度和质量，适度的动机状态才有利于问题的解决。

个体成就大小除了智力因素的影响之外，个性因素也是很重要的一个方面。意志坚定，情绪稳定，勤奋努力，富有创造精神等个性因素有助于问题的解决。

学深悟透

专栏 7-5 问题解决中认知模式的文化差异

不同文化经验在解决问题中会有差异吗？目前的研究表明，回答是肯定的。

理查德·尼斯贝特(Richard Nisbett，1941—)和他的同事于2001年，通过计算机动画向日本和美国被试呈现鱼和其他水下物体，并且要求他们报告看见了什么。美国被试通常指向鱼，日本被试通常指向背景元素，而且日本被试比美国被试多做出70%的情境或背景的陈述，以及大约2倍的关于元素间关系的陈述。其他研究也发现，亚洲文化背景的人比北美文化背景的人更关注背景信息。因此，他们得出结论，来自东亚文化的人表现出一种整体性认知模式，关注某一范围物体的背景和关系；来自西方文化的人表现出一种分析性认知模式，关注物体和其自身的特性而不是背景。简而言之，东亚人看整体，西方人看局部。

分析性和整体性思维中的文化变异似乎影响了被试的逻辑推理模式、后视偏差易感性以及对矛盾的忍耐力。基于上述和许多其他发现，尼斯贝特等人认为"东亚人与西方人在处理同一问题时会激活不同认知过程"。这些认知模式差异似乎是源于文化社会导向的差异，即西方文化强调个体和独立，而东亚文化强调群体和相互依靠。一些理论家推测文化经验差异甚至可能导致神经结构或大脑连通性的细微差别，但是目前支持这个假设的证据仍然很少。

二、创造的心理过程

(一) 创造的含义

创造是指人们应用新颖的方式解决问题，并能产生新的、有社会价值的产品的心理过程。如作家创作一部新的作品；工程师设计一台新机器；科学家发明一项新技术都属于创造性活动。创造性总是体现在问题解决的过程中，也是从问题的初始状态向目标状态转变，但是创造性活动较一般的问题解决更为复杂。

创造是人类最高智慧的表现，创造性活动的思维不同于一般的思维，是人类思维的高级形式，是人类意识发展水平的标志。创造性思维是人们创造、发明、想象、设计、假设出新的概念、想法或者实物的心理活动。

首先，创造性思维具有新颖性。它不同于一般的思维特点，要求打破惯常的解决问题的方法，将已有的知识经验进行改组或重建，创造出个体前所未知的或社会前所未有的思维成果。因此新颖性是创造性思维最本质的特征。所谓新颖性就是标新立异、与众不同，使人有新鲜感。当然，这种新颖性只能是相对的，绝对的新颖是少见的。在不同的时间、不同的地点，不同的主体通过创造性思维产生的某种新事物、新产品、新方法、新观念、新理念等，就其新颖程度来说，绝对的"新"很难确定。每一个正常人都可以培养和发展自己的创造性思维能力。

其次，创造性思维是多种思维的结晶。众多的心理学家认为，创造性思维是发散思维与聚合思维两种活动相结合的产物。在创造性思维活动中，固然要求进行发散性思维，尽可能多地联想，提出多种假设或更多更好的解决问题的方案。然而，创造性思维还必须根据一定的标准，从众多的选择中找出一种最合适的答案，或经过检验采纳某一种假设，这就必须经过聚合思维。例如，自然科学家提出新假设时，开始运用发散思维提出各种各样的观点，然后运用聚合思维归纳成假设。因此，一个人的创造性思维活动的完整过程，是从发散思维到聚合思维，再从聚合思维到发散思维的多次循环、不断深化才得以完成的。创造性思维也是形象思维和抽象思维的统一，形象思维对创造性思维来说非常重要。例如，有些化学家想象自己变成了运动着的分子，自己亲身感受到分子遇到的情况，这就是形象思维。但创造活动中的形象思维还得通过抽象思维加以验证和确认。创造性思维还是逻辑思维和非逻辑思维协同的结果。逻辑思维是指遵循逻辑规律和法则，利用概念、命题和推理的形式进行的思维，缺乏逻辑思维就不可能有创造性思维的最终成果。但大量的事实表明，在创造活动中，非逻辑思维的作用往往也表现得非常明显。非逻辑思维是指未经过明显的逻辑推理的中间环节，由猜测或顿悟使问题得到解决的思维，主要包括直觉思维和灵感思维。当然直觉思维和灵感思维的结果，还必须经过逻辑思维的严密论证，并最终经过实践的检验，才能证明其正确性，否则“灵感”仍然不灵，甚至谬误。由此可见，创造性思维也是逻辑思维和非逻辑思维的协同活动，是从逻辑思维到非逻辑思维再到逻辑思维的辩证发展过程。

最后，有创造性想象的积极参与。创造性想象的积极参与是创造性思维的重要环节。因为创造性想象提供事物的新形象，并使创造性思维成果具体化。所以文艺作品中新形象的创造，科学研究中新假说的提出，新机器的发明等都离不开创造性形象。

（二）创造性活动的过程

英国心理学家沃拉斯（Graham Wallas，1858—1932）于 1926 年提出，人的创造过程有准备期、酝酿期、豁朗期和验证期四个阶段。

1. 准备期

准备期是指在创造活动之前，通过收集有关资料和信息，理解、积累问题相关的知识，为创造活动的开展做准备的时期。在这一阶段，最为重要的是要明确创造方向，为初步形成解决问题的新的方案创造条件，包括积累经验、收集信息、掌握技能等。从前人所积累的同类问题中发现新问题，寻找新的关系，甚至从中获得启示。根据课题性质、研究历程等的不同，这一阶段的时间有长有短。例如爱因斯坦撰写著名论著《相对论》仅仅花了五周时间，但动笔之前的准备和探索长达七年之久。诗圣杜甫言“读书破万卷，下笔如有神”，可知创造前准备的重要性。

2. 酝酿期

酝酿期是指在已积累知识经验的基础上，对问题和资料进行深入探索和思考的时期。就是对问题得不到结果而将问题暂时搁置，等待有价值的想法自然酝酿成熟而产生出来。由于长期钻研这一问题得不到解决，使人身心俱疲，转而从事其他较为轻松的活动，比如听听音乐、散步等，或者转向其他问题。这时候，长久思考的问题转入个人思维的内隐层面上进行运作，表面上虽然停止了思考，实际上还在无意识层面上进行。

3. 豁朗期

豁朗期是指新思想、新观念、新形象产生的时期，又叫灵感期。灵感的产生往往是突然性的，甚至是戏剧性的，有时产生于半睡眠状态，有时产生于正从事其他活动的时候。灵感一来，大脑中突然会闪出一个解决问题的方法，这就是有名的"啊哈"体验，也就是人们在解决问题时常有的一种特殊认知经历。这种经历具有突然性、轻松、积极效应、自我感觉良好等四个特征。

4. 验证期

验证期是指对新思想或新观念进行验证补充和修正，使其趋于完善的时期。灵感产生的新观念并不一定是正确的，必须加以验证。验证可以从逻辑角度在理论上求其周密、正确，也可以从付诸行动，经观察实验而求得正确的结果。直到反复验证无误，创造性过程的历程才算结束。

沃拉斯的创造历程四阶段理论，虽然广为流传，并且从一些富有创造性的著名人物的访问或传记中可以得到证实，但这一具体过程内部的运作仍有待通过科学研究得到更多证据的支持。

（三）创造者的思维特点

不少心理学家认为，发散思维是创造性思维的最主要的特点，也是测定创造力的主要标志之一。美国心理学家吉尔福特(Joy Paul Guilford，1897—1987)认为，发散思维具有流畅性、灵活性和独创性三个特征。

1. 流畅性

思维的流畅性也叫思想的丰富性，是指在限定时间内产生观念数量的多少，即对于特定的问题情景能够顺利地做出多种反应或答案。在短时间内产生的观念多，思维流畅性高，反之，思维缺乏流畅性。吉尔福特把思维流畅性分为用词的流畅性、联想的流畅性、表达的流畅性和观念的流畅性等。前三者必须依靠语言，后一种既可借助语言，也可借助动作。

2. 灵活性

思维的灵活性也叫思维的变通性，是指在一定时间内能够从多种角度去思考同一课题的能力。即具有较强的应变能力和适应性，能够灵活改变定向、发挥自由联想。比如让被试"尽可能说出报纸的用途"，他会有"学习用""包东西""当坐垫""折玩具""剪成碎片扬着玩""裹在身上取暖""用来引火"等各种各样的答案。富有创造力的人想法多，思维范围大，而缺乏灵活性的人通常只想到一个方面。

3. 独创性

思维的独创性也叫独特性、新颖性，是指对问题提出超乎异常的新颖独特的见解，产生不寻常的反应和不落常规的那种能力。思维的独创性能更多地表征发散思维的本质，是一种产生新的非凡思想的能力，表现为产生新奇、罕见、首创的观念和成就。例如，向被试提出一般的故事情节，要求他们按照自己的意思给出一个适当的题目，富有创造力的人给出的题目更为独特，而缺乏创造力的人常常禁锢在常规思维中。

➤扫描本章二维码，进行"创造力测验的实验"。

（四）创造性的影响因素

1. 智力因素

智力和创造力的关系如何一直是心理学家十分关心的一个问题。目前比较一致的看法是高创造力者必有高智力，高智力却不能保证有高创造力。在一定的智商分数之下，二者有显著的正相关；在此之上，二者的相关不显著。国内有研究证明，当智商低于120时，智力水平和创造力水平显著相关，但当智商高于120时，创造力水平和智力就无显著相关了。

2. 人格因素

一些心理学家通过比较高创造性个体和低创造性个体发现：高创造性个体经常具有某些典型的人格特征，如独立性、自信、对复杂问题感兴趣、审美取向和冒险精神等。

美国心理学家加德纳（Howard Gardner，1943—　）曾经调查分析20世纪有着杰出创造的重要人物，其中包括弗洛伊德、爱因斯坦、毕加索等人，发现有以下相似之处：① 有反传统倾向，对众人所信守的传统规范存疑，因而在个人作为上不墨守成规，总想有所改进而臻于完善的境界；② 持之以恒的关注，对自己关心的问题肯深入钻研，在展现超人的杰出成就之前，对相关问题研究所付出的心力至少持续了10年甚至20年；③ 在年轻时多半受到前人思想的启发及师长的指导语鼓励，因而立志上进，历经无数挫折失败，而终告成功；④ 个人生活感情层面较少，多半时间用于潜心研究，甚少享受安适的家庭生活。

3. 环境因素

创造力最早开始于个体差异的研究，试图揭示出创造性个体的人格特征，20世纪70年代开始，许多研究者开始把创造力放在社会背景下考虑。在80年代，又出现了创造力社会心理学。这一领域的学者，运用包括实验室实验、领域观察、内容分析、历史学方法等多种方法对创造活动进行研究，这些研究的主要特点是强调环境对创造活动的影响。

虽然大众印象中都有孤独天才的形象，但大多数创造性活动都是在人际环境中发生的。人际期望很可能会影响到个体的创造性表现。研究发现，环境因素的影响有积极和消极的两个方面，它们主要是通过个人的活动动机起作用。其中尤为重要的是宽松的外部环境和正确的激励促使内部动机发挥作用。不适当的外在奖励、任务、评价和监督等往往会导致内在动机下降，只靠高水平的外在动机，反而会使创造力遭到扼杀。

4. 动机因素

人类的任何行为、活动的产生和维持都离不开动机，创造性活动同样需要动机的维持与激发。无论个体的创造性潜能有多大，环境有多好，如果没有激起自己相应的创造活动动机，都不会出现创造性的行为表现。

动机因素中，内在动机更有利于个体创造性活动的产生和创造力的发挥与发展。当人们被完成工作本身所获得的满足感和挑战性激发，而不是被外在压力所激发时，才表现得最具创造性。创造性活动不仅需要有动机的激发和维持，它本身也可以产生动机。如果给予儿童表现自己创造性的机会，对任务原来缺乏兴趣的儿童会变得活跃起来。

社会学家和人类学家更多地把创造活动看作一种社会文化现象，心理学家也研究了非人际因素和时代旋律对创造活动的影响。有一点越来越明显，政治环境会对相应群体的创造表现产生影响。某些因素会直接影响成年人的创造表现，如战争。还有一些政治因素会在个体的发展期产生作用，促进或阻碍创造性潜能的获得。另外，文化多样性会促进创造力，当文明本身对外来文化采取开放姿态后，创造力会得到促进。

学思结合

专栏 7-6　学生创造性思维的培养

研究发现，儿童的创造性水平随着年龄增长逐渐提高，但创造性思维的流畅性、变通性和新颖性三个维度的发展并不均衡，高中生创造性思维水平发展比较平缓，其中独创性在高一、高二发展平稳，但在高三有显著提高。中英两国青少年科学创造力的对比研究发现：中学生的科学创造力存在显著的年龄差异，11～13 岁、14～16 岁是科学创造力迅速发展的关键时期。

创造性思维是在一般思维的基础上发展起来的，是后天培养与训练的结果。作为教师，培养学生的创造性思维是一项重要的任务，可以采取以下举措。

一、激发学习动机，培养学习兴趣和求知欲

适度的学习动机是发展创造性思维的动力和必要条件。教师通过创设变化的富有新异感的学习环境、组织或引导学生去观察大自然或考察社会生活、重视并激励学生提出各种问题以及结合教学向学生提出有一定难度的思考题等方式，培养学生的学习兴趣和求知欲。

二、教会创造方法，培养创造性思维能力

在教学活动中，教师应有目的、有意识、有计划地运用各种发展策略，更好地培养、发展学生的创造性思维能力。这里介绍常见的三种。

① 头脑风暴法是奥斯本(Alex Osborn，1888—1966)于 1938 年首创，又称智力激励法。该法围绕一个主题让参与者自由畅想，谋求观念数量的最大化，严禁评判他人观念，可以补充完善，以产生较多较好的新设想、新方案。② 列举法是针对某一内容，有意识列举有关事物的缺点、特点或希望改善之处，分析原因并加以改进，从而创造出新事物的方法。比如有人"吹毛求疵"地列举"弯柄雨伞"的缺点达 17 种之多，并提出改进之法。又如自动折叠雨伞就是人们对传统手动折叠雨伞提出"希望雨伞能自动折叠"后改进发明的。③ 联想法是把其他领域中的事物与想要解决的问题联系起来思考的方法，就是把不相关的事物联系起来，进行重新组合从而创造出新事物的方法。例如爬楼梯车的发明源于北京一位中学生看到小狗上楼梯比人轻松、灵巧而创造的，这是一种没有预定目标和计划的随机联想。而中学生发明下雨自动关窗装置就是通过强制联想法构思成功的，即在对照命题有目的、有步骤的联想中实现的。

三、创新课堂教学，培养学生的创造性思维

课堂是培养学生创造性思维的主阵地。有人从态度和信念的视角，探讨了课堂教学中扼杀学生创造性和批判性思维的九种教育行为清单：① 凡事要求有唯一的正确答案、正确的路径，“正确”高于一切；② 培养学生对权威，尤其是对老师的服从感、恐惧感；③ 要求不惜一切地遵循教学计划，只让学生完成老师布置或课本上要求的课题；④ 打击纠正学生的创造性思维，倡导天才是罕见的观念；⑤ 阻止学生跨学科解决问题的思路，倡导知识分界的观念；⑥ 用经典格言和口号来证明观点；⑦ 嘲笑打击学生的好奇心和求知欲；⑧ 倡导智力是先天基因决定的理念，打消儿童努力完成高难度任务的念头；⑨ 绝对不让学生的学习或解决问题变得有趣。这九种行为中，任何一种都可以扼杀学生的创造性，但最为糟糕的是最后一种教育行为，教师应以此为戒。

四、改变评价观念，鼓励学生的创造性行为

教师不要限定学生盲目地接受成人认可的答案，不要预设是与非、对与错的绝对权威。而是要启发、协助、鼓励学生主动地发现、分析和解决问题，鼓励超常的创造性答案。

五、认识创造规律，培养学生的发散思维、聚合思维

从培养学生思维的流畅性、灵活性和独创性入手，着重启发学生从不同方面对同一问题进行思考，同时培养学生的抽象、概括、判断和推理的能力。

六、组织兴趣小组，引导学生积极参与创造性活动

引导学生参与创造性活动，如组织学生参加科技小组、艺体小组活动，是培养学生创造性思维的重要途径。

第四节　想　象

当你读到“枯藤老树昏鸦，小桥流水人家，古道西风瘦马。夕阳西下，断肠人在天涯”这首小令时，尽管你可能没有见过其中描述的所有形象，但是脑中仍然会出现一幅充满苍凉气氛的图景。这个心理过程就是想象。

一、想象的概念

想象是对头脑中已有的表象进行加工改造，形成新形象的心理过程。这是一种高级的认知活动。例如，人们在看小说时，在头脑中产生各种情景和人物形象就是想象活动的结果。

从反映论角度来说，想象是人脑对客观事物以表象加工改造的形式进行间接、概括的反映，这是一种特殊形式的思维。想象人人都有，它从表象开始，以创造形象的形式来实现，似乎给人以超现实的感觉。其实想象同其他心理一样，是人脑对客观现实的反映，是一种创造性的反映形式。如我国古代神话中的玉皇大帝是黑头发黑眼睛的黄种人形象，而西方宗教中的上帝和传说中的圣诞老人却是金发碧眼的白种人形象。由此可见，想象的内容受制于个人经验，也是客观现实的反映。

形象性和新颖性是想象的基本特征。想象主要处理图形信息，或者说表象，而不是词或者符号，因此具有形象性的特征。想象是对旧有表象进行积极的再加工和再组合，因此具有新颖性的特征。想象不仅可以创造人们未曾知觉过的事物形象，还可以创造现实中不存在的或不可能有的形象。但它们仍来自现实，来自对人脑中记忆表象的加工，想象的形象在现实生活中都能找到原型，都有其现实的依据。

想象具有多种功能。首先，想象具有预见的功能，能预见活动的结果，指导人们活动的方向。比如许多人幼时想象自己长大以后成为科学家、教师，由此激发自己奋发学习，实现理想。其次，想象具有补充的功能，在实际生活中，许多事物人们不可能直接感知，但是可以通过想象来补充这种知识经验的不足。比如读者无法感知《红楼梦》中王熙凤的形象，但当读到"一双丹凤三角眼，两弯柳叶吊梢眉，粉面含春微不露，丹唇未启笑先闻"的诗句时，通过头脑中"丹凤""三角眼""柳叶""粉面""丹唇"等表象的作用，就能在头脑中想象出王熙凤的形象。再次，想象具有代替的功能，当人们的某些需要由于现实条件限制而无法满足时，可以借助想象来满足或实现。比如儿童想当一名火车司机，在游戏中，把排列起来的小椅子想象成火车，把椅背当作方向盘，嘴里呼着"呜——"开起了火车。最后，想象具有调节的功能，能改变人体外周部分的机能活动过程。如某些患歇斯底里症的病人，要求他们按《圣经》上的描写，想象耶稣基督钉在十字架上的痛苦，他们的手掌和脚掌上就会出现血斑，当时人们把它称为圣斑。近年来，生物反馈研究也证明了想象对人的机体有调节作用。

想象产生的原因和动力是人们的实践活动。诗人、作家进行作品构思和工程师的蓝图设计都需要想象。同时，想象的产生还与人的需要直接相关。想象与创造性活动有着千丝万缕的联系。没有想象，就没有创造，想象是创造性活动中的精髓部分。

二、想象的方法

想象是对头脑中已有表象进行加工改造、形成新形象的过程，这一过程中加工改造的内部操作活动主要包括分析与综合。想象的分析过程，是从旧形象中析出必要的元素或素材；想象的综合过程是将分析处理的元素或素材，按照新的构思重新组合，或者加上新的元素或素材，创造出新形象的过程。想象的分析与综合活动的内部心智操作主要有以下几种方法：

（一）粘合

粘合就是把客观世界中不同事物的某些属性、特征或部分在头脑中组合在一起而形成新形象的过程。通过粘合活动，人们创造了许多童话和神话中的形象。例如，美人鱼就是将美丽的少女与鱼的特征组合在一起形成的新形象；猪八戒就是将胖人和猪头组合在一起想象出的新形象。科学发明创造中的新产品形象也经常通过粘合方式想象出来。例如，想象中把一般飞机和螺旋桨粘合就创造出直升机的雏形。这些创造过程都是把某些事物的某些特征分析出来，然后根据人们的需要，将这些特征重新组合，构成人们希望的新形象。运用这种方法构成的新形象，受到一定的社会文化、民族习惯的影响。粘合是想象最为基本的心智操作方法，多用于艺术创作和科技发明。

（二）夸张

夸张是指通过改变客观事物的正常特点，或者突出某些特点而略去另一些特点在头脑中形成新形象的过程。它包括夸大与缩小两种形式。夸大就是把客观事物具有的某一个特征加以夸大。例如，千手观音就是对观音的手进行夸张后，想象出来的新形象；再如“千里眼”和“顺风耳”等也是夸大的结果。缩小就是把客观事物具有的某一特征加以缩小。例如，手表就是缩小了的钟的形象，随身听就是缩小了的收录机。夸张在文学艺术创造想象中也是常用的方式，例如《格列佛游记》中的大人国、小人国，漫画中的各种人物形象等。

（三）拟人化

拟人化就是把人类的形象、属性、特点加在某些客观事物上，使之人格化的过程。人们在加工改造各种表象时经常运用拟人化的方式形成新的形象。例如，海里面有龙王，天上有雷公电母、王母娘娘和玉皇大帝，月亮上有嫦娥、吴刚等，这些形象就是用拟人化的方法想象出来的。拟人化也是文学和其他艺术创作中常用的一种手段。例如《封神演义》《西游记》《聊斋》中的许多形象，如青蛇与白蛇、狐狸精等都是采用了拟人化的创造手法。

（四）典型化

典型化是指在想象中把某类事物表象共同的、最有代表性的特征集中在某一具体事物或人物身上，从而形成典型的、新的形象的过程。典型化是文学艺术创造的重要方式。鲁迅笔下的阿Q，就是综合了当时乡村淳朴、善良、愚昧、落后的农民形象而想象出来的新形象。鲁迅在谈文艺创作经验时曾经说过，人物模特没有专门用过一个人，往往嘴在浙江、脸在北京、衣服在山西，是一个拼凑起来的角色。典型化实际上是粘合、夸张等心智操作的有机结合。典型化是想象中高级的心智操作，能使作家和艺术家创造出来的形象更具有概括性、代表性，又能逼真、感人。

想象是以大量的联想为前提的，粘合、夸张、拟人化、典型化等心智加工方式是想象加工改造旧表象、创造新形象的方式，又使这种联想脱离了常规的进程。

三、想象的种类

根据想象有无目的、想象过程是否需要意志努力或意识参与程度的不同，可以将想象分为无意想象和有意想象。根据想象内容的新颖程度又可以将其分为再造想象和创造想象，幻想是创造想象的一种特殊形式。

（一）无意想象和有意想象

无意想象也称不随意想象，是指在刺激物的影响下，人没有预定目的、不由自主地想起某种事物形象的过程。如说起埃及，人们不由自主地想起金字塔、狮身人面像；儿童抬眼看见天空的云彩，一会儿想象成棉花，一会儿又想象成马群，一会儿又想象成高山。这些都是无意想象的结果。精神病患者的幻觉，由药物，如吸食大麻、迷幻药等引起的幻觉，都属于无意想象。

梦是无意想象的极端形式。它是人在睡眠状态下的一种漫无目的、不由自主的奇异想象。在梦中，有时见到已故的亲人、儿时的玩伴、现在的朋友或陌生的人，经历明天计划的事情、临睡前发生的事件,体验激动兴奋、焦虑恐惧、抑郁、伤心愤怒等情绪。从梦境的内容看,它是过去经验和睡眠过程中的遭遇的奇特组合。按照巴甫洛夫的解释,人在睡眠时,大脑皮层产生一种弥漫性抑制,由于抑制发展不平衡,皮层的某些部位出现活跃状态,暂时神经联系以意想不到的方式重新组合而产生各种形象,就出现了梦。

有意想象也称随意想象,是指人自觉提出想象任务,根据自己的志向,有目的、有意识的想象。人在多数情况下,总是根据一定的目的、自觉地进行想象活动。例如,小学生在学习过程中,为了解决某道难题,获得某些知识的想象;建筑工人和土木工程师对建筑图纸的想象;等等。

(二)再造想象和创造想象

再造想象是指依照词语描述或图表描绘,在人脑中产生相应新表象的过程。如读到"天苍苍,野茫茫,风吹草低见牛羊"时,脑海里浮现出湛蓝的天空白云飘飘,无边的绿草在风中摇曳,远处是雪白的羊群和飞奔的骏马,这样一幅草原美景的画面就是再造想象的结果。也就是说,人在阅读文艺作品、历史文献,工人在看建筑或机械图纸,学生在听教师对课文生动形象的描述时,头脑中出现的有关事物的形象,都属于再造想象。

再造想象中出现的新形象,对于自己来说是新的。这是根据别人的描绘或制作的图表、模型等在头脑中基于个人的经验再造出来的。因此,一方面,再造想象的新形象的新颖性、独立性成分比较小;另一方面,再造想象形成的新形象差异较大,因为每个人的经验、兴趣、爱好和能力不同,再造的形象也会千变万化。"有一千个读者就有一千个哈姆雷特。"再造想象出来的新形象虽然创造性成分较少,但是体现出了较大的个体差异,带有一定的个性色彩。

创造想象则是在刺激物的作用下,根据一定的目的和任务,人脑独立地构成新形象的过程。新的发明创造都含有创造想象的成分。例如,鲁迅创作的阿 Q 形象、马致远创作的《天净沙·秋思》,都是创造想象的产物。创造想象具有首创性、新颖性和独立性。创造性想象源于生活,但又高于生活。例如,工程师发明的新机器,虽然综合了许多机器的特点,但它又具有前所未有的新性能、新造型。因此,创造想象比再造想象更复杂、更困难,需要对已有的感性材料进行深入的分析、综合、加工,在头脑中进行创造性的构思。

创造想象与创造思维紧密联系,是各种创造性活动的前提条件。科学领域里的一切发明,艺术领域里的一切典型形象,都必须首先在头脑中形成活动的最终或中间产品的模型,即进行创造想象。可见,创造想象是创造活动的必要环节,没有创造想象,创造活动就难以完成。

幻想是创造想象的准备阶段和特殊形式,是一种同生活愿望相结合并指向于未来的想象,体现出人们对未来生活愿望的追求和向往。它与一般的创造想象的不同表现在两个方面:第一,幻想总是与个人愿望相结合,体现出个人的追求,而一般的创造想象不一定是创造者所向往的。第二,幻想与个人正进行的行动不一定有直接联系,它总是指向未来的,而一般的创造想象与个人正进行的行动有直接联系,是为当前的活动服务的。

如果幻想以现实为依据,体现了事物的发展规律,并指向行动,经过努力最终可以实现,那么它就变成理想。如果某种幻想完全脱离现实,甚至违背客观规律,毫无实现的可能，就成为空想。幻想、理想能激励人向上和前进，是人们从事创造性学习、生活和工作的动力，而脱离实际、虚无缥缈的空想则会把人引向歧途。在教育教学工作中，教师要教育学生避免空想，树立远大的抱负，培养克服内外困难的意志力，以实现自己所追求的理想。

➢扫描本章二维码，进行“想象力的自我测量”。

见贤思齐

专栏 7-7　深耕中国传统文化心理学的唐钺

唐钺(1891—1987)，原名柏凡，福建闽侯人，是中国现代实验心理学家、心理学史家。唐钺八岁入私塾，十四岁就读于福州鹤龄英华书院，后入上海闽皖铁道学校。1914 年进入美国康奈尔大学修习心理学和哲学，毕业后，在哈佛大学研究院哲学部心理系继续深造，并从事心理学研究工作，1920 年获得博士学位。归国后，历任北京大学哲学系和清华大学心理学教授、中央研究院心理研究所研究员及所长、上海商务印书馆编辑所哲学教育组组长。新中国成立之初，先在清华大学心理系任教授，后转至北京大学哲学系心理专业。

唐钺早年主要从事白鼠的生理心理学实验研究，以及心理学和哲学方面的译著。六十年代起，专门从事西方心理学史的教学和研究。他强调科学基础训练的重要性，重视心理学的实验研究和心理的生理基础研究，主张以历史唯物论有关心理形成的规律为起点，发现和认识心理活动的法则。唐钺在中国哲学史和中国心理学史研究方面，有不少独到的见解。他对中国传统文化进行心理学分析，发表的《中国古典文学中的神合感》等专著或研究论文得到哲学界、文学界、史学界以及心理学界的广泛重视。神合感实际上是中国古代文学家的幻想，其产生的心理机制有自我暗示、自居作用等，包括优美感、崇高感以及宇宙意识等。

唐钺将其一生贡献给我国教育事业，辛勤耕耘，严谨治学，为我国培养了一大批心理学和神经科学方面的专家和学者。他晚年所著的《西方心理学史大纲》一直被我国心理学界视为名著，该书观点明确，史料确凿，评述精辟，言简意赅，思想深髓，富于哲理。唐钺对哲学、国学等领域也有深湛的研究，著有《唐钺文存》和《故国新探》等，对我国学术文化界产生了深远的影响。

唐钺先生在古代中国、西方文化间行走，从心理学的视角分析我国传统文化现象，对于当下致力于建构中国话语体系的我们，有哪些启示呢？

第五节 思维与教育

一、思维的品质

人的思维活动具有一定的共同规律，同时又存在明显的个体差异。一般地说，良好的思维品质结构具有如下特征：

(一) 思维的广阔性和深刻性

思维的广阔性表现为个体进行思维活动时，思路宽阔，善于把握事物各方面的联系和关系，善于全面地思考和分析问题。思维的深刻性则表现为善于深入思考问题，善于抓住事物的本质与规律，并能预测事物发展的趋势和后果。思维的广阔性和深刻性是一切思维品质的基础。

培养学生思维的深刻性和广阔性要求教师根据学生的思维水平、知识经验等组织教学，鼓励学生联想，提高学生的概括能力和理解能力。

(二) 思维的批判性与独创性

思维的批判性与独创性是指个体在进行思维活动时，善于独立地思考问题，冷静地对待别人提出的见解，有主见地分析评价事物，并能产生出具有新颖性成分的思维结果。在科学技术史上，许多新学说、新理论的建立，都说明了独立思考、不迷信权威的重要性。如伽利略、哥白尼、爱因斯坦等。

不人云亦云，不迷信权威，敢于向已成定论的东西、教科书上的内容提出质疑，阐述自己的见解，是思维具有批判性和独创性品质的表现。

培养学生的批判性和独创性需要教师建立民主的教学环境，培养学生的好奇心，激发求知欲，加强学生独立思考的自觉性，提倡新颖性。

学深悟透

专栏 7-8 批判性思维

批判性思维作为国际学校教育提倡的 21 世纪技能中“4C”之一，近年来成为各级各类学校关注的焦点之一。美国心理学会前主席戴安娜·哈尔彭认为，批判性思维的技巧是可以传授的。为此，她提出了一系列的方法。可以分为以下五类：

第一，语言推理技巧。包括理解定义如何影响人们思考问题；识别定义的来源，以确定其可靠性；避免在使用定义与标签时的名称谬误，日常定义不会是基于科学研究的过程提出的；了解语言会通过语义粉饰、预期辱骂等影响人的思维；注意辨别观念与现象的区别；等等。

第二，论据和说服分析技巧。包括理解支持结论的前提和假设，并系统评估证据；识别无关原因、循环推理、滑坡推论、弱类比和假两难等；要有足够的证据，缺乏信息无法得出结论；理解与无关信息多次联结后的条件反射对情绪情感带来的影响；理解安慰剂效应和均数回归效应对社会影响的作用；对传闻持谨慎的态度，传闻通常没有代表性、可靠性、准确性；等等。

第三，假设检验的技巧。包括理解结果与事件的多种可能性；寻找证据的矛盾性；个人逸事证据具有局限性；充分理解人类记忆的局限性以及事后聪明效应，学会反思；理解相关性证据、统计显著性的局限性；识别安慰剂效应可能出现的情境；等等。

第四，处理可能性与不确定性的技巧。包括判断信息来源的可靠性；学会对各种操控技巧如登门槛策略、伪造稀缺性、低球策略等保持警觉；估计可能性时需要考虑初始比例；搜集更多的信息以降低不确定性；做出收益—风险评估，权衡利弊；应制订尽可能多的期待方案并评估其优劣；识别趋中效应可能出现的情境；理解外推法的局限性；尝试寻找对立的证据；等等。

第五，决策与问题解决的技巧。包括决策基于证据；辨别事后聪明偏差；寻找能够减少不确定的信息；识别人类认知中的多度自信；理解对比效应（以退为进）如何影响判断与决策；识别何时会使用极端比较法，仔细识别能够影响思维的对比物；等等。

（三）思维的灵活性和敏捷性

思维的灵活性集中表现在个体进行思考和解决问题过程中，思路灵活不固守成见和习惯程序，善于根据情况的变化，根据所发现的新事实，及时修改原有的想法。善于发散思维是思维具有灵活性的重要表现。思维的敏捷性是指善于捕捉和发现问题，反应迅速，能当机立断。青少年具有思维的灵活性与敏捷性，但发展很不平衡，各人的训练程度不一，所以发展存在明显差异。

培养学生思维的灵活性和敏捷性要求教师注意学生新旧知识之间的渗透与迁移，训练“发散式”思维，同时对学生的学习提出一定的速度要求。

（四）思维的逻辑性

思维的逻辑性是指思维的条理性和连贯性。它表现为思考和解决问题思路清晰，富有条理，思维过程严格遵循逻辑规律；提出问题明确而不含糊，推理严密，层次分明，有条不紊；论证问题则言之有具，有的放矢，具有说服力。

畅所欲言

结合自己日常的语言和行为特点，反思个人思维品质的形成过程，分析影响思维品质形成的因素。

二、儿童思维的发展

思维是个人认知能力的核心，其发展有一定的顺序性和阶段性。

婴儿的思维水平相对较低，有一定发展，但远没有成熟。研究表明，6 个月时婴儿已经能够模仿，12 个月以前已能利用工具解决问题，并获得了手段—目的的分析策略。总的来说，3 岁前婴儿的思维离不开动作和自身对物体的感知，其思维缺乏对行动结果的预见性和计划性，较为狭隘，这是由于其经历贫乏、经验较少导致的，因此，在解决问题中，仅仅局限在个人感觉所及的范围内。婴儿末期，掌握语词的增多(3 岁左右的婴儿词汇量有 100 多左右)，头脑中有一定量的表象，能在头脑中进行简单的思维，其思维与语言开始联系，出现形象性特点。

幼儿的思维在言语发展的基础上出现了质的变化。具体形象性是这个阶段儿童典型的思维形式，也就是说，幼儿思维主要是凭借事物的具体形象或表象及其联想来进行的。例如，幼儿可能知道“2 个苹果添上 3 个苹果是 5 个苹果”，但是无法回答“2＋3 等于几”。幼儿喜欢看绘本、图片，因为他们理解故事必须要借助生动鲜明的具体形象才能进行。幼儿思维的具体形象性还派生出幼儿思维的表面性、拟人化、经验性等特点，这与他们知识经验相对贫乏、第一信号系统占据优势密不可分。同时，幼儿的思维水平是不断提高的。幼儿中期以后，开始出现了抽象逻辑思维的萌芽，逐步学会在词的水平上解决问题，并开始带有逻辑的性质。

小学儿童思维从以具体形象思维为主要形式逐步过渡到以抽象逻辑思维为主要形式。但这种抽象逻辑思维在很大程度上仍然是直接与感性经验相联系的，具有很大成分的具体形象性。这个过渡存在着明显的关键年龄，一般认为是在小学四年级(10 岁)左右。小学儿童掌握了守恒，获得了逻辑推理规则，思维结构趋于完整，但有待完善。

青少年思维发展的基本模式是由形象思维、抽象思维过渡到辩证思维，主要特点是思维逐步符号化。与小学儿童相比，他们发展了抽象的、科学的思维能力。思维的概括能力增强，能使用假设—检验和更加一般的逻辑规则进行思考，无须借助于具体事物和事件；思维活动中的自我意识成分增多，反省性和监控性明显提高；辩证思维能力增强，看问题不再那么绝对化；思维的创造性也迅速发展。从初中二年级开始，中学生的抽象逻辑思维能力开始从经验型水平向理论型水平转化；因此，初中生思维活动的基本特点是抽象逻辑占优势地位，但有时思维中的具体形象成分还起作用。青年早期个体的形象思维已完全发展成熟，抽象思维的发展也进入到成熟期。到高中二年级时，经验型向理论型的转化基本完成，标志着他们的抽象逻辑思维趋向成熟，接近成人水平，表现在思维成分趋于稳定、个体思维品质和类型的差异趋于定型、思维的可塑性大大减少三个方面。因此，逻辑思维的发展是青少年思维发展的重点。形式逻辑思维和辩证逻辑思维是逻辑思维两个不同的发展阶段，辩证逻辑思维是以形式逻辑思维为基础，且高于形式逻辑思维，这两种思维形式的发展和成熟，是青少年思维发展和成熟的重要标志。高中生形式逻辑思维的发展较为稳定而均速，辩证逻辑思维的发展则比较迅速。在此阶段，其形式逻辑思维获得了相当完善的发展，在思维活动中占据主导地位。而辩证逻辑思维的发展水平相对较低，两者的发展相辅相成，使得青少年的思维水平更高、更成熟、更完善。

三、课堂教学中培养学生思维能力的方法

培养学生的思维能力，一方面需要选择和合理组织教学内容。美国心理学家布鲁纳提出学生要掌握学科的基本结构，即向学生呈现学科的基本概念和原理，同时配以典型的案例。另一方面需要改革教学方式方法，要求采用启发式、探究式、研究型教学以及案例式教学等方法。

(一) 创设问题情境，培养提出问题能力

思维从提出问题开始。教师必须创设情境，激发学生自己提出各种问题，进行独立思考。提出问题能力的培养有一个过程。最初可以先由教师向学生提问，并使学生认识到提问的意义和方法；接着就鼓励和要求学生自己提出问题，提得好的加以表扬；当学生能够踊跃提出各种问题的时候，就可以进一步要求提高问题的质量，鼓励他们运用已有的知识、经验，思考如何解答自己提出的问题。

(二) 采用多种方法，激发学习主动性

激发学生学习的主动性，对于发展其思维能力极其重要。例如布鲁纳主张学生采用发现学习的方式，即布置一定的学习情境，提出问题和要求，学生根据要求自主讨论、思考、查阅资料等来得出结论。这个过程中，学生的思维是主动的、积极的，培养发现的兴趣与态度，使所学的知识扎实并能用来理解其他的同类现象，更重要的是促进了学生思维的发展。

(三) 教会思维方法，提升逻辑思维能力

“授人以鱼不如授人以渔”，掌握方法和过程比具体知识更能促进学生思维的发展。当然，思想方法、逻辑规律比较抽象，不是任何年龄儿童都能自觉地、有意识地加以掌握的。起初，学生只能结合各种知识的教学，通过经常听取教师合乎逻辑的讲解，或在教师引导下一次又一次地应用某些思想方法去获得新知识的过程中，逐渐地熟悉这些思想方法和规律。例如，掌握一个新的概念，要经过分析、综合、比较、抽象、概括的过程；学习一条定理或规律要应用归纳法去论证或应用演绎法进行推导；解答一道应用题要经过明确问题、分析条件、确定题目性质、提出解答方案以及推算、验证等步骤。在教师一遍又一遍有意识的引导下，学生就能熟悉各种思想方法并从不自觉地应用这些方法逐渐过渡到自觉地加以应用。如果教师不能有意识地指导学生掌握正确的思维方法，那么即使到了初中，多数学生对分析、综合、比较、抽象、概括等有关思维方法的概念还缺乏明确的认识，当然也不能准确地、自觉地加以运用。可见，教学中有意识地帮助学生掌握思维方法、培养逻辑思维能力是很重要的。

(四) 整合多种方式，提高言语表达能力

思维是借助于内部言语在头脑中进行的一种心理过程。内部言语不像外部言语那样要求很强的逻辑性与条理性，它通常是以简化、压缩、跳跃的形式出现。正是由于这种特点，一方面使思维有可能快速地进行；另一方面，也有可能使思维变得不连贯、不符合逻辑或模糊不清。常常有学生诉说“听得懂，但是不会说又不会写”，其实是理解得不透彻，思路不清晰。

学生如果能够经常把内部思想变为外部言语，并对展开的外部言语进行加工、整理，使之用词恰当、结构严密、前后连贯、符合逻辑，那么，他们的思维能力必将得到迅速的提高。

学生学习的过程其实是把感性经验经过抽象、概括，提升为理性认识，然后再将其应用于实践，使抽象的知识具体化。在这个过程中，学生既掌握了知识，也提升了能力。为此，教师在教学中必须把生动直观、抽象思维和实践合理地结合起来，也就是把言语的、直观的和实践的、再现的和探索的、归纳的和演绎的、学生独立活动的和教师指导的各种教学方法合理地结合起来。

真题实练

1. 教师通过观察学生的言行来了解他们的内心世界，这说明思维具有（　　）。

A. 间接性　　B. 概括性　　C. 整体性　　D. 理解性

2. “一题多解”和“一事多写”旨在培养学生的（　　）。

A. 形象思维　　B. 抽象思维　　C. 聚合思维　　D. 发散思维

3. 学生从认识燕子、麻雀、乌鸦等，概括出鸟的本质特征。这一思维方式是（　　）。

A. 综合　　B. 推理　　C. 判断　　D. 概念

4. 小亮在解题时，把各种解法逐一列出并加以尝试，最终找到一个最佳解法。这种方法属于（　　）。

A. 启发式　　B. 推理式　　C. 算法式　　D. 归纳式

5. 老师让大家列举纽扣的用处，小丽只想到扣衣服却想不到其他用途，这种现象说明（　　）。

A. 功能迁移　　B. 功能固着　　C. 功能转换　　D. 功能变化

6. 教师要求学生在规定时间内尽可能多地举出“杯子”的用途，这侧重培养创造性思维的（　　）。

A. 独创性　　B. 灵活性　　C. 流畅性　　D. 深刻性

7. 学习《望庐山瀑布》这首古诗时，学生头脑中出现诗句所描绘的相关形象，这一活动属于（　　）。

A. 再造想象　　B. 创造想象　　C. 无意记忆　　D. 有意记忆

本章复习题

一、举例说明根据不同的标准，思维分别有哪些不同的类型？

二、以自己和同学的语言特点为例，分析语言与思维的关系。

三、结合想象力测试的结果，分析不同类别的想象对学习、生活的影响。

四、案例分析

1. 老师在教学活动中向学生介绍鸟，介绍了会飞的麻雀、百灵、猫头鹰等鸟，活动结束后，小朋友认为，鸡、鸵鸟不会飞，不是鸟。

试分析影响学生掌握鸟这一概念的因素，并谈谈教学中应该如何促进学生概念的掌握。

2. 上课时，老师讲述了一段情节让学生们判断是否可能：警察局长的儿子冲进局长办公室，着急地嚷道："不好了，不好了，我爸爸和你爸爸吵起来了。"学生们听后，都没能想到警察局长是女性的可能性，纷纷说"不可能"。

试分析影响学生解决这一问题的因素及其作用，除此之外，影响问题解决的还有哪些因素？

3. 杂志对于(　　)相当于(　　)对于农民

A. 报纸　果农　　B. 传媒　农业

C. 书刊　农村　　D. 编辑　菠菜

试分析完成这道选择题过程中的思维的类型、形式和过程。

4. 一学生在美术课上画大海，可是他把大海涂成了红色。

如果你是任课老师，该如何应对？

推荐阅读书目

1. 陈新夏，等. 思维学引论[M]. 长沙：湖南人民出版社，1986.
2. 莱斯蕾. 罗杰斯. 大脑的性别[M]. 李海宁，译. 北京：生活・读书・新知三联书店，2004.
3. 斯滕伯格. 创造力手册[M]. 施建农，等译. 北京：北京理工大学出版社，2006.
4. 邵志芳. 思维心理学[M]. 上海：华东师范大学出版社，2001.
5. 斯滕伯格. 认知心理学(第三版)，第九、十、十一章[M]. 杨炳钧，等译. 北京：中国轻工业出版社，2006.
6. 彭聃龄. 普通心理学(第五版)，第六章[M]. 北京：北京师范大学出版社，2019.
7. 黄希庭，郑涌. 心理学导论(第三版)，第七、八章[M]. 北京：人民教育出版社，2015.
8. 韦恩・韦登. 心理学导论(第九版)，第八章[M]. 高定国，等译. 北京：机械工业出版社，2017.
9. 沈政，林庶芝. 生理心理学(第三版)，第八章[M]. 北京：北京大学出版社，2014.
10. 杨凤云. 心理学导论，第五、六章[M]. 北京：北京大学出版社，2016.
11. 俞国良，戴斌荣. 心理学基础，第九章[M]. 北京：北京师范大学出版社，2015.

第八章
情绪和情感

本章学习资源

学习目标：

- 理解情绪情感的内涵、结构，掌握情绪情感与认知的关系。
- 了解情绪的各种理论。
- 掌握情绪情感的分类。
- 学会在学习和生活中调节不良的情绪。

【本章结构】

情绪和情感
- 情绪情感的概述：内涵和理论
- 情绪情感的种类：两极性和分类
- 情绪情感的应用：发展与健康

在人生最为重要且意义深远的经历中，我们不仅形成、得到各种经验或认识，还体验到了各种情绪情感，比如婚礼上的喜悦、葬礼上的悲痛、成功时的欢喜、坠入爱河中的迷恋。情绪情感也点缀着每天的经历，比如老板刁难时你会愤怒，通过某项重要考试时体验到的快乐，遭遇罚款时的沮丧。显而易见，情绪和情感是人类心理生活的一个重要方面，渗透在人们生活的方方面面。正因为情绪、情感的普遍存在，早在古希腊亚里士多德时代就为学者们所关注，在人类发展的漫漫长河中，众多的学者逐步澄清了有关情绪情感的曾经模糊的认识。

第一节　情绪和情感的概述

一、情绪情感的概念

究竟什么是情绪情感呢？“人非草木，孰能无情”，这里的情，是指狭义的爱情。其实，人类身处在自然与社会环境中，当接触到现实中的人、事、物时，内心常常会产生不同的主观体验，如喜与悲、乐与苦、爱与恨等。我们把人对客观事物的态度体验及相应的行为反应，称之为情绪情感。

情绪与情感作为一种主观体验，也是对现实的反映。它所反映的不是客观事物本身的特征、属性等，而是对客观事物与个体需要之间关系的反映。当然，在现实生活中，并不是所有的事物都可以使人产生情绪和情感，如繁华集市和热闹的街道；只有与我们的需要具有一定关系的事物，才能引起情绪情感；也并不是所有与人的需要密切关联的事物，时时都会引起我们的情绪情感，如新鲜空气、温暖阳光、安静的环境都与人的需要关系密切，但是人们并不是总是时刻感到它们可亲可爱，有时这种需要未被意识到或不在注意的中心，内心的体验并不明显。如车声、铃声在一般情况下，不会引起我们的情感体验，但当我们需要冷静地思考问题时，这些声音就会使我们觉得很讨厌；当你急切地盼望下课时，电铃的响声就会使你特别欣快。这说明客体能否引起人的情绪或情感体验，是以人的需要为中介的。当外界事物和人的需要相一致时，人们就会接纳该事物，并会对其产生肯定的情绪和情感，诸如高兴、喜悦和快乐等，当客体和我们的需要不相一致时，就会对其产生否定的或消极的情绪情感，诸如不满、生气、愤怒等。情绪情感反映的是客观现实与人的需要之间的关系，但不能把这种关系简单化，由于不同的时间、不同的环境，人的需要不同，因此相同的事物，在不同的时间和地点，可能会引起人们不同的内心体验。同时，人们的信念、认知水平、认识事物的角度不同，相同的事物也会引起不同的内心体验。

情绪和人格的关系密切。人人都有喜怒哀惧之情，这说明人类的情绪情感具有共性，但共性之中又有差异。由于人与人之间在民族、文化传统、社会阶层、生活遭遇、价值观、个人特征以及特定的心理状态等方面的不同，人们的情绪情感也往往不同。鲁迅说过：“穷人绝无开交易所折本的懊恼，煤油大王哪会知道北京拣煤渣老婆子身受的辛酸，饥区的灾民，大约总不会去种兰花，像阔人的老太爷一样，贾府的焦大，也不爱林妹妹的。”这里主要是指不同社会阶层、生活遭遇对情绪情感的制约。人的情绪情感不仅受人格倾向性的制约，而且稳定的情绪和情感特点也表现为人格差异。例如，日常生活中，有的人情绪容易激动，有的人情绪相对平稳；有的人富于同情心，有的人冷酷无情；有的人喜怒不动声色，有的人情绪溢于言表；等等。

二、情绪与情感的关系

在现实生活中，情绪与情感是紧密联系在一起的，但二者却存在一些差异。

(一) 情绪与情感的区别

1. 从需要的角度看

情绪是与人的生理需要相联系的态度体验,如当人们满足了饥渴需要时会感到高兴,当人们的生命安全受到威胁时会感到恐惧。情感更多地与人的社会需要相联系,如友谊感的产生是由于我们的交往需要得到了满足,当人们获得成功时会产生成就感。

2. 从发生早晚的角度看

从发展的角度来看,情绪发生早,情感产生晚。情绪是人与动物所共有的,人出生时会有情绪反应。而情感是人所特有的,它随着人的年龄增长而逐渐发展起来。如道德感、成就感和美感是随着儿童的社会化过程而逐渐形成的。

3. 从反映特点看

情绪与情感的反映特点不同。情绪具有情境性、激动性、暂时性、表浅性与外显性,如当我们遇到危险时会极度恐惧,但危险过后恐惧会消失。情感具有稳定性、持久性、深刻性、内隐性,如大多数人不论遇到什么挫折,其民族自尊心不会轻易改变;父辈对下一代殷切的期望、深沉的爱都体现了情感的深刻性与内隐性。

(二) 情绪与情感的联系

情绪和情感彼此依存、相互交融。稳定的情感在情绪的基础上形成起来,同时又通过情绪反应得以表达,因此离开情绪的情感是不存在的。而情绪变化的强度也往往反映了情感的深度,在情绪变化的过程中,常常饱含着情感。

见贤思齐

专栏 8-1 中华心理学会首任掌门——张耀翔

张耀翔(1893—1964),湖北汉口人,毕业于北京清华学堂,曾留美获哥伦比亚大学心理学硕士学位,归国后先后担任多所大学心理学教授及心理研究所特约研究员。张耀翔于1921年在南京参与成立中国第一个心理学组织——中华心理学会(后改名为中国心理学会),并任首任会长;1922年他参与创办中国第一种心理学杂志《心理》。

张耀翔素来提倡“外国学问中国化”,他于1933年发表《中国历代名人变态行为考》长文,是一篇颇有价值的创新之作,探索中国古代人的心理,这在我国现代心理学史上是少有的;他于1940年发表的《中国心理学发展史略》,是研究中国心理学的“开山之作”,其中对当时我国心理学的发展提出九条建议,如“发扬中国固有心理学”“多介绍西洋心理学名著”“多从事创作及专题研究”“创办分科心理学杂志”“竭力提倡应用心理学”等,至今仍具有一定的参考价值。

《情绪心理学》一书是张耀翔的代表性著作。该书创作达十余年之久,结合西方心理学理论与中国传统哲学,可谓功底深厚;集情绪心理学古今中外研究成果之大成,可谓视野开阔;从宗教哲学、两性差异、人与动物、生理特点、环境气候、文化习俗等多方面解读人类情绪,可谓内容丰富。十分可贵的是,张耀翔在情绪心理的研究中践行其研究、发展“中国心理学”的主张。比如他至少发现三人对情绪的定义,与现代西洋心理学者所拟的不谋而合。最早的一位是《关尹子》作者:"情,波也;心,流也;性,水也。"这个比喻是何等切当。他所谓"性",就是指有机体的平时状态,这状态像江河的水,虽然时刻在流动,但在无风时是很平静的流动;他称这流动状态为"心",现代的人则称它为"意识"或"思想",名称虽异,所指则同,现代心理学家詹姆斯也称"心"为"流";"情"是一种非常流动,好像平静的水遇到了大风而起的波浪,水的扰乱叫作波浪,有机体上的扰乱则叫作情绪。大风是指情绪的刺激。第二位是宋朝程颐。他说:"性之有动者谓之情。性之有喜怒犹水之有波浪。"第三位是朱熹。他说:"性是未动,情是已动,心包含已动未动。"三人对情绪的解释大致相同,不过一个比一个说得更清楚些。

"他山之石,可以攻玉",张耀翔借鉴西方心理学思想,深耕中国传统文化,为后来者指明了中国心理学的发展方向和思路。对我们的学习和研究来说,这一方法论有哪些借鉴价值呢?

三、情绪情感与认识的关系

(一)情绪情感与认识的区别

1. 反映的内容不同,情绪不同于认知

感觉、知觉、记忆、思维等认知活动反映事物或事物的属性及其联系,是对事物逼真的反映。例如,前面这块黑板,任何正常人都会有相同逼真的认知,把它看成是黑板而不会看成是其他东西。情绪是人对反映内容的一种特殊的态度,它具有独特的主观体验、外部表现,并且总是伴有植物性神经系统的生理反应,其主观感受是喜、怒、哀、惧。例如,对同样的一块黑板,有人喜欢,有人讨厌。

2. 机体的变化不同

一般说来,人在认识客观事物的过程中,不会产生机体内部的变化,也没有明显的机体外部表现。而情绪情感出现时,不但伴随着机体内部的变化,如血压、心率等的变化,而且还有着明显的机体外部表现,如高兴时眉开眼笑,愤怒时双目圆睁等。

3. 随意性不同

认识过程的随意性较强,人能够较为容易地发动或停止对客观事物的认识活动,比如旅游中我们可以跟着导游不断地变换观察的景物,老师要求学生思考问题,同学们能够自如地根据老师的要求开始和结束思考活动。而情绪情感过程的随意性较差,对于各种情绪情感的出现和消失以及出现时的强弱程度,人较难以控制,比如被教授训斥后的痛哭、考试成功时的欣喜。只有通过认识过程的参与,情绪情感才具有一定的随意性。

(二)情绪情感与认识的联系

情绪和情感反映着客观事物和主体需要之间的关系,人对客观事物、主体需要以及二者之间的关系的理解离不开认识过程。

1. 认识对情绪情感的影响

俗话说,"知之深,爱之切",认知在情绪情感的产生中起着重要的决定作用。可以说,没有认识就没有情绪情感，认识不同，情绪情感就不同。失聪的人不会有对噪音的厌恶，失明的人不会有对美丽景色的欢喜；人们对节日的礼炮声和战火中的炮声所产生的态度体验有所差异，见到森林树丛中的老虎和动物园笼子里的老虎，感受也决然不同。

认知结构的复杂程度对于情绪体验会产生很大的影响。认知结构的复杂度表现之一是看问题是否善于从多方面进行分析评价。认知结构越复杂，对人对事越善于多方面进行分析评价，这时所产生的情绪体验就越温和；相反认知结构越简单，对事物进行评价时所产生的情绪情感就越强烈。越能从多种属性、多方面的信息综合进行评价，情绪反应就越温和；反之，情绪反应就越强烈。

对行为结果的不同归因决定着人对行为结果的情绪反应。例如让你回答：如果你因为相差几分钟而错过和朋友见面的机会，或者如果你因为相差 2 小时而错过和朋友见面的机会，对于这两种情况，你的情绪反应如何？哪一种情况下可能更感到遗憾？大多数人都认为前者更遗憾、情绪反应更强烈，这是因为人们把行为的失误归因于自己。再如，让你比较这样两种情况："张三下班回家时走了一条平时不走的路，结果刚好遇上车祸而身亡"；"李四在下班回家时的路上遇上车祸而身亡"。哪一种情况下事故死亡者的亲属更感到悲伤？绝大多数人在前一种情况下，对事故死亡者更可能感到可惜，这是由于人们将车祸事故原因归因于偶然因素。

2. 情绪情感对认识的影响

与认识活动无关的情绪情感对认识活动有明显的干扰作用。西蒙用信息加工的观点对情绪干扰认识过程做出过解释。情绪是报警信号，它会使人离开对一个目标的追求，而去追求另一个更为重要的目标，因为人的信息加工系统的容量有限，在同一时间里人只能追求一个目标。"玩物丧志""业精于勤而荒于嬉"都说明了与认识无关的情绪，无论是积极的还是消极的，都会对正在进行的认识活动产生干扰作用。

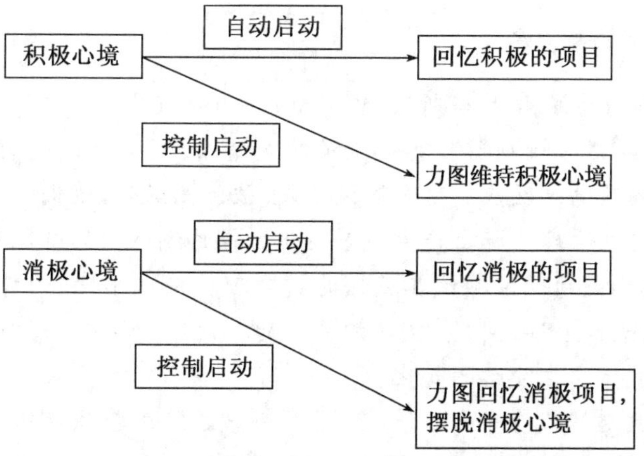

图 8-1　不同性质的情绪对认识过程的影响

与认识活动有关的情绪情感因性质不同，对认识过程的影响也会有明显不同。在积极的心境中，对事物容易做肯定判断，多建立"积极—积极"联想，积极行为多，加工速度较快，很可能自动加工。而在消极的心境中，往往对事物做出否定判断，多建立“消极—消极”联想，消极行为多，加工速度不定，较多控制加工。

总之，认识过程好比是对事物的素描，而情绪情感则是对心理这幅主观画面的着色，使得人对外界的反映更为丰富和人性化。

四、情绪的构成要素

每个人都有情绪的内部体验，同时人类情绪还存在外部特征。情绪包括认知的、生理的和行为的成分：在认知层面上的主观体验，在生理层面上的生理唤醒，在表达层面上的外部行为。当情绪产生时，这三种层面共同活动，构成一个完整的情绪体验过程。

（一）认知层面：主观体验

情绪的主观体验是人的一种自我觉察，即大脑的一种感受状态。人有许多主观感受，如喜、怒、哀、乐、爱、惧、恨等。人对自己、对他人、对事物都会产生一定的态度，人们对不同事物的态度会产生不同的感受，如对朋友遭遇的同情，对敌人凶暴的仇恨，事业成功的欢乐，考试失败的悲伤。这些主观体验只有个人内心才能真正感受到或意识到，如考试成功的喜悦与得意，我知道“我很高兴”，与朋友吵架出口伤人后，我感受到“我很内疚”，等等。

（二）生理层面：生理唤醒

人在情绪反应时，常常会伴随着一定的生理唤醒，体内由自主神经系统支配的内脏器官和内分泌活动会发生变化。如激动时血压升高；愤怒时浑身发抖；紧张时心跳加快；害羞时满脸通红；恐惧时呼吸和脉搏加快，胃的活动会暂停活动，消化液也停止分泌，甚至发冷汗，汗腺分泌发生变化等。脉搏加快、肌肉紧张、血压升高及血流加快等生理指数，是一种内部的生理反应过程，常常是伴随不同情绪产生的。

学深悟透

专栏8-2 慎用测谎仪

测谎仪是心理学家威廉·马斯顿（William Marston，1893—1947）在1915年发明的。测谎仪被称为“谎言检测器”，其实测量的是情绪发生时的某些生理指标，比如心率、血压、呼吸和皮肤电等反应。这个假设是，当被试撒谎时，他们体验的情绪（可能是焦虑、内疚）会在这些生理指标上产生显著变化。操作测谎仪的标准程序：先问被试一些中性问题（也称无关问题），测试其放松时的生理反应水平，作为计算随后反应的基线；然后，测验者提出鉴定性问题（也称相关问题），比如“发生盗窃案的那天晚上你在哪里？”然后观察被试自主唤醒的变化。

测谎仪自发明起就备受争议。① 说谎并不一定伴随着独特的、容易区分的生理反应，皮电反应和其他生理反应变化并不必然地意味着说谎。不同情绪之间的生理唤醒在很大程度上是相同的。测谎仪不能区分焦虑、愤怒、内疚等引起的相似的生理反应，“没有证据表明欺骗有独特的生理反应”。有人研究发现，测谎的错误率大约为三分之一，比如相关的问题容易使一个诚实、胆小的人紧张不安。② 有些人撒谎时并不会感到焦虑，也不会有自主的生理唤醒，甚至有些被试（如罪犯）可能通过把所有问题都和犯罪事实联系起来，以此来搅乱“基线”，使得调查者找不到比较的标准，不能区分出由犯罪说谎引起的情绪反应。在一项调查中发现，90%的心理学家一致认为，狡猾的罪犯和间谍往往容易蒙混过关，他们可以通过增加对无关问题的唤醒，如咬紧舌头，来通过测试。

因此，尽管有人宣称，谎言检测有85%～90%的准确率，还有学者认为用犯罪情节和知识进行测试是科学而合理的，但是一项有影响的研究发现测谎仪会导致1/3的无辜者被冤枉，以及1/4最终认罪的人没被检测出来。因此，测谎仪测验结果的解释与运用必须谨慎。

（三）表达层面：外部行为

在情绪产生时，人们还会出现一些外部反应过程，这一过程也是情绪的表达过程。如人悲伤时会痛哭流涕，激动时会手舞足蹈，高兴时会开怀大笑。情绪所伴随出现的这些相应的身体姿态和面部表情，就是情绪的外部行为，它经常成为人们判断和推测情绪的外部指标。但由于人类心理的复杂性，有时人们的外部行为会出现与主观体验不一致的现象。比如在一大群人面前演讲时，明明心里非常紧张，还要做出镇定自若的样子。

情绪的外部表现是通过表情来实现的。表情是情绪表达的一种方式，也是人们交往的一种手段。在人类交往过程中，言语与表情经常是相互配合的。同是一句话，配以不同的表情，会使人产生完全不同的理解，所谓的“言外之意”“弦外之音”就更多地依赖于表情的作用。而且，表情比言语更能显示情绪的真实性。表情可以分为面部表情、身段表情和语调表情三类。

人的表情作为情绪发生时所伴随的机体外部表现，首先具有一定的生物性。达尔文在《人类和动物的表情》一书中认为，表情是动物进化过程中生存竞争和适应环境的手段之一，人的表情由动物表情进化而来。比如，人在讨厌某一事物时嗤之以鼻，其表情动作源于动物防止腐烂食物臭味入鼻时的蹙鼻动作；人愤怒时咬牙切齿来源于动物愤怒时的齿战撕咬；人害怕时缩成一团，来源于动物害怕时通过“缩成一团”可以隐蔽自己。研究者发现，不同地区、不同文化、不同民族背景的人们都能精确辨认快乐、惊讶、生气、厌恶、害怕、悲伤和轻视七种基本表情，5岁的孩子辨认表情的精确度等同于成人。面部表情识别的研究还发现，最容易辨认的表情是快乐、痛苦，较难辨认的是恐惧、悲哀，最难辨认的是怀疑、怜悯。一般来说，情绪成分越复杂，表情越难辨认。人的表情还具有社会性，人类表情的方式受一定文化环境及个人经验的影响。比如，对对方友好的表示可以是作揖、握手、点头微笑、拥抱、贴面、吻手等。

学深悟透

专栏 8-3　微表情的识别

微表情是人类试图压抑或隐藏真实情感时，所泄露的非常短暂的、不能自主控制的面部表情。与普通表情相比，持续时间很短，仅为 1/25 至 1/5 秒，变化幅度微弱、动作区域较少，是一种自发性的表情。

由于微表情能够表达被压抑掩藏的真实情绪，因此往往被视为识别谎言的有效线索。在美剧《别对我说谎》中，主人公似乎可以通过微表情，轻而易举地洞察一个人掩藏的心思和谎言。微表情一直是科研人员和媒体大众以及国防关注的重点，针对微表情的研究已经应用到国家安全、司法系统、医学临床和政治选举等领域。研究发现，使用艾克曼开发的微表情识别训练工具(METT)的训练程序，能在 1.5 小时内提高个体的微表情识别能力，成绩平均提高 30%～40%。而且，微表情识别能力高的个体，其谎言判断能力也比较高。

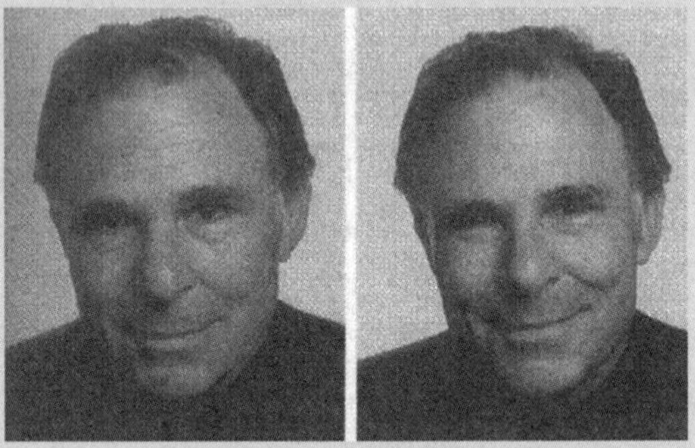

图 8-2　真笑和假笑

微表情的识别能力还与个体的人格特征有关。一般来说，外向、乐观、自信、不墨守成规、乐于独立思考的个体，其微表情识别能力更强。个体微表情的表达，会受到自身撒谎动机的影响：一个人越想掩饰自身的真实情绪，微表情暴露其谎言的可能性越大；但如果是善意的谎言，微表情暴露的程度有所下降。由于撒谎行为的复杂性，目前流传的一些"微表情心理学"其实并没有太多的科学依据。

微表情的出现和消失预示着个体内心某种情感的转变过程。但是，人们是否意识到自己的微表情呢？或者说，人们是否意识到自己压抑的情感过程呢？遗憾的是，目前对微表情的识别过程及其神经机制的认识非常有限，有待于进一步的研究。

主观体验、生理唤醒和外部行为作为情绪的三个组成部分，在评定情绪时缺一不可，只有三者同时活动，同时存在，才能构成一个完整的情绪体验过程。例如，当一个人佯装愤怒时，他只有愤怒的外在行为，却没有真正的内在主观体验和生理唤醒，因而也就称不上有真正的情绪过程。因此，情绪必须是上述三方面同时存在，并且有一一对应的关系，一旦出现不对应，便无法确定真正的情绪是什么。这也正是情绪研究的复杂性，以及对情绪下定义的困难所在。

畅所欲言

结合识记的规律，思考、分析情绪记忆难以忘记的原因。

五、情绪的理论

情绪情感是人类最复杂的心理活动之一，具有多层次性和遗传保守性。一般情况下，当情绪情感发生时，不仅发生较为短暂的或低层次的心理过程，通常伴随着强烈的内心体验和外在表现，包括植物性神经系统活动、丘脑、脑干网状结构和边缘脑等的明显变化；但是，现代生理心理学理论认为不仅仅如此，情绪情感还有许多大脑新皮层参与下的多层次脑网络的功能，所以，情绪情感既是复杂的高级心理过程，又可能是原始的简单心理活动。人类和动物表情以及基本情绪类型的一致性，某个人情绪的表现特点常常富有家族色彩，都体现了情绪的遗传保守性。由于情绪情感的复杂性，不同的学派、研究者提出了不同的观点，产生了不少解释情绪的理论。比如构造主义者提出情感是心的基本元素，机能主义者认为情绪情感是“机体再调整”，行为主义者则认为情绪是“遗传的模式反应”，精神分析学派则注意“本能和焦虑”。从情绪理论的发展过程来看，比较重要的理论有以下几种：

（一）詹姆士—兰格的外周情绪理论

1884 年美国的心理学家詹姆斯（Willian James，1842—1910）和丹麦的兰格（Carl Lange，1834—1900）于 1885 年经过独立研究，相继提出了相似的情绪理论。

他们认为情绪就是对机体变化的知觉。当外界刺激引起身体上的变化时，人们对这些变化的知觉便是情绪。詹姆斯说：“常识告诉我们，我们失去财产，觉得难过并哭泣。我们碰上一只熊，觉得害怕而逃跑；我们受到一个敌手的侮辱，觉得发怒而打起来。这里我们要为之辩护的假设是这样的序列是不正确的，这一心理状态不是直接由另一状态引起的，在两者之间生理表现必须首先介入。更合理的说法是我们觉得难过是因为我们哭泣；发怒是因为我们打人；害怕是因为我们发抖，而并不是因为难过、发怒或害怕，所以才哭、打人或发抖。”兰格说：“假如把恐惧的人的身体状态除掉，让他的脉搏平稳，眼光坚定，脸色正常，动作迅速而稳定，语气强有力，思想清晰，那么，他的恐惧还剩下什么呢？”在他们看来，情绪是对机体状态变化的意识，除去外周反应的知觉，情绪就不会产生。

刺激情境 → 引起身体反应 → 情绪感受

图 8-3　詹姆斯—兰格的外周情绪理论

情绪的外周理论重视情绪与有机体变化的关系，强调植物性神经系统在情绪发生中的作用。实际上，一些研究在一定程度上验证了此理论，有研究显示，情绪发生时，往往先有植物性神经广泛的模糊反应。

这种理论听起来颇为荒谬，与人们的习惯看法正好相反，因而遭到了很多人的反对。

外周生理反应显然不是情绪的唯一来源，但是它强调了情绪与植物性神经系统活动的关系，引起了人们对情绪机制研究的兴趣，对推动情绪机制的研究起到了重要的作用。

(二) 坎农—巴德的丘脑情绪理论

美国心理学家坎农(Walter Bradford Cannon，1871—1945)和巴德(Philip Bard，1898—1977)对詹姆斯—兰格理论提出了质疑：情绪变化快而生理变化慢；同样的内脏器官活动的变化可以引起极不相同的情绪体验；切断动物内脏器官和中枢神经系统的联系，情绪反应并不完全消失；用药物可以引起和某种情绪相同的身体变化，却并不产生相应的情绪体验。他们于 20 世纪 30 年代提出了一个全新的情绪理论：激发情绪的刺激由丘脑进行加工，同时把信息输送到大脑及机体的其他部分。输送到大脑皮层的信息产生情绪体验，输送到内脏和骨骼肌的信息激活生理反应。身体变化和情绪体验是同时发生的，情绪感受是由大脑皮层和植物性神经系统共同激起的结果。

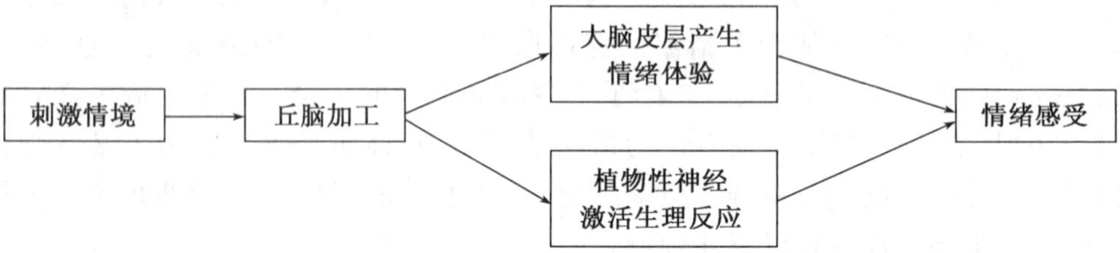

图 8-4　坎农—巴德的丘脑情绪理论

虽然外周生理反应不是情绪的唯一来源，但内脏反应和行为反应确实在一定程度上决定着我们的情绪体验。坎农和巴德发现了丘脑在情绪发生中的作用，对将情绪的研究从外周研究推向中枢机制的研究具有积极的意义，是对情绪理论的发展。但是这一理论忽视了大脑皮层对情绪的作用，也是有局限性的。

(三) 沙赫特—辛格的三因素情绪理论

1962 年，美国心理学家沙赫特(Stanley Schachter，1922—1997)和辛格(Jerome Singer，1934—2010)设置了一个精妙的实验，探讨了认知因素和生理唤醒以及环境因素对情绪的作用。他们认为，个体要产生某个情绪，有三个因素必不可少：环境的刺激因素，体验到的生理唤醒以及对生理状态和环境的认知评价。情绪既来自生理反应的反馈，也来自对导致这些反应情境的认知评价；在刺激情境、生理唤醒和认知评价三个因素中，认知对情绪起主要作用。他们通过实验证实了这一观点。

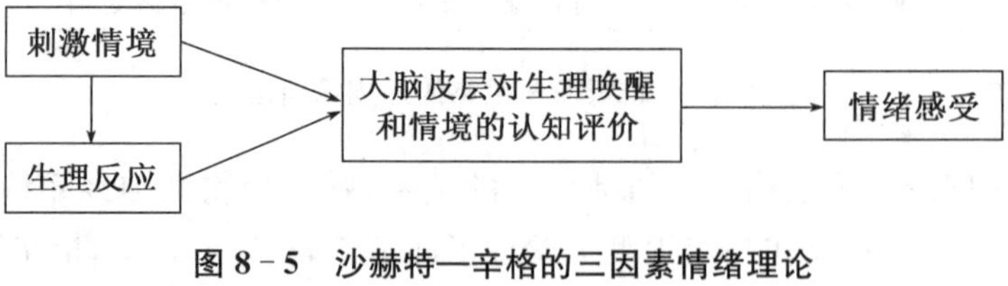

图 8-5　沙赫特—辛格的三因素情绪理论

学海无涯

专栏 8-4　沙赫特和辛格的经典实验

为了检验三因素情绪理论，沙赫特和辛格做了一个精妙的实验。

他们给被试注射一种药物，告诉他们这是一种复合维生素，目的是测定新药对视力的影响。但实际上注射的是肾上腺素和食盐水，注射肾上腺素能引起心跳加快、血压升高、手发抖、脸发热等情绪生理反应。他们将被试分为正确告知组、错误告知组和无告知组三组，分别给以不同的指导语。对于正确告知组，告诉他们注射这种新药会出现心跳加快、血压升高、手发抖、脸发热等反应；对于错误告知组，告诉他们注射这种新药可能无感觉、会发麻、发痒、头痛等；对于无告知组，主试什么也没有告诉他们。注射食盐水的所有被试都列为无告知组。然后，人为安排了两种实验环境：一种是"欣快"的环境，一种是"愤怒"的环境。所谓"欣快"的环境，是由"冒充被试"的实验助手同被试一起唱歌、玩耍和跳舞。"愤怒"的环境是助手当着被试的面，对主试要他填写的调查表表示极大的愤怒，不断咒骂、斥责并把调查表撕得粉碎。实验后，主试向被试询问当时的内心体验。

表 8-1　实验结果呈现表

被试者		反应	
		欣快的环境	愤怒的环境
注射肾上腺素	正确告知组	几乎不受助手的气氛的影响	几乎不受助手的气氛的影响
	错误告知组	高度受助手的气氛的影响	未研究
	无告知组	在一定程度上受助手的气氛的影响	在一定程度上受助手的气氛的影响
注射食盐水	无告知组	稍微有点受助手的气氛的影响	稍微有点受助手的气氛的影响

这个实验说明，注射肾上腺素虽然引起了典型的情绪唤醒状态，但它的单独作用却不能引起人的情绪；同样，环境因素也不能单独决定人的情绪。认知对人的情绪的产生，起着决定性的作用。处于生理唤醒状态的错误告知组，因对其自身的生理状态不能做出恰当的说明，他一方面环视周围环境，以求得某些说明的线索，同时又认为自己之所以体验到这种生理反应，乃是由环境的气氛所致，于是就把自己的生理状态与环境线索相适应说成是"欢乐"或"愤怒"。正确告知组由于已经具有说明自己生理反应的信息，便不去寻找环境中的线索。无告知组从主试那里什么信息也没有得到，完全按自己的感觉做出反应。于是，沙赫特和辛格认为，情绪是认知因素和唤醒状态两者交互作用的产物，认知在情绪情感中起着重要的决定作用。

（四）阿诺德—拉扎鲁斯的认知评价情绪理论

美国心理学家阿诺德（Magda Blondiau Arnold，1903—2002）和拉扎鲁斯（Richard Lazarus，1922—2002）分别于 20 世纪 50 年代和 70 年代提出了评定—兴奋说和认知—评价说，这两个理论均强调了大脑皮层的认知和评估是情绪的主要原因。下面分别进行介绍。

阿诺德认为，我们总是直接地、自动地并且几乎是不由自主地评价着遇到的任何事物，情绪就是一种朝向评价为好（喜欢）的东西或离开评价为坏（不喜欢）的东西的感受倾向，任何评价都带有感情体验的成分，其中记忆是评价的基础，任何新的事物都是按照过去的体验来进行评价的。想象是评价的重要环节，在开始行动之前，当前的情境和有关的感情记忆使我们推测未来。整个评价的复杂过程几乎在瞬间发生。

阿诺德的观点主要有两点：第一，情绪的来源是对刺激情境评估的结果，而认识与评估都是大脑皮层的过程。也就是说，外界的刺激必须通过认知评价才能引起一定的情绪，同样的刺激环境，由于对它的评价不同，个体会产生不同的情绪反应。在这一过程中，对过去经验和表象的唤起，在认知评价中起关键作用。第二，大脑皮层的兴奋是情绪产生的主要原因，当外界刺激作用于感受器时，产生的神经冲动，传至大脑皮层，由大脑皮层产生对刺激的评价，形成一种相应的情绪。所以阿诺德的学说被称为情绪的“评定—兴奋说”。

刺激情境 ⟶ 评价（大脑） ⟶ 情绪感受

图 8-6　阿诺德—拉扎鲁斯的认知评价情绪理论

拉扎鲁斯发展了阿诺德的学说，将“评价”扩展为评价、再评价的过程，他认为一个人对所处情境的评价，也包括了对可能采取行动的评价。每一种情绪均包括生理、行为和认知三种成分，只要事物被评价与个人生活的重要方面有联系，他就会有情绪体验。按照拉扎鲁斯的观点，情绪是个体对环境事件知觉到有害或有益的反应。因此，在情绪活动中，个体需要不断地评价刺激事件与自身的关系，这种评价有三个层次，即初评价、次评价和再评价。

初评价是指个体确认刺激事件与自己是否有利害关系及其程度，这种评价是人生存适应的一个重要方面，只要人处于清醒状态，随时随地都会发生。次评价是指人对自己反应行为的调节和控制，它是一种控制判断，主要涉及个体能否控制刺激事件及其控制的程度。当个体要对刺激事件做出行为反应时，必须根据主观条件和客观社会规范来考虑行为的后果，从而选择有效的措施和方法。在这种控制判断的过程中，经验发挥着重要的作用。再评价是指人对自己的情绪和行为反应的有效性和适宜性的评价，实际上是一种反馈性行为。如果再评价结果表明行为是无效的或不适宜的，个体就会调整自己对刺激事件的次评，甚至初评，并相应地调整自己的情绪和行为反应。

拉扎鲁斯的认知—评价理论，既承认情绪的生物因素、具有进化适应的价值，也承认情绪受社会文化情境的制约、受个体经验和人格特征的制约；认为对认知起决定作用的是个体信仰、态度、个性特征等，同时社会文化因素也影响着认知评价，而这一切又随时发生在对任何事物的评价中。

（五）汤姆金斯和伊扎德的动机—分化情绪理论

弗洛伊德最先将情绪与人的内驱力（如快乐、破坏等）联系起来，揭开了情绪动机性功能。美国心理学家汤姆金斯（Silvan Solomon Tomkins，1911—1991）和伊扎德（Carroll

Ellis Izard, 1924—)提出了情绪的动机—分化理论,以情绪为核心,以人格结构为基础,论述了情绪的动机性功能和适应性功能。

汤姆金斯直接把情绪当作一种基本动机,认为内驱力的信号需要一种放大的媒介,才能激发有机体去行动,而情绪正是起着这种放大作用的心理过程。当然情绪本身可以离开内驱力的信号而起到动机的作用。情绪使有机体对环境事件更敏感,更能激起有机体的活力;情绪可以对认知的发展和认知活动起着监督作用,激发人去认识、行动。因此,情绪不是其他心理活动的伴随现象,而是具有独特作用的心理活动。情绪是人格这一复杂组织的核心,其整合就是依靠情绪的动机功能来实现的。

伊扎德认为,情绪是在生命进程中逐渐分化和发展起来的,这一分化过程与大脑新皮层体积的增长和功能的分化、面部骨骼肌肉系统的分化平行且同步,使得情绪具有了多种多样的适应功能。情绪包括情绪体验、脑和神经系统的相应活动以及表情三个方面,在情绪激活的过程中,人与环境相互作用,其间个体内部认知过程起着重要的作用。也就是说,认知、运动系统和情绪的相互作用经过认知整合导致了一定的情绪体验。

情绪的动机—分化理论从进化的观点引申出情绪的分化观,既说明了情绪产生的根源,又说明了情绪的功能,确定了情绪在心理现象中相对独立的地位,但是诸多观点有待具体的论证和阐述。

第二节　情绪情感的种类

两极性是情绪情感的特征之一。情绪情感的两极性是指每一种情绪和情感都能找到与之对立的情绪和情感,在快感度、紧张度、激动度和强度上,情绪情感都表现出互相对立的两极。

在快感度方面,两极为“愉快—不愉快”,由愉快到不愉快,中间经历了情绪不同程度的变化,例如,由愉快到高兴再到狂喜的过程,即人的快乐的不同程度的表现。情绪的快感度取决于客体满足主体的程度。客体满足主体的需要,会引起快乐的体验,不能满足主体的需要,则引起不快乐的体验。

在紧张度方面,两极为“紧张—轻松”,紧张程度既决定于当前事件的紧迫性,也决定于人的心理准备状态和个体的个性品质。在事件十分紧急或处于关键时刻,人们一般会有高度紧张感。如初学跳伞的人跨出机舱的一瞬间,参加高考的学生等。与紧张相对的另一极是轻松,是一种情绪松弛状态。紧急事件得到妥善解决之后,人们常有轻松感,另外,任务难度低、社会评价高的工作也会让人产生轻松感。

在激动度方面,两极为“激动—麻木”。激动水平在很大程度上反映着个体的机能状态,由激动到平静反映着由兴奋到抑制状态的过渡,如由狂喜到高兴再到麻木,就是激动度不同程度的变化。

情绪的强度是指人在产生情绪体验时由弱到强不同等级的变化,从强到弱,反映的是人卷入情绪中的程度，强度越大，人卷入情绪中的程度越深。情绪强度表现为强—弱两极，例如，欢喜由弱到强可以划分为愉快、欢乐、狂喜不同程度的体验；怒可以划分为不满、愤怒、大怒、暴怒和狂怒。情绪的强度取决于客体对主体所具有的意义，意义越大，引起的情绪反应强度就越大，反之越小；同时也取决于自己对自己的期望水平和需要状态。

一、情绪的分类

情绪本身非常复杂，因此要对情绪进行准确的分类就显得尤为困难。许多研究者对此进行了长期的探索，分类标准不同，情绪的类别也不相同。

（一）根据主体与客体之间不同的需求关系来分

情绪可以分类为多种形式。古代把情绪分为七种：喜、怒、忧、思、悲、恐、惊，即所谓的“七情”。现代心理学则认为情绪有四种基本形式，它们是人类具有的四种基本的情绪：快乐、愤怒、恐惧和悲哀。① 快乐是一种追求并达到目标和需要得到满足之后，随之而来的机体紧张消除时所产生的情绪体验。快乐的程度取决于愿望的满足程度和目的达到的突然程度。根据程度不同，快乐又可以分为满意、愉快、欢乐、狂喜等。② 愤怒是由于受到干扰而使人不能达到目标时所产生的体验。当人们意识到某些不合理的或充满恶意的因素存在时，愤怒会骤然发生。愤怒的程度不仅取决于干扰的大小和违背愿望的程度，也取决于个人的个性状况。对于同样的干扰，个性刚强的人很容易发怒，个性柔弱的人则不易发怒。根据程度不同，愤怒可以分为不满、生气、愠怒、激怒、大怒、暴怒等。③ 恐惧是企图摆脱、逃避某种危险情境时所产生的体验。引起恐惧的重要原因是缺乏处理可怕情景的能力与手段。恐惧的程度与危险情境的程度、知识经验、个性品质有直接关系。危险性越大，恐惧程度越高，当危险性极其严重时，人会产生绝望的体验，甚至为了避免由此而引起的对身心的打击而自杀。同样的险情，由于人的知识经验不同，对其危险程度的认识也不相同，有的人可能认为是“灭顶之灾”，有的人则可能认为“没有什么大不了的”。另外，一个人的自信、乐观、坚强等个性品质，也会降低对险情的恐惧体验程度。根据程度不同，恐惧又可分为奇怪、陌生、惧怕、绝望等。④ 悲哀是在失去心爱的对象或愿望破灭、理想不能实现时所产生的体验。悲哀情绪体验的程度取决于对象、愿望、理想的重要性与价值，也取决于一个人的认识过程和个性品质。即使是失去同样的人或物，由于对其认识不同，其本身的价值也不同，由此产生的悲哀程度也不同。根据程度不同，悲哀又可分为遗憾、失望、难过、悲伤、悲痛等。

在以上四种基本情绪之上，可以派生出众多的复杂情绪，如厌恶、羞耻、悔恨、嫉妒、喜欢、同情等。人类其他许多情绪多是在这些基本情绪的基础上，通过它们不同的组合形成和发展起来的。比如，感慨由欢乐和悲哀组合而成，嫉妒由愤怒和恐惧组合而成。

（二）按照情绪状态来分

依据情绪发生时的强度、速度、紧张度和持续时间等指标，可以将情绪分为三种。

1. 心境

心境是一种微弱、平静、持续时间较长的情绪状态。心境具有弥散性的特点，它无特定对象，往往不是针对某一具体事物所产生的特定情绪体验。人在某种心境下从事的活动都会染上一定的情绪色彩，因此，心境犹如生活的一种基调。当人处于某种心境时，会以同样的情绪体验看待周围事物，所谓“忧者见之则忧，喜者见之则喜”，比如人伤感时，会见花落泪，对月伤怀。平稳的心境可持续几个小时、几周或几个月，甚至一年以上。

引起心境的原因有许多方面：其一，强烈的情绪或情感可以引起以后一段时间内的心境状态，此种心境的形成也可以说是强烈情绪或情感的后效作用。比如，在遭受重大的挫折打击以后，一般人会在其后一段时间内表现出低沉抑郁的心境，如“感时花溅泪，恨别鸟惊心”；而在经历令人欢欣鼓舞的事情之后，一般人则会在其后一段时间内表现出积极愉快的心境，比如“人逢喜事精神爽”“春风得意马蹄疾”。其二，带有明显情绪色彩表象的再现也影响着人的心境状态的形成。如果一个人多次回忆起令人沮丧的往事，或想象出具有否定性质的事情结果，那么他的心境就具有消极、抑郁的成分，相反，如果一个人经常回忆起令人高兴和自豪的成功往事，或想象出美好的未来结果，那么，他的心境就会具有积极、愉快的成分。所以经常说说美好的事情，具有乐观主义精神，是形成和保持积极心境的一条重要途径。其三，人的生理节律、身体健康状况，以及一些自然环境因素也能够影响一个人心境状态的形成。时令、气候、环境等因素也会影响一个人的心境，比如在恬静、和谐的声音背景中，心境较好，在强烈的噪声中，心境较差；在风和日丽、阳光明媚的天气中，心境较好，在阴雨连绵的天气中心境较差。当然，在影响人心境的因素中，起决定作用的是人在实践中形成的理想、信念和世界观，它不仅可以战胜由重大挫折带来的消极情绪，还可以使人战胜生理因素和自然环境对情绪所造成的影响。

心境对人的工作、学习和生活都有重要的影响。良好的心境不但使人的活动效率较高，而且使人生活得更快乐，促进人的身体健康。因此，我们应该学会调节和控制心境，使自己经常处于良好的心境状态之中。

2. 激情

激情是一种爆发快、强烈而短暂的情绪状态，具有情境性和爆发性，是在某种具体情境中猛烈发作而产生的，如久别重逢的激动不已，受人侮辱时的怒不可遏，意外成功时的欣喜若狂等。引起激情的主要因素是社会生活中与个体需要有直接联系的重要事件。

在激情状态下，人的外部行为表现比较明显，如狂喜时的手舞足蹈，绝望时的心灰意冷、万念俱灰，等等。这时候，人的生理唤醒程度较高，会出现“意识狭窄”现象，即激情发生时，人往往很少考虑到事情的结果，以及行为时适当合理的方法，表现为“感情用事”。激情有积极和消极两种。积极的激情是投身于正义的事情时所表现出来的义无反顾的不加多想的强烈情绪，比如，遇到坏人行凶，毫不犹豫地挺身而出、拔刀相助时的情绪；消极的激情则是由于冲动而忘记行为不良后果的情绪，如所谓“一失足成千古恨”。

人处在激情状态下，常会扰乱肌体的正常生理活动，从而影响人的身心健康。因此，我们要学会控制激情，特别是控制消极的激情：其一，加强思想修养和意志力的锻炼，养成处理问题时冷静、理智的习惯。其二，在激情发生时，用合理的释放、升华、转移注意等方法控制和缓和激情的爆发。

3. 应激

应激是指在出乎意料的紧急情况下所引起的情绪状态，具有明显的紧张性，以及与之相联系的恐惧性。在突如其来的危险情况下，人必须迅速地采取决定并付诸行动，这时就表现出应激状态。例如，在突然发生地震的时候，在得知亲人出现意外的时候，人都会处于应激状态之中。在应激状态中，有机体迅速动员身体各部分处于高度紧张的状态以应对突然发生的情况。在情绪发生时的强度和持续时间方面，应激和激情有一定的相似之处，它们都具有爆发性，持续时间一般较短。应激与激情的区别在于，一方面激情的爆发有一个酝酿的过程，而应激则是在突然情况下瞬间爆发出来的；另一方面，激情中既有肯定的激情，如欣喜若狂、激动万分等，又有否定的激情，如怒不可遏、悲痛欲绝等，而应激多是否定性的情绪体验。

产生应激状态的原因：一是已有的知识经验与面临事件提出的新要求不一致，没有现成的办法可以参考，需要进入应激状态。二是已有经验不足以应付当前的境遇，而使人产生无能为力的失助感和紧张感。应激状态既有积极作用，又有消极作用。其积极作用表现在，在应激中，人的精力特别旺盛，思想特别迅速、灵活、精确，动作特别机敏、准确，从而使人能够更为有效地应付紧急情况，化险为夷，转危为安。应激的消极作用表现在两个方面：第一，由于极度紧张和机体被高度激活，一些人出现明显的“意识狭窄”现象，表现为思维混乱，失去理智，动作的准确性大为降低。第二，无论何种应激状态，都能破坏机体的生物化学保护机制，使人体免疫力下降，容易受病菌侵袭。由应激引起的强大的机体能量，如果不能够发泄出去，就会对机体造成一种内部伤害。

学思结合

专栏 8-5　一般适应综合征

加拿大生理学家谢尔耶(Hans Selye，1907—1982)于 1974 年提出，应激会破坏人的生化保护机制，引起“一般适应综合征”。这种症状一般分为三个阶段：第一，惊觉阶段。应激初期，交感神经兴奋，肾上腺素分泌增加，心率上升、呼吸变快、血压升高、体温下降，肌肉弹性下降，血糖和胃酸增加，机体处于适应性防御状态，严重者可导致临床休克。第二，阻抗阶段。有机体提高代谢水平，动员保护机制以抵消持续的情绪紧张，如果延长会给身体带来物理伤害。第三，衰竭阶段。紧张持续，有机体的适应性储存全部耗尽。这时机体被自身防御作用损伤，导致适应性疾病或死亡。

对人来说，紧张源是很多的。心理学家霍姆斯和瑞编制了一个应激评定量表。不愉快的经历如丧偶、离婚等，愉快的经历如结婚或杰出的个人成就，如表 8-2 所示，都会产生不同水平的应激。根据疾病的发生与各种生活应激事件的相关研究，霍姆斯和瑞把一年中个人所受应激事件的总和 150 或更高的值定为生活转折点。如果这年的生活事件变化值在 150～199，那么下一年有 37%的可能患病；若分值在 200～299，则患病的可能性为 51%；若分值在 300 分以上，则患病的可能性为 79%。这就是说，应激程度越大，患病的可能性也越大。

表 8-2　生活事件评定表

序号	生活事件	平均评定值	序号	生活事件	平均评定值
1	丧偶	100	23	孩子离家出走	29
2	离婚	73	24	与亲家发生矛盾	29
3	分居	65	25	个人的杰出成就	28
4	拘留	63	26	妻子找到或失去工作	26
5	亲人死亡	63	27	入学或失学	26
6	受伤或患病	53	28	生活条件变化	25
7	结婚	50	29	个人习惯改变	24
8	解雇	47	30	与上司发生矛盾	23
9	重婚	45	31	工作事件或地点改变	20
10	退休	45	32	迁居	20
11	亲人健康的变化	44	33	转学	20
12	怀孕	40	34	娱乐活动的变化	19
13	性生活不协调	39	35	礼拜活动的变化	19
14	家庭成员的增加	39	36	社会活动的变化	18
15	工作重新调动	39	37	抵押品价值或贷款少于万元	17
16	经济状况改变	38	38	睡眠习惯的改变	16
17	好友死亡	37	39	家人的离合	15
18	工作岗位变化	36	40	饮食习惯的改变	15
19	与配偶争执	35	41	假期	13
20	抵押价值已超万元	31	42	圣诞节	12
21	抵押品赎回权或贷款等被取消	31	43	轻度违法	11
22	工作责任改变	29			

畅所欲言

早在两千多年前，我国古代医学典籍《黄帝内经》就提出："怒伤肝，喜伤心，思伤脾，忧伤肺，恐伤肾"。从现代科学来看，情绪是怎么影响身体健康的呢？这一观点对我们有哪些启示？

因此，我们应该学会控制应激状态的消极作用，在出乎意料的紧急情况下，做到临危不惧，忙而不乱。一个人的知识经验、对事物发展变化的客观规律的认识、经受的锻炼以及个性特点情况等都会对应激状态有重要的调节作用。

二、情感的种类

情感是人对客观事物与主体社会性需要之间关系的反映，是高级的主观体验。与人类认识相结合的社会需要从内容上大体可以分为以下三类，即人对真、善、美的需要，与此相应，情感从社会内容上来分，包括理智感、道德感和美感三类。

（一）理智感

理智感是在认知活动中，人们认识、评价事物时所产生的情感体验，包括好奇心、求知欲、认识兴趣和对真理的热爱等。如发现问题时的惊奇感、分析问题时的怀疑感、解决问题后的愉快感、对认识成果的坚信感、坚持真理时的正义感，等等。理智感常常与智力的愉悦感相联系。

理智感是在认识过程中产生的情感体验，反过来它对认识过程产生强有力的影响。其中，好奇心和求知欲是理智感的低级形式，是一个人获得知识、积累经验的基本动力。认识兴趣是一种比较高级的理智感，它使人的认识活动更为稳定和深入，因而是促进认识活动有效进行的重要因素。对真理的热爱是理智感的最高形式，它是人努力追求真理和捍卫真理的强大动力。如诺贝尔冒着生命危险研究炸药；哥白尼冒着被宗教处死的危险坚持“日心说”；李大钊、张志新等许多革命志士为维护真理视死如归等。

总之，理智感在认识活动中的重要作用在于，它能够使人专心致志于认识活动之中，不为外在的名利得失所干扰，从而全身心地、忘我地投入于对客观规律的认识，这无疑是发现规律和进行创造的重要条件。因此，我们应该努力培养自己的理智感。

（二）道德感

道德感是根据一定社会的道德标准，对人的思想、行为做出评价时所产生的情感体验。当自己或他人的思想言行符合道德规范时，就会产生肯定的道德感，如对自己会产生自豪、自慰等情感，对他人会产生赞赏、敬佩、羡慕、尊重等情感；反之，当自己或他人的言行不符合道德规范时，就会产生否定的道德感，如对自己会产生自责、内疚等情感，对他人会产生鄙夷、厌恶、憎恨等情感。

道德感是一个人进行道德行为重要的内在力量。如果一个人没有道德感，即使它的道德行为受到社会舆论的谴责，他在内心深处也不会产生阻止其行为的动力。所以，在培养良好的道德品质时，很重要的一步就是培养道德感。

道德感有低级和高级两种水平。低水平的道德感是指社会的道德行为准则还没有内化为个体的道德行为准则时所形成的道德感。在低水平的道德感中，人会在众目睽睽之下因为担心受舆论的谴责而不做不道德的事；或者为了获得他人的好评而去做道德的事。一旦他们避开了社会监督，由于其行为不再受公众舆论的影响，他们就有可能做不道德的事，或者不再做道德的事。在低水平道德感阶段，人的言行还处在“他律”阶段。高水平道德感是指在社会道德行为准则已经内化为个体内在的道德需要和道德标准时所产生的道德感。在高水平道德感的驱使下，个体即使在没有社会舆论监督和评价时，仍能按自己的道德标准去行事。内化了的道德标准，我们称之为“良心”。高水平的道德感会驱使人凭良心去做事，相对来说，受社会舆论影响较小，此时，人的思想言行处于一种“自律”阶段。

（三）美感

美感是根据一定的审美标准评价事物时所产生的情感体验。美感具有明显的两个特征：一是具有愉悦的体验。这种体验比快感要丰富得多、深刻得多、高超得多。二是具有倾向性的体验。美感会使人对引起美感的事物趋向于继续欣赏和体验，甚至会使人着迷、沉醉于美好的事物之中。

引起美感的事物有三类：一是自然界中美的事物，如一望无际的蓝色海洋、巍峨俊俏的高山、匀称健美的体形等。二是优秀的艺术作品，如优秀的文学绘画、雕塑、音乐、建筑等作品。三是高尚的社会行为，如具有忠诚、宽厚、光明磊落等高尚品质的行为。在由高尚行为引起的美感中，融入了道德感的成分。

引起美感的事物是形式美和内容美的统一体，并且是内容美起决定作用。《巴黎圣母院》中的神甫道貌岸然，其丑陋的心灵和行为只能引起人们的厌恶感；而敲钟人虽然外表丑陋，但其真诚、善良的品质却引起了人们深深的美感体验。

美感不但使人的生活更加丰富多彩，使人更加热爱生活，而且还能使人精力旺盛、朝气蓬勃，充满生机，更积极地投身于工作和学习。因此，我们应当努力培养自己的美感，树立正确的审美标准，学会发现美、欣赏美和创造美。

学海无涯

专栏 8-6　关于幸福

美好幸福的生活是人毕生追求的终极目标。亚里士多德曾经说过：“幸福是生命的意义和使命，是我们的最高目标和方向。”积极心理学的兴起，掀起了主观幸福感的研究热潮。请你回答下列陈述是“对”还是“错”。

1. 实证研究表明，大多数的人相当不幸福。
2. 有小孩的人要比没有小孩的人更幸福。
3. 好身体是幸福的本质要求。
4. 长得好看的人比长得不好看的人更幸福。

所有这些问题的答案都是“错”。这些论断都是关于幸福相关要素的假设，显得合理且流传甚广，但是都没有得到实证研究的支持。主观幸福感是个体对自己整体幸福和主观满意度的个人感觉。现代心理学的研究发现，幸福有三个成分：一是快乐，这是满意生活的先决条件，代表现在的美好时光，属于当前的利益；二是意义，来自自身主动发出的目的，代表的是一种未来的利益；三是投入，就是为了有意义的目标，不断地发挥自身潜能的过程。

许多我们曾经认为非常重要的影响幸福的因素，也许与通常的幸福只有一点或者根本没有关系。比如说金钱，研究表明收入与主观幸福感呈正相关，然而，这个关联出奇地弱。众所周知，贫穷可以促成不幸福，不过当人们的收入达到一个特定的水平，额外的财务似乎并不能增加幸福。2010 年美国的一项研究表明，一旦人们的收入超过 7.5 万美元，财富和主观幸福感便没有相关。其他诸如年龄、亲子关系、智力和身体的吸引力等都不能预测幸福感。

研究已经确认了人生中与主观幸福感有中等相关的三个因素，分别是健康、社会活动和宗教信仰。宗教可以给予人们目标感和意义感，从而帮助人们坦然地面对困境，联系有爱的和支持的团体，通过让人们正确地看待死亡而得到安慰。可以高强度地预测幸福感的因素也有三个：第一，爱和婚姻与幸福感存在重要关联。已婚人群比单身或离异人群更加幸福，婚姻满意度可以预测其个人的主观幸福感。不过，两者之间孰因孰果尚未确定。第二，工作及其满意度与幸福有实质的联系。失业对主观幸福感有很强的消极影响，但是同样地，很难确定是工作满意度导致了幸福还是反之，证据表明，两者皆有可能。第三，遗传与人格影响个体的幸福感，而外部事件作用有限。进一步的研究发现，外向的、乐观的和善于交际的人往往较其他人幸福，尽责性、随和性和自尊等人格因素也与幸福有关。

第三节　情绪情感与教育

一、儿童情绪情感的发展

儿童出生后即有情绪表现，如新生儿或哭，或静，或四肢蹬动；同时，新生儿的情绪反应就已是初步分化的，如伊扎德研究发现，人类婴儿出生时，就展示出了惊奇、伤心、厌恶、微笑、兴趣等。这些最为原始的情绪反应在成熟和后天环境的作用下，不断分化、发展，逐渐与知觉、经验相联系，并越来越多地与人际交往、语言等联系在一起，情绪情感逐渐社会化。如哭逐渐分化为因饥饿、寒冷、疼痛、困倦、玩具被拿走、成人离开、恐惧、成人批评、焦虑等引起的哭；恐惧也由物理、机体刺激引起，其发展与经验、想象相联系；笑由本能的微笑逐渐发展到见人发出的社会性微笑。

在正确的教育下，随着儿童需要的不断增长、知识经验的不断丰富和自制力的不断增强，幼儿情绪的发展十分明显，呈现出以下特点：第一，情绪的丰富和深刻化。情绪的丰富表现为幼儿情绪体验继续分化和引起体验的动因不断增多；情绪的深刻化则表现为情绪从指向事物的表面现象转化为指向事物的内在特征。第二，情绪的稳定性逐渐提高。幼儿的情绪常有明显的情境性，很容易随着外界情境变化而变化，两种对立的情绪可在短期内相互转换。幼儿的情绪常常因为外界环境的影响，容易受感染和暗示。随着年龄的增长，特别是幼儿脑的发育和语言的发展，幼儿的情绪稳定性逐步提高。幼儿情绪的稳定性表现为如下：其一，情绪的冲动性、易变性减少。其二，情绪从外露到内隐。幼儿初期儿童对自己的情绪体验于外，喜，怒、哀、乐都清楚地在脸上反映出来，到幼儿晚期，随着心理活动有意性的发展，特别是幼儿内部语言的发展，对情绪的自我调节能力逐步增强。其三，情绪不断社会化。儿童最初的情绪主要是与生理需要相联系的，随着年龄的增长，人的需要不断发生变化，各种社会性需要不断增多，儿童的情绪逐步与社会性需要相联系，这是情绪社会化的过程，幼儿情绪的社会化主要表现为情绪反应的社会性动因不断增加、情绪中交往内容的增加和表情社会化以及高级社会情感的发展等三个方面。

小学生随着学习活动的深入、生活经验的丰富、集体活动的增加，情感发展呈现出以下特点：第一，情感内容不断丰富，情感体验日益深刻；第二，情感的稳定性增加，自控能力增强；第三，情感理解能力有所提高；第四，高级情感进一步发展，道德感从外部控制转向内部控制，理智感的发展主要表现在求知欲的扩大和加深上，美感则主要受制于对客观事物外部特点和内部特征的领会和理解。

少年儿童处于过渡期的身心发展特点影响着中学生的情绪情感发展。进入青春期的儿童个体生长发展处于第二高峰期，身高体重的快速增长、面部结构的变化、内脏器官结构及其机能的增强以及性的发育和成熟，导致中学生的情绪情感充分体现出半成熟、半幼稚的矛盾性特点：第一，情绪情感的两极性明显，中学生精力充沛，生机勃勃，情绪情感丰富而热烈，但是情绪情感的波动性也极大。这一方面是其心理充满诸多矛盾带来的影响，经常一时意气风发，一时抑郁低落，另一方面是由生理发育带来强烈的生理反应难以自制而造成的。第二，情绪表现的掩饰性。由于心理发展独立性的要求，青少年在情绪表现上逐渐失去了早年那种毫无掩饰的单纯和率真，在某些场合，他们会将自己的喜怒哀惧等各种情绪隐藏于内心而不予表现；同时，他们的情绪表现会自觉或不自觉地带上一层表演的色彩，缺少了幼时的自然性，带有造作痕迹。第三，反抗心理较为普遍。自我意识的高涨、独立意识的出现和中枢神经系统的兴奋性过强是反抗心理出现的原因，有别于 2～4 岁时第一反抗期要求摆脱父母对自己身体的约束，青春期的第二反抗期主要针对心理控制，要求独立、尊重。其表现可以是态度强硬、举止粗暴，也可以是漠不关心、冷淡相对，还可能是迁移性的，比如对某人某方面的反感会扩大至对某人的全盘否定，对某一团体中的某人不满，会排斥该团体的所有成员。第四，两性爱情的萌芽。这一特点源于性发育成熟，“哪个少年不钟情，哪个少女不怀春”，青春期的两性爱情比单纯的性需要层次更高，在情绪情感方面也显得更为深刻。性成熟和性意识导致中学生对性和爱情有所向往，男女生对异性非常敏感，很容易出现所谓的“早恋”。第五，情绪情感的深刻性和稳定性逐渐增强。随着中学生社会性需要的不断增长，其情绪和情感内容的社会性不断深刻化，道德感、理智感和美观都有了新的形式和表现。其中，集体荣誉感和社会责任感日渐明显，他们关心国家大事、社会发展，追求真善美的生活，这些情感的发展逐渐稳定在其心理中，表现在他们逐渐增强的自控性上，并在今后的人生中发挥作用。

学海无涯

专栏8－7　爱情的三角理论

爱情是人与人之间强烈的依恋、亲近、向往，以及无私并且无所不尽其心的情感，有很多不同的种类。美国心理学家斯滕伯格(Robert Sternberg，1949—　)提出的爱情三角理论，认为爱情有三个基本成分：激情、亲密和承诺。

亲密是指一个人对另一个人的亲密感或者说与另一个人有着紧密的情感联结；这里的亲密不是指身体上的，而是心理上的；朋友之间之所以有着亲密的关系，是他们互相分享一些大部分人不知道的信息，他们感到彼此间有强烈的情感联结并且享受彼此的陪伴。激情是指爱情中的情欲成分，是爱的身体层面，是情绪上的着迷；激情指的是一个人由另一个人所引发的情感上和性方面的唤起；激情并不仅仅指性，牵手、爱意的目光还有拥抱都是激情的形式。承诺是指维系关系的决定期许或担保，是指一个人对一段关系所做出的决定。短期决定可能是“我觉得我恋爱了”，长期决定可能是“我想与这个人厮守终身”。

两个人之间的爱情关系可以涵盖上述三种成分中的一个、两个或者三个，从而形成了各种不同的组合，这些组合构成了爱情的七种形式。

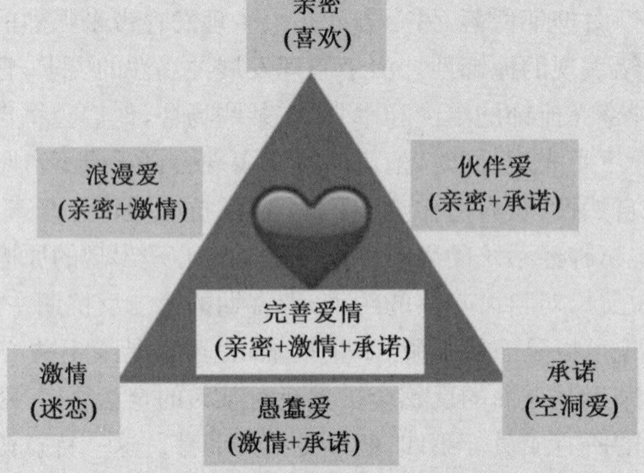

图8－7　斯滕伯格的爱情三角理论

斯滕伯格的理论中最为人们熟悉且研究最多的两种爱情是浪漫式爱情和伴侣式爱情。亲密和激情相结合，就会产生我们熟悉的浪漫式爱情，有时也称“激情式爱情”。浪漫式爱情往往是一段长久爱情的基础。人们理想的爱情关系往往是从喜欢开始，然后变成富有激情的浪漫式爱情，加入承诺后最终变成一段持久的爱情关系。

当亲密和承诺是一段关系的主要成分时，我们就称之为伴侣式爱情。在这种爱情中，双方互相喜欢，感觉感情上非常亲近，了解对方的动机，并承诺在一起生活，这些常常出现在婚姻关系中。在经历了若干年的为人父母、支付账单、激情减少之后，伴侣式的爱情通常是维持婚姻关系的纽带。在有些文化中，伴侣式的爱情被视为更明智的选择，选择的伴侣是否合适常常是由父母或媒人决定的，而不是当事人。

最后，当爱情的三个成分都具备时，夫妻两个人就获得了完美式爱情，这是很多人所向往的爱情的终极目标。当承诺依然存在，激情渐渐退却的时候，这种爱情就会发展成伴侣式爱情。

二、情绪健康及其特点

情绪在人的心理生活中处于一个特殊的位置，与人的心理健康息息相关，在心理疾病中处于核心地位。而且，情绪的异常变化往往是心理疾病的先兆，稳定而愉快的情绪是心理健康的重要标志。“亲其师，信其道”，教师具有良好的、健康的情绪情感，不但能有效提高教育教学的工作效率，而且能对学生情绪的表达方式及情感的发展倾向产生积极影响。教师的教育教学任务，不仅有认知目标，还有情感、态度、价值观方面的目标。

良好的情绪情感具有以下几个方面的特点：

第一，能正确地反映一定环境和情境的影响，善于表达自己的感受。当学生接受一定的外界刺激作用时，能够准确地表达出自己此时此刻的心情。比如学生为集体的荣誉而欢乐，为学习成绩的下降而有愧意，这些情绪反应是正常的、适当的，缺乏这种情绪反应则是不正常的。学生的情绪无论是积极的，还是消极的，都应该允许表达，情绪的压抑对身心健康都是有害的。当然，需要适当的引导，学生能够恰当地、文明地表达。

第二，良好的情绪能使反应强度与引起情绪的刺激强度相适应。也就是说，学生面对环境或刺激能够产生适度的情绪反应，刺激强度大，则情绪反应强，刺激强度小，则情绪反应弱。情绪的过度强烈和过度抑制都是对身心健康不利的，也是不正常的。

第三，情绪反应的时间应随着客观情境的转移而有所变化。当引起愉快、快乐情绪的客观情境已经离去很久，转而从事另一项活动时，学生仍然沉浸在愉快、快乐之中，这种情绪是不适当的，需要加以引导。在遇到挫折和困境时，虽然会产生一些消极情绪，但如果表现出较高的耐受性和平衡性，不会因此过多影响或改变自己的目标和正常的学习生活，这样学生能够调整好自己的情绪，做良好情绪的主人，其情绪是健康的。反之，如果长时间陷入消极情绪中，不仅会影响学习或活动的效率，还有损身心健康。

第四，情绪反应的特点应与年龄阶段相适应。例如，青少年时期是情绪最容易激动的时期，但是青少年控制情绪的能力和情绪的稳定性与学龄前儿童或学龄初期的儿童相比，已经大大增强。如果一些中学生的情绪自控能力仍停留在小学生的水平上，这就需要教师注意并采取一定的方法进行干预了。

学深悟透

专栏8-8 情绪智力

情绪智力的研究始于美国耶鲁大学的萨洛维(Peter Salovey，1958—)和新罕布什尔大学的梅耶(John D. Mayer)，是指个体监控自己及他人的情绪和情感，并识别、利用这些信息指导自己的思想和行为的能力。情绪智力包括三个方面的能力：准确地识别、评价和表达自己和他人情绪的能力；适应性地调节和控制自己和他人情绪的能力；适应性地利用情绪信息去引导思维的能力。

1996年他们将情绪智力修订为四项内容，并详加解释：

第一，情绪的知觉评估与表达能力。这是辨认自己和他人情绪的能力，以及区分情绪表达中准确性和真实性的能力。第二，思维过程中的情绪促进能力。这是情绪引导思维的能力、对判断与记忆过程产生积极作用的能力。第三，理解与分析情绪获得情绪知识的能力。这是理解情绪所传递意义的能力和分析情绪产生原因的能力。第四，对情绪进行成熟调节的能力。这是成熟地监察自己和他人有关情绪的能力。

哈佛大学的戈尔曼(Daniel Goleman，1946—)先后出版了《情绪智力》和《工作情商》，使得情绪智力理论成为引人注目的一种思潮。如今，尽管EQ的概念及其对人的学习、工作和生活的影响在全球广为流传，但是并没有大家公认的“情绪智商量表”的测试。

三、不良情绪的调节

不良情绪不仅对人的正常生活、工作和学习造成影响，致使人的活动效率低下，还会对人的身心健康造成损伤，所以了解和掌握调节不良情绪的方法有重要的实践意义。不良情绪有两大类：一类是那些过分强烈的情绪，如激情和应激。一定的激情和应激在正常人的生活和行动中避免不了，但如果它们程度过分强烈，并时常发生，就属于不良情绪。另一类不良情绪是持续性的消极情绪，如长时间的忧愁、悲伤、抑郁、愤怒、恐惧、焦虑等。

作为具有主观能动性的个体，人不仅能作用于外部世界，同样也能够认识并作用于自身。人完全可以有意识地对自己的不良情绪做有效地调节，具体方法有以下几种：

(一) 解决问题法

首先，要清楚地认识到造成不良情绪的直接原因，找到问题的症结所在。有的人产生不良情绪后，容易认为它是由许多原因造成的，其实真正的原因往往只是一个或两个，至于其他的因素则是由刺激情境的泛化引起的。比如，小孩本来是害怕打针，但经过泛化，他会害怕某个医生，甚至害怕所有穿白衣服的人。所谓“风声鹤唳”“草木皆兵”就是由刺激情境的泛化引起的。

其次，对症下药，着手解决具体问题。比如，如因别人误解造成了抑郁，可以直接向别人解释；如果别人无理刁难造成了压抑，可以理直气壮地据理力争；如因为考试失败造成了挫折感，可以端正对考试的认识，总结教训以争取下次考出好成绩来等。在解决问题时，应该多提出一些解决问题的方案，从中选出一个最佳方案来。为了慎重起见，有必要对所提方案做清晰的理论验证或小规模的实验等。引起不良情绪的问题解决了，不良情绪也会随之而去。

解决问题时需要以勇敢的精神来面对眼前的困境，用理智的态度去分析问题、提出假设、检验假设。解决问题时不怕失败，一次不成功，就重来，直到解决问题为止。

（二）转移注意法

在引起不良情绪的问题中，有些一时难以解决，或者根本无法解决。比如亲人去世等，这时，沉湎于其中，悲伤、忧愁等都无济于事，而应该运用转移注意法来调节不良情绪。在转移注意中，要运用意志努力，使自己尽量远离不良情绪的情境，将注意转向能引起良好情绪的事物上，比如，外出旅游、听音乐、打球、做自己感兴趣的工作等。在转移注意时，新事物与原刺激情境的差别愈大，不良情绪愈容易得到调节。

（三）合理宣泄法

不良情绪会造成机体的高度紧张，合理的宣泄则能释放出机体内所积聚的能量，使机体如释重负，重新获得平衡，从而起到调节不良情绪的作用。合理的宣泄有多种途径：其一，针对引起不良情绪的刺激进行宣泄，比如，极度悲伤时的哭泣，愤怒时的大吼等。其二，通过倾诉进行宣泄。将自己心中的喜、怒、哀、惧等积压的情绪向知心朋友坦诚相告，在朋友的理解和劝慰中，不良情绪会得到很有效的调节。其三，通过活动进行宣泄。比如，在产生不良情绪后，可以将心中郁闷、焦虑、愤怒等发泄在体育活动中，发泄在具有象征性的物体上等。

（四）语言调节法

语言既可以引起某种情绪反应，也能抑制某种情绪反应，比如在静坐时，如果默念"真可恶""气死我了""烦死人""没意思"等具有消极情绪性的词语，人的情绪就很容易变得消极不快；相反，如果默念"春风得意""闲庭信步""真有意思""真快乐"等词语，人的情绪就有可能变得积极愉快。所以在遇到不良情绪时，有意识地进行自我语言提示对调节不良情绪有一定作用。比如在愤怒时，提醒自己"不要发怒""制怒"；在忧愁时，劝慰自己"想开些""乐观些"；在恐惧时，鼓励自己"没什么大不了的""兵来将挡，水来土掩"；等等。另外，还可以针对自己个性中经常表现出来的不良情绪，选择一些名言、警句，把它写在显著的位置，可以起到经常调节引导情绪的作用。

（五）改变认知法

我们知道，认知对情绪形成起着重要的作用。美国心理学家艾利斯（Albert Ellis，1913—2007）据此提出了 ABC 理论。他认为，人的情绪及其行为的结果（Consequences）不是由某一诱发性事件的本身（Activating events）所引起，而是由经历了这一事件的人对这一事件的解释和评价（Beliefs）所引起的。他提出，消极的情绪由消极的思想决定，消极思想都含有重大的曲解，通过改变认知，可以改变消极情绪。对于我们常见的错误的思维方式，如绝对化的要求、过分概括化、糟糕之极等，如果能够进行分析、辩论，采用一些技术、方法加以反驳、重建，改变自己对事件的看法，从而改善情绪。

当然，对于个体不良情绪的调节方法的选择，有时仅仅通过一种方法难以奏效，可以通过多种方式的组合来加以改变。

学思结合

专栏 8-9　考试焦虑

考试焦虑是指与考试压力不相匹配的，由紧张、不安、焦急、忧虑、恐惧交织而成的一种情绪状态，是中小学生中常见的一种焦虑反应。正常人在面临压力情境，特别是在个人自尊心受到威胁时，也会出现焦虑反应，但其焦虑程度与客观情境的威胁程度是相适合的。考试焦虑具体表现为随着考试临近，心情极度紧张；考试时不能集中注意，知觉范围变窄，思维刻板，出现慌乱，无法发挥正常水平；考试后又持久地不能松弛下来。

学生焦虑症状产生的原因是多方面的。一方面是学校持久的、过度的升学压力，另一方面是家长对子女过高的期望，以及学生个人过分地争强好胜以及学业上多次失败的体验等。还有某些学生具有容易诱发焦虑反应的人格基础，比如遇事容易紧张、胆怯，对困难情境做过高估计，对身体的轻微不适过分关注，在发生挫折与失败时过分自责，等等。

缓解学生过高的考试焦虑，最为常用的方法有以下几种：

一是调整认知。学生要端正考试动机，调整期待水平。根据耶克斯—多德森定律可知，动机水平过高，活动效率会有所下降，尤其是在任务难度较大的情况下，动机水平过高会妨碍认知策略的检索和使用。

二是积极暗示。把自己对考试的所有担忧逐一写下来，分析其中的不合理之处，逐一对其辩解，指出想法的不合理性和不必要性，调整方向，明确今后思考问题要全面而客观，给自己以积极的心理暗示，采用正向的自我对话，比如“我能应付这个考试”“成绩并不重要，学会才是重要的”“无论考试的结果如何，都将不会是最后一次”等。

三是放松训练。放松时可以消除紧张状态，缓解焦虑状态中的生理紧张，使得身心得到充分的休息或恢复，常见的放松方法包括呼吸放松、肌肉放松以及想象放松，比如冥想、打坐等。

四是系统脱敏。当学生对考试产生敏感反应（紧张、不安、恐惧等）时，我们可以在当事人身上发展一种不相容的反应，使学生对考试不再发生敏感反应。简单来说，有三个程序：第一，建立等级层次。首先找出所有使学生感到焦虑的与考试相关的情境或事件，然后按其引发紧张程度由小到大的顺序排列。第二，学会放松方法。根据各自情况，选择一种放松方法，多次练习，以达到能够迅速进入松弛状态为合格。第三，系统脱敏练习。首先让学生在舒适的环境中进入放松状态；然后让学生想象引发紧张的考试情境（从最小等级开始），在感到紧张时立即停止想象并全身放松，之后反复重复以上过程，直到他不再对想象的情境感到焦虑或恐惧，那么该等级的脱敏就完成了，以此类推，做下一个等级的脱敏训练；当通过全部等级时，可从模拟情境向现实情境转换，并继续进行脱敏训练，仍然从最低级开始至最高级，逐级放松、脱敏训练，以不引起强烈的情绪反应为止。

真题实练

1. 沙赫特—辛格的情绪理论认为，对情绪产生起决定作用的因素是(　　)。
   A. 环境　　B. 生理　　C. 刺激　　D. 认知
2. 人在高兴时眉开眼笑、愤怒时双目圆睁，这些表情是(　　)。
   A. 身段表情　　B. 姿态表情　　C. 面部表情　　D. 言语表情
3. 中学生晓涛时而温和，时而暴躁；时而欢乐，时而忧郁。这说明晓涛的情绪具有(　　)。
   A. 两极性　　B. 适应性　　C. 复合性　　D. 社会性
4. 狂喜时手舞足蹈，悲痛时号啕大哭所体现的情绪状态是(　　)。
   A. 心境　　B. 激情　　C. 应激　　D. 热情
5. 下列选项中，不属于理智感的是(　　)。
   A. 探求新事物的好奇　　B. 百思不得其解时的困惑
   C. 对教师观点的质疑　　D. 欣赏美景时的愉悦

本章复习题

一、试结合自身的经验，谈谈情绪情感与认识的关系。

二、比较分析多种情绪理论，谈谈自己的看法。

三、试着比较心境、激情、应激三者的不同，以及理智感、道德感和美感三者的差异。

四、你有过什么样的不良情绪？你是如何调节的？

五、案例分析

1. 心理学家奥尔波特说："就现代人来说，交谈双方相互理解有38%来自语调，55%来自表情，只有7%来自语言"；弗洛伊德曾描述过："凡人皆无法隐瞒私情，尽管他的嘴可以保持缄默，但他的手指却会多嘴多舌。"

上述两位心理学家描述的是哪一心理现象？主要观点是什么？

2. 冯亮和丁明是初二的学生，最近两人都有些心事，于是凑在一起聊天……

冯亮：你说咱们已经快要和爸爸一样高了，可父母还是把我们当小孩子看，什么都管。

丁明：可不是吗，吃饭要管，穿衣服要管，去哪玩也要管，放学回家稍晚就唠叨个不停……真烦！有时他们让我做什么，我偏不听他们的话。

丁明：最近一段时间，我的情绪似乎失控了，今天的课堂演讲，我紧张得要命，生怕在老师同学面前出丑。

冯亮：我发现了，你脸都红到脖子根了。

丁明：不光这个，有时候高兴起来，我就跟飞上天似的，觉得无所不能；可是难过起来，又像被打入了十八层地狱……

冯亮：我也一样，就比如每次跟女同学打招呼，我常莫名地心跳加速，感觉既紧张又害羞，以前不是这样。

丁明：有时候也会担心自己在别人眼中形象不好，譬如不够帅之类的。

冯亮：还有不够优秀、能力不够强等。我特别希望在别人眼中是一个聪明、有实力的人。

丁明：我特理解你，这种感觉我也有，而且特想跟人倾诉，但就是不知道跟谁说。

问题：(1) 上面两位同学的对话，反映了中学生青春期情绪发展的哪些特点？(2) 作为老师，你会对他们提出哪些建议？

推荐阅读书目

1. 斯托曼. 情绪心理学[M]. 张燕云，译. 沈阳：辽宁人民出版社，1986.
2. 石秀印. 情绪在儿童品德形成中的作用，学生品德形成新探[C]. 北京：北京师范大学出版社，1993.
3. 孟昭兰. 情绪心理学[M]. 北京：北京大学出版社，2005.
4. 艾森克. 心理学——一条整合的途径(下册)[M]. 阎巩固，译. 上海：华东师范大学出版社，2000.
5. Strongman. 情绪心理学——从日常生活到理论(第五版)[M]. 王力，主译. 北京：中国轻工业出版社，2006.
6. 戈尔曼. EQ：情感智商[M]. 耿文秀，等译. 上海：上海科学技术出版社，1997.
7. 章志光. 心理学(第三版)，第十章[M]. 北京：人民教育出版社，2003.
8. 贾林祥，张新立. 心理学基础，第七章[M]. 南京：南京大学出版社，2014.
9. 韦恩·韦登. 心理学导论(第九版)，第十章[M]. 高定国，等译. 北京：机械工业出版社，2017.
10. 沈政，林庶芝. 生理心理学(第三版)，第十章[M]. 北京：北京大学出版社，2014.

第九章
意　志

本章学习资源

学习目标:

- 理解意志的概念、过程。
- 能够辨别意志过程中的动机冲突的类型。
- 学会积极应对压力和挫折,锻炼良好的意志品质。

【本章结构】

意志
- 意志的概述:概念及地位
- 意志的过程:动机冲突
- 意志与教育:意志品质及其培养

人的心理是在实践活动中,即在人与客观现实的相互作用中发生的。因此,人在反映现实的时候,不但产生对客观对象和现象的认识,也对它们形成这样或那样的情绪体验,而且还有意识、有目的、有计划地实现着对客观世界的改造。这种最终表现为行动的,积极要求改变现实的心理过程,构成了人类心理活动的另一个重要方面,即意志过程。

第一节　意志的概述

一、意志的概念及其特征

意志是人自觉地确立目的,并根据目的组织、调节自己的行为,克服困难,以实现目的的心理过程。

意志是人类意识能动性的体现。动物没有意志,它只能消极地顺应周围环境,成为自然的奴隶;人有了意志,就能够积极地改造外部世界,从而有可能成为现实的主人。人在纷繁复杂的环境中主动地提出目的,同时积极地采取行动来改变环境以满足自己的需要,意志集中地体现了人心理活动的自觉能动性。因此，有人认为意志具有引发行为的动机作用，比一般动机更具有选择性和坚持性，甚至可以将意志视为人类特有的高层次动机。意志总是和行为紧密联系着，在意志支配下的行动，我们称之为意志行动。人为了达成一定的目标，往往需要克服困难。困难的性质不同，难度不一，相应的意志行动也不一样。例如，学生在课堂上为了学习艰涩、高深的专业知识强迫自己集中注意；教师在睡意来袭时仍要完成学生作业的批改；体育运动员为了提高某一技能的水平，一遍又一遍地重复练习；想要减肥的人，克制对美味食品的欲望；警察为了保护居民财产的安全，勇追手持刀具的小偷；等等，这些都是意志行动的表现。意志行动具有以下特征：

1. 意志行动具有自觉的目的

能够自觉地确定目的，是人的行为的特征。动物也作用于环境，有些高等动物甚至仿佛有某些带目的性的行为，但是从根本上说，动物的行为不能达到自觉意识的水平。尽管某些动物的动作可能十分精巧，但它却不可能意识到自己行为的目的和后果，比如说蜜蜂筑的蜂巢非常精致，但是"再蹩脚的建筑师也比蜜蜂高明"，在筑巢之前蜜蜂头脑中并没有蜂巢的形象，筑巢系其本能行为。因此动物的行为是盲目的，是"无意地发生的，而且对于动物本身来说是偶然的事情"，而人类的活动则完全不同，它是有意识、有目的、有计划地实现的；并且"人离动物愈远，他们对自然界的作用就愈带有经过思考的、有计划的、向着一定的和事先知道的目标前进的特征"。人在从事活动之前，活动的结果已经作为行动的目的而观念地存在于他的头脑之中，他以这个目的来指引自己的行动，"把它当作规律来规定他的行动式样和方法，使他的意识从属于这个目的"。没有自觉的目的，就失去了有意识地改造世界的前提。因此，只有人类才能在自然界打上自己意志的印记。

人的意志行动的目的具有自觉性，意味着人类的本能行为及无意识动作、冲动、动物的顺应，都不是意志行动。因为目的是主观的、观念的，上述几种行动均不具有主观性和观念性，更不可能完成从外部认识结果向内部意识事实的转化，也不可能完成从内部意识事实向外部实际行为的转化。

意志行动的目的取决于个人的需要，实际上目的往往就是个人需要的物化形式，目的常常表现为个人的行动目标、理想、愿望乃至企图，它又是活动结果的体现形式，人的一切有意识的活动都服务于或服从于行动目的。所以，反过来看，仅仅活动的目的就可以激励或指引人去行动。人类对世界改造的结果，可以说是人类活动目的的物化结果，或者说是人类意志的印记。卫星或宇宙飞船正是人类"想要上天"这一愿望的体现物。

学深悟透

专栏 9-1　意志自由的问题

意志可能是最能体现人类和世界相互作用程度的术语。意志行动是实现目的的行动，而目的又是个人愿望、欲望、企图、理想等的表现形式，对世界改造的结果又是人类意志的物化形式。比如天堑变通途，是人类征服大江的意志印记；隧道穿山过，是人类征服高山的印记，这就是"意志自由"问题的不同表现。我们知道，人的行为不是被动简单地受外部情境所左右，还受个人内部意识状态的调节，这种调节正是意志活动存在的证明，同时也是人的意志具有一定自由度的证明。那么人的意志、精神世界是完全自由的吗？

其实关于“意志自由”的问题，长期以来，在心理学、哲学乃至生理学中存在着尖锐的争论。心理学史上有过两种极端的见解：

一个极端是机械论，行为主义心理学派完全否认意识的存在，同时也否认了意志及其自由，用“行为”替代人的意识，认为人的行为就是被外界刺激物所决定，受强化原则控制。这就是取消意志的一种极端理论，是一种“没有意识”的行为主义。事实上，人的行为有高度的自主性，就一定条件下的具体行动而言，它的确是受个人的主观意愿所左右的。面临同样的情境，个人有不同的动机和目的，选择达到目的的方式也可以不同。也就是说，人的行为不是被动地、单纯地受外部情境所决定的，它也受主体内部意识状态的调节，这种调节正是意志存在的证明，是人的意志具有某种自由的证明。比如学生在课堂上，可以选择打盹，也可以选择有趣地听听，不感兴趣的走走神，还可能克服困意坚持听课。即便在牢房里，人们还可以选择“戴着镣铐跳舞”呢。

另外一个极端则是“唯意志论”，片面夸大“意志自由”。代表人物有19世纪德国两位“超人”哲学家尼采和叔本华。他们把意志看作一种独立于客观现实的、纯粹的精神力量，看作一种超越物质之上并不受客观规律制约的“自我”表现。他们鼓吹人的自由意志不受任何东西约束，可以绝对自由，为所欲为，人的自由意志主宰一切，从而形成“超人控制世界”的“权力意志论”。这种唯心的意志观同样是错误的。意志是决定人活动的直接原因，但不是终极原因。意志受人的目的所指引，受人的动机所推动；但目的和动机由人的需要所决定，而人的需要本身又是客观现实的反映，受自然规律和社会生活条件所制约。人的意志最终必须服从物质世界的因果制约性。意志自由只是借助于对事物的认识来做出决定的那种能力，是人对必然的认识和在行动中对必然的驾驭。

由此可见，我们应该明白，在个人的心理活动中，意志是自由的，也是不自由的。在相对的、有条件的意义上，意志是自由的，因为在一定的条件下，人可以根据自己的意愿自主地选择目的；但在绝对的、归根结底的意义上，意志又是不自由的，因为人的一切愿望、一切行动都必须符合客观规律，否则将一无所成。

一个人掌握的自然科学和社会科学的知识越多，越善于运用客观规律，他对世界的改造也就越主动、越自由，而这种能力的获得又依赖于人的主观努力，即需要勤奋地学习，勇敢地探索，不断地实践。

2. 意志行动与克服困难相联系

意志对行为的调节和支配并不总是轻而易举的，常会遇到各种外部或内部、或大或小的困难。所谓困难，是实现有目的行动的障碍；而克服困难，就意味着对行动预定目的的坚持。意志行动中所克服的困难越大，意志行动的特征就显得越充分、越鲜明。因此意志行动的实现往往与困难的克服相联系。

任何意志行动总会遇到或大或小的困难，我们要实现一定的目的，就必须克服主客观世界中的各种困难。所以，意志行动就是为了实现目的而努力克服困难的行动，要克服困难的多与少、大与小可视作意志行动程度大小的指标。

困难可分为外部困难和内部困难，外部困难是指存在于外部世界中的困难，内部困难是指存在于个人内部世界（主观世界）中的困难，如个人的个性品质、兴趣爱好、欲望情感等。一个人要去外地办事，距离遥远，路极不好走，只能步行，那么，“遥远的距离”“长途跋涉”“艰难的路途”就是外部困难，内部困难则是“愿望不急迫”“畏惧”“对事情意义的认识不足”，等等。人在活动中为了克服困难，就必须动员自己所具有的知识、情绪与体力，使之处于良好的状态，这就是意志的表现。

3. *意志行动以随意动作为基础*

活动是由动作组成的，动作有不随意动作、随意动作和随意后动作之分。随意动作是指由人的意识控制的动作，具有目的性。这种动作是在后天生活实践中掌握的，如小学生刚学写字，杂技演员走钢丝，他们的“写”与“走”的动作都是受意识控制的。不随意动作是指不由人的意识控制的动作，不以人的意志为转移，如眨眼、打喷嚏。而大学生记笔记的写字动作，成人散步的走路动作都属于随意后动作。不过我们需要说明的是，常说的一些随意后动作，并非绝对指不受意识控制，而是指意识对该动作的控制降低到最低程度，已经达到自动化的程度，成为技巧或习惯了，这正是我们要加以训练的。小学生写字从不熟练到熟练，儿童学走路从迈步到随心所欲都是如此。意志行动必定是有意动作，但不能说有意动作就等于意志。

人的目的是主观的、观念的东西。主观要见之于客观，观念要变为现实，必须付诸行动，付诸实际动作。如果说，感觉（以及认识活动）是外部刺激向内部意识事实的转化，那么意志就是内部意识事实向外部动作的转化。这后一个转化，即表现为意志对人的行动的支配或调节作用，一方面，这种支配或调节是根据自觉目的进行的；另一方面，正是通过这种对行动的支配或调节，自觉目的才能得以实现。

意志对行动的调节，有发动和制止两个方面。前者在于推动人去从事预定目的所必需的行动，后者在于制止不符合预定目的的行动。意志调节作用的这两个方面在实际活动中是统一的。例如，有了利用业余时间学好外语的决心，这种决心一方面促使人去进行外语学习活动，另一方面又抑制不相干的其他活动。

意志不仅调节外部活动，还可以调节人的心理状态。当学生排除外界干扰，把注意集中于完成作业时，就存在着意志对注意、思维等认识活动的调节；当人在危急、危险的情境下，克服内心的恐惧和慌乱，强使自己保持镇定时，就表现出意志对情绪状态的调节。

见贤思齐

专栏 9－2　主张超越自由与尊严的斯金纳

斯金纳是美国著名的行为主义心理学家、新行为主义的代表人物、操作性条件作用理论的奠基者，被认为是自弗洛伊德以来最重要、最有影响力的心理学家。斯金纳于1948年开始任教于哈佛大学,1950年当选为美国国家科学院院士,1958年成为哈佛大学心理学教授直至1974年退休,1968年获美国总统颁发的美国最高科学荣誉——国家科学奖章,1990年获美国心理学会首次颁发的心理学杰出终身贡献奖。他著述颇丰,出版了21部著作,发表了180多篇文章。

斯金纳影响最大的是提出的操作性条件作用理论,他主张个体行为是由环境所决定的,这意味着人类和动物的行为是由外部刺激所引起的反应,而非内在的心理状态所决定的。通过对环境的控制,可以改变行为。根据行为科学的原理,斯金纳在《超越自由与尊严》一书中,对传统人文研究和继承了传统人文研究方法的深层心理研究进行了猛烈的抨击,认为人的绝对自由是不存在的,可以说,人根本不可能有自由与尊严,人只可能是环境的产物;任何人都无时无刻不处于环境的各种控制之中,其行为既要受到各种刺激的制约,也要受到各种行为后果的影响。妄谈自由、尊严没有任何意义,唯有超越自由与尊严。那么人类面临的首要任务是,设计一个最适合自己生存的文化与社会。兜兜转转,斯金纳还是回到了他的基本主张——环境决定个体的行为。

斯金纳作为行为主义的积极倡导者和领导者,在将心理学与现实相连接的方面做出了巨大的贡献,例如他结合行为主义的原理开发发展的程序教学思想,对推动美国教育发展产生重要影响。然而,斯金纳将人的行为完全归因于外界环境,忽视了作为人的主观能动性的观点,引起了学界的纷争。但是,正如舒尔茨在评论斯金纳时说的,"不管我们是怎样看待斯金纳的工作,把他看成人类的救星或奴役者,我们都没有否定他对现代心理学的影响"。

在将责任担当作为中国学生发展六大核心素养之一的当下,我们该如何理解和评价斯金纳的理论呢?

二、意志与其他心理活动的关系

(一)意志和认识

一方面,认识是意志的基础。意志的目的性是认识过程的结果,所以意志的产生以认识过程为前提,不但行动的目的是认识的结果,而且目的的提出也有赖于认识过程。因为人只有认识了客观世界的要求与规律,认识了自身的需要和客观规律之间的关系,才能提出和确定切合实际的目的。而需要也是人对客观现实的反映,是通过人对自身需求的认识而形成的;行动目的的提出,同样依赖于认识过程,个体要从主客观两方面衡量:既要确信他的愿望和目的符合规律,具有现实的可能性,他才有决定采取此项行动的愿望与目的;还要衡量客观实际,使主观上感受到的可能性转化为实际上的可实行性,意志行动才能得以实现。

实现意志行动还需要合适的行动手段,设想行动的后果,并估计可能碰到的内外部困难,反复权衡,因此就必须依赖感知、记忆、想象、思维的过程,离开了认识过程的参与,意志行动则成为冲动而不是意志行动。可见意志行动离不开认识过程,意志是在认识活动的基础上产生的。

另一方面，意志也给认识过程以巨大的影响。人在进行认识活动时，总会遇到各种内外部困难，要克服困难就必须做出意志努力，例如观察的组织、随意注意的维持、追忆的进行，解决问题时思维活动的展开以及想象的形象化进程等都需要意志的努力。

人对客观世界的认识，是在变革事物的过程中完成的，而一切变革的实践活动都是意志行动，必须受意志过程的支配和调节。因此，没有意志活动，也不会有深入、完全的认识活动。在认识活动中缺乏意志的人往往遇难而退，半途而废，很难达到目的。

（二）意志和情感

情绪情感既可以成为意志的动力，去推动或支持意志行动，如积极的心境、对国家的热爱和社会的责任感会推动人们努力学习。坚强的意志行动总伴随着积极火热的情绪，使人处于一种兴奋之中，从而激发出强大的力量。

情绪情感又可以成为意志的阻力，去阻碍或反对意志行动。如消极的心境、高度的应激状态和害怕困难的情绪情感，都会妨碍意志行动的执行，动摇以至削弱人的意志。消极的情绪对意志行动的干扰作用，取决于一个人的意志力水平，意志坚强者可以克服消极情绪，使意志行动自始至终贯彻到底；意志薄弱者则可能被消极情绪所压垮，使意志行动半途而废或一无所获。

意志能够控制情绪，使情绪服从理智。由于意志本身具有调节功能，因此，对于某项意志行动起阻碍作用的情绪实际上同意志处于相互制约、此消彼长的关系之中。在这种情况下，意志行动最终是否得以实现，取决于种种主客观条件，其表现形式为个人意志和情绪强度的对比与较量，这集中体现了一个人的意志品质如何；在对意志产生影响的诸多因素中，情绪情感最为强烈，因为认识过程本身并不具有控制情感的功能，控制是由意志来完成的。所谓“理智战胜情感”，就是指意志的力量根据理智的认识克服了与理智相矛盾的情感。

总之，知、情、意三者相互联系、彼此渗透，心理过程本来就是完整的，只有认识活动而不体现出情感与意志的过程是不存在的，同样，情感活动与意志活动也与其他两个过程一起作用才能完成某个活动。但从分析的角度讲，认识过程是基础，情感过程是动力，意志过程则起到调节和控制的作用，是活动的落实环节。

（三）意志与个性

意志与个性的关系十分密切。理想、信念和价值观以及兴趣爱好等个性倾向性制约着人的意志表现。崇高的理想、坚定的信念、强烈的兴趣等会激发出强大的意志力量，促使人克服各种困难和障碍，从而达到目的，即使是原本意志薄弱的人也可能如此。因此在培养意志力的时候，要高度重视理想、信念、价值观以及兴趣爱好的培养。

意志对个性的形成和发展具有十分重要的意义。坚强的意志有利于高品质的个性倾向性的形成，也有利于形成良好的情感品质，有利于能力的发挥，有利于形成健康而有魅力的个性。所以，培养良好的意志品质是教育的重要任务。

孟子曰：“故天将降大任于斯人也，必先苦其心志，劳其筋骨，饿其体肤，空乏其身……”巴斯德有一段名言:“立志、工作、成功是人类活动的三大要素。立志是事业的大门,工作是登堂入室的旅程,这旅程的尽头就有个成功在等待着。”这些都说明,意志在人的成才、成事中具有极为重要的作用。

第二节 意志行动的心理过程

意志行动的心理过程是指意志对行为积极能动的调节过程。它有发生、发展和完成的历程。意志行动的心理过程分为两个阶段:采取决定阶段,包括动机斗争和确定行动目的;执行决定阶段,包括行动方法、策略的选择和克服困难实现所做出的决定。

一、采取决定阶段

采取决定阶段是意志行动的开始阶段。它决定意志行动的方向以及意志行动的动因。一般来说,具体要经过动机斗争和目的确定等环节。

(一) 行动目的的冲突及抉择

意志行动首先要解决达到什么目的的问题。人通常面临的不止一个目的,而有几个目的可供选择,那么就有一个目的冲突与抉择的过程。目的是活动要达到的预期结果,人们必须根据每个目的的意义与价值,考虑其必要性;更要根据主客观条件,考虑其实现的可能性。如果每一个目的都有引人入胜之处,都有某种必要性和可能性,人们往往最后只能达到一种目的而不能兼而取之,那么就会引起心理上的冲突,引起内部困难。目的的动人程度越强烈,那么心理冲突也就越剧烈,做出抉择也就越困难。此外,人的活动往往要达到一个大目标,在大目标之下又有许多小目标,尽管这些小目标并不一定在客观性质上矛盾,但往往有个先后问题。比如,有的目标对个体来说容易实现,但相对于大目标及个人愿望,却不一定要立即去实现;而有的目标实现起来非常困难,但相对于大目标来说很重要;有的目标个人并不那么喜欢,但不实现则影响大目标。这就表现为实现目的要分许多步骤,同样一个活动,可有不同的步骤,每一步骤都实现一两个小目标,每一个小目标都指向于大目标。这就需要个人按自己的意愿与实际情境,分出轻重缓急,做出先后或主次的安排,这在心理上就是一个决策过程。

学海无涯

专栏 9-3 期望效应

你想成为什么样的人,最终你就会成为什么样的人;你想事情怎样发展,最终事情真的就发生了如期的变化……这些听起来似乎有些主观,但是对期望效应的研究已经证明,在某些领域、在某种程度上这是真的。期望效应是指如果我们预期某一事物将以某种方式发生,我们的期望就会倾向于让它变成现实。

心理学家罗森塔尔(Robert Rosenthal，1933—)检验了这样效应的存在。他和同事来到一所小学，从一至六年级各选了3个班，对这18个班的学生进行了“哈佛应变能力测验”，告诉老师该测验的成绩可以对一个学生未来在学术上是否会有成就做出预测。之后，罗森塔尔以赞许的口吻将一份“最有发展前途者”的名单交给了校长和18位老师，并叮嘱他们务必要保密，以免影响实验的正确性。其实，该项测试并不具备这种预测能力，因为名单上的学生是随便挑选出来的。8个月后，罗森塔尔和助手们对那18个班级的学生进行复试，结果奇迹出现了：与其他同学相比，凡是上了名单的学生的测试成绩显著提高，个个有了较大的进步。

罗森塔尔解释，教师收到实验者的暗示后，不仅对名单上的学生抱有更高期望，而且有意无意地通过态度、表情、体谅和给予更多提问、辅导、赞许等行为方式，将隐含的期望传递给这些学生，学生则给老师以积极的反馈；这种反馈又激起老师更大的教育热情，维持其原有期望，并对这些学生给予更多关照。如此循环往复，以致这些学生的智力、学业成绩以及社会行为朝着教师期望的方向靠拢，使期望成为现实。也就是说，是教师对学生行为的期望转化成了学生的自我实现预言。这一作用在低年级表现得更为明显，原因可能在于：一是低龄儿童的可塑性一般较高年级儿童更强；二是教师对小学低年级学生尚未形成牢固的印象；三是在教师把对学生的期望传递给学生时，教师在不经意间使用的微妙方式更容易影响和带动低年级学生。“这些方式包括教师对学生所说的一些话，说话时特殊的语气，教师的眼神、姿势和与学生的身体接触等。”四是低年级教师向学生传递期望的方式与高年级教师不同。

教师期望效应对学生表现的影响已经成为我们理解教育过程时一个必不可少的部分。罗森塔尔借助古希腊神话将之称为“皮格马利翁效应”，学界也称之为“罗森塔尔效应”。

(二) 动机冲突及抉择

我们已经知道，动机与目的是紧密联系在一起的一对范畴，两者并不总是一致。在目的的冲突中，人之所以采取此目的而放弃彼目的，有时不是取决于对目的本身的客观必然性和可能性的认识，而是由于与此目的相联系的动机战胜了与彼目的相联系的动机的结果。动机斗争，常常是人在不同目的之间游移的主要内在原因。也就是说，在很多情况下，影响人采取这种目的而舍弃其他目的，是由不同的动机彼此斗争的结果，所以动机冲突在采取决定阶段表现得尤为生动。

动机冲突的情况很复杂，在实际情况中，表现为对个人吸引或排斥的具体事物之上。人们为了方便研究，从形式上把动机冲突分为以下几类：

1. 双趋冲突

双趋冲突是指个人以同样强度的两个动机追求同时并存的两个目的，但不可兼得，从而产生二者择其一的心理冲突。就是有两个目标物对个人产生同样大的吸引力，个人迫于情势，只能取一弃一。例如，孟子的“鱼，我所欲也，熊掌亦我所欲也；二者不可得兼，舍鱼而取熊掌也。生亦我所欲也，义亦我所欲也，二者不可得兼，舍生而取义者也。”

这里有几个问题必须深入讨论，首先我们说“同样强度的两个动机”或“两个目标物对个人产生同样大的吸引力”，这里的“同样强度”和“同样大的吸引力”是个人的主观体验，也许这样的事情在别人身上并不产生冲突，所以动机冲突更多地取决于个人的主观感受，客观标准即使存在，也不一定能成为个人的主观标准。

其次，我们做出的抉择，往往并不全靠当时的感受，还要考虑这一选择的结果，如一个大学生周末晚上是看电影，还是参加义务劳动，选择后者往往并不是他更喜欢劳动而不太喜欢看电影，而是从个人的思想表现出发。所以，动机无论怎样冲突，都被目的这根绳子牢牢地拴在另一端，个人意志品质在此的表现也最为生动。

再次，我们一旦做出抉择，并不是“无悔的”，人们的心理倾向恰恰相反：我们看重的是被我们抛弃的东西，或得不到手的东西，到手的东西往往不被珍视，得不到的才是好的。那么，那个当时经过我们“反复慎重衡量”而放弃的目标物，实际上反而因为得不到而大大增强了对我们的吸引力。所以，动机冲突往往不可能真正彻底地得到解决，只是相对解决，人的意志自由最终还是受人自身的限制。

2. 双避冲突

有两个目标物都对个体产生排斥作用，迫于情势，个人只能接受一个，才能避开另一个，这样的冲突即双避冲突。例如，“前怕狼，后怕虎”，不喜欢学习的学生又怕处分，这些都是双避冲突。

3. 趋避冲突

一个人对同一目的(目标物)同时产生两种动机：一方面好而趋之，另一方面恶而避之。这样的冲突称为趋避冲突。“赵人患鼠，乞猫于中山，中山人与之，猫善捕鼠及鸡，月余，鼠尽鸡亦尽。”赵人留猫与弃猫产生的冲突即趋避冲突。又如，有人想做好事又怕人讥笑；学生想参加竞赛又怕失败等都是趋避冲突。这一冲突与前二者的最大区别，在于它只是一个目标物，个体对它产生两种不同的态度，即两种态度交织在一个事物之上；前二者是两个目标物，分别使个体对其产生一种态度。

4. 多重趋避冲突

以上所说的冲突形式相对单一，在实际生活中，冲突常表现得复杂得多。冲突可由两个以上的目标物引起，并对一个事物产生两种以上的态度而形成的多趋冲突与多避冲突，这就是多重趋避冲突。多重趋避冲突的机制和原理与单一冲突相同，只要懂得一般的原理，多重冲突是易于分析的。

（三）行动手段的冲突与选择

无论我们采取什么样的目的，由什么动机驱使，要达到目的都必须付诸具体的行动，那么在行动之前就要考虑采用什么样的行动手段，我们所说的行动，就通过具体的行动手段来实施。在正常情况下，达到同一目的的手段及方式方法不止一种，因而同样需要加以抉择，从而产生心理冲突。在有的情况下，只要一提出目的，便立刻会意识到实现这种目的的手段，而且对所要采用的手段也不会发生怀疑，通常就是人们很熟悉的，或常做的事情。对学生来说，上完一天课后如何去复习，他们往往有常规的手段；人们经常有良好的目的与高尚的动机，却找不出实现目的的手段，如青年人常怀有远大的理想与抱负，要改变个人与国家的面貌，但常常并不知道具体的手段，所以青年人的理想大于行动。因此，我们的目的与动机也体现于具体的行动手段上。反过来，目的或动机的抉择往往也就是行动手段的抉择。

考虑到手段的内容，有正当的手段与不正当的手段，我们常说有些人为了达到目的而“不择手段”。为了实现个人目的，动机卑微的人往往是不择手段的，动机高尚的人则宁肯自己受委屈也要坚持原则。所以，在一个完善的意志行动之中，目的、动机和行动手段三者是一致的，互不冲突。

可以看出，采取决定阶段集中了各种各样的心理冲突，而且是内心冲突。我们在叙述时，将目的、动机和手段依次分别叙述，而实际上三者是交叉在一起的。总之，采取决定是人在面临复杂情境时进行抉择与决策的过程，从动力方面看，要求这个过程迅速而有效，才有利于下一步执行阶段的顺利进行。

二、执行决定阶段

决定一经采取之后，决定的执行便是意志行动实现的关键阶段。因为采取决定只是主观的东西，而执行决定才是主观见之于客观的物质活动。因此无论行为的目的多么美好，动机如何高尚，手段多么完善，如果不付诸实施，那么这一切也就失去了实际意义，当然也就不能构成意志行动。可见，这一阶段比采取决定阶段更重要，它是实现对世界改造的真正落实环节。一般来说，要经历选择行动方法和策略、克服困难等环节。

选择行动方法和策略是在目的确定之后由实现目的的愿望所推动的，它是一个人根据欲达目的的外部条件和内部规律，适当地设计自己行动的过程。这一过程既能反映一个人的经验、认知水平和智力，又能反映出一个人的意志力水平。选择行动方法和策略要求合理又合法。

在执行决定过程中常常会遇到很多困难，例如，体力和脑力的紧张与疲劳，知识经验不足，失败与挫折等，这就需要较强的意志努力。克服困难是意志力水平最突出的表现。意志坚强的人往往能够直面各种困难，千方百计地动员自己全部身心去克服困难，做到百折不挠，屡败屡战，最终达到自己的目标。意志薄弱者往往回避困难，放弃努力，在失败面前垂头丧气，一蹶不振。优良的意志力水平也正是在克服困难的过程中锻炼和培养起来的。

第三节　意志与教育

一、意志的品质

衡量一个人的意志，就从其品质着手，而人的意志品质存在着巨大的个别差异。人的意志品质有自觉性、坚韧性、果断性和自制力。

（一）自觉性

自觉性也称独立性，是指一个人在行动中具有明确的目的，能认识行动的社会意义，并使自己的行动服从于社会要求的意志品质。高度的自觉性建立在对行动目的的深刻认识基础上，从而能把社会要求和个人目的妥帖地结合起来，一切都服从行动的大目的，坚定不移地克服内外部困难，表现出坚定的个性特征，既不会鲁莽行动也不会盲目附和。

与自觉性相反的意志品质是盲从和独断。盲从就是盲目地接受他人的暗示与影响，高度盲从的人是失去了自己主见的人，既不能认识自己行为的意义，又极易受他人的怂恿，可将这些特征概括为“轻信”。独断则是一个人对别人的意见与劝告一概加以拒绝，不论其正确与否，也不考虑对方的出发点，而对自己的决定总是自信不疑地坚持到底，一意孤行，不考虑主客观条件的变化。盲从与独断是两种相反的极端，一极端为一切相信别人，另一极端则是一切相信自己，但其实质则都是缺乏自觉性。

（二）坚韧性

坚韧性也称坚持性，是指个体能够坚持不懈地克服各种内外部困难，把决定贯彻始终的意志品质。具有高度坚韧性的人，不屈不挠，毅力顽强，能把决定始终如一地贯彻到底，既不为个人内心波动所困扰，又不为外部环境所束缚，成功既不会使他失去理智，麻醉意志，失败也不会使他失去信心，降低动机水平。他能戒骄戒躁，长时间地坚持行动，不达目的，誓不罢休。

与坚韧性相反的是意志的动摇性和刚愎自用与执拗。动摇性并非指一个人完全不能坚持，而是指当行动遇到较大的内外困难时，他不从个人自身的素质找原因与动力，而去怀疑行动的目的，从而表现出缺乏自信心，见异思迁，以致退却与放弃目的。刚愎自用和执拗与独断相类似，但更富有特色，目的行不通时，他仍然要一以贯之，自以为是，他们缺乏理智的认识与评价事物的能力，不肯正视现实，对自我形成一种无助而有害的迷信。动摇性与刚愎自用、执拗在实质上都是一种畸形的坚持性。

（三）果断性

果断性是指个体在困难与复杂的情境之中，既能深思熟虑又能及时地做出判断，并坚决地执行决定的意志品质。果断的人在必要的时刻，能够排除任何犹豫动摇，迅速而有效地做出决定与执行决定，它以周密的思考与勇气为前提。所以这种人对行动的目的、手段与后果都有深刻的认识与清醒的估计，故而能谨慎、大胆地执行决定，不动摇、不退缩、不后悔。

与果断性相反的品质是优柔寡断与草率。优柔寡断的显著特点是无休止的心理冲突，难以做出抉择；到了必须抉择的时刻，这种类型的人往往又患得患失，顾此失彼，过后的后悔是必然结果；他们可能在一开始就怀疑自己行动的合理性。草率是指一个人在做出决定时，既不能全面考虑主客观条件，也不慎重考虑行动后果，往往受当时的个人主观感受与环境所左右，情境性极大。优柔寡断和草率都是思考不当造成的，生动地体现出认识过程对意志的巨大作用。

（四）自制力

自制力是指能够控制和约束妨碍达到目的的心理活动，即善于自我控制的品质。它是意志制止功能的表现。在意志行动中，欲望的诱惑、消极的情绪、个性的弱点、智力的欠缺等个人自身因素都会干扰人做出决定和执行决定。自制力使个体能够抑制自身，驾驭自我，强迫自己不受内外因素的困扰，使自己的意志行动方向稳定在既定目标上。

与自制力相反的品质是冲动性和怯懦。冲动的人（任性）主要靠最初的动机来仓促做出决定，对行为的后果考虑不够，感情用事，轻率行动，不能忍受持久而艰难的工作，主要在于不能克制自己的欲望，表现为一个情绪失控的人，所以其行为不稳固。怯懦是指一个人过于压抑自己的需要，不敢表达自己的目的，不去落实自己的行为，令目标难以达成。

学海无涯

专栏9-4　棉花糖实验

斯坦福大学米歇尔教授（Walter Mischel，1930—　）从1966年开始，在斯坦福大学幼儿园经过筛选智力、家庭背景等条件相似的4～5岁幼儿参与自制力的实验。进入实验室后，孩子面前的碟子里，放置一粒棉花糖。实验员向孩子说明，自己要离开一会儿（通常为15分钟左右），孩子可以选择吃棉花糖，也可以不吃。如果在实验员返回时，他没有吃的话，会再得到一粒棉花糖的奖励。观察发现，有的孩子没有等实验员说完，已经拿起棉花糖吃了起来；有的孩子拿起来又放下，最后忍不住还是吃了；有的孩子转过头不看棉花糖，还有的嘴里嘟嘟囔囔地，或者玩手指游戏，转移自己的注意。

研究者对参与实验的孩子进行了长达50多年的追踪，发现四五岁的孩子能够等待的时间越长，他们后来的SAT（美国高考）成绩就越高，其中，那些坚持时间最长的孩子（前三名）比起坚持时间最短的孩子（最后三名），总体成绩整整高210分，而且他们在青春期的认知能力和社交能力也越强；那些在实验中等待时间更长的孩子们，在他们27～32岁阶段有较低的体重指数和更好的自我价值感，能够更有效地追求自己的目标，有更好的适应能力并且能够有效地应对沮丧和压力。

棉花糖实验的热度之所以能够持续半个世纪，在于其一定程度上揭开人生命运的奥秘。米歇尔教授在他的《棉花糖实验》一书中提及了三个核心观点。① 延迟满足能力在人的早期生活中是可见和可测量的，它对一生幸福和精神充实、身体健康等方面具有长期而深远的影响。中国有“三岁看大，七岁看老”的传统说法，弗洛伊德和蒙台梭利等学者也有童年影响一生的观点，棉花糖实验给了我们一个童年如何影响一生的内在逻辑，让我们清晰地看到童年的教育为什么最为重要。② 延迟满足与自控力是认知技能，可以通过训练而改善和提高，个体必须牢记目标、善于抵抗诱惑，并抑制冲动性反应。③ 人生目标助力。要想成功地实现目标，自控力必不可少，但是给予我们方向和动力的是我们的人生目标。执行功能只有再加上确定的目标和动力，我们才能真正找到方向，取得成功。

畅所欲言

各个意志品质及其相反的消极品质，形成了一个连续体，消极品质居于两端，意志品质位居中间。结合儒家的中庸之德、中庸之道，反思、分享个人的意志品质。

二、儿童意志的发展

学前儿童的意志发展相对较为迟缓。以其自我控制和自我调节能力为例，经历了一系列的发展过程。3 个月之前，其控制与系统组织拥有了唤醒功能，为早期活动的激活调节提供了可能性。1 岁之前，出现对成人警告性信号的依从反应。2 岁左右，出现最初的冲动控制，比如平衡行为与言语间的关系。2 岁后会陆续出现不同水平的自我控制，包括内化社会品质、进行动作抑制，比如 2 岁时能够对成人的要求进行反应，3～4 岁时能够利用外部言语进行自动调节，6 岁时转换为内部言语的调节。3 岁时就可能出现自我调节，比如采用偶然性规则来引导行为而不顾及环境的压力。总而言之，3～4 岁的幼儿坚持性和自制性都很差，小班相当多的儿童不具备自我控制能力，讲故事坐不住，小班儿童经常尿裤子，甚至大便。4～5 岁中班儿童是自我控制能力发展的重要转折时期，幼儿尿裤子等现象减少。5～6 岁时 80%～90%有了较强的自我控制能力，如大多数大班幼儿在集体活动中能够坚持 30 分钟甚至更多，也就到了 5～6 岁，幼儿才有了一定的坚持性和自制性。这是由于幼儿的皮质兴奋机制相对抑制机制仍占很大优势，所以幼儿更多地表现为冲动性。总的来说，幼儿的自我控制能力较弱。

小学生的意志品质有了一定的发展。儿童的自觉性随着年级的升高呈上升的趋势，但整体水平还较差，一般不容易摆脱外力的督促与管理，自觉独立地调节行动；受暗示性和独断性都较为明显，容易屈从别人的影响，对他人的思想和行为有时不假思索地接受，有时又毫无理由地拒绝。小学生的果断性品质较其他方面发展较为明显，也随着年级的升高而不断发展。这与小学生的认知能力的发展有关，尤其在三年级以后，随着批判性、敏捷性等思维品质的出现，虽然其果断性发展还不稳定，但提高的幅度很明显，当然，优柔寡断、草率决定在小学生身上仍有表现。小学生意志的坚持性的发展呈现出明显的阶段性特征，即 1～3 年级迅速发展，3～5 年级相对平稳，5～6 年级明显发展，在行动中遇到困难时，呈现出明显的年龄差异。小学儿童自制力的发展与集体生活、教育有着密切的关系，随着年级的升高而逐渐发展，抵制内外诱因干扰的能力逐渐增强，其中抗外部诱因的能力强于抗内部诱因。

由于学习活动的复杂程度提高，青春期发育带来生理上的巨变和情绪上的波动，均需要中学生增强意志的控制能力，客观的要求促使中学生产生意志发展的需要，形成了新的特点。首先，中学生意志的目的性不断提高。随着年龄的增长，中学生的依赖性逐渐减少，意志的独立性不断增强；意志的目的性存在着年龄差异，高中生的独立性明显高于初中生。其次，克服困难的坚韧性不断增强。随着年级的升高，中学生的毅力逐渐增强，其差异还与班风、校风、个体的责任感有关。另外，中学生喜欢模仿、善于模仿，这与他们的思维特点有关，也和其意志行动的独立性尚未成熟有关。

三、压力及其应对

（一）压力及其构成

个体在生活中会遭遇各种压力。如学习工作中遇到的困难、受到老师或领导的批评、家人期望过高、与同学同事发生冲突、对自己的现状不满，等等。心理学上将压力视为压力源和压力反应共同构成的一种认知和行为体验过程。压力源是现实生活中要求人们去适应的各种事件；压力反应包括主体觉察到压力源后出现的心理、生理和行为反应。

根据对主体的影响，压力源可以分为如下三种类型：

（1）生物性压力源。这是一组直接影响主体生存与种族延续的事件。包括躯体创伤或疾病、饥饿、睡眠剥夺、噪音、气温变化等。

（2）精神性压力源。这是一组直接影响主体正常精神需求的内在和外在事件。包括错误的认知结构、不良经验、道德冲突以及长期生活经历造成的不良个性心理特点，如易受暗示、多疑、嫉妒、自责、悔恨、怨恨，等等。

（3）社会环境性压力源。这是一组直接影响主体社会需求的事件。社会环境性压力源又可以分为如下两类：第一类是纯社会性的社会环境性压力源，如重大社会变革，重要人际关系破裂，如失恋、离婚，家庭长期冲突、战争、被监禁等；第二类是由自身状况（如个人精神障碍、传染病等）而造成的人际适应问题等，比如恐人症、社会交往不良等。

其实在现实生活中，纯粹的单一性的压力源极少，多数压力源都涵盖两种以上因素，特别是精神性压力源和社会性压力源，有时是浑然一体的状态。这些压力有时是叠加的，有时是接踵而来的，对个体产生很大的影响。压力引起的紧张、恐惧、情绪低落、沮丧、愤怒等情绪反应是很不舒服的，因而人便会做些行为以减轻不适感。

（二）压力的应对方式

一个人努力处理压力的过程，被称为应对。应对压力的方式很多，最初源自精神分析学派的创始人弗洛伊德提出的心理防御机制。心理防御机制是指面临挫折或冲突的紧张情境时，为了消除焦虑、减轻内心不安，个体在生活中习得的、以恢复心理平衡与稳定的一种适应性倾向或反应方式。总结以往的研究，个体常用的应对压力的方式大约有以下几种：

（1）压抑。压抑是最基本的应对方法，是指个体将一些自我所不能接受或具有威胁性、痛苦的经验及冲动，在不知不觉中从个体的意识中排除抑制到潜意识里去。比如动机性的遗忘，或者在日常生活中，有时我们做梦、不小心说溜了嘴或偶然有失态的行为表现，都是这种压抑的结果。

（2）否定。否定是一种比较原始而简单的应对方式，其方法是借着扭曲个体在创伤情境下的想法、情感及感觉来逃避心理上的痛苦，或将不愉快的事件“否定”，当作它根本没有发生，来获取心理上暂时的安慰。如“眼不见为净”“掩耳盗铃”。

（3）退行。退行是指个体在遭遇到挫折时，表现出其年龄所不应有之幼稚行为反应，是一种反成熟的倒退现象。例如，已养成良好生活习惯的儿童，因母亲生了弟妹或家中突遭变故，而表现出吸吮拇指、好哭、极端依赖等婴幼儿时期的行为。

(4) 反向。当个体的行为受到良心谴责或社会的谴责或制止之后，个体有意识地采取对抗行为，如逆反行为、固执行为、攻击行为，借以宣泄紧张情绪。

(5) 文饰。个体行为不当或面临过失与失败时进行外部归因，使自己的"难辞之咎"得以缓解。

(6) 投射。把自己内心的不被社会允许的冲动、态度和行为归咎于他人，减少对自身的压力或者将自己内心的态度和行为有意无意地转移到他人身上。比如"我见青山多妩媚，料青山见我应如是"描述的就是投射。

(7) 合理化。当个体追求某一目标而又达不到时，以歪曲事实的方法来使自己的行为合理化，从而保护自己的自尊心。"吃不到葡萄就说葡萄酸""阿Q精神胜利法"等就是这类典型的例子。

(8) 转移。当某一目标无法实现时，个体就会转移到另一个比较安全和容易的目标上，借以减轻精神负担。比如"打狗看主人""爱屋及乌""不看僧面看佛面"等就是转移的例子。

(9) 补偿。当个体因本身的缺陷致使目的不能达成时，改以其他方式来弥补这些缺陷，以减轻其焦虑，建立其自尊心，称为补偿。就作用而言，补偿可分为消极性与积极性之分。积极的补偿是指在某些方面受到挫折，以其他方面的成功加以补偿，重新获得自信，减轻心理压力。例如，一个相貌平庸的女学生，致力于学问上的追求，而赢得别人的重视。

(10) 升华。改变现有的冲动或欲望，用社会许可的方式表现出来，或者用更崇高的、具有创造性和建设性，有利于社会的活动表现出来。"化悲痛为力量"就是这种升华作用的一个典型。

(11) 幽默。当人面临困境时，以幽默的语言或行为来化解自己的窘境。这是一种积极、成熟的应对方式。如以"浓缩的是精华"应对他人对自己身材矮小的嘲笑；苏格拉底面对妻子的怒骂和泼水，以"我知道打雷后一定会下雨"化解了尴尬。

(12) 正视。对目前自己所面临的焦虑情境，不是一味地采取逃避的态度，而是说服自己去正视它，并且进一步地去主动驱散它；或者寻找某种放松情绪的方法，比如向朋友倾诉衷肠，出去散步等；或者采取一些积极的应激措施，如加强知识能力方面的培养，付出更大的主观努力等，从而从根本上解除焦虑。

在上面的种种应对方式中，有些是消极的或妥协的措施，比如反向、文饰、压抑和合理化等，这些措施可以暂时缓解目前的焦虑与压力，偶尔采用确实有益于心理健康，但是使用这些措施无法从根本上解决焦虑和压力问题，长期下去，暂时被压制下去的焦虑会在心理越积越多，总有一天会冲破你能够承受的极限，从而导致更严重的心理问题。因此，我们建议，在面临挫折、失败、行为不合理等焦虑情况时，应尽量采取一些积极的应对方式，如积极的补偿、升华、幽默和正视等，给自己的压力找到一条真正的出路，使它们得到及时的驱散和解除。

学思结合

专栏 9-5 时间管理

拖延是一种普遍存在的现象。一项调查显示，大约 75%的大学生认为自己有时拖延，50%认为自己一直拖延。严重的拖延症会对个体的身心健康带来消极影响，如出现强烈的自责情绪、负罪感，不断地自我否定、贬低，并伴有焦虑症、抑郁症等心理疾病，一旦出现这种状态，需要引起重视。

其实拖延是个体不善于时间管理的一个方面，是个人意志品质在生活中的表现之一。时间对每个人都是公平的。然而在时间管理上，人们常常会犯一些错误，从而浪费了这一宝贵的资源。拖延是偷窃时间的罪魁祸首，常见的拖沓往往是那些让人不愉快的事情、困难的事情，以及难做决定的事情。常见的解决方法包括：

第一，根据目标的意义来安排投入的时间。将时间投入有意义的事情中，对于重要的事情投入更多的时间。

第二，剪枝除草。剪除不需要的事情，除去达不到的目标，把注意力放在达到对你有意义目标所需要的具体工作上。

第三，开始工作。拖延的一个最常见的原因是认为工作量太大，时间太少，觉得无法完成工作。解决的方法就是将任务分解，就会看到许多时间是有用的，开始工作就会变得容易多了。

第四，集中精力。开始工作只是克服拖延的开始，接下来还需要较长时间将注意力集中在工作上，并坚持工作直至完成。为了提高工作的有效性，需要将工作分段并交替进行。

第五，及时奖励。及时奖励是让自己及时完成工作最为有效的策略之一，是将一小段的工作完成后，为自己提供可见的奖励。

第六，罗列清单。在工作之前，将所有工作罗列在纸上，可以具体到每一步骤。当完成一个步骤后，就将其划去。这是对自己完成工作非常有效的激励。

个人的时间管理其实就是对自我的管理。能否有效地完成对时间的管理与个人的生活质量密切相关。只要分析以下古今中外的成功人士，就可以发现他们都是管理时间的高手。研究发现，大学生在时间管理量表上的得分高低与其学业成绩呈显著的正相关，时间管理倾向与自我价值感、主观幸福感也都有显著的正相关。

真题实练

1. 小英想当班干部为同学服务，又怕当不好被同学嘲笑。这种心理现象属于(　　)。

   A. 双趋冲突　　B. 双避冲突　　C. 趋避冲突　　D. 多重趋避冲突

2. 与自制力相对立的意志品质是(　　)。

   A. 冲动　　B. 犹豫　　C. 独断　　D. 执拗

3. 小强期中考试失利，但是他没有气馁，而是认真分析了失败原因，找到了问题，确定了新的方向，小强这种对待挫折的方式是（　　）。

A. 宣泄　　B. 升华　　C. 补偿　　D. 认知重组

4. 中学生晓华喜欢帮助有困难的人，他认为其他同学与他一样也喜欢帮助有困难的人。这种现象属于（　　）。

A. 退行　　B. 投射　　C. 升华　　D. 文饰

5. 在教学过程中学生得到教师的关注、赏识与期望后，常常表现出更积极的学习行为。这种心理效应是（　　）。

A. 蝴蝶效应　　B. 鲶鱼效应　　C. 马太效应　　D. 罗森塔尔效应

本章复习题

一、请结合意志行动的特征谈谈意志在心理结构中的地位和作用。

二、我们经常听到一些说法，"心有多大，舞台就有多大""不怕做不到，就怕想不到""你的心在哪里，你的事业就在哪里""没有教不会的学生，只有不会教的老师"。

请谈谈对上述说法的看法。

三、当你考试失利时，当你与同学发生冲突后，当老师严厉批评了你。在上述情况下，你常常采用的应对方式有哪些？试做出评析。

推荐阅读书目

1. 黄希庭，余华，等. 中学生应对方式的初步研究[J]. 心理科学，2000(1).
2. Gollwitzer. 成功追求目标，当代国际心理科学进展[C]. 上海：华东师范大学出版社，2005.
3. 珀文. 人格科学，第九章[M]. 周榕，等译. 上海：华东师范大学出版社，2001.
4. 沈政，林庶芝. 生理心理学(第三版)，第十一章[M]. 北京：北京大学出版社，2014.
5. 林崇德. 发展心理学(第二版)，第六章[M]. 北京：人民教育出版社，2009.
6. 冯维. 小学生心理学，第五章[M]. 重庆：西南师范大学出版社，2013.
7. 林崇德. 中学生心理学，第十三章[M]. 北京：中国轻工业出版社，2016.
8. 黄希庭，郑涌. 心理学导论(第三版)，第十六章[M]. 北京：人民教育出版社，2015.

第十章
能　力

本章学习资源

学习目标：

- 理解能力的内涵、分类和差异，辨析能力与知识、技能的异同。
- 了解能力的理论发展，理解应用多元智能等理论。
- 了解智力测验的发展。
- 理解儿童能力的发展及其影响因素。

【本章结构】

能力

- 能力的概述：概念、分类和差异
- 能力的结构：理论、测量
- 能力与教育：发展、影响因素

在日常生活中，有没有人对你说过“你很聪明”？你有没有在提及某人时说过“那个人能力很强”？能力是我们经常探讨的一个名词，也是心理学家热衷研究的一个课题。但是，对于什么是能力，“聪明”和“有能力”的具体标准是什么？却很难得到统一的回答。正如斯滕伯格所说：“几乎没有一个心理学概念像智力这一概念那样，如此广泛地被人运用和接受，同时又如此难以捉摸、令人困惑。”本章的学习将有助于我们对能力有一初步的了解。

第一节 能力的概述

一、能力的概念

能力是人顺利完成某种活动所必须具备的心理特征。

能力和活动紧密联系着。一方面，人的能力是在活动中形成、发展和表现起来的；另一方面，从事某种活动又必须以一定的能力为前提。只有从一个人所从事的某种活动中，才能看出他具有某种能力。在绘画活动中，一个学生在彩色鉴别、空间比例关系的估计等方面都很强，画得特别逼真，于是我们说他具有绘画能力。在音乐活动中，一个学生的曲调感、节奏感和听觉表象等都很强，歌声优雅动听，于是我们说他具有音乐能力。能力影响活动的效果，能力的大小只有在活动中才能比较，掌握活动的速度和成果的质量被认为是能力的重要标志。如数学运算时，甲生比乙生更快地了解题意、采用简捷的方法、准确地进行计算，于是我们说甲生的数学能力强于乙生。

能力是个人成功地完成某种活动的必要条件，不是唯一的条件。个人的知识经验、活动动机、个人努力和身体健康状况等都是完成活动所必需的。当然，在这些条件相同的情况下，能力强的人比能力弱的人，更能使活动顺利进行，更容易取得成功。但是在活动中表现出来的心理特征并不都是能力。例如，在音乐或绘画活动中人们可能表现出脾气急躁、性格开朗，也可能表现出情绪稳定、内向沉默。这些心理特征也可能会影响人顺利地完成活动，但对于音乐或绘画活动却不是最必需的。而曲调感、节奏感和听觉表象对于顺利地进行音乐活动，彩色鉴别、空间比例关系的估计、形象记忆等对于顺利地进行绘画活动，却是最必需的心理特征。没有这些特征，有关的活动便不能顺利地完成。

要完成某种复杂的活动，往往需要几种心理特征的有机组合。例如，画家的工作需要彩色鉴别能力、形象记忆能力、视觉想象能力、形象思维能力等多种心理特征的有机组合；优秀教师的工作，需要逻辑思维能力、言语表达能力、注意分配能力、观察力等心理特征的有机组合。为了顺利地完成某种活动，多种能力的有机组合，也称为才能。如果一个人的各种能力在活动中达到了最完备的结合和发展，通常被称为天才，天才多表现在能够创造性地完成某种或多种活动任务方面。天才并非"天生我才必有用"，而是人凭借先天获得的生理条件，在环境和教育的影响下，加上主观努力，逐渐发展起来的。

二、能力与知识、技能的关系

在教学活动中，要处理好能力与知识、技能等概念之间的关系。在心理学家看来，能力与知识、技能既有区别，也有联系。

（一）能力与知识、技能的区别

首先，三者属于不同的范畴。能力是一个人的个性心理特征，是个体完成某种活动所必须具备的。知识是个体通过与环境相互作用后获得的信息及其组织，是人脑对客观事物的主观表征。而技能是一种通过练习而形成的合乎法则的活动方式，包括智力技能和动作技能两类。例如，关于音程、和弦、音阶等的概念和理论属于知识范围，根据乐谱准确地演唱或演奏则是技能的反映，而听音、辨音、节奏感和曲调感则属于能力范畴。

其次，概括性不同。知识的概括是借助能力的概括性实现的，能力和技能都有概括性，但概括水平不同。技能是活动和活动方式的具体概括，能力是调节知识、技能的行动方式的心理活动的概括，这是更高水平的概括。

再次，能力的发展和知识、技能的掌握不同步。能力的发展比知识的获得要慢，能力并不能永远随知识、技能的增多而成正比发展；能力有一个发展、停滞和衰退的过程。正因如此，我们不能认为有知识的人智力水平一定很高，所谓高分低能，就是说一个人的知识可能非常丰富，但是实际解决问题的能力较为低下。也不能认为智力发展水平高者，必然是知识渊博者，比如一些儿童掌握的知识和技能都不多，但其能力的发展却前途无量；年长者知识经验丰富、技能熟练程度高，但其能力发展却越来越慢。

（二）能力与知识、技能的联系

能力与知识、技能又是紧密联系、相辅相成的。

一方面，知识、技能是发展能力的基础。能力是在掌握知识、形成技能的过程中逐渐形成和发展起来的，离开了知识的学习、技能的训练，任何能力都不可能得到发展。如一位缺乏商业贸易知识的口语翻译，在进行商贸活动时就无法展现出他的能力。孔子说过："多学近乎智。"缺乏必要的知识、技能往往是能力发展的一大障碍，我们经常说"无知必无能"就是这个道理，掌握知识越多越有助于能力的发展。例如，学生掌握了一定的语法知识和写作知识，就可能提高写作能力。

另一方面，掌握知识又是以一定的能力发展水平为前提条件。不具备一定的能力就不能真正掌握知识、形成技能，能力是掌握知识、形成技能的内在条件。能力发展水平的高低，直接影响着掌握知识、形成技能的速度、广度和深度。智力发展水平高的学生，掌握知识技能往往又多又快。能力既是掌握知识技能的结果，又是掌握知识技能的前提。

总而言之，能力和知识、技能相互制约、相互促进，都是成功地完成活动的心理因素。需要说明的是，能力是人获得知识技能的基本条件，个人原有的知识基础、学习动机、性格特征、学习过程的努力程度、学习方法等也会影响人们获得知识的速度、深度以及获得知识后巩固的程度。因此，教师不能单纯用掌握知识的多少，尤其不能以分数的高低来衡量一个学生能力的发展水平。

畅所欲言

分组选择、研读语文、数学、道德与法治、科学、英语等不同学科的义务教育课程标准（2022 版）中的核心素养和课程目标，分析其中的知识、技能和能力要求。

三、能力的种类

从不同的角度可以把能力划归不同的种类。

(一) 一般能力和特殊能力

这是按照能力的不同适用范围来划分的。

一般能力是指在许多基本活动形式中都表现出来的能力，是人在一切活动领域都需要并与认识活动紧密联系着的，如注意力、观察力、记忆力、思维力、想象力等，也就是我们通常所说的智力，以思维力为核心。特殊能力是指在某项专门活动中表现出来的能力，如音乐能力、绘画能力、体育能力、文艺创作能力或某种技术能力等。人可以拥有多种特殊能力，但其中有一两项是占优势的。

一般能力和特殊能力有机地联系在一起，并相互配合，彼此促进。一般能力的发展为特殊能力的发展创造了条件，是各种特殊能力形成和发展的基础。特殊能力的发展同时也会促进一般能力的发展。一般能力常寓于特殊能力之中，并通过特殊能力表现出来。

(二) 流体能力和晶体能力

这是根据能力在人一生中的发展趋势和影响因素来划分的。

流体能力也称流体智力，是指在信息加工和问题解决过程中所表现出来的能力。如对关系的认识，类比、演绎推理能力，形成抽象概念的能力等。它较少依赖文化和知识的内容，主要取决于一个人的禀赋。流体能力的发展与年龄有密切关系。一般人在 20 岁以后，流体能力的发展达到顶峰，30 岁以后将随年龄的增长而降低。晶体能力也称晶体智力，是指获得语言、数学等知识的能力，它取决于后天的学习、教育和训练，与社会文化有密切的关系。晶体能力在人的一生中一直在发展，但到 25 岁以后，发展的速度趋于平缓。

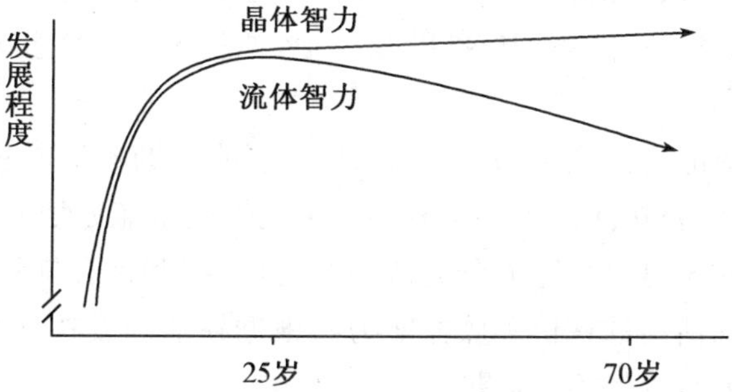

图 10 - 1　流体智力和晶体智力的发展趋势

把能力分为流体能力和晶体能力，使得我们对个体能力发展的多样性有了更好的理解。不同的能力具有不同的发展速度，达到成熟和出现衰退的时期也是不同的。

学 深 悟 透

专栏 10-1 智力与创造力

研究表明，创造力与智力的关系并非简单的线性关系，二者既有独立性，又在某种条件下具有相关性，其基本关系表现在以下几个方面：

第一，低智商不可能具有创造性。

第二，高智商可能有创造性，也可能有低创造性。

第三，低创造性的智商水平可能高，也可能低。

第四，高创造者必须有高于一般水平的智商。

上述关系表明，高智商虽非高创造的充分条件，但可以说是高创造力的必要条件。

但需要注意的是，这一结论的得出是建立在传统的智力测验和智力概念的基础上的。现在，对于智力的看法与过去相比已经有了很大的改变，人们开始把智力看作一个复杂的、多维的、受情境影响的复杂结构，如加德纳提出的多元智力理论、斯滕伯格提出的三元智力理论。如果我们以不同的角度看待智力，而不仅局限于智商的狭隘定义，那么对于智力与创造力的关系也要重新加以考察。

（三）实际能力和潜在能力

这是按照能力发挥程度来划分的。

其实在西方心理学中，能力具有两层含义，首先它指个体现在实际“所能为者”，其次它又指个体将来“可能为者”。个体“所能为者”是指一个人在实际活动中表现出来的能力，如会驾驶、能打字、讲几门外语等，就是他现在实际具备的能力。这种能力以知识技能来表现，而知识技能主要是学习的成就或训练的结果，所以实际能力也称为成就。而一个人“可能为者”是指一个人的潜在能力，它不是指已经表现出来的实际能力，而是指如果通过训练可能达到的水平。在遗传和成熟的基础上，通过学习可能实现的潜在能力，所以，潜在能力也被称为倾向。

另外，还有不少对能力的划分方法。比如，按照能力的不同功能将能力分为认知能力、操作能力和社交能力；按照能力参与其中的活动性质将能力划分为模仿能力和创造能力；根据活动的认知对象可以将能力分为认知能力（获得和保存知识的能力）和元认知能力（个人对自己的认知活动的评价和监控能力）；根据在活动发挥作用的程度将能力分为优势能力和非优势能力，等等不一而足。

四、能力的个别差异

人与人之间在能力上存在着明显的个别差异。这种差异主要表现在能力的水平、能力结构类型和能力发展的早晚等方面。

（一）能力水平上的差异

一般能力发展水平的差异也就是智力高低的不同。研究表明，人类的智力差异从低到高表现为许多不同的层次，智力分布基本上呈两头小、中间大的正态分布形式。心理学家推孟(Lewis Terman，1877—1956)等人通过对 2 904 个 2～18 岁儿童的智力测验发现，智商在 80～119 的占 79.10%，120～139 的占 11.30%，139 以上的占 1.33%，80 以下的占 8.50%。也就是说，智力发展水平非常优秀者和智力落后者在人口中只占很小的比例。

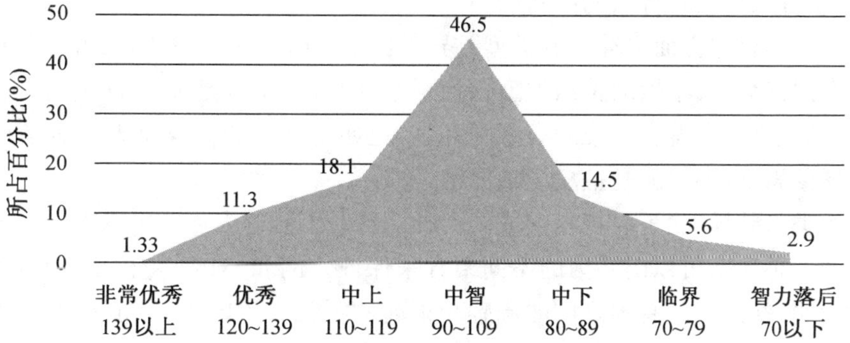

图 10-2 智力分级示意图

根据智力水平的差异，我们可以将个体分成三个等级，即超常、常态和低常(即智力落后)。智力的高度发达叫超常，大约占全人类的 1.33%。推孟将智商达到或超过 140 的儿童称为天才儿童。这类儿童的特点是观察事物细致、准确；注意容易集中，记忆速度快、准确而牢固；思维灵活，有创造性，不易受具体情境的局限。智商在 70 分以下的称为智力落后，各种心理能力低下，其明显的特征是社会适应不良，其一般的特点是知觉速度缓慢，范围狭窄，内容笼统、贫乏；对词和直观材料的记忆差，再现时歪曲和错误较多；言语发展缓慢、词汇量少、缺乏连贯性；在认知活动中缺乏概括力；严重丧失生活自理能力。智力落后可分为轻度(智商 50～70)、中度(智商 25～50)和重度(智商 25 以下)三个等级。

特殊能力是一般能力在专门职业与活动中的特殊表现。个体间特殊能力发展水平各不相同，甚至差别显著。如普通人能辨别两三种黑色不同的色度，而印染工人则能分辨出 30 种左右；再如机械师能够精细地觉察出机器失灵的响声。这些能力主要是在后天的实践活动中发展而来的。

(二) 能力发展的类型差异

这不同于水平差异。从能力发展的不同方面来看个体能力，没有高低之分，而是各有所长。在知觉、表象、记忆、想象、言语和思维等各个方面，都表现出个体能力上类别的不同。

在知觉方面，有综合型、分析型和分析综合型的差异。有的人知觉时富于概括性和整体性，但分析方面较弱；有的人长于分析细节部分，但对于知觉对象整体的把握较差；还有的人兼顾综合和分析，对整体和部分细节的把握不相上下。

在表象方面同样存在类型差异，研究发现，个体表象活动主要有听觉型、视觉型、动觉型和混合型四种类型。有一些人视觉表象占据优势，有些人听觉表象占优势，还有的人运动表象占优势，也有一些人同等程度地运用视觉、听觉、运动觉，就是所谓的混合型。

相应地，记忆也有上述类型之别，表现在人们识记材料的方法上有所区别。即不同表象优势的人，记忆材料时也倾向于用其优势的感官通道形成的相应表象去识记材料，因此记忆也有视觉型、听觉型、动觉型和混合型四种类型。研究发现，混合型的人相对较多，而单一型的人不多。另外，根据识记材料的不同，记忆的类型还有直观形象记忆和抽象记忆之分，当然还有兼顾两者特点的中间型。

人的言语和思维方面也存在着类型差异。比如言语表达上，有的人语言中形象的、情绪的因素占据优势，属于生动言语类型；另一些人的言语特点是概括的、逻辑的联系占优势，属于逻辑性言语类型。思维的类型则更多，比如一个人的优势思维可能是动作思维，也可能是形象思维，还可能是抽象逻辑思维，等等。

能力的类型差异，除了表现在完成同一种活动时不同的人可能采取不同途径外，还表现在完成同一种活动可以由能力的不同结合来保证。例如，对音乐学习成绩最好的三名幼儿观察表明，幼儿一具有强烈的曲调感和很高的听觉表象能力，而节奏感较弱；幼儿二有很好的听觉表象能力和强烈的节奏感，而曲调感较差；幼儿三具有强烈的曲调感和节奏感，而听觉表象能力较差。能力中的这些差异，决定了每个儿童音乐能力的特点。因此，在学校中，同一种活动中的同样成绩可以由不同能力的结合所决定，常常会出现一些能力被另一种能力所代替、所补偿的事例。例如，不能在平面上画出形象投影图的学生，可以通过分析、推论得到必要的理解。教师应当经常注意不同的学生对同一问题解决的独特方法，从而进一步理解学生能力发展的类型差异。

（三）能力发展的早晚差异

有的人在很小的时候就表现出某方面的优异才能，以及很高的智力发展水平，这叫“才华早露”。如奥地利作曲家莫扎特 3 岁就发现三音程，5 岁开始作曲，6 岁开演奏会，8 岁作交响曲；德国数学家高斯四五岁就能纠正父亲算题错误；俄罗斯诗人普希金 8 岁就能用法文写诗；著名美国科学家、“控制论”创始人之一的维纳，7 岁开始读但丁和达尔文的著作，18 岁就获得哈佛大学哲学博士学位；我国唐代四杰之一的王勃 6 岁善文辞，13 岁写下了著名的《滕王阁序》，以“落霞与孤鹜齐飞，秋水共长天一色”的名句流传千古。

能力的早期表现，在音乐、绘画等领域中最为常见。据研究，儿童在 3 岁左右开始显露音乐能力的情况最多（见表 10－1）。

表 10－1　各年龄阶段男女儿童最早显现音乐才能的比例（%）

年龄	3 岁以前	3～5 岁	6～8 岁	9～11 岁	12～14 岁	15～17 岁	18 岁以上	合计
男	22.4	27.3	19.5	16.5	10.7	2.4	1.2	100
女	31.5	21.8	19.1	19.6	6.5	1.0	0.5	100

除“早慧”外，还有“大器晚成”的现象。我国近代著名书画家齐白石，40 岁才表现出绘画才能；达尔文 50 岁才开始有研究成果，写出名著《物种起源》；摩尔根发表遗传基因理论时已经 60 岁了。

出现才能早晚的原因是多方面的。才华早露者除了具有良好的素质条件外，从小都有一个良好接受早期教育与影响的环境，以及能勤奋学习的主、客观条件。如果仅仅拥有优越的先天素质，而未能继续接受必要的教育，进行实际锻炼，即便能力发展较早，也可能停滞不前，甚至倒退。我国宋朝时的方仲永就是一个典型的例子。方仲永小时聪明，5 岁就能作诗，但十二三岁时写的诗已经不如以前，到 20 岁左右，则“泯然众人矣”。大器晚成者有的是环境原因，限制了早期的能力发展；有的是因为所攻学科的复杂性，不能一蹴而就，需要长期努力；有的是因为智力平平，但经过长期努力取得了成就；也有的是因为早期没有努力的缘故；等等。

学海无涯

专栏 10－2 “白痴”？天才？

大家或许还记得，获得美国第 61 届奥斯卡金奖的电影《雨人》，其情节并非杜撰。剧中哥哥的原型是来自美国盐湖城的一位自闭症患者吉姆·皮克(1951—2009)，这是一位“白痴天才”。一方面，皮克在许多方面表现出天才般的能力，如精通从文学到历史在内的 15 门学科，能一字不落地背诵至少 9 000 本书籍的内容；能给出任意两个美国城市之间的旅行线路。但是皮克也表现出诸如动作协调能力很差，生活方面表现出异常低能，甚至不会自己扣纽扣等这样近乎“白痴”的行为。无独有偶，电影《美丽心灵》中男主人公的原型约翰·纳什，获得诺贝尔奖的博弈论大师、著名的“纳什均衡”的提出者也是这样一位特殊的“白痴天才”。

“白痴天才”通常在智力测验上得分很低，但他们在某一方面(如计算、绘画或音乐记忆)非常优秀，表现出一种不可思议的能力。“白痴天才”可以没有语言能力，却能够像计算机那样又快又准地计算数字，或者能够几乎立即确定历史上任何日期是星期几。到目前为止，已经知道的“白痴天才”在推算日期、计算、音乐、绘画、雕塑、查阅字典、下象棋、背诵、色彩、赌博，甚至经商及其他许多专业知识上表现出非凡的才能。有关文献提示，“白痴学者们”至少拥有 300 种以上的天才。

大多数“白痴天才”，其智商一般是 35～70，属于轻度或中度的智力落后；大多数“白痴学者”也并非地道的天才，因为所谓突出的才能只是限于某一孤立的方面。从心理学的角度看，“白痴天才”的出现可能与缺陷补偿有关，其智能缺陷给患者带来了发展其他功能的动力；也可能与智力结构有关，智力结构是复杂而非单一的，“白痴天才”是智力结构发展不均衡的一种突出表现。

能力的差异不仅表现在个体与个体之间，而且还表现在群体与群体之间，主要包括年龄差异、性别差异和文化差异等，其中最明显的是性别差异。大量的研究表明，男性和女性在智商方面没有显著差别，但在特殊能力方面有所差异。男性在空间能力上具有一定优势，且随年龄增长，这种差异会加大；女生的数学能力在小学和初中阶段优于男生，但青春期以后，男生占有数学能力优势，且保持到老年；女性在言语能力上具有较大的优势。不同职业、种族之间在能力上也存在着差别。对不同职业群体进行大量研究发现，从事脑力劳动的人群比从事体力劳动的人群智商更高。这种团体间智商差异普遍存在，过去也曾经对白人黑人间的智力差异有过争论，但是一般认为，最主要的原因在于后天的环境和教育等人为因素的影响，同时智力测验本身的文化公平性问题也不容忽视。

第二节　能力的结构

能力是一个复杂的概念，具有复杂的结构。自20世纪初，国内外心理学家从各种不同的角度对人的能力提出假设，形成了不同的理论；传统的能力理论往往以能力测验为工具，同时激发了心理学家对能力尤其是智力测验的研究。下面介绍几种主要理论和智力测验的发展。

一、能力的理论

（一）能力的二因素论

英国心理学家斯皮尔曼（C. Spearman，1863—1945）在20世纪初，最早采用因素分析的方法，从测验结果中分析出不同的能力因素，以此来建构能力的结构。他发现，几乎所有心理能力测验之间都存在正相关，由此提出，在各种心理任务上普遍存在一个一般性的心理能力因素或称G因素，它代表人的基本心理潜能，是决定一个人能力高低的主要因素。另一个是特殊因素或特殊能力，简称S因素，它是人们完成某些特定的任务和活动所必需的。人完成任何一种任务时，都有G因素和S因素参加。一个人在各种测验结果上所表现出来的正相关，是由于它们含有共同的G因素；而它们之间又不完全相同，是由于每个测验包含着不同的S因素。斯皮尔曼认为，G因素就是智力，它不能直接由任何一个单一的测验题目度量，但可以由许多不同测验题目的平均成绩进行近似的估计。

斯皮尔曼的理论简单明确，不仅为智力测验技术提供了理论依据，也对我们理解能力的结构有重要的启发。当然斯皮尔曼过于强调一般因素与特殊因素的区别，没有看到它们之间的联系，甚至在一定条件下是可以转化的，也是有局限的。

继斯皮尔曼之后，许多研究者在智力测验中应用因素分析法，得出了不同的结果。比如美国心理学家瑟斯顿（Louis L. Thurstone，1887—1955）提出群因素论，认为能力由7种彼此独立的因素构成；桑代克则提出了多因素论。

（二）智力的三维结构论

美国心理学家吉尔福特认为，智力活动可以区分出三个维度，即内容、运作和结果，这三个维度的各个成分可以组成一个三维结构模型（见图10-3）。

智力活动的内容包括五种类型的材料或对象，智力运作指由上述材料或对象引起的，在智力活动过程中采用的五种不同方式；智力活动的产物是指运用上述智力操作所得到的六种结果。由此，人的智力可以在理论上区分为5×5×6=150种。吉尔福特认为通过智力测验可以检验这些智力的存在，例如呈现一系列四字母组成的字符串 PANL、CEIV、EMOC，要求被试将它们重新组合为熟悉的单词，如 PLAN、VICE、COME 等，这项测试中，智力活动的内容是符号，运作是认知，结果是单位，即按照重组的字词数来计算成绩，根据结果的数量就可以测量一个人的符号认知能力。再比如呈现一个动作，要求被试说出有可能带来哪些不良后果，在这一测验中，智力活动的内容为行为，运作为发散思考，产品为应用，这一测验的成绩可以反映一个人的行为方面的应用能力。

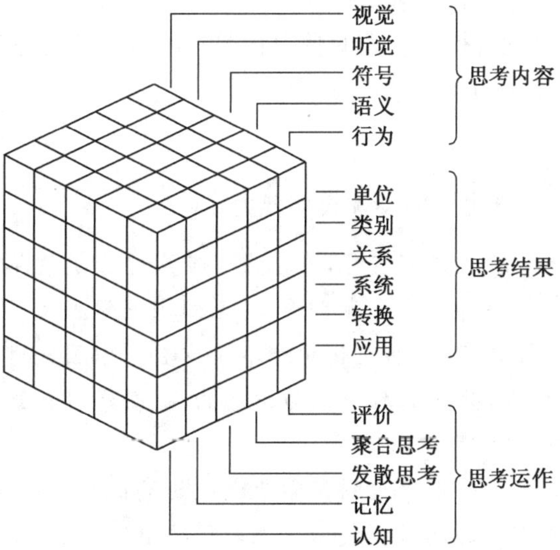

图 10-3 智力的三维结构模型

吉尔福特的三维智力结构模型同时考虑到智力活动的内容、过程和产品，这对推动智力测验工作起了重要的作用。至今，经过测验已经证明了三维智力模型中的一百种能力。但是，吉尔福特否认智力的普遍因素的存在，坚持智力因素的独立性，这一点受到心理学家的质疑。

（三）智力的三元理论

美国耶鲁大学的心理学家斯滕伯格试图在更为广泛的意义上解释智力行为，于 80 年代提出了智力的三元理论。他认为，智力理论应该考虑智力与个体的内部世界、个体的经验和外部世界之间的关系。

首先，智力的内部构成涉及思维的三种成分，即元成分、操作成分和知识获得成分，这是我们传统智力研究的内容。在认知性智力活动中，元成分起着最重要的核心作用，它决定人们解决问题时使用的策略。例如，对类比推理过程的研究发现，推理能力强的人完成得比推理能力差的人更快，也更准确，他们在进行解题中先花费较多的时间去理解问题，而不是急于得出答案。智力的第二个方面涉及内部成分与外部世界的关系，它是指根据经验调整所运用的成分从而获益的能力，又称为经验性智力；在任务非常熟悉的时候，良好表现依赖于操作成分的自动执行，如阅读、驾车、打字时的自动编码等；而在任务不熟悉时，良好的成绩依赖于元成分对推理和问题解决的辅助方式。最后，在日常生活中，智力是适应环境、塑造环境和选择新环境的能力，智力的这方面特点又称作情境智力。为了达到目标，凡是有一定智力的人都能运用操作成分、知识获得成分和元成分。但是，智力行为是因条件的改变而变化。在不同的情境中，人的智力行为有不同的表现，比如，一个人在实验室中解决物理问题时所用到的知识和元成分，与他力图摆脱尴尬处境、平息家庭冲突时所用到的知识和元成分完全不同。有些人可能并不具备很高的学历，也可能难以清楚地表达他们是如何处理现实事务的，但他们非常擅长解决日常事务问题，如解决人事纠纷和讨价还价。在这种意义上，情境性智力又称作实践智力。

三元智力理论扩大了传统智力理论的成分，更加贴近社会、生活实际，有助于我们更全面地看待一个人的智力状况。同时对智力过程进行组成要素的分析与当代认知心理学的发展相契合。

学思结合

专栏 10－3　成功智力

我们经常发现，在学校学业成绩出类拔萃、被教师视为最好的学生，在之后的职业生涯中却一直表现平平，甚至同班同学里大多数都可能比他还要出色。这样的案例在各个国家、各种文化中都不是少数。中国也有人提出“第 10 名现象”，即学习最好的学生不一定是工作中最为出色的人，而学习在第 10 名左右的学生，可能会在以后的职业中游刃有余。

这一现象说明了学业成就的高低并不能 100％地决定一个人是否成功，这涉及成功智力的问题。成功智力与传统 IQ 中测量和体现的学业智力有着本质的区别。学业智力是一种与现实生活中的成败较少关联的“惰性智力”，在现实生活中真正起作用的是可以不断修正和发展的成功智力。

成功智力中的分析性智力涉及解决问题和判定思维成果的质量，强调比较、判定、评估等分析思维能力；创造性智力涉及发现、创造、想象和假设等创造思维的能力；实践性智力涉及解决实际生活问题的能力，包括使用、运用及应用知识的能力。

以上三者是一个有机整体，分别承担发现好的解决办法、找准问题、解决问题的功能，三者协调、平衡才能有效地发挥作用。一个人知道什么时候以何种方式运用成功智力的三个方面，要比仅仅具有这三个方面的素质更为重要。也就是说，具有成功智力的人不但具有这些能力，而且还会思考在什么时候、以何种方式来有效地使用这些能力。在各个领域中，这三种智力都发挥着作用。在自然科学领域中，分析性智力可以将假设的理论与其他理论进行比较，创造性智力可以形成一种理论观点或设计出一个实验，实践性智力可以将科学原理应用于日常生活实践领域中。在文学领域中，分析性智力用于分析剧情、主题或人物，创造性智力用来写作诗歌或小说，实践性智力将从文学中汲取的知识与教训应用于每天的生活中。

（四）多元智力理论

多元智力理论是由美国心理学家加德纳（Chris Gardner，1943—　）提出的。他通过对脑损伤病人的研究及对智力特殊群体的分析，提出人类的神经系统经过 100 多万年的演变，已经形成了互不相干的多种智力。他认为，智力的内涵是多元的，由八种相对独立的智力成分所构成。每种智力都是一个单独的功能系统，这些系统可以相互作用，产生外显的智力行为。这八种智力分别为：① 言语智力，渗透在所有语言能力之中，包括阅读、写文章以及日常会话能力。② 逻辑—数学智力，包括数学运算与逻辑思维能力，如做数学证明题及逻辑推理。③ 空间智力，包括导航、认识环境、辨别方向的能力，比如查阅地图和绘画等。④ 音乐智力，包括对声音的辨别与韵律表达的能力，比如拉小提琴或作曲等。⑤ 身体运动智力，包括支配肢体完成精密作业的能力，比如打篮球、跳舞等。⑥ 人际智力，包括与人交往且能和睦相处的能力，比如理解别人的行为、动机或情绪。⑦ 内省智力，对自身内部世界的状态和能力具有较高的敏感水平，包括认识自己并选择自己生活方向的能力。⑧ 认识自然的智能，包括认识、感知自然界事物的各种能力。

加德纳列举了20世纪初的杰出人物，诗人艾略特、科学家爱因斯坦、画家毕加索、作曲家斯特拉文斯基、舞蹈演员格雷厄姆、精神病学家弗洛伊德、领导人甘地和博物学家达尔文，作为这些不同智力的典型代表，进一步研究发现这些杰出人物的共同特点。

加德纳的多元智力理论一经提出，就对教育实践产生了积极的影响，曾被视为我国课程改革的理论基础。在对于人才观等问题上，这一理论给了我们很大的启示：个体能力的差异不仅仅是在水平的高低上，更多的是类型的不同。加德纳的智力理论包含了更多的智力，丰富了智力的概念，这些智能被证实确实存在。但他认为这些智力具有同等重要性，且彼此独立是值得商榷的。实际上，这八种智力彼此有正相关。

（五）智力的PASS模型

当代加拿大心理学家达斯(J. P. Das)和纳格利里(J. A. Naglieri)于20世纪90年代提出了PASS模型。PASS是指“计划—注意—同时性加工—继时性加工”(Planning-Arousal-Simultaneous-Successive, PASS)，这一模型建立在鲁利亚(Alexander Romanovich Luria，1902—1977)的脑的三个机能系统学说的基础之上，包括注意、计划、编码加工三个系统，这三者有各自的功能，彼此之间有一种动态的联系，相互作用和相互影响，密不可分。达斯等还根据PASS模型编制了智力测验，称为DN认知评价系统。由于它对认知过程的策略能提供更多的信息，被认为是一个“超越传统测验的能力测量”。

智力的PASS模型是一种新的智力理论，致力于对信息加工过程的分析，与认知心理学的研究是一致的，标志着智力理论和智力测验发展的新方向，同时也体现了脑科学对智力研究的影响。该模型认为这三个系统是人类智力活动中最为基本的过程，把它们作为评价智力的指标，似乎过于简单。

学深悟透

专栏10－4　CHC模型

随着认知心理学的兴起，认知能力被看作人类智力的核心。CHC理论将探索性因素分析与验证性因素分析相结合，融合结构方程模型的研究方法，对认知能力各因素进行更为全面的考察，确立了目前被公认为全面描述人类认知能力最佳的层级模型，是近年来能力结构研究和能力测量领域的重大进展。CHC模型采用了卡罗尔(Carroll)认知能力三层模型中的三层框架，吸收了卡特尔—霍恩(Cattell-Horn)能力模型中的流体能力和晶体能力概念，因此被称为Cattell-Horn-Carroll理论。在CHC理论模型中，认知能力被分成具有不同广度的三个层级，这种层级反映了认知能力的一般性程度。模型的最高层即第三层能力代表最为广泛的或最一般的能力水平，涉及高层次的复杂认知加工，是一般因素的代表。模型中的第二层能力，称为“广泛能力”，是人们最熟知的一些能力，包括晶体智力、流体智力、定量知识、阅读和写作能力、短时记忆、视觉加工、听觉加工、长时储存和提取、加工速度以及决策/反应速度。模型的底层即第一层，包括了约70个可以直接测量的“狭窄能力”，它们按照一定的组织方式从属于第二层“广泛能力”中。

二、智力测验

心理测验是各种测量工具的总名称，是根据一定的心理学理论，经过规范的编制程序完成标准化过程后，用来测量人的心理特质的工具。根据测量内容的不同，将心理测验分为包括智力测验在内的能力测验和人格测验。根据能力发挥程度有实际能力和潜在能力之分，相应地，测量两种能力的测试分别为成就测试和倾向测验。根据使用目的不同，又分别有学业测试和职业测试之分，分别测试学生学业成绩和从业人员的职业能力。两个维度共同构成了四类不同的能力测验，分别是学业成就测试、职业成就测试、学业倾向测试和职业倾向测试。其中，学业倾向测试用于测量学生的学术潜力，又有测试其普通学业潜力和特殊学业潜力（如音乐、绘画、机械等特殊才能）之别。智力测验属于普通学业倾向测验，就是测验学生将来在学术方面一般能力的发展可能性。

学深悟透

专栏10－5　智力的内涵

智力是日常生活中大家熟知的概念，但是很难说出所指究竟是人类的哪一种特质。关于智力的定义，心理学家也是众说纷纭，至今还没有达成完全一致的意见。为了更好地把握智力的概念，在1921年和1986年，心理学家曾举行两次著名的研讨会，专门探讨智力的属性。两次研讨的主题相同：你认为智力是什么。

从表10－2中可以看到，心理学家是从各种不同方面对智力加以定义的。如智力是抽象思维能力；智力是个人为了适应环境而进行学习的能力；智力是从真理和事实的观点出发，靠正确反应所获得的能力；智力是由于各种复杂刺激的影响所带来的统一结果的生物学机制；智力是获得知识的能力；等等。实际上，这些定义并不相互排斥，也并非互不兼容。如，将智力看作学习能力，既包含了高级认知过程和低级认知过程，又包含了知识等。无论是哪一个时代，在智力的一些基本属性上，人们有共同的见解。例如，智力是高级认知过程、学习能力，是对新情况或新环境的适应等定义，在两次研讨中均频繁出现。

表10－2　智力的属性

1986年	1921年	智力的属性
50%	59%	高级认知过程（如推理、问题解决和决策等）
29%	0%	具有文化价值

（续表）

1986 年	1921 年	智力的属性
25%	7%	执行控制过程
21%	21%	低级认知过程（如感觉、知觉和注意等）
21%	21%	对新的情况做出有效的反应
21%	7%	知识
17%	29%	学习能力
17%	14%	一般能力（解决所有领域问题的能力）
17%	14%	不易定义，不是一个结构
17%	7%	元认知过程（处理信息过程的监控）
17%	7%	特殊能力（如空间能力、言语能力和听觉能力等）
13%	29%	适应环境需求的能力
13%	14%	心理加工速度
8%	29%	生理机制

总之，大多数心理学家把智力看作人的一种综合认知能力，比如人的学习能力、适应能力、抽象推理能力等，具体来看，包括注意力、观察力、记忆力、思维力和想象力等，其中思维能力处于其核心。这种能力，是个体在遗传的基础上，受到外界环境影响而形成的，它在吸收、存储和运用知识经验以适应外界环境中得到表现。在当前的研究中，智力又添加了元认知能力。

（一）智力测验的早期发展

智力测验是通过一定的测量工具和手段来衡量人的智力水平高低的一种科学方法。我国自古就有七巧板、九连环等智力测验工具。

现代的智力测量，仅有一百多年的历史。智力测验的理论先驱达尔文提出，智力在人类进化的过程中起着重要的作用，高智力的人由于其对环境的优良适应必定通过自然选择，生命得以延续和发展。高尔顿（Francis Galton，1822—1911）对智力进行了一系列的研究，设计了多种测量工具，如身高、体重、肺活量、拉力和握力、扣击的速率、听力、视力和色觉等，被称为心理测量学的先驱之一。

（二）比内—西蒙智力量表与心理年龄

世界上第一个正式的智力测验，是由法国心理学家比内（Alfred Binet，1857—1911）和他的学生西蒙（T. Simon）在 1905 年编制的。该量表的 30 道题由易到难排列，以通过题数的多少鉴别智力水平的高低。其后在 1908 年、1911 年先后修订，扩充题目，扩大年龄范围。比内—西蒙智力量表奠定了智力测验编制的科学基础，首创了心理年龄的概念，这一概念迄今仍在使用。该智力测验量表根据语文、算术、常识等题目的实际作业成绩来判定智力的高低，这不但符合一般的看法，而且也具有教育上的实质意义，为其后智力测验的广泛流行奠定了基础。

见贤思齐

专栏 10-6　不改学术研究初心的陆志韦

陆志韦(1894—1970)，浙江省吴兴县人，是中国现代心理学家、著名语言学家之一。他家境清寒，1913 年于东吴大学毕业后，开始担任中学语文教师。1915 年赴美国留学，在芝加哥大学心理学系读书，获哲学博士学位。1920 年回国后历任南京高等师范学校、国立东南大学(现南京大学)教授、系主任，1921 年任新成立的中华心理学会研究股主任。1926 年出版译著《教育心理学概论》《普通心理学》，1927 年任燕京大学心理学教授，建立系统心理学课程。抗日战争爆发后因支持学生爱国抗战运动被捕入狱。1934 年以后，由于时局动荡，学校经费短缺无法继续进行心理学的实验研究工作，陆志韦于是转而研究语言学与心理学有关问题。1937 年倡议组织中国心理学会，任主席。抗战胜利后，1947 年复任燕京大学校长。1952 年到语言研究所，1955 年被聘为中国科学院哲学社会科学部委员。

陆志韦先生的科研生涯可分为前后两期，前期研究的是心理学，后期研究的是语言学。第一次向我国读者介绍了巴甫洛夫学说和西方心理学各个流派的理论和方法。他曾两次主持修订比内—西蒙智力测验量表。第一次在南京高等师范学校和东南大学任教期间，他单独主持修订，撰写了《订正比内—西蒙智力测验说明书》，由商务出版社 1924 年出版。在书中他提出了很多新见解，受到中外心理学界的重视，但这一版本仅适用于江浙一带儿童。1936 年陆志韦与吴天敏进行了第二次修订，修订本的测验内容是以特曼的 1916 年修订本为蓝本，共包括 54 个项目，使之也可适用于北方儿童。

在 20 世纪 20 年代末期，现代心理学作为一种新兴的学科，脱离哲学的母体才只有几十年的光景，陆志韦面对人们广泛的质疑，开始把西方的现代心理学引入我国，通过精心筹划，把燕大心理系建成了一个设备先进的科系。他的心理学学识渊博，兴趣广泛，著述甚多，被公认为我国现代心理学的开创者和奠基人之一。他的语言学论文为汉语语音史的研究提供了丰富的资料。

在动荡的社会变革中，无论遭遇什么困难和挫折，陆志韦始终不改初心，坚持学术研究，在心理学和语言学两个领域成就非凡。他的这些经历，让我们有什么感悟呢？

(三) 斯坦福—比内智力量表与智商

推孟(Lewis Madison Terman，1877—1956)在美国斯坦福大学多次修订而成的斯坦福—比内量表是继比内—西蒙智力测验量表之后最为有名的智力量表。该量表由一系列难度不同的题目组成，依据完成这个难度系列中题目的多少，可以计算出与之相对应的年龄，称之为心理年龄。为表示一个儿童的智力水平，推孟提出了智力商数的概念，简称智商(IQ)，是一个人的心理年龄(MA)与其实足年龄(CA)的比值，为了避免出现小数，将商数乘以 100 就是智商。

智商=心理年龄(MA)/实足年龄(CA)×100

例如,一个4岁零2个月的儿童,他的实足年龄是50个月,即CA=50,假设该儿童参加斯坦福—比内智力测验,通过了4岁组的全部项目、5岁组的3个题目和6岁组的1个题目,其后的题目没有通过,那么他的心理年龄是56个月,按照公式计算,得出其智商为112。比率智商为100者,其智力相当于他的同年龄人的一般水平,属于中等智力;智商高于100者,其智力水平较佳;低于100者,智力水平较差。研究表明,斯坦福—比内智力测验对智力正常者、发育迟滞者和超常者都能提供准确的IQ估计,是当代应用最为广泛也最具有权威的个别智力测验。

比率智商计算方法的不足之处在于,当人发展到一定的年龄后,智力并不随着年龄增长,老年时甚至有下降的趋势,而实足年龄是在不断地增长着的。因此,在中老年人的身上,使用比率智商来标志人的智力水平将不符合实际情况,所以比率智商这一计算方法的适用对象年龄为3~18岁(4~14岁最适用)。

学海无涯

专栏10-7 中国比内测验

我国第一次修订斯坦福—比内智力测验是陆志伟于1924年进行的,其后陆志伟和吴天敏于1936年进行了第二次修订,吴天敏于1982年进行了第三次修订。

该测验适用于2~18岁受测者,城乡受测者共用一套试题。共有51个项目,从易到难排列,均印在测验指导手册上。每项代表四个月智龄,每岁三个项目,可测验2~18岁被试。在评定成绩的方式上,放弃了比率智商,而采用离差智商的计算方法来求IQ。中国比内测验必须个别施测,并且要求主试必须受过专门训练,对量表相当熟悉且有一定经验,能够严格按照测验手册中的指导语进行施测。

表10-3 中国比内测验的内容

1. 比圆形	12. 倒数20至1	23 对打问句	34. 对比关系	45. 说明含义
2. 说出物名	13. 心算1	24. 描画图样	35. 方形分析2	46. 填数
3. 比长短线	14. 说反义词1	25. 剪纸	36. 记故事	47. 语句重组2
4. 拼长方形	15. 推断情景	26. 指出谬误	37. 说出共同点	48. 校正错误
5. 辨别图形	16. 指出缺点	27. 数学技巧	38. 词句重组1	49. 解释成语
6. 数纽扣13个	17. 心算2	28. 方形分析1	39. 倒背数目	50. 区别词义
7. 问手指数	18. 找寻数目	29. 心算3	40. 说反义词2	51. 明确对比关系
8. 上午和下午	19. 找寻图样	30. 迷津	41. 拼字	
9. 简单迷津	20. 对比	31. 时间计算	42. 评判语句	
10. 解说图画	21. 造语句	32. 填字	43. 数立方体	
11. 找寻失物	22. 正确答案	33. 盒子计算	44. 几何形分析	

比如，29. 心算3的内容是这样的：共3个题目，其中第2题为，有一个人每小时能走8里半路，现在他走的这条路是25里半，请问他得走几小时呢？

38. 词句重组1的内容是这样的：要求受测者将句子中颠倒的词整理好，使之成为通顺的一句话。共6个项目：

(1) 我早农村去到晨。(2) 的谁也不他朋友是。(3) 帮助同互相学应该。(4) 的中秋跳月晚上舞在下。(5) 人的大种田数是中国多。(6) 时候吃感觉的别好饿吃饭特。

此外，吴天敏教授考虑到教育、医疗部门对智力测验的实际需要，又编制了《中国比内测验简编》，从上述51个项目中选择8个项目组成。项目虽然减少、粗略，但尚属可靠，且使用省时简便。

（四）韦氏智力测验量表与离差智商

到20世纪50年代，美国心理学家韦克斯勒(David Wechsler，1896—1981)依据统计学原理提出了智商新的计算法，称为离差智商。在原有测验的基础上，编制了分别适用于儿童、成人和幼儿的三个智力测验。离差智商是确定个体在相同条件的团体(例如同年龄组)中的相对位置，它实质上是将个体的成绩和同年龄组被试的平均成绩比较而得出的相对分数，避免了比率智商带来的“年龄越大，智商越低”的误区。韦克斯勒指出，可以假定，人们的智商分布呈平均数为100和标准差为15的正态分布形式，离差智商的计算公式为：

$$智商=100+15Z，其中\ Z=(X-MX)/S$$

上面公式中MX代表团体平均分数，X代表个体测验的实得分数，S代表该团体分数的标准差，Z代表该人在团体中所处位置，即他的标准分数。

假定某个年龄组的平均分数为70分，标准差为10分。甲生测验得分为80分，代入上述公式计算，则他的智商为15×(80－70)/10＋100＝115，说明他的智力比84%的同龄人要高。乙生测验得分为60分，他的标准分数即智商，为15×(60－70)/10＋100＝85，说明其智力比16%的同龄人高，在同龄人中，水平略低。因此，离差智商就是根据同年龄的被试在总体中的相对位置计算出来的智商，也就是根据标准分数计算出来的智商。

韦氏智力测验量表的另一个特点是，不仅能算出一个人在全量表上的离差智商，还能算出他在言语量表、操作量表上的离差智商，这就有可能对一个人智力结构的诸因素进行比较和分析。

第三节　能力的发展与影响因素

智力是最为普遍、应用范围最广的一般能力，这里以智力为主来阐述能力的发展及其影响因素。

一、儿童智力的发展

(一) 智力发展的一般趋势

在人的一生中,智力水平随个体年龄的增长而变化。个体智力的发展不是等速的,一般是先快后慢,到了一定年龄则停止增长,随着人的衰老,智力开始下降。一般来说,智力的发展可以划分成三个阶段,即增长阶段、稳定阶段和衰退阶段。

从出生到15岁左右,智力的发展与年龄的增长几乎等速增长,是能力发展最为重要的阶段;尤其是5岁之前,被视为智力发展最为迅速的时期。之后能力以负加速方式增长,增长逐渐减慢。一般在18到25岁之间,智力的发展达到高峰。也有人认为40岁左右人的能力达到巅峰。25、26岁至40岁是最有创造性与多出成果的时期。在漫长的成年期,也是能力发展相对稳定的保持时期,可持续到60岁左右。进入老年阶段(60岁以后),能力的发展表现出迅速下降,但即使进入衰退期,个体的晶体智力仍保持很高的水平(见图10-4)。

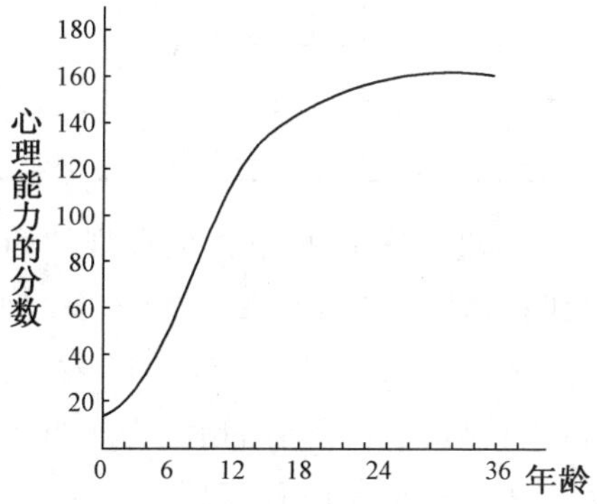

(a) 智力发展曲线
(根据贝利,1970)

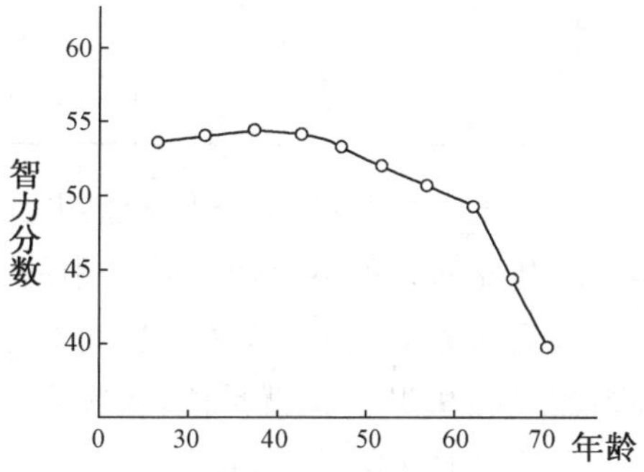

(b) 智力的年龄化
(根据沙因和斯特罗瑟,1968)

图10-4 能力的发展趋势

能力、智力由许多不同的成分所组成,且智力各种成分的发展轨迹各不相同,达到顶峰的年龄以及增长与衰退的过程也各不相同(见图10-5)。

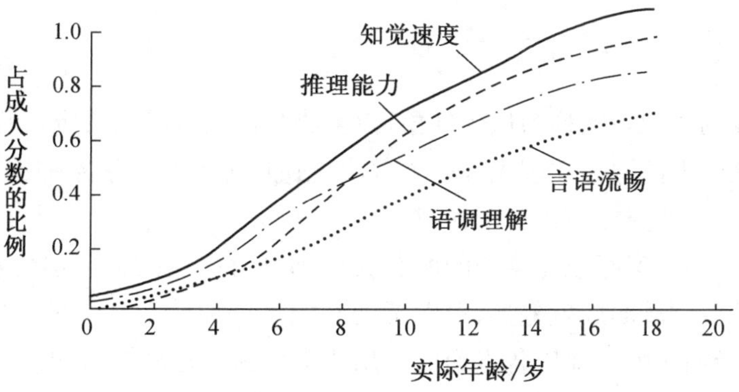

图10-5 智力各成分的发展趋势

(二) 智力发展的稳定性和可变性

人的智力相对稳定,但不是一成不变。有心理学家认为,一个人的智力测验分数是他的遗传特性、测量前的学习和生活经历以及测验时情境的函数。个体的智力既有稳定性,又有可变性。从双生子纵向追踪研究的结果可以发现,双生子儿童在2到15岁不同年龄间智力测验分数上的相关程度有所变化,但也相对稳定。

表 10-4 不同年龄之间智商的相关系数(%)

年龄	2	3	4	5	6	7	8	9	15
2		74	68	63	61	54	58	56	47
3			76	72	73	68	67	65	58
4				80	79	72	72	71	60
5					87	81	79	79	61
6						86	84	84	69
7							87	87	69
8								90	78
9									80

从表10-4中可以看出,不同年龄儿童在智力测验分数间的相关是有规律可循的。不同年龄间智商的相关系数随年龄间距的增加而明显减小。例如,2岁和3岁之间的智商相关系数为0.74,但在2岁和7岁间的相关系数减少到0.54,在2岁和15岁之间智商的相关系数只有0.47。也就是说,两次测验时间间隔越长,智商间的预测力越低。同时,儿童第一次测验时年龄越小,预测力越低。测验分数在短期内具有较高的预见性。一个人在八九岁时的智商分数可以较好地预测他们在15岁时的智商(相关系数分别为0.78和0.80),大量的研究获得了类似的结果。

二、影响能力发展的因素(以智力发展为例)

影响人智力的因素很多,先天和后天的因素往往交织在一起,共同影响智力的发展过程与水平差异。

(一) 遗传

子辈与父辈的相像一般称为遗传现象,由生物学因素或基因决定。智力和身高、相貌一样具有遗传性。人的智力在多大程度上取决于遗传呢?心理学家和行为遗传学家对此从家庭谱系、双生子研究方面进行了探讨。

在生物学上,一个家庭或家族中的所有成员都具有一定的共同遗传基因。通过考察父辈和子辈在某些领域的成就差异,可以帮助我们理解遗传对智力的影响。关于能力遗传的研究,起始于高尔顿。他以各方面的杰出成就作为衡量高能力的标准,比较了杰出者的亲属成为杰出者的可能性和普通人成为杰出者的概率,发现在977个名人的亲属中,其父亲为名人的有 89 人，儿子 129 人，兄弟 114 人，共为 332 人，占名人样本的二分之一。而普通人组中，只有 1 个亲属是名人。他还发现，随血缘关系的降低，名人亲属成为名人的概率有规则地下降。这种变化模式与身材和体育成绩的家族变化模式完全相同。高尔顿断定，在能力的发展中遗传的力量超过环境的力量。

研究智力遗传性的第二种途径是比较双生子研究。在生物学意义上，双生子有同卵双生子和异卵双生子两种。同卵双生子是由同一个受精卵分裂而来，他们具有完全相同的遗传基因。异卵双生子是由两个受精卵发育而成，他们的遗传基因只有部分相同，与兄弟姐妹没有什么差别。根据同卵双生子和异卵双生子在共同遗传基因上的不同，比较他们智商方面的相关性，可以推测出遗传对智力的影响程度。

有心理学家于 1981 年总结了世界上已发表的 34 个 4672 对同卵双生子研究和 41 个 5546 对异卵双生了研究，结果发现：一同抚养的同卵双生子智商间的平均相关系数达到 0.86，而一同抚养的异卵双生子智商间的平均相关系数只有 0.60（图 10－6）。这说明异卵双生子在智力上的相似性不如同卵双生子高。新近的研究表明，同卵双生子和异卵双生子在智力上的差异比上述报告的差异更大。

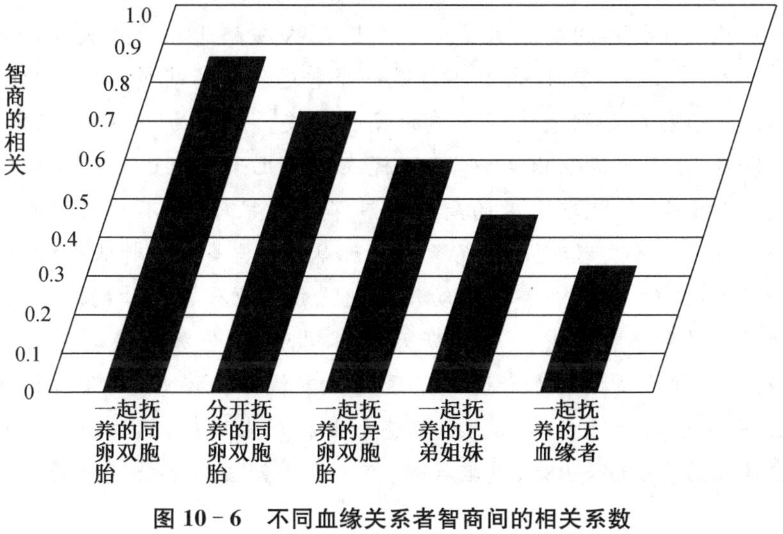

图 10－6　不同血缘关系者智商间的相关系数

（二）环境

产前环境及营养状况对婴儿的智力发展有所影响。研究表明，母亲在怀孕期间服药、患病、大量吸烟、遭受过多的辐射、营养不良等，能造成染色体受损或影响胎儿细胞数量，影响胎儿发育甚至直接影响出生后婴儿的智力发展。胚胎期和出生后，身体和脑都处在快速发育的时期，需要大量的营养。有人通过分析儿童头发中的铁、锌、铜、锰、铬、钛、硒、镍、锡、碘等 14 种微量元素的含量，来区别正常儿童和低能儿童，其准确度可达 98％。

家庭收养研究同样为我们了解环境对智力的影响提供了证据。比较收养前后父母社会经济地位的变化对儿童智力发展的影响，研究表明，亲生父母社会经济地位低的儿童，一旦被社会经济地位高的养父母收养，与生活在原来家庭环境中相比，IQ分数会有明显的增加，通常在10至12分。另外，研究还发现，缺乏母亲抚爱的婴儿，可能出现智力发展上的问题。有安全感的孩子喜欢探索环境，而探索环境正是能力发展的重要条件。研究表明，早期干预的确能够提高儿童在智力测验上的分数，不过这种助长作用有限。

学校教育对儿童在智力测验上的成绩有显著影响。是否接受教育的儿童，以及接受较好和较差教育的儿童的智力之间存在着差异，这很容易得到证明。学校教育可以通过多种途径影响智力的发展，系统组织课堂教学和课外活动，促进学生有效学习，可以普遍提升学生能力。如何实现因材施教，最大限度地发挥每个学生的潜能，是教育工作者也是心理学工作者当前最为迫切的任务。

学思结合

专栏10-8 人造天才的悲哀

美国神童赛达斯六个月会认英文字母，两岁能看懂中学课本，四岁已经发表三篇五百字的文章，在六岁生日晚会上写成了一篇解剖学论文。在相当长的一段时间里，他成了新闻机构大捧特捧的超级明星。赛达斯12岁破格进入哈佛大学，然而14岁那年却因精神病入院，到21岁时，却只不过是一个普通的商店店员，薪金十分可怜。

赛达斯的父亲原为哈佛大学心理学的荣誉教授。他认为，人脑与肌肉一样，是可以训练的。所以，在小赛达斯出生以前，他就准备在儿子身上进行一系列“试验”的计划。小赛达斯一出世，他就在小床的周围挂满了英文字母，并不断在他身旁发出字母的读音。接着他又用各类教科书取代了儿童玩具。于是，赛达斯从小就被各种几何、数学和多种外国语言所包围。整个婴幼儿时期就成了他独自苦读的过程，这样的训练结果使得孩子过早成熟。尽管小赛达斯天资聪明，但过分加压使其神经系统开始失常，后来不得不被作为精神病患者送进了医院。虽然他在痊愈后，又以优异成绩从哈佛大学毕业，但早已对他父亲的“试验”与整个世界产生反感，热切渴望过正常人的普通生活。自此以后，他离家出走，更名换姓，在一家商店里当了普通店员。

（三）社会实践活动

人的各种能力是在社会实践活动中最终形成起来的，智力也不例外。离开了实践活动，即使有良好的素质、环境和教育，能力和智力也难以形成和发展起来。关于这一点，我国古代思想家王充早就指出“施用累能”，即能力是在使用中积累的。他说，齐的都城世代刺绣，那里的平常女子都能刺绣；襄地传统织锦，即使不聪明的女子也变成了巧妇。这是因为天天看到，时时学习，手自然就熟练了。大量研究证明了这一点，比如普通人分辨黑色3～4种，印染厂的工人能分辨深浅不同的黑色达20～30种；调琴师能在半音之间辨出10多个不同音高的声音。同样的道理，人的自学能力是在学习活动中形成并逐渐提高的；人的组织能力也是在长期的社会实践中逐渐形成的。离开了具体的实践活动，人的各种能力无从提高和发展。

同时，当今社会强调素质教育的重要性，学生素质的提高不仅要通过在学校里接纳知识，更多的要在社会实践中实现。同时，社会也呼唤多种不同的能力，或者说多元智能，要想使自己的多种能力同时得到发展和提高，也只能在社会实践中实现。

（四）个性品质

一个人除了积极投入实践活动的过程中，还要充分发挥自身的主观能动性，调动积极的个性心理特征，以有效地提高和发展自身的能力。

优良的个性品质是在实践活动中培养起来的，也是个人从事并坚持某种活动的推动力，更是发展能力的重要条件。我国心理学家研究表明，具有比较稳定的特殊兴趣，是促进某方面能力发展极其重要的因素；没有坚强的意志，缺少勤学苦练的精神，能力难以发展。许多研究表明，能力发展受兴趣和性格的影响。

畅所欲言

搜集中外神童的成长故事，结合个人成长经历，分析当前社会上关于学生学业能力发展的常见误区及其原因。

真题实练

1. “笨鸟先飞”“勤能补拙”说明（　　）。
   A. 需要对能力有影响　　B. 动机对能力有影响
   C. 性格对能力有影响　　D. 气质对能力有影响
2. 生活在不同环境中的同卵双胞胎的智商测试分数很接近。这说明（　　）。
   A. 遗传和后天环境对儿童的影响是平行的
   B. 后天环境对智商的影响较大
   C. 遗传和后天环境对智商的影响相当
   D. 遗传对智商的影响较大
3. 下列选项中，不属于加德纳多元智力成分的是（　　）。
   A. 逻辑—数学智力　B. 空间智力　C. 人际智力　D. 情绪智力
4. 卡特尔将基于先天禀赋，较少受后天文化教育影响的能力称为（　　）。
   A. 晶体能力　B. 流体能力　C. 一般能力　D. 特殊能力
5. 下列关于能力发展与知识获得速度的表述，正确的是（　　）。
   A. 能力慢，知识快　　B. 能力快，知识慢
   C. 能力慢，知识慢　　D. 能力快，知识快
6. 通常认为，认知能力的核心能力是（　　）。
   A. 观察能力　B. 记忆能力　C. 思维能力　D. 想象能力

本章复习题

一、列表比较能力的主要理论。

二、作为未来的教师，应该如何理解和对待儿童能力的差异？

三、判断下列说法（做法）是否正确，并说明理由。

1. 知识越多，能力越强；能力强，知识必然多。

2. 人的智力其实就是指人的认知能力。

3. 通过心理测验可以准确地预测一个人的能力水平；同样地，通过一个人的能力水平可以准确地预测其学业成就。

4. 数学老师对家长说："你家孩子数学学习反应太慢，太笨。"

四、美国心理学家格塞尔曾经研究了三个典型的"野生"儿童：印度狼孩卡玛拉、阿威龙的野生儿和巴登王子卡斯巴·豪瑟。请搜集这三个儿童成长的信息资料，结合案例分析影响能力发展的因素。

推荐阅读书目

1. 郑日昌. 心理测量学[M]. 北京：人民教育出版社，1999.

2. 白学军. 智力心理学的研究进展[M]. 杭州：浙江人民出版社，1996.

3. 饶恒毅，等. 万物之灵：人类的智能[M]. 上海：上海科学技术出版社，2000.

4. 斯滕伯格. 成功智力[M]. 吴国宏，等译. 上海：华东师范大学出版社，1999.

5. 彭聃龄. 普通心理学（第五版），第十一章[M]. 北京：北京师范大学出版社，2019.

6. 黄希庭，郑涌. 心理学导论（第三版），第十七章[M]. 北京：人民教育出版社，2015.

7. 张春兴. 现代心理学（第三版），第十章[M]. 上海：上海人民出版社，2009.

8. 格里格，津巴多. 心理学与生活（第十九版），第九章[M]. 王垒，等译. 北京：人民邮电出版社，2016.

9. 叶奕乾，何道存，梁宁建. 普通心理学（第五版），第十七章[M]. 上海：华东师范大学出版社，2016.

第十一章
人　格

本章学习资源

学习目标：

➤ 了解人格内涵及结构，理解气质与性格的关系，了解自我的结构。

➤ 了解人格的理论。

➤ 学会根据个体的特点辨别其气质类型，学会应对不同气质类型者的策略。

【本章结构】

人格
- 人格的结构：气质、性格和自我
- 人格的理论：动力论、特质论、人本论和学习论
- 人格与教育：发展与影响因素

在古今中外名著中或现实生活中，我们经常可以看到人们各具特色的差异。有的人热情奔放，有的人冷淡孤僻；有的人聪慧敏捷，有的人反应迟缓；有的人顽强果断，有的人优柔寡断；有的人善良助人，有的人恃强凌弱；等等。这些就是本章所要介绍的人格差异。人格主要涉及了人们的心理差异现象，这种心理差异体现在认知风格、气质、性格、自我调控等方面。

第一节　人格的结构

每个人都是通过知、情、意等这些心理活动过程认识外界事物，体验各种感情，支配自己的活动。但是，个人在进行这些心理活动的时候，都会表现出与他人不同的特点。个体之间心理活动中的差异表现在心理活动的动力上，就是人的个性倾向性的差异，即需要和动机的差异；表现在从事实践活动中，并影响了人的活动的顺利进行，就是人的能力的差

异；表现在心理品质方面，就是人格差异。因此，在个体身上表现出来的不同于他人的、独特的、稳定的心理特征，就是人格。

学深悟透

专栏 11－1　人格是什么？

心理学上的人格内涵与日常概念有所不同，但常常与个性相混淆。《中国大百科全书·心理学》中写道："人格是个体特有的特质模式及行为倾向的统一体，又称个性"。从词源上看，个性和人格都是来源于英语的"personality"，而"personality"一词又来源于拉丁语"persona"，该词最初指演员的面具，即一个人的外部表现，现在不仅指一个人的外部表现，还指一个人的内在特征。

不同的心理学家对人格和个性的使用有着不同的偏好，反映了其对个体差异心理的不同理解。苏联心理学家常用"个性"这一概念，强调个体之间的差异，认为个性是一个人不同于他人的心理特点的综合。他们把个体心理活动的动力差异和在实践中的差异以及品质差异均视为个性，把前者视为个性倾向性，包括动机和需要、价值观等；把后者称为个性心理特征，包括能力、气质和性格。而西方心理学家常用"人格"这一概念，把人格视作个体稳定独特的心理和行为特征。

国内学界对于人格的认识也各不相同。相较而言，大家对个性及其结构的理解较为一致，即基本认同个性倾向性和个性心理特征的两分法及其下位概念。但是对于人格的理解分歧较大，从窄到宽主要有以下四种：第一，将人格明确定位在稳定的、独特的心理特征，结构包括气质和性格等；第二，以人格代替个性心理特征，即认为人格包括能力、气质和性格；第三，用人格代替个性，沿袭了个性的结构，将人格分为人格倾向性（含需要、动机和价值观）和人格特征（含能力、气质和性格）；第四，在心理学的应用领域，常将心理描述为认知和人格两个方面，即将个体心理除去认知部分的统统含混为人格。

在上述四种对人格的界定中，最为常见的是第一种和第三种。相较而言，最为狭义的人格定位更为明确，本书采用的就是这种界定。

从人格的定义中可以看到，人格具有一定的属性。一是独特性，每个人的遗传素质不同，成长环境、发展路径不一，人格结构组合的多样性，使得每个人都有自己独特的心理特点。二是整体性，人格有多种成分和特质，在真实的人身上密切联系，彼此交织，相互影响，整合成一个有机的整体，虽然不能直接观察得到，但是却表现在行为中，体现其独特的精神风貌。三是稳定性，主要表现心理和行为跨时间和跨情境的持续性和跨情境的连续性这两个方面。所谓"江山易改，本性难移"说的就是人格具有稳定性。四是功能性，外界环境刺激是通过人格的中介才起作用的，人格对个人的行为具有调节的功能。所以，人格能决定一个人的生活方式，甚至能决定一个人的成败。五是社会性和自然性的统一，人格是在一定的社会环境中形成的，必然具有社会制约性。同时，人的心理包括其人格是大脑的机能，是在个体的遗传和生物基础上形成的，要以神经系统的成熟为基础，所以人格又是人的自然性和社会性的综合。但是，人的本质并不是所有属性相加的混合物，或者是几种属性相加的混合物。构成人本质的内容，是为人所特有的，失去了它，人就不能称其为人，这就是人的社会性。即使是人的生物性需要和本能，也是受人的社会性制约的。

人格是一个复杂的结构系统，它包括许多成分，其中最主要的有气质、性格、自我等方面。

一、气质

（一）气质的概念和特点

气质是表现在心理活动的强度、速度、灵活性与指向性等方面的一种稳定的心理特征，就是我们平常所说的脾气、禀性。如李逵情绪爆发快、外倾；林黛玉情绪深刻持久、内倾；燕青思维灵活、动作敏捷；林冲稳重、坚毅等，这些心理差异就是气质差异。这四位典型人物的人格差异体现了心理活动的动力特征，它给每个人的整个心理活动蒙上一层独特的色彩。气质具有以下特点：

首先，气质所表现的心理活动的动力特征，是指心理活动和行为在强度、速度、稳定性、灵活性和指向性等方面的特征。

其次，气质不是指偶然地表现在心理活动和行为方面的特征，而是一个人典型的、稳定的心理特征。气质不但表现在情绪活动中，而且也表现在智力活动等各种心理活动中，使人的全部心理活动都染上了个人独特的色彩。个人的气质特点不依活动的目的、任务和内容为转移。例如，一个学生具有安静迟缓的气质特征，这种气质特征会在学习、工作、参加考试、当众演说、体育比赛等各种活动中表现出来。

最后，气质是一种天赋的个性特征。它表现出一个人生来就具有的自然特性，因此人的气质差异是先天形成的，受神经系统活动过程的特性所制约。孩子刚一出生时，最先表现出来的差异就是气质差异。

（二）气质类型的学说

气质是个很古老的概念。我国古代有人探讨了气质问题。比如，孔子就把人分为狂、狷和中行三种；《黄帝内经》根据阴阳五行学说把人分为太阴、少阴、太阳、少阳和阴阳平和五类人，根据五行法则将人分为五种，用来说明人的肤色、毛发、筋骨特点和情感特点的个别差异。

1. 气质的体液说

据唐钺的研究，气质学说最先源于古希腊医学家恩培多克勒的四根说。古希腊著名医生希波克拉底在此基础上提出了体液说。他认为人体内有四种性质不同的液体：粘液、黄胆汁、黑胆汁、血液，这四种体液的配合比率不同，形成了四种不同类型的人。约500年后，罗马医生盖伦进一步确定了气质类型，提出人的四种气质类型是胆汁质、多血质、粘液质、抑郁质。虽然，依照体液来对气质类型进行分类缺乏科学依据，但是气质及四种气质类型分类的名称一直被研究者们所沿用。

2. 气质的体型说

德国精神病理学家克瑞奇米尔根据他对精神病患者的临床观察，提出按体型划分人的气质类型的理论。

表 11－1　气质的体型说

体型	气质	行为倾向
细长型	分裂气质	不善交际、孤僻、神经质、多思虑
肥胖型	躁狂气质	善交际、表情活泼、热情、情绪不稳定
筋骨型	粘着气质	迷恋、一丝不苟、理解缓慢、情绪爆发性

美国心理学家谢尔顿也主张体型与气质相关的论点，他把人的气质划分为三种：内胚叶型（又称脏腑型）、中胚叶型（又称肌肉骨骼型）和外胚叶型（又称皮肤神经型），这和克瑞奇米尔的分类相似。

3. 气质的血型说

日本学者古川竹二根据人的血型把人的气质分为四种：A 型、B 型、O 型、AB 型。他认为，A 型气质者，性情温和，内向保守，多疑虑，焦虑，怕羞，依靠他人，独居少断，感情冲动，容易灰心丧气；B 型气质者，积极外向，感觉灵敏，不怕羞，不易受事物感动，擅长交际，好管闲事；O 型气质者，积极进取，意志坚强，胆大好胜，爱指挥别人，自信；AB 型气质者，外表是 B 型气质特征，内心是 A 型气质特征。气质的血型说在日本颇为流行。

关于气质类型的学说还有许多，比如激素说、活动特性说、出生顺序说、活动特性说以及星座说等不一而足。而巴甫洛夫的高级神经活动类型学说以及托马斯和切斯儿童生活适应性的气质理论被视为基于实证研究而提出的学说，具有科学性，流传较广，影响较大。

学思结合

专栏 11－2　星座的诡辩

星座之说在年轻人中颇为流行，且信者众多。最为流行的星象学是以太阳星座为依据，将人分为十二大类，每个星座的人具有不同的气质特征。西方的人格心理学家利用具有信度和效度的心理问卷来检验星象学的人格理论，多数研究对其全盘否定。进一步研究发现，人们对星座的笃信往往不是因为星座预测得多准确，而是人的心理在作怪。

国外有一家网站的工作人员在流行的星座预测站点上搜集了许多相关词条进行分析后发现，每个星座预测中的高频词大多是相互覆盖的，而各个星座特有的高频词只占很小的一部分。最终，他们得出了一个惊人的结论：十二星座预测的词汇 90%以上是相同的。

由此看来，所谓对不同星座的预测其实都差不多，只要将一些相同的高频词汇拼凑起来，形成模糊不清的话语，让读者“对号入座”，自然会得到“准确”的预测。人们接受模糊、笼统的描述并认为这种描述非常准确的心理倾向，叫作巴纳姆效应或福勒效应。这一效应的提出是基于一次有名的心理测试，认为每个人都容易相信一个笼统的、一般性的人格描述特别适合自己，即使这种描述十分空洞，仍然认为反映了自己的人格面貌，哪怕自己根本不是这种人。星座之说之所以能蛊惑人心，很大程度上便是基于这种效应。

可见，星座之说并不复杂，只不过是用修辞和诡辩之术对人的心理产生作用，从而促使人们笃信和迷恋。由于心理现象的复杂性，在心理学的发展历史上，与星座说相似的形形色色的伪科学不时粉墨登场，比如相面术和颅相学等等。而在文化多元和自媒体发达的新时代，对于不时涌现出的心理学的新观点，需要我们借助批判性思维，严谨而客观地评判。

（三）巴甫洛夫的高级神经类型与气质类型

巴甫洛夫经过多年的实验研究，发现人的高级神经活动过程，即大脑皮层的兴奋和抑制过程具有以下三方面的特征：强度，是指大脑皮层细胞的工作能力和承受刺激的大小及持久性；平衡性，是指兴奋过程与抑制过程的关系；灵活性，是指兴奋过程与抑制过程相互转化的难易程度。巴甫洛夫根据神经过程这三方面特性的不同组合，把人的高级神经活动划分为以下几种基本类型：

第一，强而不平衡型。其特点是兴奋过程强于抑制过程，很容易兴奋，且难以控制，又称为“不可遏止型”。

第二，强、平衡、灵活型。其特点是兴奋过程和抑制过程都较强，且二者转换较快，反应敏捷，活泼，适应性强，又称为“活泼型”。

第三，强、平衡、不灵活型。其特点是兴奋和抑制过程都较强，但二者不易转换，安静，沉着、反应迟缓，又称为安静型。

第四，弱型。其特点是兴奋和抑制过程都较弱，以胆小怕事、消极防御为主，又称为“抑制型”。

表 11－2　高级神经活动与气质类型对照表

高级神经过程的基本特性			高级神经活动类型	气质类型	行为特点
强度	平衡性	灵活性			
强	不平衡		不可遏止型	胆汁质	攻击性强，容易兴奋，不易约束
强	平衡	灵活	活泼型	多血质	活泼好动，反应灵活，好交际
强	平衡	不灵活	安静型	粘液质	安静迟缓，坚定节制，不好交际
弱			抑制型	抑郁质	胆小畏缩，消极防御反应强

学海无涯

专栏 11－3　四季般的气质

巴甫洛夫提出的四种气质显示了人们“四季”般的天性。

《水浒传》里的黑旋风李逵脾气暴躁，气力过人，为人耿直，忠义烈性，思想简单，行为冒失。心理学家把类似于李逵的气质叫作胆汁质。具有这种气质的人情绪爆发快，但难持久，如同夏天里的一阵狂风、一场雷阵雨，来去匆匆；这种人精力旺盛，争强好斗，做事勇敢果断，为人热情直率，朴实真诚；但是这种人的思维活动常常是粗枝大叶、不求甚解，遇事常欠思量、鲁莽冒失，做事也常常感情用事，但表里如一。我们所知道的名人中，普希金、李白、臧克家、巴甫洛夫、彼得一世等人的气质类型就是胆汁质。

浪子燕青聪明过人，灵活善变，使枪弄刀、弹琴吹箫、交结朋友等无所不会。心理学家把类似于燕青的气质叫作多血质。具有这种气质的人总是像春风一样“得意洋洋”，富有朝气；这种人乖巧伶俐，惹人喜爱。他们的情绪丰富而且外露，喜怒哀乐皆形于色，他们那副表情多变的脸折射出他们的内心世界。活泼、好动、乐观、灵活是他们的优点。他们喜欢与人交往，有种“自来熟”的本事，但交情粗浅。他们的语言表达能力强而且富有感染力，一件平淡无奇的小事能被他们描绘得精彩无比。他们思维灵活，行动敏捷，对各种环境的适应力强，教育的可塑性也很强。但是他们气质上的弱点是缺乏耐心和毅力，稳定性差，见异思迁。像郭沫若、赫尔岑、列宁等人的气质类型就是多血质。

豹子头林冲沉着老练，身负深仇大恨，尚能忍耐持久，几经挫折，万般无奈，终于逼上梁山。心理学家把类似于林冲的气质叫作粘液质。这种气质就像冬天一样无艳丽的色彩装点而“冰冷耐寒”，缺乏生气。这种人安静稳重，沉默寡言，喜欢沉思，表情平淡，情绪不易外露，但内心的情绪体验深刻，给人以貌似“冷”的感觉，很像外凉内热的“热水瓶”。他们自制力很强，不怕困难，忍耐力高，表现出内刚外柔。他们与人交往适度，交情深厚，朋友少但却知心。他们的思维灵活性略差，但考虑问题细致而周到，这往往弥补了他们思维的不足。学习和接受慢了些，但却很扎实，踏踏实实。他们平时总是四平八稳的，所以有时“火烧眉毛也不着急”。这种人的行为主动性比较差，经常是别人让他们去做某事才会去做，而并不是他们不想做。诸如茅盾、克雷洛夫、库图佐夫、契诃夫等人的气质类型就是粘液质。

《红楼梦》中的林黛玉多愁善感，聪颖多疑，孤僻清高。心理学把类似于林黛玉的气质叫作抑郁质。这种气质给人以“秋风落叶”般的无奈、忧愁的感觉。这种人情绪体验深刻、细腻而又持久，主导心境消极抑郁，多愁善感，给人以温柔怯懦的感觉。他们聪明而富于想象力，自制力强，注重内心世界，不善交际，孤僻离群，软弱胆小，萎靡不振。他们的行为举止缓慢而单调，虽然踏实稳重，但却优柔寡断。像杜甫、柴可夫斯基、果戈理、达尔文等人就是抑郁质。

但是，我们还会发现有的人既像燕青又像黛玉；有的人有时表现出燕青的气质，有时又表现出李逵的气质。事实上，单纯地属于这四种典型气质之一的人并不多，在生活中绝大多数的人是四种气质相互混合、渗透，兼而有之。有些人是两种气质的混合型，如多血—胆汁型、抑郁—粘液型；有些人是三种气质的混合型；还有些人则是四种气质的混合型。

（四）气质类型在教育实践中的意义

1. 正确对待学生各种不同的气质类型

首先，气质类型无好、坏之分。任何一种气质在一种情况下可能具有积极意义，在另一种情况下也可能具有消极意义；教育者应当坚信，任何一种气质类型的学生都可能培养成品学兼优的人。其次，气质不能决定人的价值观，只能使个性染上一定的色彩。气质的不同只能影响人心理活动的形式特点，而不能决定心理活动的内容和性质。最后，气质对人的成就不起决定性作用。气质只是属于人各种心理品质的动力方面，使心理活动染上某些独特的色彩，但不决定能力的发展水平。

2. 根据学生气质的个别差异，注意因材施教

教师应该根据每个学生的气质特点，注意扬长补短，因势利导，发挥其气质类型的积极因素，回避或适当弥补其消极之处，以完善其人格，引导其更好地发展。

3. 指导学生认识并调控自己的气质特征

虽说人的气质是比较稳定的心理特点，但人的气质也会随着年龄增长，受生活和教育影响而有所变化，对于可塑性极强的青少年来讲，更是如此，因此，应注意培养学生的良好个性。但气质的培养、个性的塑造仅仅由教育者一方进行是不够的，教是为了不教，真正成功的教育必须调动起学生进行自我教育的愿望和积极性。只有学生了解自己的气质特征，认识了解自己气质的不足，并经常地自我调控，提高自我修养水平，才能培养起良好的气质和形成良好的个性。如胆汁质的学生要注意控制情绪，不随便发火；多血质者要集中注意，做事认真，踏实；粘液质者应要求自己办事果断、利落；抑郁质者应要求自己合群，遇事不畏缩。

4. 教师正确认识自己气质的优缺点，加强自身的行为修养

教师本人首先要充分了解自己的气质特点，有意识地加强自身的锻炼，提升人格品质，这对于做好教育工作具有重要意义。

➤扫描本章二维码，了解“陈会昌的气质类型测试”。

畅所欲言

结合卡特尔的16种人格因素测试，根据气质类型测验结果，各自描述、分析自己的人格特征，小组成员间互相评价。

二、性格

(一) 性格的含义

性格是人对现实的态度和行为方面比较稳定的心理特征。任何性格特征都不是一朝一夕所能形成的，是在社会环境、教育及自身实践影响下，长期塑造而成的。个体在日常生活中一时的态度和行为表现不能被认为是一个人的性格特征，只有那些经常的、稳定的态度和习惯化了的行为表现才是个性的性格特征。

性格一经形成就比较稳定，但这并不意味着性格是一成不变的。既然性格是在个体生活过程中形成的，那么也必然存在着改变的可能性，生活中经历的一些重大事件、环境与实践的状况都影响或改变着个体的性格。青年期是性格塑造的最佳时期，成年人性格趋于稳定。

有一位先哲说过：“一个人的性格就是他的命运。”性格可能是一个人生活成败、喜怒

哀恨的根源。人们经常会使用性格特征来解释某人的言行及事件的原因。面对挫折与失败,坚强者发奋拼搏,懦弱者一蹶不振。面对悲痛,一些人可以将悲痛化为力量,而另一些人则表现为消沉。因此,性格会决定一个人的生活方式,甚至有时会决定一个人的命运。

性格是后天在社会环境中逐渐形成的,是个人最为核心的人格差异,受其价值观、人生观、世界观的影响,所以性格具有好与坏之分,体现了一定的阶级性与道德性。有的人正直无私,有的人虚伪自私,像王熙凤的狠毒、葛朗台的吝啬,都是令人生厌的。这些具有道德评价含义的人格差异,我们都将其归为性格差异。

(二)性格与气质

性格与气质都是描述个体典型心理特征的概念,因而日常生活中人们常常将两者混为一谈。如我们经常评价某人性格活泼或性子太急,这实际上是气质特征。

性格与气质之间存在着区别,主要表现在以下几个方面:

第一,形成的影响因素。气质更多地受高级神经活动类型的影响,即受人的先天生物遗传特征的影响,主要表现在人的情绪和行为活动中动力性的特征上。而性格则更多地受社会生活条件制约,是由社会实践要求所决定的,是态度体系和行为方式相结合而表现出来的心理特征。

第二,有无好坏之分。气质是行为外显特征,与行为内容没有关系,因而在社会评价上没有好坏之分。性格表现在人的行为中并影响人行为的善恶,有好坏之分。如我们形容人们精力充沛、热情奔放、活泼开朗、沉默寡言等,就属于气质范畴,只影响行为表现的方式;而正直勤奋、赤胆忠心、朴素大方、自私吝啬则是属于性格范畴,影响到行为的内容。

第三,稳定性程度。气质具有调节作用,它是以神经系统特征做基础的,而这种特征在很大程度上生来就有,因此不易改变。而性格则主要在后天的环境中形成,虽然也具有稳定性的特征,但在环境和教育影响下,较之气质,是能够加以重新塑造的。

气质与性格虽然有区别,但又处于复杂的联系之中,相互制约。相同气质类型的人,可以形成不同的性格;而具有共同性格特征的人,则可能属于不同的气质类型。如同是胆汁质的人,有的表现为疾恶如仇,能见义勇为;有的肆无忌惮,为非作歹。再如,每一种气质类型的人都可以形成助人为乐、吃苦耐劳的良好性格特征。

首先,气质是性格形成的自然基础。气质不但影响性格的动态表现形式,而且影响性格形成的速度和巩固程度。如同样是学生干部,多血质的人开展工作机制灵活;胆汁质者表现为热情爽快;粘液质者会不露声色、脚踏实地;抑郁质者则是细致入微。

其次,性格对气质有一定的制约作用。具有坚强意志性格的人,胆汁质者可以克服急躁鲁莽的消极气质因素;多血质者能尽力使自己集中精力、踏实、稳定;粘液质者会鼓足勇气;抑郁质者则会克服自己的消极情绪,最终掩盖或改变原有的气质特征,培养出积极的性格特征。

(三)性格的特征

性格是一个非常复杂的心理结构,由不同的性格特征所组成,主要有以下四个方面的特征:

1. 性格的态度特征

这是人对客观世界影响的态度反馈，是指一个人处理各种社会关系时所表现出来的性格特征，具体包括对待社会和集体、工作和学习、自己和他人三个方面的特征。比如公而忘私或假公济私、忠心耿耿或三心二意、热爱集体或自私自利、富有同情心或冷酷无情、礼貌待人或粗暴、正直或虚伪、勤劳或懒惰、认真或马虎、开拓创新或墨守成规、节俭或浪费、谦虚或骄傲、自尊或自卑、严于律己或放任自流，等等。

2. 性格的意志特征

这是指一个人对自己行为的自觉调节方式和调节水平方面的性格特征，可以从意志品质的自觉性、果断性、坚韧性和自制性上来考量。比如有远大理想或鼠目寸光、计划或盲目、独立或盲从、坚定或受暗示、果断或优柔寡断、坚韧不拔或虎头蛇尾、勇敢或怯懦、自制力强或任性，等等。

3. 性格的情绪特征

这是指人在情绪发生的强度、稳定性、持久性和主导心境等方面表现出来的性格特征。比如情绪体验强烈且不易控制或微弱容易控制、平静或易起波动、情绪持久或短暂、愉快或忧伤、乐观或悲观，等等。

4. 性格的理智特征

这是指人在认知过程中表现出来的性格特征。个人认知水平的差异称为能力特征，个人认知活动特点与风格称为性格的理智特征。主要包括感知、记忆、思维、想象等过程的主动或被动、独立性或依存性、精确或模糊、直观或逻辑、速度的快或慢、细节或整体，等等。

性格的四个特征以态度特征为核心，因为它直接体现了一个人对事物所特有的、稳定的倾向，也是一个人本质属性和世界观的反映。性格的四方面的特征不是孤立的，而是相互联系的，在个体身上结合为独特的统一体，从而形成一个人不同于他人的性格。另外，一个人的性格特征并不是一成不变的机械组合，在不同的场合下会显露出一个人性格的不同侧面。例如，鲁迅既"横眉冷对千夫指"，又"俯首甘为孺子牛"，只有在不同场合下进行充分观察，才能了解到一个人性格的丰富和统一。

学深悟透

专栏 11－4　认知风格

认知风格也叫认知方式，是指个体在认知活动中表现出来的习惯化的行为方式。认知风格与智力无相关或相关不显著，大多是自幼所养成的在知觉、记忆、问题解决过程上的态度或表达方式。认知风格是认知过程中的个体差异，种类繁多，下面介绍几种：

其一，场独立性与场依存性。这是美国心理学家威特金在研究垂直视知觉时发现的，主要涉及了人对外界环境的一种依赖程度。心理学家把外界环境描述为一个"场"，这个场中包含了各种人、物和事。场独立性的人不太依赖于外界环境，他们在对信息进行加工处理时，依据内在标准或内在参照，与人交往时也很少能体察入微，这种人称之为场独立性。场依存性的人则要依赖于外界环境，处理问题总是依赖于"场"，他们在对信息进行加工处理时，依据外在参照，与别人交往时也能考虑到对方的感受，所以，把这种人称之为场依存性。场独立性与场依存性这一性格差异存在于心理的各个方面，如知觉、思维、学习、人际交往等方面。从其性格整体来说，场独立性与场依存性这一人格维度没有好与坏之分，他们各自在不同的领域独领风骚。场独立性的人在认知领域显示了优势，他们处理问题比较灵活，善于抽象思维，自学能力较强，对自然科学知识更感兴趣；而场依存性的人在人际社会领域中显示了优势，他们善于体察别人，与人相处亲切融合，他们更喜欢社会定向的学科与知识。

其二，沉思型和冲动型。根据解决问题速度的快慢和正确性的高低可以有四种反应模式。但是卡根发现，既快且正确和既慢不正确这两种类型极少，快而错误的冲动型和慢而正确的沉思型达到被试人数的2/3以上。研究发现，冲动型被试对各种可能的选择做一个简略审视后便立即做出决定，解答问题快，往往会出现较多的错误。而沉思型则是注重答案的正确性，在做出反应前深思熟虑，认真思考所有可能的选择，解答问题慢，犯错误较少。

表11－3　沉思型和冲动型

反应速度 / 反应时 / 正确率	低	高
快	冲动型	快—正确型
慢	慢—错误型	沉思型

其三，整体型和分析型。这是多位心理学家提出的两种认知倾向，也有称为认知风格的同时性和继时性。整体型者倾向于用整体性的假设—引导策略对认知任务做出反应，他们主要以一种整体性、主题式的方法进行认知，常常在同一时间内关注主题的几个方面，在几种不同的思维水平上同时进行学习。研究还发现，右脑优势的个体更多表现出这一风格；许多数学操作、空间问题的操作都依赖于这种同时性的加工方式，这也可能是男生在数学能力与空间能力方面优于女生的原因之一。相反，分析型者则倾向于用材料—引导、逐步加工的集中策略做出反应，主要采取“操作”的学习方法，他们较关注细节、程序，常常以线性结构理解信息。逐步学习，建立清晰、易于识别的信息组块以用于联系主题中的概念和构成部分，是分析型者的典型认知特征。一般而言，左脑优势的个体更多表现出继时性的加工风格；言语操作和记忆都属于继时性加工，这也可能是女生记忆和语言能力比男生好的原因之一。

研究认为，当教师呈现的学习材料与学生的认知风格相匹配时，学生的学习效果好；反之，当学习材料与学生的认知风格不相匹配时，学习成绩一般都不佳。

（四）性格的类型

1. 理智型、情绪型和意志型

这是英国心理学贝恩和法国心理学家巴特等人按理智、情绪和意志在性格结构中的地位来划分的。理智型即用理智衡量一切并支配行动。这种人会对将要做的每一件事情，进行理智的思考，明确其得失，得大于失就做，否则就不做。情绪型的人情绪体验深刻，行动受情绪支配，感情用事。意志型的人具有明确的目标，行为主动，富有原则。此外，还有各种中间型。

2. 内向型、外向型和中间型

这是以个人的心理活动和行为是倾向于内心世界还是外部世界作为划分依据，来确定性格类型的一种学说。这种学说在性格分类学说中最为有名，最早是由瑞士心理学家荣格提出来的。内向型的人沉静多思，交际面窄，反应缓慢，适应环境困难，应变能力差，顾虑多。外向型的人关心外部事物，活泼开朗，善于交际，不拘小节，独立性强，比较草率。荣格发现，多数人是介乎两者之间的中间型。

3. 霍兰德的性格类型论

美国职业指导专家霍兰德(John Lewis Holland，1919—2008)提出性格—职业匹配理论。他认为，学生的性格类型、学习情绪和将来的职业准备密切相关。他把人类的性格划分为六种类型，即现实型、研究型、艺术型、社会型、企业型和常规型。他将六种类型的性格特征与适合的职业挂钩，给测试者以未来职业选择的建议。比如社会型的人具有爱好社交、活跃、友好、慷慨、乐于助人、易合作和合群等性格特征，适合从事社会工作、教师、护士等。研究型的人具有好奇心、善于分析、思维精确、内向、富有理解力和聪明等性格特征，适合从事自然科学工作、电子学工作和计算机程序编制等。

经过长期研究，霍兰德把六种性格类型与456种职业进行匹配，提出在性格类型与职业类型匹配上，主要有协调、亚协调和不协调三种模式。他认为如果职业类型与性格类型相重合，个人会感兴趣并获得内心的满足，最能发挥自己的聪明才智。这一理论对职业指导具有重要意义。但是心理学研究表明，对工作的兴趣是做好工作的重要条件，但不是唯一的条件，影响职业的心理因素多种多样且复杂。

4. A型性格、B型性格、C型性格和H型性格

这一分类是基于医生临床观察提出的。他们发现，不同的个性风格对健康有不同的影响。比如A型性格的人是工作狂，他们好竞争、雄心勃勃，讨厌浪费时间，容易被激怒。他们总是感到压力，并有同时做几件事的强烈意向，这种人患心血管病的可能性大。B型性格的人随和且不容易动怒，不过分争强好胜，随遇而安，看上去温和、平静、放松、平和，他们较少罹患躯体疾病，通常更健康，寿命更长。C型性格者主要表现为内向、孤独和抑郁，较难表达情感，尤其是负面情绪，这些特征和癌症关系紧密。

进一步的研究发现，并不是所有A型性格的人都容易患心脏病，这些人有着“坚强人格”(the hardy personality，H型性格)，与普通A型性格者相比，拥有“坚强3C”，即有信仰(commitment)、可控制生活及事件(control)、不惧挑战(challenge)。

三、自我

自我也称自我意识，是指一个人对自己以及自己和他人关系的意识，是个多维度多层次的复杂系统。西方心理学中对自我的研究经过了开始、淡化、重兴等阶段，在不同的心

理学流派中对自我的定位大相径庭，原因之一是自我的复杂性。自我的含义非常丰富，可以把它视为个人认识的对象，也可以把它视为个人行为的主宰者。在人格结构中，与认知和元认知类似的，性格和气质作为对个体间差异比较形成的系统，主要是对外的，而自我是内控系统或自控系统，是对人格的各种成分进行调控，以保证人格的完整、统一与和谐。

（一）自我的分类

从意识活动的内容上来看，自我意识可以分为生理自我、社会自我和心理自我。生理自我即对自身生理属性的意识，包括性别、高矮、胖瘦等，一般在3岁左右形成。社会自我是对社会属性的意识，包括个人对自己在各种社会关系中角色、地位、权利、义务等的意识，一般在少年期前形成。心理自我是对自己的心理属性的意识，包括对自己的认知、人格、动机、需要和行为的意识，一般在青春期后出现。

从自我认知中的自我概念的角度上分，自我意识可以分为现实自我、投射自我和理想自我。现实自我也称现实我，是个人从自己的立场出发对现实中的我的认识。投射自我也称镜中我，是想象他人对自己的认识以及由此产生的自我感。理想自我也称理想我，是从个人立场出发对将来我的认识。理想自我和现实自我的统一，称之为自我同一性。

当然，影响最为广泛的莫过于将自我划分为自我认识、自我体验和自我控制三个子系统。

1. 自我认识

也称自我认知，是指个体对自己的洞察和理解，主要包括自我观察和自我评价。自我观察是指对自己的感知、思想和意向等方面的觉察；自我评价是指对自己的想法、期望、行为及其人格特征的判断与评估，这是自我调节的重要条件。如果一个人不能正确认识自己，只看到自己的不足，觉得处处不如别人，就会产生自卑，丧失信心，做事畏缩不前；反之，如果一个人过高地估计自己，就会骄傲自大、盲目乐观，导致工作的失误。因此，恰当地认识自我，实事求是地评价自己，是自我调节和人格完善的重要前提。另外，自我感觉、自我概念、自我印象、自我分析等也多是自我认识的表现，主要涉及“我是谁”“我为什么是这样的人”等问题。

2. 自我体验

自我体验是伴随自我认识而产生的内心体验，是自我意识在情感上的表现。当一个人对自己做积极的评价时，会产生自尊感；做消极的评价时，会产生自卑感。自我体验可以使自我认识转化为信念，进而指导一个人的言行；自我体验还能伴随自我评价，激励适当的行为，抑制不适当的行为。如果一个人在认识到自己不适当的行为后果时，会产生内疚、羞愧的情绪，进而制止这种行为的再次发生。诸如自爱、自恃、自傲、责任感、优越感等也是自我体验的形式，主要涉及“我是否满意自己或悦纳自己”等问题。

3. 自我控制

自我控制是自我意识在行为上的表现，是实现自我调节的最后环节，包括自我监控、自我激励、自我教育等成分。如一个学生意识到自己对自己发展的重要意义，会激发起努力学习的动机，在行为上表现出刻苦学习、不怕困难的精神。诸如自立、自主、自制、自强、自卫、自律等都是自我控制的表现，主要涉及“我要振奋自己或节制自己”“我要使自己成为我理想中的那样人”等问题。

（二）自我意识的形成和发展

孩子们是在什么时候开始意识到自我的？研究表明儿童先获得一个主观自我，然后形成客观自我。当儿童逐渐认识到他们与别人是分离的时候，他们就获得了一个主观的自我觉知，主观自我形成。当儿童将意识转向自己的时候，使自己成为他们意识分析的对象，其客观自我形成。儿童客体自我形成的经典实验是点红实验，即在幼儿的鼻子上点上一个红点，带他们到镜子前，研究表明，直到 18 个月的时候，大多数幼儿才会摸自己鼻子上的红点。也就是说，幼儿 18 月左右，形成了初步的客体自我。

个体自我意识发展的途径很多，可以通过认识他人来反观自己，也可以通过分析自己活动的结果来认识自我，还可以通过自我观察和自我反思来认识自我。

第二节 人格的理论

由于人格的复杂性，对人格研究的视角、方法不同，产生了众多的人格理论。每个理论都可以解释人格的一部分，综合起来就可以使人们对人格有更多的了解。

一、人格的动力理论

弗洛伊德是心理动力学最为著名的代表人物，他最早开展了人格研究。他强调人是受潜意识本能驱动的，早年生活经验决定人格发展。

见贤思齐

专栏 11－5 毁誉参半的弗洛伊德

弗洛伊德是奥地利著名精神病医师、心理学家，是精神分析学派创始人。1873 年，弗洛伊德进入维也纳大学学习，于 1881 年获医学博士学位。1882 至 1885 年间他在维也纳综合医院担任医师，从事脑解剖和病理学研究。1895 年写成《歇斯底里症研究》一书，正式提出精神分析的概念，奠定了精神分析学的理论基础。1899 年出版《梦的解析》，被认为是精神分析心理学的正式形成。1919 年成立国际精神分析学会，标志着精神分析学派的形成。1938 年弗洛伊德赴英国避难，次年于伦敦逝世。

弗洛伊德一生研究成果繁多，其中最为著名的便是其提出的人格理论，主要包括潜意识与人格理论、本能论、人格发展理论、梦论、焦虑与心理防御机制和社会文化理论。弗洛伊德对人格结构本我、自我和超我三个层次的概述，在一定程度上较为客观地解决了学界对“人格”这一抽象概念的混乱问题。弗洛伊德的理论建立在对人类心灵和行为的科学观察基础之上。通过对人类心灵和行为的科学观察，为他的理论提供了观察基础和科学依据，使他的理论能够解释很多心理现象。

弗洛伊德的精神分析不仅首提对潜意识心理的研究，更开创了人格心理学、动力心理学和变态心理学的新领域，并促进自我心理学的发展，在心理治疗领域，影响了很多后来的治疗方法体系。尽管时人对弗洛伊德的争议很大，但是其精神分析法所带来的成就是不容小觑的。他所研究的不仅是心理现象的表面价值，更是在力求心理现象背后隐匿的精神作用，这比以往任何一位心理学家对人的内心认识都要深刻。

作为20世纪最重要的社会思潮和学术流派之一，精神分析理论对心理学、教育学、哲学、人类学、文学艺术、伦理学等领域都产生了重大影响。在获得众多溢美之词的同时，一直有人质疑，像“20世纪最重要的思想体系”和“20世纪最使人瞠目结舌的知识欺诈”这样相左的评价集精神分析理论于一身。你是怎么看待这一理论的呢？

（一）人格结构

弗洛伊德提出人格是一个由本我、自我、超我三个心理结构组成的动力系统，人的大多数行为都是三者共同活动的结果。

本我位于人格结构的最低层次，是人原始的无意识本能，特别是性本能组成的能量系统，包括人的各种生理需要。它遵循快乐原则，寻求直接满足，而不顾社会现实是否有实现的可能。

超我位于人格结构的最高层次，由社会规范、伦理道德、价值观念内化而来，是个体社会化的结果。它遵循道德原则，是道德化了自我，起着抑制本我冲动，对自我进行监控以及追求完善境界的作用。

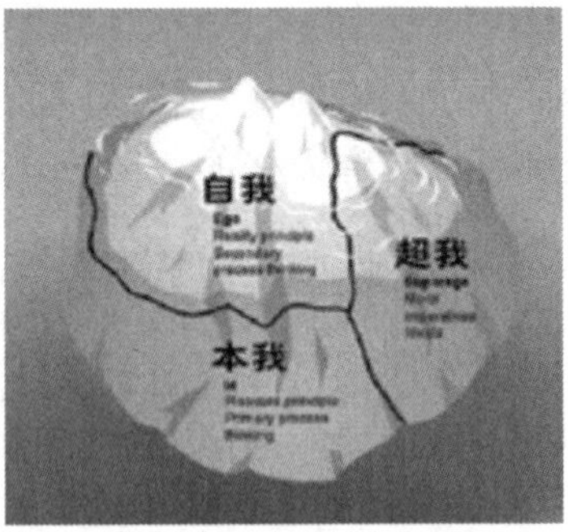

图11－1　弗洛伊德理论的人格结构

自我位于人格结构的中间层次，是在本我和超我的冲突中逐渐发展起来的，它在本我和超我之间起着调节的作用，一方面要尽量满足本我的要求，另一方面又受制于超我的约束。它遵循的是现实原则。

人格结构中的三个层次相互交织，形成一个有机的整体。它们各行其责，分别代表着人格的某一方面：本我反映人的生物本能，是“原始的人”；自我寻求在环境条件允许的情况下，让本能冲动得到满足，是人格的执行者，是“现实的人”；超我追求完美，代表了人的社会性，是“道德的人”。当三者处于协调的状态时，人格表现出一种健康的状况；当三者发生冲突且无法解决时，就会导致心理疾病。

（二）人格发展阶段

在第二章介绍过的埃里克森的心理发展阶段理论，是以弗洛伊德人格理论中所指的自我为基础的。弗洛伊德以性感带（身体上性敏感的区域）的不同，将个体的人格发展分为五个阶段：

一是口唇期（0～1岁），又称口欲期。因为这一时期婴儿本能性的需求主要是靠口唇活动得到满足的。婴儿除了吃奶时的口唇活动之外，也靠口唇活动以探索周围的世界，认识客观事物，从中得到乐趣。根据弗洛伊德的说法，此时期口唇活动如果受到限制，可能会留下后遗症。成人中所谓的“口唇性性格”可能就是口唇期发展不顺利所致，在行为上表现贪吃、酗酒、吸烟、咬指甲等。

二是肛门期（1～3 岁），又称肛欲期。这一阶段的儿童是从大小便排泄时所产生的快感中得到满足。父母对儿童排泄活动的过分注意也增加了儿童对排泄本身的兴趣。根据弗洛伊德的说法，此时期如果父母管教过严，难免会留下后遗症，形成所谓的“肛门性格”。成年人在行为上表现冷酷、顽固、刚愎自用、吝啬等性格，可能与其幼年时肛门期未能良好发展有关。

三是性器期（3～6 岁）。儿童的兴趣集中在他的性器官，通过玩弄自己的性器部位获得原始性冲动的满足，而且他们的行为开始有了性别之分。男孩开始有恋母情结，一方面喜欢妈妈，嫉妒爸爸，另一方面出现阉割焦虑。这种焦虑的积极后果，使他放弃对母亲的性渴求，通过对父亲的认同作用产生了超越，从而使恋母情结消失。女孩有恋父情结，其发展过程与男孩类似。

四是潜伏期（6～12 岁）。这一阶段儿童的性冲动处于暂时的潜伏状态，性兴趣被其他兴趣，如探索自然环境、知识学习、文体活动和同伴关系等所取代。这段时间里，儿童生活范围扩大，在学校的学习中获得了系统知识，其人格中的自我和超我获得了较大发展。男女儿童之间关系较为疏远，团体活动中男女分离甚至不相往来。

五是生殖期（12 岁以后），又称两性期。男女少年进入青春期后，性的发育使得性兴趣重新活跃起来。此时，性器官成为主要的性感区，性需求满足的对象由父母转向同年龄异性。人格发展与性心理的发展臻于成熟。

弗洛伊德认为，人格的健康取决于人格各个部分关系的和谐一致，以及个人与其生存现实世界的协调。成人人格出现的问题，乃是童年时期性本能受到压抑、升华、反向、固着、退化等的结果。如果自我长期、经常地运用防御机制，会导致内在人格结构的不平衡。上述观点受到较多心理学家的批评，被称为“泛性论”。

与弗洛伊德同时及其后，众多的心理学家如阿德勒、荣格、霍妮、沙利文以及埃里克森都提出了不同的动力理论，构成了一个庞大的理论体系。

二、人格的特质理论

特质就是特性、特征，是指个人的遗传与环境相互作用而形成对刺激发生反应的一种内在倾向，是个体在大多数情境中表现出的相对稳定而持久的特性。特质是构成人格的基本单位，决定个体的行为；通过对个体特质的了解，可以预测个体的行为。构成每个人特质的结构、程度不同，形成了人与人在人格上的差异。

（一）奥尔波特的特质论

20 世纪 30 年代，特质理论的创始人、美国心理学家奥尔波特（Gordon Willard Allport，1897—1967）以个案研究法，分析出各种具有代表性的人格特质。他认为，人格结构中包含共同特质和个人特质两类特质。共同特质是同一文化形态下人们所共有的、相同的人格特征，个人特质是个人特有的人格特征，根据其影响普遍程度（显著程度）分为三个层次，包括首要特质、中心特质和次要特质。

首要特质是一个人最为典型、最具有概括性的特质，在人格结构中处于支配的地位，但其数量不多，表现在个体生活的方方面面。比如，多愁善感是林黛玉的首要特质，权欲熏心和奸诈狡猾则是曹操的首要特质。中心特质是能够代表一个人的主要行为倾向的特质。与首要特质相比，其作用略小些，表现的场景要少些。例如，清高、率直、聪慧、孤僻、内向、抑郁、敏感是林黛玉的中心特质，而狠毒、无情无义、诡计多端、猜疑妒忌则是曹操人格中的中心特质。次要特质是只在特殊场合下才表现出来的、个体不太重要的特征，其作用比中心特质更小。例如，林黛玉的善解人意、曹操的心软善良是他们的次要特质，只有偶尔才能表现出来。

奥尔波特最为感兴趣的是一个人作为独立个体的这三种特质的独特组合，这一人格结构是个体行为的关键决定因素。

（二）卡特尔的特质因素分析理论

美国心理学家卡特尔（Raymond Bernard Cattell，1905—1998）采用因素分析技术，确定了 16 种互相独立的人格因素，称之为根源特质，以区别于表面特质，行为之间呈一种关联，会一起变动而形成单一、独立的人格维度。

卡特尔相信，他所找到的 16 种因素是表面行为的潜在根源，就是我们通常所说的人格。例如，焦虑是害怕考试和体育比赛时双腿发抖的共同原因，这里焦虑就是一种根源特质；乐群性是一种根源特质，一个人身上的乐群性的量影响着他的各个方面，如朋友的多少、与什么人做朋友、交往的技能等。根源特质是构成人格的基本要素。这 16 种人格因素，每一种都是两极化的。例如，感情稳定性，从一端的“易感情用事”到另一端的“情绪稳定”；疑虑，从“信任”到“多疑”；等等。

卡特尔认为，每个人都具有这 16 种特质，只是在不同人身上的表现有程度上的差异。所以，他认为人格差异主要表现在量的差异上，可以对人格进行量化分析。为此，他编制了“卡特尔 16 种人格因素调查表”(16PF)。

（三）艾森克的人格分类

英国心理学家艾森克（Hans J. Eysenck，1916—1997）以内倾—外倾和情绪稳定—不稳定这两个基本的人格维度，把人分为四种类型，即稳定内倾型（相当于粘液质，表现为温和、镇定、安宁、善于克制自己），稳定外倾型（相当于多血质，表现为悠闲、开朗、富于反应），不稳定内倾型（相当于抑郁质，表现为严峻、慈爱、文静、易焦虑）和不稳定外倾型（相当于胆汁质，表现为冲动，好斗、易激动）。另外，为了解释心理异常者的人格，艾森克又增加了第三个维度——精神病倾向，

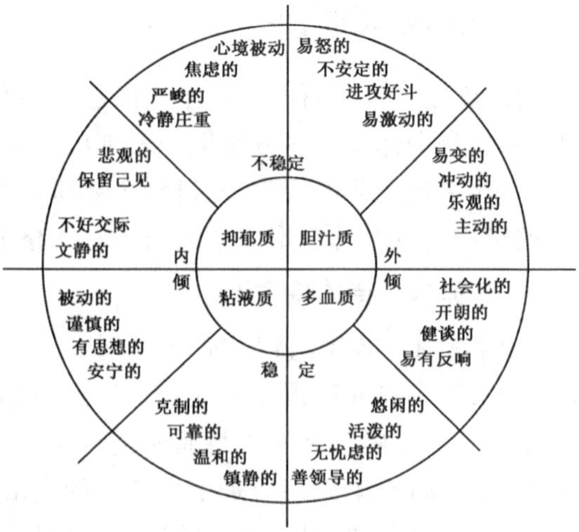

图 11－2　艾森克的人格分类

但这并非独立于原来的两个维度之外，而是相关的；人格内向而又情绪不稳定的人，其精神病倾向的可能性就高。艾森克与其夫人一起编制了艾森克人格问卷（EPQ），专门用来测定这三个基本特质维度的个体差异。

艾森克运用维度的概念，将特质和类型的概念联合起来，因为类型在实际生活中更为常用，所以其理论颇具价值。但与特质相比，维度说降低了对人行为的预测性。

（四）人格的五因素模型

20世纪60年代以来，众多的心理学家采用多种方法对人格特质进行探究，先后得出了一致性的结论：发现了五个相对稳定的因素，被称为五因素模型，即外倾性（extraversion，表现出热情、社交、果断、活跃、冒险、乐观等特质），宜人性（agreeableness，表现出信任、直率、利他、依从、谦虚、移情等特质），认真性（conscientiousness，或称责任心，表现出胜任、公正、条理、尽职、成就、自律、谨慎、克制等特质），神经质（neuroticism，就是情绪稳定性，表现出焦虑、敌对、压抑、自我意识、冲动、脆弱等特质）和经验开放性（openness，表现出想象、审美、情感丰富、求异、创造、智能等特质）。这五个特质的头一个字母构成了“OCEAN”一词，代表了“人格的海洋”，心理学家据此编制了“大五人格因素测定量表”。

多数研究者认为人格的五因素模型可以较好地描述人格结构，在临床心理、健康心理、发展心理、职业、管理和工业心理等方面都显示了广泛的应用价值。当然，五因素模型是描述性的，通过对特质项目类群的统计分析得出，而非某个理论揭示出来的模型。

三、人格的人本理论

（一）马斯洛的自我实现

马斯洛认为，人生来具有趋向健康成长从而发挥其潜力的内在动力，当被视为个体发展内在动力的各种基本需要得到满足之后，他才会出现高层次的自我实现的需要。自我实现是个体成长的动力和目的，这使个体与生俱来的内在潜能在成长过程中得到充分的展现。

马斯洛通过研究发现，自我实现者具有一系列人格特征：① 能准确地知觉现实；② 悦纳自己、他人和周围世界；③ 能自然地表达自己的情绪和思想；④ 以问题为中心；⑤ 超然独立；⑥ 对于文化环境和自然条件的自主性；⑦ 具有连续的新鲜统觉；⑧ 有高峰体验；⑨ 爱人类并有帮助人类的真诚愿望；⑩ 有至交好友和亲密的家人；⑪ 民主性格，尊重他人；⑫ 道德标准明确，不混淆手段和目的、善和恶；⑬ 哲理的、善意的幽默感；⑭ 有创造性，不墨守成规；⑮ 对现有文化更具批评精神；等等。自我实现者不是名人的专利，无论何种职业、哪一领域，都能够可能使自己生活美满、充实，并具有创造性，使个人的潜能得到充分的发挥。

自我实现其实是一个模糊的概念，通向这一顶点的探索是一项艰难而又曲折的任务。马斯洛把许多人体验到的自我实现时的瞬间经验称为高峰体验。其特点是幸福感和成就感，是一种短暂的、自己与所有事物和谐一致的、非自我中心的完美和达到目标的状态。

这种心灵上的满足和完美的体验，只有真正的自我实现者才能体验得到。每个人的自我实现取决于自己的不断努力、自我要求和耐心，这是个体的一种成长过程，一种逐渐实现自我潜力的过程。

（二）罗杰斯的自我概念

罗杰斯以其提出的来访者中心疗法而闻名。在他的人格理论中，核心是自我概念，个人总是以自我概念来评价每一个经验，使这些经验和感受与自我概念相和谐，个人在一生中都在维护自我与经验之间的和谐。如果个人的经验和感受与自我概念不和谐，个人就会受到威胁，并且不让这些经验进入意识，以对事实的否认来保护自己。如果自我很不和谐，个人的防卫便会崩溃，并导致严重的焦虑或其他形式的情绪困扰。适应良好的人，通常都有与其经验感受相和谐的自我概念。他们的自我概念不是僵化的，而是灵活的，并随着吸收新的经验和新的思想而变化。

罗杰斯认为，自我不和谐有两种情况。一种情况是理想自我与现实自我之间的不和谐。比如一名学生的理想自我是才高八斗、才华盖世，但是现实自我是成绩很差、经常考试不及格、被同学看不起；如果这名学生的理想自我和现实自我之间的不和谐进一步加剧或持续下去，就有可能出现严重的心理障碍。在个人努力达到理想自我的过程中，虽然不可能完全达成理想自我和现实自我之间的和谐，但是诚实地接受有关自我的信息，就能最大限度地发挥自己的潜能，逐步减少这种不和谐。另一种自我不和谐的情况是在有条件的积极关注下所获得的评价性经验与自己的直接经验不一致。比如一位中学生的直接经验是自己对舞蹈十分喜爱，但他的父母认为他有数理方面的才能，为此他要放弃对舞蹈的爱好。显然，他在做一件扭曲真实自我的事情。为此，他在心理上总是不平衡，即使将此事排除于自己的意识之外，但此事仍会在潜意识中存在。在个体的成长过程中，所遭遇的有条件的积极关注下所获得的评价性经验，是造成自我不和谐的一个重要原因。

人本理论强调个人经验和自我在人格中的重要作用，强调人性善的一面，反对弗洛伊德的性恶论。人本论的相关概念被广泛地应用于心理咨询和治疗，激励着更多的人去追求更高的心理境界和人生目标。但是不少概念模糊不清，难以进行客观研究和测量。

四、人格的学习理论

（一）斯金纳的习惯形成

行为主义者是否认“人格”这一心理学概念的，他们更多的是用“习惯”一词来描摹人类行为中稳定性的内容。斯金纳认为，“人格”是个虚构的概念，人性既不是被动的，但也不是主动的，一切行为习惯都是习得的，人格其实就是习得的行为模式的集合或习惯性行为。从学习论的观点来看，与其他习得行为一样，人格也是通过经典条件反射和操作条件反射的过程形成的，包括对他人行为的观察、强化、消退、泛化和辨别等各种过程。比如，女孩从小看妈妈给自己扎辫子，后来在娃娃家游戏中模仿妈妈给布娃娃扎辫子，再后来慢慢自己练习扎辫子，妈妈在旁边帮助她、鼓励她，以后女孩独自梳理头发，还可以帮助同学编辫子。女儿的人格就犹如扎头发一样，是在模仿母亲的行为和接受母亲的教育中逐渐形成的。

学习论强调学习在人格形成中的决定作用，人格中的一切都可以用学习来加以解释，先天的稳定人格特质是不存在的。比如诚实、可靠这些特质都是虚构的，不存在跨情境的一致性。因为在行为主义者看来，人格测量无法帮助我们确定一个人在特定场合是否诚实。比如，一个人捡到钱包交还失主是诚实，但是他可能会闯红灯，也可能在某次测验中作弊，还可能在某件小事情上对同学撒谎。总而言之，所有的行为包括各种特质都是由外界情境所决定的。研究表明，情境中的驱力、线索、反应和奖赏四个因素会影响个体采取行为选择及其习惯的形成。

（二）班杜拉的社会学习

被称为新行为主义者的班杜拉认为，个体人格的形成是在社会情境中经由对别人行为表现的观察而学得的，观察学习是社会学习的主要方式。与传统的行为主义者主张个人与环境的二元交互不同，班杜拉主张个体心理的发展是行为、个人和环境三者交互影响而决定的。在其中，个体行为的习得、习惯的养成和人格的形成有三种途径：一是直接强化，即个人亲自实践获得的强化；二是间接强化，即通过观察学习获得的替代性强化；三是自我强化，个人的行为是自主的，获得满足达到预期后得到了自我强化。在自我强化的过程中，个体根据一定的标准进行自我评价和自我监督，来强化相应的行为。不断自我强化的历程逐渐养成了个体行为的自律。

（三）罗特的期望强化

罗特(Julian Bernard Rotter，1916—2014)强调心理情境、期望强化和自我强化在习惯行为习得中的作用。我们的基本行为模式是在社会情境中学得的，对于一个人的持久性行为倾向，只了解当时行为反应的外部情境是不够的，还需要了解这个人的心理情境，即个人是如何对特定情境进行解释和定义的。因为个人对情境的主观解释决定他其后会做出何种反应，而期望是个人对自己的反应是否将引起强化的预测。例如，如果某个人过去曾有过努力学习获得成功的经验，那么他在某次考试失败后，他会以过去成功的经验来预期，则更有可能激发自己更加努力学习；即便凭借过去经验不足以预测自己的行为反应，但是对未来强化的期望也会激起他更加努力学习。当然强化的期望还取决于强化价值，即实现的目标对你的重要性程度。如果个体在这一过程中还运用自我强化，即对自己行为给予积极评价时所得到的评价，那么他相应行为的习惯就更容易形成。

与前面三种理论相比，人格的学习理论在研究过程中采用严格的实验控制以及假设验证的流程，故而提出的理论框架颇具科学性。但是其对个体的人格及其结构的理解上缺乏深度，且整体上仍然忽视人的主观能动性，因而受到批评。总而言之，上述每种人格理论在解释人格时各有千秋，为我们提供了观察人格的不同视角。因此，我们应博采众长，以达到对人格相对完整的认识。

第三节 人格的发展与影响因素

一、儿童人格的发展

心理学家将个体人格的发展划分为三个阶段：一是学前阶段的萌芽期，这个阶段儿童虽然显现出一定的人格差异，但其行为反应更多地直接受制于具体的生活情境，具有较大的可变性，人格尚未形成稳定的状态。二是小学阶段的发展期。青春期前的这一阶段，正是儿童形成相对稳定行为习惯的时期，儿童通过长期的、反复的内外交互作用，开始形成具有一贯性和一致性的态度和行为方式，人格日趋完成其塑造，但需要施加强有力的教育才能改变已经形成的不良习惯。三是中学后的人格形成期。经过青春期的进一步磨合，中学生稳定的人格特征开始形成，其态度倾向和行为方式已经基本成型，这时试图改造其人格特征较为困难。

(一) 气质的发展

气质最主要特征之一是具有相对稳定性。在一定时期和条件下，气质是变化最为缓慢的人格特征。但是，气质也不是一成不变的。观察和研究均发现，婴儿"天生带来"的活动或行为模式是可以改变的。这是因为其神经系统和心理活动正处在不断发展、变化之中，具有较强的可塑性。这种先天、后天因素相互作用的结果导致婴儿气质的稳定性和可变性，并进而表现为气质连续发展的连续性和不连续性。

托马斯(A. Thomas)和切斯(S. Chess)根据活跃水平、规律性、变化适应性、对新情境感觉阈限水平、反应强度、积极或消极情境、注意分散度、坚持性和注意广度等九个维度将婴儿的气质划分为容易型、困难型和迟缓型三类。婴儿中有65%属于这三类，其余属于上述类型的中间型或过渡型。

随着年龄的增长，儿童气质反应强度下降，坚持性增强，发展的速度渐趋缓慢，逐渐平稳。研究发现，3～4岁是儿童气质发展的关键期，这可能与儿童开始进入社会，气质特征开始与环境要求发生交融有关。随着年龄的增长，儿童注意分散度逐渐下降，气质特点从7岁左右开始更加稳定；气质的性别差异逐渐呈现出来，8～12岁男性的活动量较高，可预见性较低，反应强烈、坚持性较低，女孩则正好相反。小学生气质类型的分布有着非常显著的差异，研究发现，四种比较典型的气质类型约占小学儿童的半数，其中抑郁质较少，这与小学生的一般特点，如活泼好动、纯真率直等整体特点是一致的。

进入中学以后，典型的气质类型如胆汁质呈显著下降的趋势，这与气质发展进一步受到环境的影响，与性格等内容交织在一起有关。也就是说，随着年龄的增长，儿童的气质特征可能会被掩盖。

(二) 性格的发展

个体的性格不是与生俱来的，而是随着人生的历程从量变到质变，从不稳定到稳定而逐渐形成和发展起来的。性格形成后也不是恒定不变的，会因境遇等的重大改变而发生一定的变化。

学龄期之前，儿童身上未见稳定的态度和行为方式。也就是说，其性格尚处于萌动状态，呈现出好奇心强，独立性、坚持性和自制力不断增强的特点。

进入小学以后，随着年龄的增长，小学生的性格特点逐渐显现，但是发展速率表现出不平衡、不等速的特点。小学二年级至四年级发展较慢，表现为发展的稳定期；四年级至六年级发展较快，表现为快速发展时期。主要是因为高年级学生逐渐适应了小学生活，集体活动范围逐渐扩大，同伴交往日益增加，教师、集体、同伴对儿童的性格越来越产生直接的影响，使得儿童的性格特点日益丰富和发展起来。进入青春期后，身心的巨变又将对儿童的性格发展产生深刻的影响。因此，青春期也是儿童性格发展的关键期。

青少年的性格发展较为明显。他们对行为支配和调节的独立性在增强，目的明确。虽然可能还辨不清独立性和纪律性、积极性和坚毅精神、大胆和谨慎等概念的区别，但他们在活动中能显示出所必要的果断、坚毅、自制、精力充沛和刚强等性格特征，随着年龄的增长，这些特征不断增强。少年有较强的"成人感"，主观上会高估自己，其实他们的心智、经验尚处于"半成熟状态"，这一矛盾常常导致他们缺乏耐心，表现出蛮干、任性、粗鲁、固执、自高自大等不良性格特征；但到了青年期，相对沉稳很多，表现为行为目的明确，独立性、自制力和坚韧性比起少年期明显发展。青少年的独立性还表现在能够用批判的眼光看待包括父母、老师在内的周围事物，不再盲从权威。另外，青少年学生逐渐形成和发展道德理想，他们从具体和概括两个方面选择行为范例，对理想中的人物有强烈的模仿倾向。

（三）自我意识的发展

一般认为，儿童自我意识的发展经过了三个时期：① 自我中心期（8 个月～3 岁），即生理自我时期；② 客观化时期（3 岁～青春期），即社会自我时期；③ 主观自我时期（青春期～成人期），即心理自我时期。

对于婴儿而言，自我意识的发展是个体从自然人向社会人转化的具有关键意义的标志，其自我意识经历了从主体我向客体我发展的过程。8 个月开始，婴儿的主体我开始萌芽，2 岁左右明确客体我，"我"的使用是婴儿自我意识发展的第一次飞跃。

幼儿自我意识随着年龄的增加而发展，但其发展不够均衡，4～5 岁发展速度最快。自我意识各个因素的发生时间比较接近，但不同步。其中自我评价为 3～4 岁之间，到幼儿晚期，儿童已逐渐能够对自己做出较客观、正确的评价。幼儿的自我体验从 4 岁开始发生，其后从低级向高级发展，从生理性体验向社会性体验发展，还表现出易变性、受暗示性。幼儿的自我控制较弱，4～5 岁是发展的重要转折时期。

小学儿童的自我意识处于客观化时期，是获得社会自我、学习社会角色和形成角色意识的阶段。小学生的自我意识随着年龄的增长而发展，但速度不够均衡：一至三年级处于上升阶段，其中二年级上升幅度最大；三至五年级相对平稳；五至六年级又处于上升期。小学儿童的自我概念从比较具体的外部特征逐步转向比较抽象的内部心理特征；其自我评价发展速度较快，独立性日益增长，批判性有一定程度的提高，评价内容逐渐扩大和深化且稳定性逐步提高。小学生情绪的自我体验逐渐加深，发展速度是先快后慢。他们的愉快和愤怒发展较早，自尊感、羞愧感和委屈感发生较晚，其中自尊感的发展对小学生最为重要。由于小学生行为从外部抑制转向内部抑制，自我控制呈现出不升反降的现象，这其实是儿童行为从他律向自律发展的必然。

中学生的自我意识发展进入心理自我时期，迎来了第二次飞跃，经过这一阶段的发展，其自我意识趋于成熟。中学生自我意识发展的突出表现是，内心世界越发丰富，在日常生活和学习中，常常将很多心智用于内省。中学生开始自我探索，一系列关于"我"的问题开始反复萦绕于他们的内心，似乎再次进入"自我中心"，对周围世界、社会规范、权威和传统等不屑一顾。随着抽象逻辑思维能力的发展，到了初中三年级，虽然有时会出现偏高或偏低的现象，且稳定性不够，但是中学生自我评价的稳定性和深刻性发生了质的变化，自我评价能力不断提高。中学生的自我体验能力也不断提高，表现在心理上的成人感和较强的自尊心上。随着中学生生活经验和社会经验的不断丰富，独立性逐渐加强，自我控制能力初步发展，高中后显著发展；自我控制开始出现以内部力量为主，但稳定性和持久性却不够理想。

二、影响人格的因素

人格是在主客体相互作用的过程中逐渐形成的稳定的心理特征，是遗传与环境交互作用的结果。

（一）生物遗传因素

遗传对人格的影响是个非常复杂的问题，国内外大量的双生子研究尚难以得出明确的结论。根据现有的研究，关于遗传对人格的影响，我们只能形成以下的一些看法：

其一，遗传是人格不可缺少的影响因素。从现有的研究结果来看，估计约有 50%的人格差异可以归结为遗传差异。或者说，人格的遗传率为 50%左右，请注意这不是某一特质受基因决定的程度。比如身高的遗传率为 90%，这并不是说身高 90%是由遗传造成的，而是说个体之间的差异有 90%是遗传差异导致的。其二，遗传因素对人格的作用程度随人格特质的不同而异。通常在气质等这些与生物因素相关较大的特质上，遗传因素的作用较为重要；而在价值观、性格等与社会因素关系紧密的特质上，后天环境的作用可能更重要。其三，人格的发展是遗传与环境两种因素交互作用的结果。

（二）环境因素

环境因素包括自然物理因素和社会环境因素，而社会环境因素又包括家庭、学校教育以及社会文化等因素。

生态环境、气候条件、空间拥挤程度等这些物理因素都会影响到人格的形成和发展。有研究者比较阿拉斯加爱斯基摩人和非洲特姆尼人的人格特征，前者的渔猎生活使得孩子形成了坚定、独立和冒险的人格，后者相对稳定的农业生活使孩子形成了依赖、服从、保守的人格特点。众多跨文化的比较研究发现，不同的自然条件导致生产生活方式的差异，对不同社会中人格中的共同特征的形成有着决定性的影响。而气温、空间拥挤程度较高会使人烦躁不安，对他人采取消极的反应方式，从而更多地发生攻击性行为等反社会行为。

家庭不仅为个体提供了遗传因素，而且在孩子的人格上烙下了最初的社会基因。父母按自己的意愿和方式养育孩子，使得他们逐渐形成某些人格特质，为此家庭被视为“人类性格的工厂”。从父母的教养方式可以看出家庭对儿童人格的影响。

学海无涯

专栏11-6 父母教养方式

心理学家们通过自然观察、访谈、问卷调查等多种研究方法，发现父母的教养行为归结起来主要在两个方面存在差异。一是父母对待儿童的情感态度，有的家长完全以儿童为中心，无微不至地关怀其生活和学习，对儿童的需要总是尽量给予满足，总是以积极肯定的态度对待儿童；有的家长对儿童则漠然视之，对其要求不做反应，经常以拒绝、排斥的态度对待儿童。二是父母对儿童的要求和控制程度，有的家长高标准、严要求，或者包办代替，完全控制了儿童的生活；有的家长则宽容放任，很少提出要求，对儿童缺乏管束。有人根据接受—拒绝、容许—限制两个维度的不同结合，描绘了四种不同的家庭教养方式。

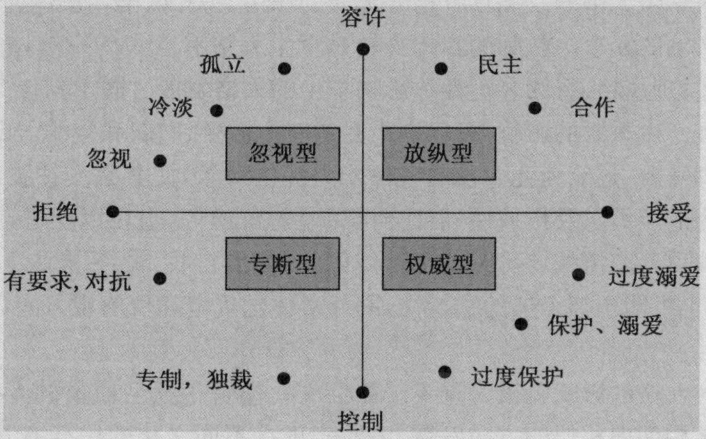

图11-3 家庭教养类型

(1) 权威型。父母对待儿童的态度积极肯定，热情地对儿童的要求、愿望和行为进行反应，尊重儿童的意见和观点，鼓励他们表达自己的想法并参与讨论；他们对儿童提出明确的要求，并坚定地实施规则，对儿童的不良行为表示不快，而对其良好行为表现表示支持和肯定。这种高控制、情感上偏于接纳和温暖的教养方式，对儿童的心理发展带来许多积极的影响：儿童多数独立性较强，善于自我控制和解决问题，自尊感和自信心较强，喜欢与人交往，对人友好。

(2) 专断型。也属于高控制教养方式，但在情感态度方面，与上一类型有明显不同，父母倾向于拒绝和漠视儿童。这种类型的父母对儿童时常表现出缺乏热情的、否定的情感反应，很少考虑儿童自身的愿望和要求，父母往往要求儿童无条件地遵循有关的规则，却又缺少对规则的解释，他们常常对儿童违反规则的行为表示愤怒，甚至采用严厉的惩罚措施，这种方式下教养的儿童大多缺乏主动性，容易胆小、怯懦、畏缩、抑郁，自尊感、自信心较低，不善与人交往。

（3）放纵型。这类父母和权威型父母一样对儿童充满积极肯定的情感，但是缺乏控制。他们甚至不对儿童提出任何的要求，而让其自己随意控制、协调自己的一切行为，对儿童违反要求的做法采取忽视或接受的态度，很少发怒或训斥、纠正儿童。这种方式下的儿童往往具有较高的冲动性和攻击性，缺乏责任感，不太顺从，行为缺乏自制，自信心较低。

（4）忽视型。父母对儿童既缺乏爱的情感和积极反应，又缺少行为的要求和控制。亲子之间交往很少，父母对儿童缺乏基本的关注，对儿童的任何行为反应都缺乏反馈，且容易流露厌烦、不想搭理的态度。这种教养方式下的儿童也容易具有较强的冲动性和攻击性，不顺从，且很少替别人考虑，对人缺乏热情与关心，这类儿童在青少年时期更有可能出现不良行为问题。

学校教育对学生人格的发展具有指导定向的作用。教师、学生集体、同学同伴等都是学校教育发展影响的元素。教师的言传身教对学生人格有巨大的影响，教师通过其言行所形成的氛围、管理风格、行为公正性等影响学生的人格发展。同学同伴关系对儿童青少年的社会化发展产生重要的影响，可以满足儿童安全需要、归属和爱的需要以及成就感的需要等各种心理需要，还能为儿童发展各种能力提供背景，尤其是交往技能的习得、获得控制攻击性行为的能力以及形成性别社会化和道德价值等，也可以促进儿童自我意识的发展，来自同伴言行、表情的评价有助于个体整合、发展自我，最终形成健康的自我意识。当然，同伴关系也可能压抑个体的独特性，同伴群体的规范和价值观可能会误导个体品行不良。

社会文化对人格的影响也极为重要。社会文化塑造了社会成员的人格特征，使得社会成员的人格结构朝向相似的方向发展，主要表现在不同文化的民族有其固有的民族性格。从某种意义上说，自然环境对人格的影响，也是通过在自然环境基础上形成的社会文化发挥作用的。社会文化作用的发挥要看社会对顺应的要求是否严格以及行为的社会意义，要求越严格，某一行为的社会意义越大，则社会文化发挥的影响力越大。

畅所欲言

国家重视儿童心理健康，从国家出台的各类文件中，搜索相关的政策要求，结合实际情况，思考、交流家庭、学校、社会如何协同，促进儿童人格健康发展？

（三）个体自身的因素

遗传为个体人格发展提供了先天的内部倾向，环境为人格发展提供了外部条件，这两者都不能直接决定人的性格。相同环境条件下的人可以形成不同的性格，这表明，任何外部条件的影响，都必须通过个体已有的心理发展水平和心理活动才能发生作用。也就是说，各种社会影响首先要为个体理解和接受才能转化为个体的需要和动机，推动个体行为，并形成相应的人格特征。研究发现，个体自身对人格影响最大的莫过于早期童年经验和自我调控因素。

中国有句俗话，“三岁看大，七岁看老”。人生早期所发生的事情对人格的影响，历来为人格心理学家所重视。大量的研究显示，早期生活经历获得的不良经验会在个体的心理中积淀、发酵，导致成长过程中出现情绪障碍、社会适应不良，从而影响他们一生的顺利发展。当然，早期经验也不能单独对人格起决定作用，它与其他因素共同决定着人格的形成与发展。

人格的自我调控系统，能够对人格的各个成分进行调节和控制，保证人格的统一、完整与和谐。自我调控能力良好的个体，能够客观地分析自己，不会把遗传或生理方面的局限视为阻碍个人发展的因素，而会有效地利用个人资源，发挥个人长处，努力改善自己和完善自己。同时自我调控还具有创造的功能，将自我价值扩展到社会中去，并在对社会的贡献中体现自己的价值，把实现自我的个人价值变革为实现自我的社会价值。强健的自我调控系统，有助于实现健康人格：从认识自我到愉快地接纳自我，再到延伸自我从而创造自我。

综上所述，人格是先天与后天的合金，是遗传与环境交互作用的结果。在人格的形成过程中，各个因素对人格的形成与发展发挥了不同的作用。遗传为人格发展提供了可能性，环境将这种可能性变为现实性，而自我调控系统则是人格发展的内部决定性因素。

真题实练

1. 肖晓活泼好动，善于交际，思维敏捷，易接受新事物，人际注意力容易转移。其气质类型属于(　　)。

A. 胆汁质　　B. 多血质　　C. 粘液质　　D. 抑郁质

2. 小林诚实勇敢，谦虚勤奋，且具有亲和力，这些描述说明(　　)。

A. 性格特征　　B. 能力特征　　C. 气质特征　　D. 注意特征

3. 不受外界环境影响，根据自己的内心标准来做判断，其认知方式属于(　　)。

A. 整体型　　B. 序列型　　C. 场独立型　　D. 场依存型

4. 中学生小丽热爱班级，团结同学，乐于助人，诚实正直。这主要反映了小丽性格的(　　)。

A. 认知特征　　B. 态度特征　　C. 情绪特征　　D. 意志特征

5. “我跑得快”“我很能干”“我长得高”“我是男生”。这反映了学生哪方面的发展？(　　)

A. 道德判断　　B. 形象思维　　C. 性别认同　　D. 自我概念

6. 中学生小楠极端争强好胜，性格急躁，富有竞争意识，外向，常常处于紧张状态，很难使自己放松，小楠的人格属于(　　)。

A. A型人格　　B. B型人格　　C. C型人格　　D. D型人格

本章复习题

一、结合自己的人格特质，谈谈你对人格特点的理解。

二、我们经常说，“小张性格活泼开朗”或“小王性格暴躁”或“小李性格温和”等，这些是性格特征吗？为什么？

三、在人格的动力理论、特质理论、人本理论和学习理论四种理论中选择一个自己感兴趣的理论，进行评析。

四、分析以下案例

1. 肖平、王东、高力和赵翔四个人都喜欢踢足球，也爱观看足球比赛。但是他们在观看足球比赛时，情绪表现不一样。当看到自己喜欢的球星踢了一个好球时，肖平立刻大喊“好球！好球！”同时兴奋地手舞足蹈；王东也挺激动，叫好并鼓掌，但是却没有肖平那么狂热，有时还劝告肖平别喊；高力只是平静说了一句，“这球踢得还不错，有水平”，而赵翔则始终沉默不语，会心一笑。

问题：(1) 请指出这四个人的气质类型；(2) 请说明四种气质类型的特征；(3) 请说明教师了解学生气质类型在教育教学中的意义。

2. 小明和小罗今年高三，是一对好朋友。两人在处理问题的认知风格方面有较大差异。小明在学习上遇到问题时，常常利用个人经验独立地对其进行判断，喜欢用概况与逻辑的方式分析问题，很少受到同学与老师建议的影响。而小罗遇到问题时常常与小明相反，他更愿意倾听老师和同学们的建议，并以他们的建议作为分析问题的依据。另外，他还善于察言观色，关注社会问题。

问题：(1) 结合材料分析小明和小罗的认知风格差异；

(2) 假如你是他们的老师，如何根据认知风格差异展开教学。

推荐阅读书目

1. J. M. Burger. 人格心理学[M]. 陈会昌，等译. 北京：中国轻工业出版社，2000.

2. 张兴贵，郑雪. 人格心理学研究的新进展与问题[J]. 心理科学，2002(6).

3. 黄希庭. 人格心理学[M]. 杭州：浙江教育出版社，2002.

4. 郑雪. 人格心理学[M]. 广州：暨南大学出版社，2003.

5. Ryckman. 人格理论(第八版)[M]. 高峰强，等译. 西安：陕西师范大学出版社，2005.

6. 彭聃龄. 普通心理学(第五版)，第十二章[M]. 北京：北京师范大学出版社，2019.

7. 叶奕乾，何道存，梁宁建. 普通心理学(第五版)，第十四至十六章[M]. 上海：华东师范大学出版社，2016.

8. 林崇德. 中学生心理学，第十五章[M]. 北京：中国轻工业出版社，2016.

9. 冯维. 小学生心理学，第五章[M]. 重庆：西南师范大学出版社，2013.

10. 格里格，津巴多. 心理学与生活(第十九版)，第十三章[M]. 王垒，等译. 北京：人民邮电出版社，2016.

参考文献

1. 艾森克. 心理学——一条整合的途径[M]. 阎巩固,译. 上海:华东师范大学出版社,2000.

2. 白学军. 智力心理学的研究进展[M]. 杭州:浙江人民出版社,1996.

3. 北京师范大学公共课教材《心理学》编写组. 心理学(修订版)[M]. 北京:北京师范大学出版社,2003.

4. 贝纳特. 感觉世界——感觉和知觉导论[M]. 旦明,译. 北京:科学出版社,1983.

5. 珀文. 人格科学[M]. 周榕,等译. 上海:华东师范大学出版社,2001.

6. 曹日昌. 普通心理学(合订本)[M]. 北京:人民教育出版社,1987.

7. 陈帼眉,冯晓霞,庞丽娟. 学前儿童发展心理学[M]. 北京:北京师范大学出版社,2013.

8. 陈惠芳,等. 4～14岁儿童注意广度发展的实验研究[J]. 心理科学通讯,1989(1).

9. 陈新夏,等. 思维学引论[M]. 长沙:湖南人民出版社,1986.

10. Dennis Coon, John O. Mitterer. 心理学导论——思想与行为的认识之路[M]. 13版. 郑钢,等译. 北京:中国轻工业出版社,2017.

11. 冯维. 小学生心理学[M]. 重庆:西南师范大学出版社,2013.

12. 戈尔曼. EQ:情感智商[M]. 耿文秀,等译. 上海:上海科学技术出版社,1997.

13. 格里格,津巴多. 心理学与生活[M]. 19版. 王垒,等译. 北京:人民邮电出版社,2016.

14. Gollwitzer. 成功追求目标,当代国际心理科学进展[C]. 上海:华东师范大学出版社,2005.

15. 郭黎岩. 心理学[M]. 3版. 南京:南京大学出版社,2012.

16. 郭永玉. 人格心理学——人性及其差异的研究[M]. 北京:中国社会科学出版社,2005.

17. 韩进之. 中国儿童青少年个性倾向性发展与教育,中国儿童青少年心理发展与教育[C]. 北京:中国卓越出版公司,1990.

18. 黄希庭. 人格心理学[M]. 杭州:浙江教育出版社,2002.

19. 黄希庭,余华,等. 中学生应对方式的初步研究[J]. 心理科学,2000(1).

20. 黄希庭,郑涌. 心理学导论[M]. 3版. 北京:人民教育出版社,2015.

21. 贾林祥,张新立. 心理学基础[M]. 南京:南京大学出版社,2014.

22. 教育部人事司. 教育心理学考试大纲(中学、中学)[M]. 上海:华东师范大学出版社,2002.

23. 荆其诚,焦书兰,纪桂萍. 人类的视觉[M]. 北京:科学出版社,1987.

24. J. M. Burger. 人格心理学[M]. 陈会昌,等译. 北京:中国轻工业出版社,2000.

25. 莱斯蕾·罗杰斯. 大脑的性别[M]. 李海宁,译. 北京:生活·读书·新知三联书店,2004.

26. 李伯黍,燕国材. 教育心理学[M]. 上海:华东师范大学出版社,1993.

27. 林崇德. 发展心理学[M]. 2版. 北京:人民教育出版社,2009.

28. 林崇德. 中学生心理学[M]. 北京:中国轻工业出版社,2016.

29. 刘明,王顺兴. 中国儿童青少年气质发展与教育,中国儿童青少年心理发展与教育[C]. 北京:中国卓越出版公司,1990.

30. 迈尔斯. 心理学[M]. 7 版. 黄希庭，等译. 北京：人民邮电出版社，2006.

31. 孟昭兰. 情绪心理学[M]. 北京：北京大学出版社，2005.

32. 潘婷婷. 大学生选择课程的任务价值与成就目标定向[D]. 沈阳：辽宁师范大学，2008.

33. 彭聃龄. 普通心理学[M]. 5 版. 北京：北京师范大学出版社，2019.

34. Petri，Govern. 动机心理学[M]. 5 版. 郭本禹，等译. 西安：陕西师范大学出版社，2005.

35. 饶恒毅等. 万物之灵：人类的智能[M]. 上海：上海科学技术出版社，2000.

36. Ryckman. 人格理论[M]. 8 版. 高峰强，等译. 西安：陕西师范大学出版社，2003.

37. 桑德拉・切卡莱丽，诺兰・怀特. 心理学入门[M]. 2 版. 张智勇，等译. 北京：机械工业出版社，2016.

38. Schacter. 找寻逝去的自我：大脑、心灵和往事的记忆[M]. 高申春，译. 长春：吉林人民出版社，2001.

39. 邵志芳. 思维心理学[M]. 上海：华东师范大学出版社，2001.

40. 沈德立，因果恩. 中国儿童青少年注意发展与教育，中国儿童青少年心理发展与教育[C]. 北京：中国卓越出版公司，1990.

41. 沈政，林庶芝. 生理心理学[M]. 3 版. 北京：北京大学出版社，2014.

42. 石秀印. 情绪在儿童品德形成中的作用，学生品德形成新探[C]. 北京：北京师范大学出版社，1993.

43. 斯滕伯格. 成功智力[M]. 吴国宏，等译. 上海：华东师范大学出版社，1999.

44. 斯滕伯格. 创造力手册[M]. 施建农，等译. 北京：北京理工大学出版社，2006.

45. 斯滕伯格. 认知心理学[M]. 3 版. 杨炳钧，等译. 北京：中国轻工业出版社，2006.

46. Strongman. 情绪心理学——从日常生活到理论[M]. 5 版. 王力，主译. 北京：中国轻工业出版社，2006.

47. 孙煜明. 动机心理学[M]. 南京：南京大学出版社，1993.

48. 王瑜元. 对一个幼儿提出的 4043 个问题的研究[J]. 学前教育，1989(1).

49. 王云九，杨玉芳. 意识与大脑：多学科研究及其意义[M]. 北京：人民出版社，2003.

50. 韦德・塔佛瑞斯. 心理学的邀请[M]. 3 版. 白学军，等译. 北京：北京大学出版社，2006.

51. 韦恩・韦登. 心理学导论[M]. 9 版. 高定国，等译. 北京：机械工业出版社，2017.

52. 杨凤云. 心理学导论[M]. 北京：北京大学出版社，2016.

53. 杨治良，等. 记忆心理学[M]. 上海：华东师范大学出版社，1999.

54. 叶奕乾，何道存，梁宁建. 普通心理学[M]. 5 版. 上海：华东师范大学出版社，2016.

55. 俞国良，戴斌荣. 心理学基础[M]. 北京：北京师范大学出版社，2015.

56. 张春兴. 现代心理学[M]. 3 版. 上海：上海人民出版社，2009.

57. 章志光. 心理学[M]. 3 版. 北京：人民教育出版社，2003.

58. 郑日昌. 心理测量学[M]. 北京：人民教育出版社，1999.

59. 郑雪. 人格心理学[M]. 广州：暨南大学出版社，2003.